Mosaik bei
GOLDMANN

Buch

Wie lernt man in High Heels Französisch? Wie gründet man einen stylishen Leseclub? Was haben uns Audrey Hepburn, Kleopatra und Elizabeth Arden zu sagen? Und wie kleidet man sich perfekt auf einem Kostümball, einem Rockfestival oder einer Hochzeit? Mit Camilla Mortons hinreißender Mischung aus praktischen Tipps und unterhaltsamen Geschichten, inspirierenden Ideen und witzigen Anekdoten gehören Alltagstrott und Langeweile der Vergangenheit an. Ob man sich von der »Muse des Monats« zu Höhenflügen inspirieren lässt, von Dita von Teese lernt, wie man sich sexy auszieht, Modeschöpfer Christian Lacroix in die Oper folgt oder wie Supermodel Sophie Dahl über den roten Teppich schwebt – überraschende Erkenntnisse und Spaß sind garantiert! Die perfekte Lektüre für alle Frauen, die sich prächtig amüsieren wollen – das ganze Jahr hindurch.

Autorin

Camilla Morton, Großbritanniens angesagteste junge Fashion-Expertin, studierte an der St. Martins School for Fashion and Design und schrieb bereits als Studentin für die Modezeitschrift »Vogue«. Nach ihrem Studium arbeitete sie für das Modehaus Christian Dior. Ihr erstes Buch »Wie Sie in High Heels unfallfrei eine Glühbirne auswechseln« hat in Großbritannien für Furore gesorgt, auf Anhieb die Bestseller-Listen erobert und wurde in 17 Sprachen übersetzt. Camilla Morton lebt in London und Paris und schreibt unter anderem für »The Times«, »Harper's Bazaar« und »Time« über Fashion und Style.

Von Camilla Morton außerdem bei Mosaik bei Goldmann
Wie Sie in High Heels unfallfrei eine Glühbirne auswechseln
(16741)

»Kein Freund ist so treu wie ein Buch.«
Ernest Hemingway

Für Steven
1968–2007

Inhalt

/Ⅿärz

/April

/Ⅿai

Juni

Juli

August

September

Oktober

November

Vorwort

Ich lernte Camilla Mitte der 90er-Jahre kennen. Bei Antonio Berardis erster Show landete sie – buchstäblich – in meinen Armen. Frisch aus der St. Martins School for Fashion and Design war sie der Inbegriff der großäugigen jungen englischen Lady, die sich auch noch als höflich und mit gewandten Umgangsformen ausgestattet entpuppte ... in dieser Branche eine Seltenheit, vor allem zur Zeit der großen Modenschauen. Ich war sofort bezaubert.

Im Lauf der Jahre merkte ich, dass diese großäugige junge Lady aus härterem Holz geschnitzt war, als ihre äußere Erscheinung vermuten ließ. Sie ist unglaublich witzig, eine Meisterin des Wortes, und kennt sich in der Mode aus wie ein Arzt im menschlichen Körper. Sie kann sogar, wie sie in ihrem ersten Buch *Wie Sie in High Heels unfallfrei eine Glühbirne auswechseln* bewies, Poker spielen, stilvoll aus einem Auto klettern und in High Heels eine Glühbirne auswechseln.

Aber das ist noch nicht alles: Sie vergisst keinen Geburtstag und lacht wahnsinnig gerne. Es ist stets ein Vergnügen, sie auf einer Party zu treffen oder – noch besser – Tee mit ihr zu trinken. Etwas, worauf ich mich immer freue. Doch vor allem ist Camilla aufrichtig und ehrlich. Sie hat ein Herz aus Gold und ist immer zur Stelle, wenn Zuspruch, Hilfe und Unterstützung benötigt werden. Mit ihren Artikeln hat sie so mancher Karriere zum Durchbruch verholfen, dabei wirft sie sich nicht nur für junge Talente in die Bresche, sondern auch für alte Veteranen wie John Galliano und mich.

Und genau das macht sie zur perfekten Freundin: zu einem Sonnenstrahl, der einen trüben Herbsttag zum Leuchten bringt, zu einem Hauch von Wärme im kalten Winter. Sie ist so willkommen wie ein wundervoller Frühlingsstrauß und ein erfrischender Drink an einem heißen Sommertag.

Das bedeutet Camilla für mich.

Manolo Blahnik, Mai 2007

Januar

»Wer müde an London wird,
ist müde am Leben,
denn es gibt in London alles,
was das Leben bieten kann.«
Samuel Johnson

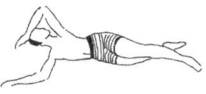

*Ich wünschte,
ihr wärt hier*

POSTKARTE

Ich liebe London wegen seiner Energie und des fantastischen Freizeitangebots. An einem perfekten Samstag würde ich zum Beispiel morgens im RAC Club schwimmen und anschließend in der Patisserie Valerie in Soho frühstücken und dabei eine Zeitung lesen. Dann ginge ich in die Albermarle Street Nr. 9 in Mayfair, um eine Stunde in meinem Möbelladen zu arbeiten, und anschließend weiter auf den Portobello Road Market in Notting Hill. Vielleicht mache ich dabei eine kleine Pause im Mr. Christian's in Elgin Crescent, um ein Sandwich zu essen. Danach wieder eine Stunde Arbeit im Westbourne House, meinem Laden in der Kensington Park Road, bevor ich meine Frau für die Nachmittagsvorstellung im Kino, gerne im The Gate, abhole. Als Abschluss lade ich sie zum Abendessen ins River Café, mein Lieblingsrestaurant, ein.

Paul Smith

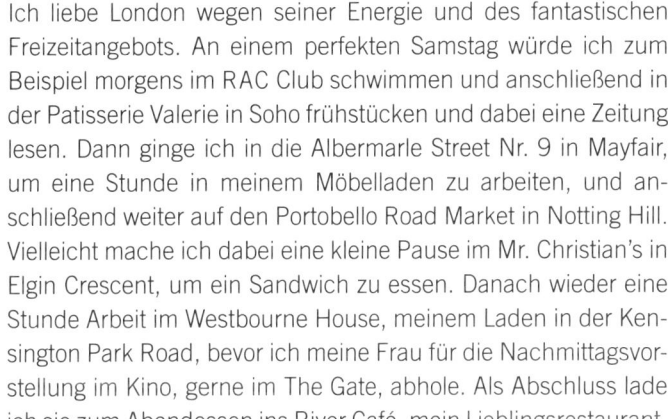

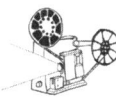

1. Januar

Der Januar – oder Jänner – verdankt seinen Namen Janus, dem römischen Gott der Türen und Tore, des Endes und des Neuanfangs. Dieser Gott wurde ursprünglich mit zwei Gesichtern dargestellt, die in entgegengesetzte Richtungen sehen (Janus Geminus – Zwillingsjanus), und dieser Kopf war auch Teil des ursprünglichen Logos des Hauses Fendi. Die zwei Gesichter standen für die Sonne und den Mond und symbolisierten den Wandel und den Übergang.

Heute ist der ideale Tag, um Träume in die Tat umzusetzen. Neues Jahr, neue Vorsätze, neues Tagebuch, neues Ich.

Vom Sofa aufzustehen erweist sich nach den gestrigen Eskapaden als schwierig, ja geradezu unmöglich? Dann nutzen Sie den heutigen Tag, um darüber nachzudenken, was Sie verbessern könnten. Am Anfang steht dabei die ehrliche Nabelschau. Und bringen Sie nicht nur Ihre Garderobe auf Vordermann, sondern auch Körper, Herz und Verstand. Es bringt nämlich rein gar nichts, in der nächsten Saison in den richtigen Labels zu glänzen, wenn Sie im Kopf noch so ticken wie letztes Jahr.

Bette Davis gestand:»Ich bin stur, impulsiv, monoman, taktlos, launisch und häufig unangenehm ... vermutlich bin ich größer als das Leben.«

Und Sie?

Damit der erste Schritt sitzt

Nach englischer und schottischer Überlieferung bestimmt der erste Besucher, der nach Mitternacht im neuen Jahr den Fuß über die Schwelle setzt, wie das neue Jahr wird. Vielleicht hat damit ja das ganze Unglück angefangen ...

Ein männlicher Besucher soll Glück bringen (ist es denn zu fassen?). Genauer gesagt: Er sollte dunkelhaarig sein. Fügen wir doch gleich noch groß und gut aussehend zur Wunschliste hinzu, und das wäre gebongt. Es heißt, er kommt mit Geschenken wie Geld, Brot oder Kohle. Dabei wär's für den Anfang schon wunderbar, wenn er überhaupt käme.

Ist der erste Besucher, der den Fuß über Ihre Schwelle setzt, aber blond, rothaarig oder – im schlimmsten Fall – eine *Besucherin*, dann müssen Sie fürs neue Jahr mit Pech rechnen. Seien Sie also vorsichtig mit Einladungen und schauen Sie durch Ihren Türspion, bevor Sie jemanden reinlassen. Sie können ja noch immer so tun, als seien Sie nicht zu Hause. Oder bitten Sie Ihre blonden Freunde, doch morgen wiederzukommen. Das müssten sie doch verstehen.

Über die Kunst, ein Tagebuch zu führen

»Heute Morgen (wir schlafen seit einiger Zeit in der Dachkammer) stand ich auf, zog meinen Anzug mit den langen Rockschößen an, den ich seit einiger Zeit nur noch trage. Ging zu Mr. Gunnings Gottesdienst in Exeter House, wo er eine sehr gute Predigt hielt …«
So begann 1660 Samuel Pepys' Tagebuch.

Pepys (23. Februar 1633 – 26. Mai 1703) war unter König Karl II. ein leitender Beamter im englischen Marineamt und Mitglied des englischen Parlaments. Kein Hahn würde mehr nach ihm krähen, hätte er nicht ein geheimes Tagebuch geschrieben, das er neun Jahre und fünf Monate lang gewissenhaft führte (bis seine nachlassende Sehkraft dies nicht mehr zuließ). Es wurde posthum veröffentlicht, und seither ist sein Name für immer mit der Geschichte der englischen Restauration verknüpft.

Sein Tagebuch ist kein Skandalwerk, aber der wichtigste Augenzeugenbericht seiner Epoche mit Schilderungen der Pest und des Großen Brandes von London.

Wäre denn nicht jetzt, da der Morgen des 1. Januars heraufzieht, der richtige Augenblick, den Vorsatz in die Tat umzusetzen, alles aufzuschreiben? Die innersten Gedanken, die wildesten Nächte und die tiefsten Gefühle genauso wie banale Termine mit dem Elektriker. Sie können sich nicht vorstellen, dass Ihr Tagebuch noch Jahrzehnte oder gar Jahrhunderte später gelesen wird? Letztlich hängt das von Ihnen ab. Schreiben Sie einen Reißer, dann finanziert Ihr Tagebuch vielleicht Ihren Ruhestand.

Wie Mae West es ausdrückte:»Führen Sie ein Tagebuch und leben Sie später davon.«

Berühmte Tagebuchschreiber sind unter anderem:
In der realen Welt: Ossie Clark, Anne Frank, Andy Warhol, Virginia Woolf.
In der Welt der Literatur: Bridget Jones, Adrian Mole oder – je nachdem, wie die Woche läuft – Nikolai Wassiljewitsch Gogols *Aufzeichnungen eines Wahnsinnigen*.

Über Blogs und wie man sich nicht im World Wide Web verheddert

Vergessen Sie das Vorhängeschloss.

Das geheime Tagebuch gehört immer mehr der Vergangenheit an. Wir lieben es alle, in einem Tagebuch zu schmökern, sei es nun von Hand geschrieben oder – für die technisch Versierten – ein Weblog. Falls das Internet irgendwelche Aussagekraft besitzt, sind Tagebücher wieder in Mode – und zwar sehr in Mode. Wem der Sinn danach steht, die Welt an seinen Träumen, Wut- und Gefühlsausbrüchen teilhaben zu lassen, sollte lieber ein Blog schreiben, statt sein Tagebuch offen im Bus liegen zu lassen. Outen Sie sich im Cyberspace. Wie schon Kingsley Amis sagte:»Warum schreiben, wenn sich niemand drüber aufregt.«

Bloggen ist nichts anderes als ein offenes Forum, um Ihre Meinung zu allem und jedem kundzutun, und eine Möglichkeit für alle und jeden da draußen, Ihnen darauf zu antworten. Und seien Sie gefasst, das werden sie!

Die beste Hilfe für Ihr eigenes Blog finden Sie auf folgenden Seiten: *www.blogger.com* und *www.livejournal.com.* Auf *www.apple.com/de/ mac* gibt es im »iLife«-Upgrade sogar eine Option für die einfache Installation von Blogs/Weblogs. Sie lesen lieber Blogs? Auf Googles »Blogs of Note« werden Sie fündig. Hier gibt es alles, von den Hasstiraden eines New Yorker Taxifahrers bis hin zu den Leiden einer Abnehmwilligen. Wer aber lieber deutsch liest, kann sich auf *www.deutscheblogcharts.de* umsehen.

Noch nie war es so einfach, seine Meinung zu veröffentlichen.

Also, wie vorgehen?
Befolgen Sie die auf dem Programm Ihrer Wahl angegebenen Schritte:

1. Konto anlegen.
2. Geben Sie Ihrem Blog einen Namen.
3. Vorlage auswählen.

www.blogger.com ist die etablierteste Website und hat daher auch am meisten Erfahrung mit Anfängern. Überlegen Sie, bevor Sie die Optionen anklicken, wofür Sie Ihren Blog verwenden wollen. Was wollen Sie der Welt mitteilen oder zeigen, was wollen Sie aufzeichnen oder diskutieren?

Laden Sie eine Vorlage herunter, befolgen Sie die Anweisungen und die Anmeldeschritte 1, 2 und 3. Soll sich doch Ihr Host den Kopf über das Layout, die Grafik und HTML zerbrechen. Sie kümmern sich nur um den Inhalt.

Blog Basics

Die ersten Blogs tauchten 1999 auf. 2005 gab es dann bereits über 20 Millionen Blogs und Blogger. Jeder kann bloggen. Blogs sind wie eine Aneinanderreihung von E-Mails, an deren Anfang die neueste Mail steht und die zurückreicht bis zur ersten. Man kann damit sozusagen seinen Gedankenstrom online stellen.

Andere können sich einloggen oder ihre Meinung dazu abgeben, aber im Prinzip geht es um Sie. Sie sind Ihr eigener Redakteur und bestimmen, was im Blog bleibt. Sie können Fotos und Bilder posten, ja sogar Videos und Audiodateien, aber denken Sie daran: Bevor Sie laufen können, müssen Sie gehen lernen.

Bestsellerblogs

Wenn Ihr Blog richtig einschlägt, kann das Ihr Leben ändern. Erfolgsgeschichten von Blogs sind im Kommen, und zwar so sehr, dass sich die ersten Verlage bemühen, junge Talente im Web zu suchen. Das berühmt-berüchtigte englische Callgirl »Belle de Jour« dokumentierte ihr Leben in einem Blog. Daraus wurde ein Buch gemacht, das wiederum ein Bestseller wurde, und aus dem dann eine Fernsehserie gestrickt wurde. Ein Beweis, dass Computer nicht nur etwas für Dummbolzen sind. Und weil jede Industrie ihre Stars feiert, gibt es jetzt auch die Bloggie Awards. Die ersten wurden 2000 in Amerika verliehen. Jetzt können wir also alle ein Pepys sein, oder zumindest ein veröffentlichter Autor.

Noch ein kleiner Tipp, vor allem für die Schüchternen unter Ihnen: Vielleicht sollten Sie sich ein Pseudonym überlegen, bevor Sie mit Ihren Online-Fantasien zu weit gehen.

Wie man Pfunde, aber nicht den Verstand verliert

Kennen Sie das? Voll frischem Schwung ins Fitnessstudio zu marschieren, um sich dort, wie jedes Jahr, neu anzumelden? Jetzt ist wieder Zeit, die Sportklamotten und -schuhe hervorzukramen, falls Sie sich nicht in Unkosten stürzen und beim Schlussverkauf ein neues Paar kaufen – sozusagen als Ansporn. In keinem anderen Monat werden so viele Aufnahmeanträge in Fitnessstudios gestellt wie im Januar. Scheint ein sehr beliebter guter Vorsatz zu sein.

Machen Sie ernst. Bald gehören Sie dazu und kennen sich aus mit den Regeln und Geräten und Kursangeboten.

Seien Sie tapfer. Werfen Sie die alten Schokoladennikoläuse und Plätzchen weg. Wenn sie wirklich so lecker wären, lägen sie nicht mehr rum. Und hängen Sie ein Urlaubsfoto auf, damit Sie nicht das Damoklesschwert vergessen, das drohend über Ihnen hängt: den Tag, an dem Sie Ihren Bikini anziehen.

Es sind über 4000 Bücher zu den Themen Diäten, Entgiften und Entschlacken auf dem Markt. Und laut Statistik sterben in den USA über 300 000 Menschen vorzeitig an den Folgen von Fettleibigkeit … Aber wie findet man heraus, was eine kurzlebige Modediät, was eine Wohlfühldiät und was ein Fünf-Minuten-Wunder ist? Setzen Sie auf Ihren gesunden Menschenverstand und tun Sie das, was zu Ihrem Lifestyle und Ihrem Geldbeutel passt.

Wägen Sie ab, wie dringend Sie abnehmen müssen und wie sich das auf Ihre Gesundheit auswirken könnte. Reden Sie mit einem Arzt und einem Ernährungsberater, bevor Sie sich in eine Diät stürzen.

Räumen Sie Ihren Vorratsschrank aus, aber nicht leer. Denn Sie müssen dafür sorgen, dass Ihr Körper die Vitamine und Mineralstoffe bekommt, die er benötigt. Die Ernährungsumstellung ist das eine, aber wenn Sie ein optimales Ergebnis erzielen wollen, müssen Sie auch regelmäßig Sport treiben und Ihren ganzen Lifestyle ändern. Überlegen Sie sich das also genau.

Und quälen Sie sich vor allem nicht, Essen soll schließlich auch Spaß machen. Oder gehen Sie gerne mit jemandem aus, der nur Vogelfutter und Pappkarton knabbert? Informieren Sie sich, bevor Sie loslegen.

Suchen Sie im Internet nach Hilfe und Informationen. Oder in Büchern. Bestseller zu diesem Thema sind unter anderem:

Nigel Denby, *Die GL-Diät: »GI war gestern: Klüger abnehmen mit der Glykämischen Last!«*
Paul McKenna, *Ich mach dich schlank*
Gillian McKeith, *Du bist, was du isst*

Als Abnehmbuch für diesen Monat käme auch das *Keine-Diät-Diät* von Professor Ben Fletcher, Dr. Karen Pine und Dr. Danny Penman in Frage. Und stöbern Sie ruhig selbst nach Abnehmbüchern, die Ihnen zusagen. Vielleicht stoßen Sie dabei ja auch auf ein Buch, das Ihnen hilft, Ihre Schulden abzubauen. Die haben es womöglich genauso nötig wie Ihre Oberschenkel ...

Diäten, die man kennen sollte

Atkins: Jede Menge Fett, Eiweiß (Proteine), Schlagzeilen, und dafür wenig Kohlenhydrate. Das heißt, Sie ernähren sich hauptsächlich von Fleisch, Käse, Eiern, Geflügel, Fett und Öl. Und halten sich zurück bei Getreideprodukten und Reis sowie bei Obst und Gemüse. Die Diät ist nicht mehr ganz so beliebt, seit Dr. Atkins angeblich an einem Herzinfarkt starb.

Zone: Bedeutet, sich »richtig« zu ernähren. Bei dieser Diät heißt das, 40 Prozent Kohlenhydrate, 30 Prozent Eiweiß und 30 Prozent Fett zu essen.

GI: Steht für »Glykämischer Index«. Kurz gesagt geht es darum, wie die Kohlenhydrate den Blutzuckerwert beeinflussen. Dieser Einfluss wird bewertet und grammweise mit anderen Nahrungsmitteln verglichen. Sie brauchen keine Angst vor der Rechnerei zu haben oder dem Gegrübel darüber, was Sie essen dürfen. Richten Sie sich einfach nach den simplen »Ampel«-Anweisungen, nach denen Haferflocken böse/rot und Gummibärchen gut/grün sind. Stellen Sie sich das mal vor!

GL: »Glykämische Last« ist eine leichtere Version der GI-Diät. Hier werden auch der Kohlenhydratgehalt und die Portionsgröße berücksichtigt. Das heißt, Sie müssen nicht völlig auf Kohlenhydrate verzichten und bleiben daher – zumindest theoretisch – sozialverträglich. Vielmehr werden Sie dazu ermuntert, die richtigen Kohlenhydrate und Nahrungsmittel zu essen, sich wohler und gesünder zu fühlen und dabei abzunehmen.

Weight Watchers: Ein Urgestein unter den Diäten – hier wird auf wenig Fett, bescheidene Portionen und Kalorienzählen gesetzt. Dazu werden Nahrungsmittel mit Punkten bewertet. Zur Unterstützung wird man zu Diättreffen eingeladen, bei denen man auch gewogen wird. Und was gut genug für die Duchess of York ist, ist immer eine Überlegung wert.

Ornish: Das Gegenteil von Atkins. Aber schließlich sind wir ja alle verschieden. Bei dieser Diät soll man so gut wie kein Fett essen, eine komplizierte Kohlenhydratmischung und wenig Fleisch.

Blutgruppendiät: Diese Diät richtet sich nach den vier Blutgruppen. Sie verspricht Ihnen, dass Sie abnehmen und zugleich Ihre Verdauung verbessern. Der Theorie zufolge reagieren bestimmte Nahrungsmittel negativ mit bestimmten Inhaltsstoffen der einzelnen Blutgruppen und sollten daher vermieden werden. Also: Finden Sie heraus, welche Blutgruppe Sie haben, und prüfen Sie, ob Ihnen der entsprechende Speiseplan zusagt.

Makrobiotisch: Angeblich die Diät der Wahl für Gwyneth Paltrow (und wer möchte nicht so fantastisch aussehen wie sie?). Eine knallharte, fettarme und ballaststoffreiche Diät aus Vollkornprodukten, Meeresalgen – igitt – und Körnern, die nach bestimmten Prinzipien zubereitet werden. Meine Güte. Diese Diät soll die Essgewohnheiten auf den Kreislauf der Natur abstimmen. Also Hardcore und nichts für Warmduscher.

Popcorn: Wenn man den Gerüchten Glauben schenken darf, hat Madonna diese Diät ausprobiert, die allerdings nicht unbedingt empfohlen wird. Es heißt, Popcorn enthalte jede Menge Ballaststoffe, wenig Fett und sei überall zu bekommen – und sei daher wie geschaffen für eine Diät. Vor allem, wenn Sie gerne ins Kino gehen. In Wirklichkeit sollte es natürlich nur Teil eines fettarmen Ernährungsplans sein.

... und noch ein paar Exoten

Perricones Programm: Lässt Sie von Lachs träumen und danach riechen, denn etwas anderes als Lachs (und Melone) dürfen Sie praktisch nicht essen. Dafür wird Ihnen versprochen, dass Ihre Haut jünger und »elastischer« aussehen wird.

Dr. Joshis Detox: Wird von Promis und den harten Jungs und Mädels geliebt. Allerdings brauchen Sie genug Zeit, um die Unmengen Gemüse zu schnippeln. Oder Sie leisten sich einen Koch.

Limonadendiät: Soll die Toxine im ganzen Körper abbauen und die Nieren und das Verdauungssystem grundlegend entschlacken. Sie ist genauso übel und brutal, wie sie klingt, und eine zehn bis 40 Tage während Strafe. Lesen Sie die Horrorgeschichten online.

Shangri-La: Hat sich ein Professor aus Berkeley ausgedacht, der auf die Idee kam, eine Stunde vor jeder Mahlzeit einen Löffel Olivenöl zu essen, um dem Körper vorzutäuschen, er sei nicht hungrig. Auf diese Weise isst man weniger und nimmt ab. Ist doch eine gute Alternative zum Kettenrauchen und Kaugummikauen.

Beyoncé entschied sich für die süße Variante und nahm mit der **Ahornsirupdiät** ab, schließlich brauchte sie für den Film *Dreamgirls* (2006) die richtige 60er-Jahre-Figur. Die Diät besteht aus Ahornsirup, gemischt mit Wasser, Zitronensaft und Cayennepfeffer, statt der üblichen Mahlzeiten.

»Ich empfehle das niemandem, es sei denn, man dreht einen Film und hat Leute, die einem helfen«, erklärte sie danach. »Man kann auch gesund abnehmen, wenn man abnehmen will, aber hier ging es um einen Film.« Sie war viel glücklicher, als sie ihre alten Kurven wiederhatte, für die sie berühmt ist. Und Hollywoodklischees hin oder her – wer hätte nicht gern ihre Traumfigur?

Ist es wirklich gesund oder nötig, sich in die neueste Diät zu stürzen, für die irgendein Teeniestar oder eine Promigattin die Werbetrommel rührt? Wollen Sie wirklich sooo aussehen?

Eine Diät auf der Liste der teuflischsten Diäten ist die **Kohlsuppendiät.** Ehrlich gesagt die gesellschaftsunverträglichste unter den Diäten und absolut VERBOTEN für jeden, der in einem Büro arbeitet (man stinkt), es sei denn, die Suche nach einem neuen Job steht auf der Vorsatzliste für Januar ganz weit oben.

Die Kohlsuppen- oder Neuer-Job-Diät

Zutaten:

   3 große Zwiebeln
   1 großer grüner Paprika
   1 Knolle Sellerie
   1 halber Kohlkopf
   1 Dose Tomaten in Stücken
   1 Packung Zwiebelsuppe
   2 Würfel Gemüsebrühe

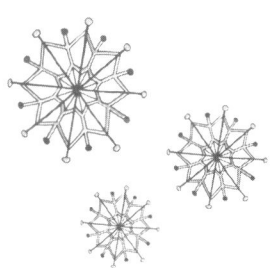

Zubereitung:

Das Gemüse klein schneiden oder, wenn Ihnen das lieber ist, mit dem Mixer pürieren. Sämtliche Zutaten in einen Topf geben und mit Wasser bedecken. Würzen und so lange köcheln lassen, bis das Gemüse weich ist. Fertig ist Ihre Giftbrühe für diese Woche. Die gibt's jetzt jeden Tag.

Wenn Sie diesen Monat schon dabei sind zu entschlacken, dann sehen Sie sich doch um, was sich noch entschlacken ließe – an Taxifahrten, lausigen Dates oder SMS-Overload.

4. Januar

Jakob Grimm, der eine von den beiden Grimm'schen Märchenonkeln, wurde 1785 geboren. Lesen Sie ihm zu Ehren *Dornröschen*.

Über die Kunst, sich schriftlich zu bedanken

Sie haben genug von den Wiederholungen im Fernsehen und/oder den Verwandtenbesuchen? Dann nutzen Sie die ersten Januartage, um sich hinzusetzen und ein paar nette Worte zu schreiben.

Dankeskarten sollten im Idealfall handgeschrieben und nicht später als eine Woche nach dem Ereignis oder dem Eingang des Geschenks abgeschickt werden. Schreiben Sie eine Karte oder einen Brief. Vielleicht gönnen Sie sich ja ein hübsches Briefpapier! Worauf Sie auch schreiben, schreiben Sie, bevor Sie zurück ins Büro oder in die Schule müssen und alle Hände voll zu tun haben, das aufzuholen, was in der Vor-Weihnachtshektik unterging.

Eine SMS zählt übrigens nicht als ordentliches Dankschreiben.

Worauf man bei Briefen achten sollte

Schreiben Sie Briefe. Damit stellen Sie nicht nur Ihre umwerfenden Umgangsformen zur Schau, sondern Sie können sich beim Gang zum Briefkasten darauf freuen, neben den üblichen lästigen Postwurfsendungen und Rechnungen auch den ein oder anderen persönlich an Sie geschriebenen Antwortbrief vorzufinden.

Das Handwerkszeug

Beim Schreibwerkzeug kommt es ganz drauf an, womit Sie sich am wohlsten fühlen. Das kann ein normaler Kugelschreiber sein oder ein schicker Montblanc-Füller. Jedem Handwerker sein Handwerkszeug, legen Sie sich also Briefpapier zu. Das kann vom Schreibwarenhändler um die Ecke sein oder das Beste vom Besten von Smythson in der Bond Street in London – *www.smythson.com* – oder Kate's Paperie in New York – *www.katespaperie.com*. Es lohnt sich, *www.mountaincow.com* anzuklicken oder *www.hazlitz.com* zu besuchen und zu sehen, wo Chelseas Schickeria ihre Dankeskarten einkauft. Das Tüpfelchen auf dem i ist natürlich ein persönliches Siegel – Sie können es, samt dem dazugehörigen Wachs, bei *www.citycoseals.co.uk* bestellen.

Satzzeichen

Rechtschreibung und Satzzeichen müssen sitzen, haben Sie also bitte ein Auge darauf. Schlagen Sie im Duden nach oder besorgen Sie sich *Hier steht was alle suchen – Eats, Shoots and Leaves – Bärenstark in Zeichensetzung. Englische & deutsche Interpunktion* von Lynne Truss und Käthe Fleckenstein (Übersetzerin). Damit Sie auch in englischer Interpunktion fit sind …

Machen Sie's wie Jane Austen

Am 28. Januar 1813 erschien Jane Austens Roman *Stolz und Vorurteil,* der unzählige Male verfilmt wurde und die Blaupause für jede zweite britische Komödie liefert – darunter auch für Bridget Jones' Tagebuch. Doch zurück zum Original: Die Heldinnen dieses Romans waren eifrige Briefschreiberinnen, wie es sich für junge Damen damals gehörte.

In dem Buch kommen 21 Briefe vor, darunter Darcys infamer Versuch, seinen Namen gegenüber Miss Elizabeth reinzuwaschen. »Gnädiges Fräulein, erschrecken Sie nicht vor dem Gedanken, dieser Brief würde jene Angebote wiederholen, die Sie gestern Abend so entsetzten«, beginnt Darcy, bevor er seinen Streit mit Wickham erklärt, seinen abgewiesenen Antrag schönredet und sein Verhalten zu rechtfertigen versucht.

Als der Roman veröffentlicht wurde, verstieß Darcys Brief an Elizabeth weitaus mehr gegen die guten Sitten, als wir das heutzutage nachvollziehen können. Junge Leute (also Leute im heiratsfähigen Alter und auf dem Heiratsmarkt – eine Nonne, die an einen Mönch schrieb, hätte keinen Skandal ausgelöst), die nicht verwandt waren, schrieben sich einfach keine Briefe, es sei denn, sie waren miteinander verlobt.

»Aber ein Briefwechsel … ließ sich durch nichts anderes rechtfertigen«, ist Elinor Dashwood in *Verstand und Gefühl* klar, als sie sich in einem ähnlichen Briefdilemma befindet. Kein Wunder also, dass Elizabeth Bennet den Brief nicht beantwortet – es ist schlicht unmöglich. Was hätten die Leute gedacht?

In *Stolz und Vorurteil* flirtet Caroline Bingley aufs Widerlichste mit Darcy: »Für mich steht fest, dass jemand, der mit Leichtigkeit so lange Briefe schreibt, nichts Unangenehmes schreiben kann.« Mag sein. Aber bitte, schreiben Sie einen ordentlichen Brief, wenn Sie schon einen Brief schreiben. Achten Sie auf die richtige Zeichensetzung, Rechtschreibung und Lesbarkeit – das gilt für Inhalt wie Handschrift. Damit der Empfänger hingerissen ist.

Ach du lieber Himmel

Sie haben ein Familienwappen? Dann drucken Sie es doch auf Ihr Briefpapier! (Entweder über der Adresse, die dann zentriert stehen sollte, oder in die obere, linke Ecke.)

Allerdings ist nichts ätzender, als ein Wappen zu verwenden, wenn man keinen Anspruch darauf hat. Was heutzutage leider sehr häufig vorkommt.

Wenn Sie kein Wappen haben, können Sie sich immer noch eins für Ihren Briefkopf basteln – wie wär's mit einem schicken Schuh oder einem frechen Engel?

Briefumschläge

… sind ein bisschen wie Slips, BHs oder Socken, sie müssen einfach passen. Also bitte Briefumschlag und Briefpapier beziehungsweise -karte aus demselben Set verwenden! Das ist besonders wichtig bei förmlichen Schreiben.

Denken Sie bitte, wenn Sie den Umschlag beschriften, auch an den Postboten. Schreiben Sie die Adresse samt Postleitzahl stets deutlich und gut lesbar. Auf so einem Postamt herrscht ziemlicher Betrieb und eine Angabe wie »Traummann, Peckham, London« kann sich als problematisch erweisen.

Zur Adresse auf dem Umschlag gehört die richtige Anrede, sei es Herr, Frau, Fräulein, Dr., Prof. oder was auch immer. Vor allem bei formellen und offiziellen Schreiben darf ein eventueller Titel nicht fehlen.

Briefmarken

Frankieren Sie Ihre Post immer ausreichend.

Sie sind sich nicht sicher, ob Ihr Brief nicht zu viel wiegt? Lassen Sie ihn auf dem Postamt wiegen. Eine unfrankierte Karte zu verschicken ist ein unverzeihlicher Fauxpas.

Knausern Sie auf keinen Fall mit Zeit und Geld, wenn Sie Geschenke oder wichtige Dokumente verschicken. Gehen Sie bitte auf das Postamt und warten Sie in der Warteschlange, um das Paket – ob nun gegen Zustellungsbescheinigung oder per Eilzustellung – zu verschicken. Ginge das Päckchen verloren, wäre all die Mühe umsonst gewesen. Gehen Sie auf Nummer sicher und Sie schlafen ruhig.

Aufgepasst: Prüfen Sie *stets,* wie lange die Sendung braucht, und berücksichtigen Sie das, wenn Sie Ihr Paket abschicken. Beziehen Sie Verzögerungen in Ihre Planung mit ein. Langer Rede, kurzer Sinn: Ihre Weihnachtspost sollte spätestens bis zum 8. Dezember im Briefkasten sein.

Jane Austen

Es ist eine allgemein anerkannte Wahrheit ... dass Sie, wenn Sie noch nie von Jane Austen gehört haben, auf einem anderen Planeten leben müssen. Charlotte Brontë war kein Fan und Mark Twain knurrte: »Jede Bibliothek, die kein Buch von Jane Austen enthält, ist eine gute Bibliothek.« Miau. Glücklicherweise sehen das eine ganze Menge Bibliotheken anders, denn mit ihren Geschichten über die Prüfungen und Kümmernisse der Liebe und der Ehe, ihrem beißenden Witz und ihren Sozialsatiren erfreut sie seit über 200 Jahre die Leser und ist eine Quelle der Inspiration für unzählige Nachdichtungen und Verfilmungen. Nicht schlecht für eine Frau, die mit 41 Jahren als – für damalige Zeiten – alte Jungfer starb und ihre Bücher aus gesellschaftlicher Rücksichtnahme anonym veröffentlichen musste.

Lesen Sie ihr zu Ehren in diesem Monat eines ihrer Bücher, leihen Sie sich eine DVD aus oder schreiben Sie einen Brief statt einer SMS. Denken Sie daran: Die Inspiration kann man überall finden, sogar zu Hause.

Ihr Leben und ihre Zeit

Jane Austen wurde am 16. Dezember 1775 in Hampshire, England, geboren. Das war die Zeit der napoleonischen Kriege, der Liebesaffäre zwischen Emma Hamilton und Horatio Nelson, der Bilder Constables und der Gedichte Byrons. Der Dandy Beau Brummell und die schiere Dekadenz der Zeit unter George IV., der damals noch Prinzregent war, waren *die* Themen. Die Mode war durchaus elegant, jedoch zurückhaltend. Reifröcke, hohe Perücken und dickes Make-up waren »out«, ein ländlich-pastoraler, klassischer Look war »in«: engelsgleiche Empire-Kleider, Hauben und Bänder, und das alles sehr britisch.

Jane war das siebte von acht Kindern. Ihre Vater, George Austen, war Pfarrer in der durchaus wohlhabenden Pfarrei Steventon. Sie besuchte kurz Mrs. Cawley's Academy, bis sie Typhus bekam. Anschließend wurde sie zu Hause unterrichtet. Als ihre Schwester Cassandra in die Abbey School nach Reading geschickt wurde, bestand Jane darauf, auch

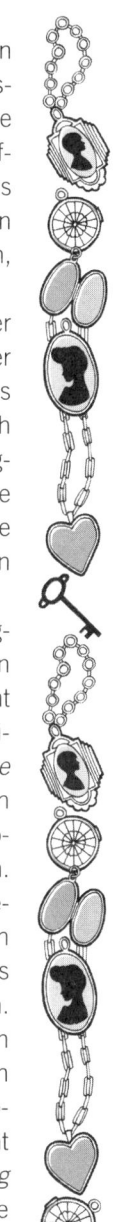

diese Schule zu besuchen. Ihr Vater ermutigte sie, lesen und schreiben zu lernen, und trug mit seiner umfangreichen Bibliothek dazu bei, Wissenslücken zu füllen und die Liebe zur Literatur zu wecken. Sie liebte Byron, Wordsworth und Fanny Burney (die anfangs auch anonym veröffentlichte und deren Identität erst nach dem Erfolg ihres ersten Romans *Evelina* enthüllt wurde, worauf sie über Nacht berühmt wurde). Austen jedoch schrieb:»Gerade eine Frau, die das Unglück hat, viel zu wissen, täte gut daran, es möglichst zu verbergen.«

In ihren Romanen liefert Austen ein Porträt des Zeitgeists und ihrer Gesellschaftsschicht. Wie die Bennets gehörten sie und ihre Schwester der wohlhabenden Mittelschicht an und waren unverheiratet, da sie als keine guten Partien erachtet wurden – ihr Vater konnte ihnen nämlich keine große Mitgift geben. Die Pfarrhäuser und Landhäuser Südenglands, wo sie aufwuchs, finden sich in ihren Büchern genauso wieder wie die Erfahrungen ihrer Brüder, die beide als junge Offiziere bei der Marine dienten. Heute leben halbe Städte wie Bath, Chawton und Steventon von Touristen, die wissen wollen, wo Jane Austen lebte und schrieb.

Sie gab dem reichen, aber »riesigen und ungelenken« Harris Bigg-Wither einen Korb, weil er nicht »der Richtige« sei. Zuvor hatte sie ein Techtelmechtel mit dem Iren Tom Lefroy. Daraus wurde jedoch nicht mehr, weil seine Familie wünschte, er solle ein reicheres Mädchen heiraten – das Thema des Films *Becoming Jane,* auf Deutsch: *Geliebte Jane.* »Bei diesem melancholischen Gedanken fließen mir die Augen über«, gestand sie ihrer Schwester. Nach diesem herben Schlag gelobte sie, ihre Herzensangelegenheiten in Zukunft schriftlich festzuhalten. Ihr Vater ermutigte sie dabei und versuchte tatsächlich nie, sie zu zensieren, unter die Haube zu bringen oder zu zwingen, sich gesellschaftlich anzupassen. Er schrieb 1797 sogar an einen Londoner Verleger, Thomas Cadell, um ihren ersten Roman, *First Impressions,* zu veröffentlichen. Als ihr Vater aufhörte zu arbeiten, zog die Familie nach Bath, einen Badeort, der sehr in Mode war und den sie verabscheute, bis sie sich erneut verliebte. Leider hatte das Schicksal sich gegen sie verschworen und ihr neuer Verehrer starb, kurz nachdem sie sich kennengelernt hatten. Wahrscheinlich inspirierte sie dieses Herzeleid zu *Überredung* (englisch: *Persuasion*) – rufen Sie sich das ins Gedächtnis, wenn Sie

wieder mal auf dem Sofa liegen, Schokolade in sich hineinstopfen und in Selbstmitleid ertrinken, weil niemand anruft. Können Sie sich diese Trostlosigkeit in einer Welt ohne Handys vorstellen?

Als 1805 plötzlich der Vater starb, standen die Austen-Frauen wie die Heldinnen in *Verstand und Gefühl* ohne Einkommen da und waren von ihren Verwandten abhängig. Aber Jane ließ sich nicht unterkriegen und verdiente sich ihr Geld selbst. Sie schrieb an ihre Brüder: »Ich habe mir mit dem Schreiben 250 Pfund verdient, was nur das Verlangen nach mehr weckt.« Ob es ihr gelungen wäre, durch ihre Romane ein schuldenfreies Leben zu führen, so wie ihre Heldinnen?

Ihre Gesundheit verschlechterte sich rapide, als sie im Januar 1817 die Arbeit an ihrem letzten Roman *Sanditon* begann, den sie leider nicht mehr fertigstellen konnte. Sie starb am 18. Juli 1817, wahrscheinlich an der Addison-Krankheit. Sie wurde in der Winchester Cathedral begraben. Das Geheimnis um die Autorenschaft ihrer Werke wurde erst nach ihrem Tod gelüftet.

Das Werk

Verstand und Gefühl, 1811

Wurde ursprünglich unter dem Titel *Elinor and Marianne* veröffentlicht. Jane Austen wählte kein Pseudonym, um ernster genommen zu werden. Als Verfasser war stets »By a Lady« angegeben, das reichte ihr. Sie erhielt gute Kritiken und verdiente mit der ersten Ausgabe 140 Pfund. Der Roman wurde bereits viermal verfilmt, unter anderem unter dem Titel *Sinn und Sinnlichkeit* 1995 von Ang Lee mit Kate Winslet und Emma Thompson in den Hauptrollen (die auch den Oscar für das beste adaptierte Drehbuch erhielt). Die *New York Times* bezeichnete Austen nicht ganz unpassend als die posthume Königin des Regency-Kinos.

Stolz und Vorurteil, 1813

Ursprünglich unter dem Titel *First Impressions* veröffentlicht und zweifelsohne ihr berühmtester Roman, den sie selbst als ihr »Lieblingskind« bezeichnete. Sie verkaufte die Rechte für einen damals fürstlichen Preis von 110 Pfund an Mr. Egerton von der Military Library, Whitehall. Der Roman inspirierte sechs Filmversionen, darunter die oscarnominierte

Adaption von 2005 mit Keira Knightley (die für ihre Arbeit wesentlich mehr erhielt als 110 Pfund) und die Bollywoodversion *Bride and Prejudice* (auf Deutsch: *Liebe lieber indisch*). Und er war die Anregung für *Bridget Jones – Schokolade zum Frühstück*.

Mansfield Park (1814)

Die Heldin, Fanny Price, ist bekannt für ihre tiefen Gefühle, ihre »Empfindsamkeit«, ein schwer zu fassender Charakterzug, der (am Ende des 18. Jahrhunderts) als positiv betrachtet wurde und absolut en vogue war. Die erste Auflage war nach sechs Monaten verkauft. Austen wurde immer beliebter und ein immer größerer Kreis wusste, dass sie die Autorin war.

Emma (1815)

Inzwischen war Jane Austens Werk auch ins Blickfeld des Prinzregenten (des späteren George IV.) geraten, der sie wissen ließ, er erlaube ihr, ihm einen Roman zu widmen. Darauf hätte sie zwar gerne verzichtet, da sie seinen Lebensstil missbilligte, aber ihre Familie erläuterte ihr, dass die »Erlaubnis« eines Prinzregenten als Befehl zu verstehen sei. Pflichtschuldigst widmete sie ihm *Emma* – allerdings nicht ohne die Austen-typische Ironie: »Seiner Königlichen Hoheit / dem Prinzregenten / widmet dies Werk / mit Erlaubnis Seiner Königlichen Hoheit / in tiefster Ehrfurcht / Seiner Königlichen Hoheit / gehorsamst ergebene Dienerin / die Autorin.«

Dafür durfte sie dann Canton House besichtigen, seine prachtvolle Londoner Residenz. *Emma* wurde fünfmal verfilmt, darunter die Adaption von 1995, *Clueless – Was sonst!*, in der die Geschichte in die heutige Zeit und in die Mall verfrachtet wurde.

Die Abtei von Northanger (1817)

Der erste Roman, den sie verkaufte. Nach Aussage ihrer Schwester sollte er *Susan* heißen. Der Verleger aus Bath, der das Buch für zehn Pfund kaufte, saß viele Jahre auf dem »Werk der Lady«, bis es der Bruder der Lady 1817 für denselben Betrag zurückkaufte, natürlich ohne zu verraten, dass es sich bei der anonymen Autorin um dieselbe handelte, die bereits vier populäre Bücher verkauft hatte.

Der arme Verleger ahnte nicht, dass er jahrelang einen Bestseller im Regal hatte. Der Roman spielt in Bath und spiegelt zweifelsohne die Erlebnisse der Autorin wider. Wie in ihren anderen Büchern wird auch hier vor der Gefahr gewarnt, Leben und Kunst zu verwechseln, und die Heuchelei der Gesellschaft veräppelt.

Überredung, (1817)

Wurde posthum zusammen in einem Band mit *Die Abtei von Northanger* veröffentlicht und enthielt eine von ihrem Bruder Henry geschriebene biografische Anmerkung, welche die Identität der Autorin lüftete. Die *Überredung* ist ihr letztes vollendetes Buch und spielt – wie *Die Abtei von Northanger* – in Bath, wo sie von 1801 bis 1805 lebte. Sie wollte den Roman in Anspielung auf die Reue der Heldin – und ihre eigene Liebesgeschichte – *The Elliots* nennen.

Warum besuchen Sie bei Ihrem nächsten Englandurlaub nicht Bath – das Jane-Austen-Festival findet im September statt.

Berühmte Zitate

»Ich ziehe es vor, wenn die Menschen nicht liebenswürdig sind. Das erspart mir die Unannehmlichkeit, sie zu mögen.«

»Obwohl ich so viele Stunden damit verbracht habe, mich zu überzeugen, dass ich das Richtige tue, besteht da nicht dennoch ein Grund zur Befürchtung, dass ich mich vielleicht doch falsch verhalte?«

»Es gibt auf dieser Welt gewiss nicht ebenso viele Männer mit einem großen Vermögen, wie es hübsche Frauen gibt, die sie verdienen.«

»Aber wenn nun mal eine junge Dame zur Heldin vorausbestimmt ist, kann selbst diese Absonderlichkeit von 40 benachbarten Familien es nicht verhindern. Etwas muss und wird geschehen, um einen Helden in ihren Weg zu führen.«

Über die Freuden des Lesens und wie man einen Leseclub gründet

Sie sollten *niemals* ein schlechtes Gewissen haben, wenn Sie es sich mit einem guten Buch gemütlich machen. Nehmen Sie sich die Zeit dafür. (Klatschzeitungen zählen übrigens nicht.) Wer regelmäßig lesen möchte, fährt am besten, wenn er bei einem Leseclub mitmacht. Das müssen Sie sich in etwa so wie in dem Buch/Film *Der Jane Austen Club* vorstellen: Man trifft sich reihum, einigt sich auf ein Buch, das man gemeinsam liest, und redet darüber. Sie haben keine Lust darauf, mit fremden Menschen über Bücher zu sprechen, auch wenn Sie dabei einen nachdenklichen Bücherwurm kennenlernen könnten, der Sie Schokoladenplätzchen knabbernd mit den Augen verschlingt? Dann gründen Sie doch Ihren eigenen Leseclub. Schicken Sie ein paar gleichgesinnten Freunden eine Mail und los geht's.

Was Bücher angeht, sind die Geschmäcker genauso verschieden – und verschroben – wie bei Partnern. Versuchen Sie, sechs bis acht Freunde aufzutreiben, die einen einigermaßen ähnlichen (Literatur-)Geschmack haben wie Sie. Und immer dran denken: Hier geht es nicht um ein vorgeschriebenes Schulprojekt, sondern um ein Freizeitprogramm, das hoffentlich zu jeder Menge angeregter Diskussionen führt. Und das ist weitaus besser, als Stunden vorm Fernseher oder am Telefon zu verschwenden, und auch viel billiger …

Sobald Sie Ihre Gruppe zusammenhaben, brauchen Sie nur noch einen geeigneten Termin und einen Treffpunkt – entweder abwechselnd zu Hause oder in einem Restaurant oder einer (nicht zu lauten) Kneipe. Aber bleiben Sie streng, Sie treffen sich, um über das Buch zu sprechen. Es ist bestimmt eine angenehme Abwechslung, mal einen Abend lang nicht zu diskutieren, warum Ihre Mitbewohnerin Single ist/eine neue Diät ausprobiert/ihren Job hasst. Es ist doch viel netter, herauszufinden, wie Marianne und Elinor

Dashwood es schaffen, über die Runden zu kommen, oder warum Caroline Bingley ein solches Ekelpaket ist und Janes Glück zerstören möchte. Und dann wäre da noch die Sache mit Lizzie Bennet: Wie soll sie sich nur Mr. Wickham gegenüber verhalten – oder soll sie sich lieber dem zugeknöpften Mr. Darcy zuwenden? Ja, so ein richtig gutes Buch ist nicht zu schlagen.

Entscheiden Sie sich gemeinsam für die Bücher, die Sie lesen, und geben Sie bei der Auswahl acht, dass Ihnen die Mitglieder nicht an der Startlinie abhanden kommen. Sie könnten zwischen Gegenwartsliteratur und Klassikern, schwerer und leichter Kost abwechseln. Die Auswahl des richtigen Buchs kann genauso wichtig sein wie das Lesen und das Auseinandernehmen … sorry, ich meinte natürlich die Auseinandersetzung damit.

Schauen Sie sich entsprechende Büchersendungen im Fernsehen an und suchen Sie in den Literaturbeilagen Ihrer Lieblingszeitungen nach Anregungen. Oder lesen Sie ein Buch, das gerade verfilmt wurde.

Sie sammeln Antiquitäten? Warum greifen Sie dann nicht zu Romanen, die in Ihrer Lieblingsepoche spielen? Und wer am liebsten mit dem Finger auf der Landkarte verreist, kann die Welt durch die Augen und Erzählungen anderer sehen. Sie mögen Biografien? Dann finden Sie sicher auch an Tagebüchern Gefallen. Aber bitte bleiben Sie nicht an einem Genre oder einer Erzählhaltung hängen. Es empfiehlt sich auch, sich die Bestseller näher anzusehen, die in den diversen Zeitungen und Läden angeboten werden. Lesen Sie zumindest den Klappentext durch. Und gehen Sie so oft in die Leihbücherei wie zu Starbucks. Sie sind noch kein Mitglied? Dann aber los! Das ist die wichtigste Membercard überhaupt! Außerdem können Sie damit ein Vermögen sparen. Wenn Sie allerdings gerne Ihre Anmerkungen in ein Buch kritzeln, müssen Sie sich ein eigenes Exemplar kaufen.

Gute Lesetipps bekommen Sie nicht nur in Ihrer Bücherei oder Ihrer Buchhandlung um die Ecke, sondern auch bei Online-Händ-

lern. Klicken Sie bei *www.amazon.de* rein, Sie können dort nicht nur
die meisten Bücher kaufen und sich die Leserkritiken ansehen, Sie
bekommen zusätzlich Vorschläge, was Ihnen noch gefallen könnte,
wenn Sie sich für dieses oder jenes Buch interessieren.

Aller Anfang ist nicht schwer

Bringen Sie zu Ihrem ersten Leseabend eine Liste mit etwa fünf
Büchern mit, die Sie gelesen haben und heiß und innig lieben.
Und eine Liste mit drei Büchern, die Sie wahnsinnig gerne lesen
würden. Ein Beitrag zur Klärung, was Ihnen gefällt und was Sie gemeinsam haben. Warten Sie ab, was die anderen vorschlagen. Ein
Titelvorschlag wird mit Augenrollen begrüßt? Dann gilt es zu überlegen, ob a) das das Buch ist, das Sie lesen möchten, oder b) das die
richtige Zusammensetzung für Ihren Leseclub ist.

Der Roman *Der Jane Austen Club* von Karen Joy Fowler gibt Ihnen
einen guten Einblick, wie so ein Leseclub abläuft. Vielleicht wäre
das auch ein gutes erstes Buch.

Der Club, um den es in diesem Buch geht, wird von Jocelyn in
Sacramento Valley, Kalifornien, gegründet, also über 1000 Kilometer von Austens Originalschauplätzen entfernt. Doch hier werden
ihre Romane von einem bunten Gemisch neuer Charaktere disku-
tiert. Das Buch verknüpft das Leben der heutigen Clubmitglieder
mit Austens Romanen. Jeder Monat ist einem anderen Austen-Buch
gewidmet, und jeden Monat gibt ein anderer aus der Gruppe eine
Schwachstelle preis. Die perfekte Mischung – man erfährt, wie man
einen Leseclub gründet, wie die Treffen ablaufen und die Diskussionen, und nicht zuletzt erfährt man einiges über Jane Austen.

Aber keine Panik, so viel »Selbsterfahrung« muss nicht sein. Ihr
Leseclub kommt auch mit weniger Nabelschau aus als der in Fow-
lers Buch. Und Ihr Club muss sich auch nicht auf einen Autor beschränken. Nur zwei Regeln gilt es eisern einzuhalten: Die Treffen
müssen regelmäßig stattfinden, und jeder muss das Buch lesen.

Sie können natürlich immer ein Tagebuch vorschlagen wie *Bridget*

Jones – Schokolade zum Frühstück oder *Belle de Jour: Die intimen Aufzeichnungen eines Londoner Callgirls.* So anerkennenswert ein Vorschlag wie Samuel Pepys' Tagebuch auch sein mag, Ihre Freunde werden bei der ersten Schwierigkeit aussteigen. Gehen Sie es lieber etwas langsamer an.

Warum nicht mit einem Buch, das in London spielt? Oder eben in Ihrer Heimatstadt oder Gegend? Wählen Sie für jeden Monat ein Thema und suchen Sie dazu ein passendes Buch. Ideal ist natürlich ein Buch, das noch niemand aus der Gruppe gelesen hat.

Sie haben sich auf einen Titel geeinigt? Dann verabreden Sie einen Termin, zum Beispiel in einem Monat, an dem Sie sich wieder treffen und darüber reden – so wie Sie über ein Date, Ärger im Büro oder eine Lieblingssendung reden würden.

Der Abend selbst

Es geht nicht nur ums Lesen, sondern auch um die Geselligkeit – um das Treffen Gleichgesinnter. Sie sind der Gastgeber? Dann greifen Sie doch für den Abend Themen aus dem Buch auf. Um bei unserem Beispiel *Der Jane Austen Club* zu bleiben: Wäre es besser, mit einem hübschen Service, Earl Grey und Gurkensandwiches auf »Ye Olde Austen England« zu setzen, oder wäre ein Sofa in einem Starbucks als Anerkennung des amerikanischen Elements die bessere Wahl? Es bleibt Ihnen überlassen, das richtige Setting für das Buch zu finden. Seien Sie originell und erwecken Sie das Buch zum Leben. Machen Sie den Abend zum Event, dann kommen Ihre Gäste bestimmt und hängen sich rein, wenn sie selbst als Gastgeber dran sind.

 *Lesefutter*

Wie es uns gefällt
von Peter Ackroyd

Warum

Liebe, Wahnsinn und Shakespeare, spielt im London des 18. Jahrhunderts, beruht auf einer wahren Geschichte, geschrieben von einem preisgekrönten Autor.

In diesem Buch erzählt Ackroyd die Geschichte der Lambs, eines Geschwisterpaars, die Shakespeare einem breiteren Publikum zugänglich machten, indem sie seine Stücke neu – und für ein jüngeres Publikum verständlicher – schrieben. Doch Ackroyd geht es nicht nur um diese literarische Leistung, sondern um die zunehmende geistige Umnachtung der Schwester. Er verknüpft die wahre Geschichte der Lambs mit der fiktiven Geschichte eines geheimnisvollen Buchhändlersohns, der den größten Schatz überhaupt findet – ein unveröffentlichtes Werk Shakespeares.

Wer

Peter Ackroyd (geboren am 5. Oktober 1949) wuchs in einer Sozialwohnung im Londoner Westen auf und erhielt Stipendien in Cambridge und Yale. Er schrieb mehrere preisgekrönte Bücher, darunter die historischen Romane *Die Clerkenwell-Erzählungen* und *Der Fall des Baumeisters,* und das brillante *Chatterton.* Dabei kann er Preisverleihungen und Kokolores nicht ausstehen. An dem Tag, an dem er mit seinem Sachbuch *London,* übrigens ein Bestseller, fertig wurde, erlitt er einen Herzinfarkt und lag eine Woche im Koma. Trotz seiner Vorliebe für Biografien und die Erforschung des Lebens anderer spricht er nicht gerne über sich selbst. 2004 erklärte er dem *Guardian* gegenüber: »Ich finde mich als Mensch ehrlich gesagt uninteressant und die Einzelheiten meines Lebenslaufes langweilig. Das Ganze ließe sich problemlos in ein paar Worten oder einem Satz zusammenfassen: Kam aus dem Nichts. Autodidakt. Glück. Energie. Neugierde. Ehrgeiz. Das wär's.«

Die Story

Auch wenn Sie Shakespeares Stücke seit der Schulzeit nicht mehr gelesen haben, sollten Sie diese zu Hause stehen haben. Wer sich näher mit seinem Werk beschäftigte, stieß sicher auf Charles und Mary Lambs *Shakespeare für jedermann,* das erstmals 1807 veröffentlicht wurde. Sie schrieben kurze, gut lesbare Zusammenfassungen von 20 Werken Shakespeares, wobei Charles die Tragödien übernahm und Mary die Komödien.

Ackroyd erzählt die Geschichte, wie sie auf die Idee kamen, dieses Buch zu schreiben. Dabei vermengt er auf eine spannende Weise Fakten und Fiktion.

Als Kinder eines Rechtsanwaltsgehilfen führen sie ein angenehmes Leben, allerdings ist Mary Lamb größtenteils auf das Haus beschränkt und darf – wie alle ehrenwerten Damen ihrer Zeit – keinen Beruf ausüben. Sie ist unverheiratet (die Gründe werden später enthüllt). Sie lebt mit ihrem alten Vater, seiner neuen Frau und ihrem jüngsten Bruder in London. Sie flüchtet sich in Bücher, vor allem in Shakespeare.

Der einzige Mensch, der sich wirklich für sie interessiert, ist ihr Bruder Charles, ein aufstrebender Essayist und Dichter, der gelegentlich mit ihr zu Hause kleine Aufführungen des Barden auf die Bühne bringt. Doch Charles Lamb ist dem Alkohol zugeneigt und ein Spieler und wird relativ früh im Roman von einem gewissen William Ireland in einem desolaten Zustand zu Hause abgeliefert.

Als Gentleman sieht Lamb auf Ireland, den Sohn eines antiquarischen Buchhändlers, herunter. Seine Schwester jedoch freundet sich mit ihm an und beginnt ihn in seinem Antiquariat zu besuchen. Eine unschuldige Romanze nimmt ihren Anfang. Bald darauf verrät Ireland Mary, ein geheimnisvoller Herr habe ihm einige Originalmanuskripte Shakespeares anvertraut, darunter ein unveröffentlichtes Werk. Er liest ihr aus dem neu entdeckten Stück vor, und Mary ist hin und weg. Ireland wird der Liebling Londons, jeder will seinen Schatz sehen, aber die Meinungen darüber, ob das Werk echt ist, gehen auseinander.

Ireland ist zwar eine Erfindung Ackroyds, die Lambs jedoch gab es wirklich, und Ackroyd greift in seinem Buch auf dramatische Ereignisse ihres Lebens zurück. Überfordert von der Pflege ihrer Familie, erlitt die echte Mary Lamb einen Nervenzusammenbruch und erstach in einem Anfall von geistiger Umnachtung ihre Mutter mit einem Küchenmesser. Als 1799 ihr Vater starb, löste Charles seine Verlobung, um sich um seine kranke ältere Schwester zu kümmern, bevor er sie in ein Heim einweisen ließ. Sie hatte niemanden außer ihm. Ackroyd spielt vielleicht ihre geistige Verwirrung herunter, aber der Liebeskummer und die Verzweiflung wegen William Ireland trugen zu ihrem Elend bei und lieferten die Motivation für die Geschwister, ihre Shakespeare-Geschichten zu schreiben. Lesen Sie das Buch und entscheiden Sie selbst, ob Sie Irelands Geschichte glauben oder den Geschichten der Lambs.

Der Abend

Wie wär's mit einem Buchladen, vielleicht einem Antiquariat – als Hommage an Irelands antiquarische Buchhandlung? Reichen Sie dazu englischen Kuchen und einen leichten Tee. Oder britisches Ale. Seien Sie in letzterem Fall aber vorsichtig, Ihre Gäste könnten müde werden, und ein langer Heimweg ist dann ein Problem.

Alternative Bücher über London:

Solange du lügst von Sarah Waters
Brick Lane von Monica Ali
Der Buddha aus der Vorstadt von Hanif Kureishi
Zähne zeigen von Zadie Smith

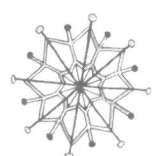

5. Januar

Die zwölfte Nacht – das ist der zwölfte Tag nach Weihnachten und der ideale Abend, um sich wieder einmal William Shakespeares *Zwölfte Nacht* durchzulesen, auch als *Was ihr wollt* bekannt. Das Stück wurde 1602 in Auftrag gegeben, um in der Middle Temple Hall die zwölfte Nacht zu feiern.

In dieser Nacht gibt es im Theatre Royal, Drury Lane, London, für alle Schauspieler Baddeley-Kuchen. Dies geschieht zur Erinnerung an Robert Baddeley, einen Konditor, der Komödiant wurde und dem Theater einen bestimmten Geldbetrag mit der Auflage vererbte, davon jede zwölfte Nacht nach Weihnachten den Schauspielern Wein und Kuchen zu spendieren. Baddeley starb 1794. Die Schauspieler sind ein abergläubisches Volk und halten seither an diesem Brauch fest. Und wenn sie in Stimmung sind, werfen sie sich dazu in die entsprechenden Kostüme.

Zwei gerne zitierte Shakespeare-Zitate stammen aus diesem Stück und eignen sich wunderbar als Motto.

»Fürchte dich nicht vor Größe, einige werden groß geboren, andere arbeiten sich zur Größe empor«, liest Malvolio aus Olivias Brief – II. Akt, 5. Szene.

»Gesuchte Liebe ist gut, aber ungesucht geschenkt ist sie noch besser«, sagt Olivia, als sie vergeblich Cäsario/Viola umwirbt – III. Akt, 1. Szene.

Sie haben keine Zeit, *Was ihr wollt* zu lesen? Hier die Highlights:
Die – wenn auch bittersüße – Komödie beginnt mit dem wunderbaren Satz »Wenn Musik die Nahrung der Liebe ist, so spielt fort«. Es geht um die Suche nach Liebe, und die Verwirrung entsteht wegen einiger Verwechslungen.

Das Stück spielt in dem italienischen Hafen Illyrien. Die Zwillinge Viola und Sebastian werden getrennt, als ihr Schiff Schiffbruch erleidet. Viola wird an Land gespült und glaubt, ihr Bruder sei tot. Sie verkleidet sich als Junge, um zu überleben und für Orsino, den Herzog von Illyrien, arbeiten zu können.

Orsino sehnt sich nach der Liebe seiner Nachbarin, der schönen Gräfin Olivia, und schickt seinen neuen Pagen und Vertrauten Cäsario (Viola), um für ihn um ihre Gunst zu werben. Das Problem ist nur, dass sich Olivia in Cäsario (Viola) verliebt, *nicht* in Orsino – während Viola sich in Orsino verliebt. Hmm.

Als würde das an Komplikationen nicht reichen, taucht auch Sebastian auf, der von Kapitän Antonio gerettet wurde und von diesem Geld geliehen bekam, um sich durchzuschlagen. Inzwischen bricht bei Olivia das Chaos aus, als ihr Onkel Sir Tobias Rülps Olivia zunächst zu seinem eigenen finanziellen Vorteil verheiraten will, um sich dann mit dem Kammermädchen Maria einzulassen. Die beiden fälschen einen Liebesbrief von »Olivia« und schicken ihn an ihren Verwalter, den eingebildeten Malvolio. Malvolio beißt an und glaubt, seine Herrin, Olivia, habe ein Auge auf ihn geworfen. Wofür er schrecklich büßt. Malvolio macht sich in den gelben Strümpfen mit den überkreuzten Strumpfbändern so lächerlich, dass Olivia und auch das Publikum ihm seinen Hochmut vergeben.

Ach ja, zurück zur Hauptgeschichte … kaum wendet man ihr fünf Minuten den Rücken zu, wird es schon sehr unübersichtlich. Olivia trifft Sebastian, hält ihn für Cäsario (Viola) und schleppt ihn praktisch vor den Altar. Sebastian, der das alles großartig findet – die temperamentvolle, wenn auch etwas sehr ungenierte Lady hat es ihm angetan –, setzt sich nicht zur Wehr.

Nachdem ein paar Fragen geklärt sind – dabei geht es um gestohlenes Gold, Verwechslungen und Hochzeiten –, bekommt Olivia ihren Mann – (Gott sei Dank) einen echten: Sebastian. Orsino bekommt das Mädchen. Inzwischen hat er Olivia abgeschrieben und bemerkt, dass er in Cäsario verliebt ist und dass Cäsario eine *sie* ist.

(Die ursprüngliche Schauspieltruppe war zwar rein männlich, aber schwule Liebesgeschichten waren zu Zeiten der Tudors nicht gesellschaftsfähig.) Orsino kann Viola heiraten und die Zwillinge sind wieder vereint. Was für eine Raunacht.

6. Januar

Das Fest der Heiligen Drei Könige sollte – abgesehen von religiösen Gründen – in Ihrem Kalender dick eingekreist sein. Spätestens jetzt müssen Christbäume, Weihnachtsmänner, Engelein, Krippenfiguren und was es sonst noch an Dekoration gibt, weggeräumt werden. Wenn Sie damit warten, werden Sie ein Jahr lang vom Unglück verfolgt. Und kein Rauschgold der Welt wäre das Risiko wert.

Der gregorianische Kalender wurde im vierten Jahrhundert eingeführt. Bis dahin wurde das Fest der Heiligen Drei Könige an drei verschiedenen Tagen gefeiert. Heute weichen nur noch die griechische, die russische und die serbisch-orthodoxe Kirche von diesem Datum ab und feiern den Dreikönigstag als *Theophanie* am 19. Januar. Das orthodoxe Weihnachten wird am 7. Januar gefeiert.

Das christliche Dreikönigsfest ist der letzte der zwölf Tage nach Weihnachten und erinnert uns an die drei Weisen aus dem Morgenland, Kaspar, Melchior und Balthasar, die dem Stern folgten und kamen, um das Jesuskind anzubeten und ihm Gold, Weihrauch und Myrrhe als Geschenk darzubringen.

Außerdem wurde 1412 an diesem Tag Johanna von Orleans geboren.

1540 heiratete Heinrich VIII. (28. Juni 1491 – 28. Januar 1547) Anna von Kleve.

Heinrich VIII. regierte England in einer goldenen Zeit, doch man erinnert sich vor allem daran, dass er sechsmal heiratete und für den Bruch Englands mit dem Papst und mit Rom verantwortlich war. Anna von Kleve, seine vierte Frau, hatte in gewisser Weise »Glück«, da sie mit einer Scheidung davonkam (seiner zweiten!). Der Grund für diese Scheidung war, dass Heinrich sie »fade und unattraktiv fand und die Ehe mit ihr nie vollzog«. Nur zu, Eure Majestät, immer frei heraus. Heinrich hatte ein so schmeichelhaftes – und irreführendes – Bild von Anna gesehen, dass er ihr, noch in Trauer über den Tod Jane Seymours, die er von seinen Frauen wahrscheinlich am meisten geliebt hatte (sie hatte ihm ja auch den einzigen männlichen Erben geboren), einen Heiratsantrag machte. Auf den Porträtisten Hans Holbein war er stinkesauer. Zu viel Airbrushing. Die wirkliche Anna von Kleve ließ ihn kalt – und so ließ die zweite Scheidung nicht lange auf sich warten.

10. Januar – Id ul-Adha

Das islamische Opferfest ist das wichtigste Fest im muslimischen Kalender. Es beginnt heute und dauert drei Tage. Dabei wird das Ende der Hadsch, der Wallfahrt nach Mekka, gefeiert, eine der fünf Säulen des Islams. (Die fünf Säulen des Islams gelten als die Grundpflichten eines Muslims. Sie sind, in Kürze: das Glaubensbekenntnis, das Gebet, die Almosensteuer, Fasten und die Wallfahrt nach Mekka. Ein Muslim sollte mindestens einmal im Leben nach Mekka pilgern.)

Dieses Datum gedenkt Abrahams Bereitschaft, Gott zu gehorchen und seinen einzigen Sohn zu opfern. Laut dem Koran wollte er gerade seinen Sohn als Opfer darbringen, als eine Stimme aus dem Himmel ihn zurückhielt und ihm erlaubte, stattdessen einen

Widder zu schlachten. Bei dem Fest wird Abrahams Gehorsam gedacht, indem man ein Rind oder ein Schaf schlachtet. Die Familie isst ein Drittel davon, der Rest wird den Armen geschenkt.

11. Januar

Der Schriftsteller Thomas Hardy starb 1928. (Siehe dazu Lesefutter im Monat April, Seite 180.)

Außerdem flog Amelia Earhart 1935 an diesem Tag über den Pazifik.»Mir ist Fliegen lieber als Geschirr spülen«, sagte sie und flog als erster Mensch allein über den Pazifik (von Honolulu nach Oakland, Kalifornien). Immerhin 3875 Kilometer. Das war auch der erste Flug eines Zivilflugzeugs mit einem Funksprechgerät. Leider verschwand ihr Flugzeug 1937, bei ihrem letzten Flug, spurlos. Sie und ihr Kopilot wurden nie gefunden.

13. Januar

Lohri – mit diesem Fest feiern die Hindu das Winterende, vor allem im Norden Indiens. Dabei werden Freudenfeuer angezündet. Es ist auch unter dem Namen Makar Sankrant bekannt. An diesem Tag erhalten die Armen Almosen, und Streitigkeiten werden beigelegt.

Pongal – bei diesem vier Tage dauernden Fest wird in Südindien die Reisernte gefeiert. Dabei wird dem Sonnengott Surya in Milch gekochter Reis geopfert.

Martin-Luther-King-Tag

In Amerika wird am dritten Montag im Januar der Martin-Luther-King-Tag gefeiert, um daran zu erinnern, wofür der verstorbene Bürgerrechtsführer Martin Luther King (15. Januar 1929 – 4. April 1968) kämpfte. Das Datum wurde gewählt, weil es nahe an seinem Geburtstag liegt.

Als gläubiger Christ folgte er mit seinen friedlichen Demonstrationen dem Beispiel Gandhis. Er reiste in elf Jahren zehn Millionen Kilometer, hielt über 2500 Reden, schrieb fünf Bücher und machte die ganze Welt auf seine Bürgerrechtsbewegung aufmerksam.

Am 28. August 1963 hielt King in Washington vor 250 000 Menschen seine berühmte »Ich-habe-einen-Traum«-Rede.

»Ich habe einen Traum, dass sich diese Nation eines Tages erhebt, dass sie der wahren Bedeutung ihres Glaubensbekenntnisses gerecht wird: ›Wir halten diese Wahrheit für offensichtlich, dass alle Menschen gleich geschaffen sind.‹«

Er erhielt mindestens 20 Ehrendoktortitel und wurde 1963 von *Time* zum Mann des Jahres ernannt. Er wurde über 20-mal verhaftet und mindestens viermal angegriffen. Aber davon ließ er sich nicht aufhalten. Mit 35 Jahren war er der jüngste Nobelpreisträger – das Preisgeld von 54 123 Dollar gab er an die Bürgerrechtsbewegung weiter.

Am 4. April 1968 wurde er auf dem Balkon seines Motelzimmers in Memphis, Tennessee, erschossen, wo er eine Demonstration von Kanalarbeitern unterstützen wollte. Er war 39 Jahre alt.

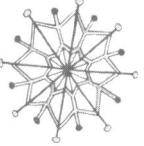

22. Januar

Der Mogulkaiser Shah Jahan stirbt 1666.

Der fünfte Mogulkaiser, einer der größten und glanzvollsten Herrscher Indiens, war auch ein großer Romantiker und baute das berühmteste Liebesgrabmal der Welt.

Als seine geliebte Frau starb, nachdem sie ihm das 14. Kind geboren hatte, war er so vom Kummer überwältigt, dass angeblich seine Haare und sein Bart über Nacht weiß wurden. Zur Erinnerung an sie beschloss er, ihr den schönsten Palast, den die Welt je gesehen hatte, als Grabmal zu bauen.

Nach 22 Jahren, in denen eine Heerschar von Elefanten die Steine herangeschleppt hatte, wurde ein neues Weltwunder enthüllt: das Taj Mahal am Ufer des Yamuna. Von Delhi aus braucht man mit dem Schnellzug eineinhalb Stunden dorthin. Es wird täglich von 10 000 bis 20 000 Touristen besucht, für die es die Topattraktion Indiens ist.

Das Taj Mahal wurde von dem persischen Architekten Ustad Isa geplant, sein Name bedeutet so viel wie Kronenpalast. Die Legende will, dass Shah Jahan sichergehen wollte, dass seine Handwerker niemals wieder etwas so Schönes erbauen könnten, und deshalb, als das Taj Mahal fertig war, noch eine letzte Forderung stellte: dass allen 20 000 Handwerkern und Künstlern die Daumen abgehackt würden.

Das Mausoleum wurde als »Träne auf der Wange der Zeit« beschrieben und als »Symbol ewiger Liebe«.

1992 wurde Prinzessin Diana davor fotografiert, allein. Prinz Charles hatte 1980 versprochen, mit der Frau zurückzukommen, die er liebt. Das machte auf der ganzen Welt Schlagzeilen, und dazu gab es das unvergessliche Foto von ihr in einem knallbunten Kostüm, wie sie vor dem Grabmal einer großen Liebe sitzt, ihrem »Tempel der Einsamkeit«. Eine Reise zum Taj Mahal ist nicht drin? Dann lernen Sie Englisch und lesen Sie *Beneath a Marble Sky: A Novel of the Taj Mahal* von John Shors. Dieses atemberaubende Buch ist nämlich leider noch nicht auf Deutsch erschienen.

25. Januar

Burns' Night – Robert Burns (1759–1796), Schottlands berühmtester Dichter, wurde an diesem Tag geboren und wird heute gefeiert.

Burns' Gedichte sind auch heute noch in aller Munde, zum Beispiel der Text zu »Auld Lang Syne«, was so viel bedeutet wie »Für die gute, alte Zeit«. Es wird traditionell zum Jahreswechsel gesungen, um an die Verstorbenen des vergangenen Jahres zu erinnern. (Auf Seite 503 finden Sie den gesamten Text.)

In der Burns-Nacht feiern die Schotten mit ausgelassenen Partys, Freudenfeuern und jeder Menge Toddys, um die Erinnerung an Burns frisch (und warm) zu halten.

Über die Kunst, einen ordentlichen Hot Toddy zu brauen

Ein Hot Toddy ist ein alkoholisches Gebräu, um »einem ordentlich einzuheizen«. Ob Sie krank sind oder durchgefroren oder aus einem anderen Grund am ganzen Leib zittern, die warme Mischung aus Alkohol und Zucker zeitigt ihre Wirkung, macht locker und der Nachgeschmack ist nicht so schlimm wie bei Punsch.

Die Zutaten unterscheiden sich von Rezept zu Rezept, aber im Kern braucht man eine Tasse heißen Kräutertee, einen Schuss Whisky, ein bis zwei Teelöffel Honig und einen Schnitzer Zitrone.

Und dann muss so ein Hot Toddy so heiß wie möglich getrunken werden, am besten in kleinen Schlucken. Atmen Sie dabei den heißen Dampf ein, der von der Tasse aufsteigt. Das ist gut für die Nebenhöhlen und den Hals. Und bitte, trinken Sie Ihren Hot Toddy auch wirklich *heiß*, da ein kalter Toddy (und Alkohol wird schnell kalt) ekelhaft ist.

Zutaten:
  2 Teile Scotch Whisky
  3 Teile kochendes Wasser
  ½ Teil Zitronensaft
  1 Teelöffel Honig (oder brauner Zucker)
  3 Tropfen Angostura Bitter
  1 mit Nelken gespickte Zitronenscheibe
  etwas gemahlene Muskatnuss

Und so geht's:
Geben Sie den Honig, den Angostura, den Zitronensaft und die mit Nelken gespickte Zitronenscheibe in die Tasse. Fügen Sie den Scotch und das kochende Wasser hinzu. Den Zucker umrühren und etwas Muskat darüberstreuen.

27. Januar

Der Geburtstag von Wolfgang Amadeus Mozart (1756).

Ob man nun klassische Musik hört oder nicht, diesen Namen sollte man kennen. Mozart ist das berühmteste Wunderkind und der namhafteste Komponist und Pianist der Musikgeschichte, und sein Werk wird noch heute überall und ständig gespielt, aufgeführt und aufgenommen.

Die ersten Konzertreisen durch Europa machte er mit sechs Jahren, und die ersten Werke, vier Klaviersonaten, veröffentlichte er vor seinem zehnten Geburtstag. Er war erst 30, als seine berühmte Oper *Le nozze di Figaro* (*Die Hochzeit des Figaro*) Premiere hatte. Doch trotz seiner Genialität gelang es ihm nicht, eine Stelle zu bekommen oder einen Mäzen zu finden. Zugleich aber verschuldete er sich durch seinen dekadenten, rockstarartigen Lebensstil bis über beide Ohren und wurde krank.

Am 5. Dezember 1791 starb er. Er war nur 35 Jahre alt geworden und wurde in einem anonymen Armengrab beerdigt.

Zeit seines Lebens komponierte er über 600 Werke, darunter 21 für die Bühne und die Oper, 15 Messen, 41 Symphonien, 25 Klavierkonzerte, 12 Violinkonzerte, 27 Konzertarien, 17 Klaviersonaten und 26 Streichquartette.

Laden Sie sich ein paar seiner größten Hits herunter oder begehen Sie diesen Abend stilvoll mit Peter Shaffers oscargekröntem Film *Amadeus* aus dem Jahr 1984. Der Film war so erfolgreich, dass in diesem Jahr 30 Prozent mehr von Mozarts Musik verkauft wurden. Welche Musik von Mozart haben Sie auf Ihrem iPod? Weil Mozart ein so umfangreiches Werk schuf, wurde dieses katalogisiert, um sicherzustellen, dass *nichts* davon verloren geht. Der wichtigste Katalog ist das Köchelverzeichnis. In dem erstmals 1862 veröffentlichten Verzeichnis sind die Werke nach ihrem Erscheinungsdatum geordnet und von KV 1 – KV 626 durchnummeriert. Das »K« steht für Köchel, den Mann, der die ganze Mühe auf sich nahm. Ludwig Alois Ferdinand Ritter von Köchel (1800–1877) war Dichter, Jurist, Komponist, Botaniker und vor allem Musikliebhaber. Er überarbeitete das Verzeichnis sämtlicher Werke Mozarts akribisch und vervollständigte es. Dank seiner harten Arbeit werden sein Name und der Mozarts nie vergessen werden.

Hier einige der wichtigsten Mozartwerke, die Sie sich anhören/herunterladen sollten:

Kirchenmusik
Große Messe in c-Moll (KV 427/414a)
Requiem in d-Moll (KV 626)
Opern
Le nozze di Figaro (KV 492)
Don Giovanni (KV 527)
Die Zauberflöte (KV 620)
Symphonien
»Große« g-Moll-Symphonie (KV 550)
»Jupiter«-Symphonie (KV 551)
Serenaden
»Eine kleine Nachtmusik« (KV 525)
Klavierkonzerte
Klavierkonzert Nr. 21 in C-Dur (KV 467)
Klaviermusik
Klaviersonate Nr. 11 A-Dur (KV 331), 3. Satz Rondo alla turca

Selbst wenn Ihnen die Namen nichts sagen, Sie werden die Stücke erkennen, wenn Sie sie hören.

Die Zauberflöte (Der Hölle Rache) ist das am häufigsten heruntergeladene klassische Musikstück auf iTunes. Und wenn man es hört, kann man nicht fassen, wie alt es bereits ist.

Wenn in der westlichen Welt der Januar zu Ende geht, beginnt der Osten erst zu feiern.

Das chinesische Neujahr

Das chinesische Neujahr geht zurück auf das Jahr 2600 v. Chr., als die Tierkreiszeichen von Kaiser Huang Ti eingeführt wurden – zu einer Zeit, als an unseren Kalender noch kein Drandenken war.

Ähnlich wie der westliche Kalender basiert auch der östliche auf den Mondzyklen. Daher kann Neujahr zwischen Ende Januar und Mitte Februar liegen. Das genaue Datum richtet sich nach dem zweiten Neumond nach der Wintersonnwende.

Der chinesische Tierkreis besteht aus zwölf Tierzeichen, jedes Jahr steht im Zeichen eines anderen Tieres. Nach einer Legende rief Buddha alle Tiere der Welt zu sich, um sich von ihnen zu verabschieden, bevor er die Erde verließ. Doch nur zwölf kamen. Diese belohnte er, indem er ein Jahr nach ihnen benannte – in der Reihenfolge ihres Erscheinens.

Die Chinesen glauben, dass das Tierkreiszeichen des Geburtsjahres den Charakter bestimmt. Sie sagen:»Das ist das Tier, das sich in deinem Herzen verbirgt.« Mal sehen, welches Tier sich in Ihrem Herzen verbirgt und im Herzen Ihres Liebsten.

Ratte: 1912, 1924, 1936, 1948, 1960, 1972, 1984, 1996, 2008
Sind berüchtigt für ihren Charme und ihre Anziehungskraft auf das andere Geschlecht. Sie arbeiten hart für ihre Ziele, kommen zu Besitz und neigen zum Perfektionismus. Ratten sind ehrgeizig und lieben Klatsch, sind aber leicht reizbar.
Verstehen sich gut mit Drache, Affe und Büffel.

Büffel: 1913, 1925, 1937, 1949, 1961, 1973, 1985, 1997, 2009
Sind ruhig, beredt, geduldig und freundlich, weshalb man schnell Zutrauen zu ihnen fasst. Weniger schön ist ihre Exzentrik und dass

sie oft voreingenommen und stur sind – aber sind wir das nicht alle? Sie hassen Opposition und Misserfolg und neigen zu Extremen und Widersprüchen.
Verstehen sich gut mit Pferd, Drache und Hund.

Tiger: 1914, 1926, 1938, 1950, 1962, 1974, 1986, 1998, 2010
Sensibel, nachdenklich und sehr mitfühlend, aber häufig auch sehr aufbrausend. Geraten leicht in Konflikt mit Autoritäten, werden aber von anderen durchaus respektiert. Sind manchmal misstrauisch, meist aber mutig und mächtig.
Verstehen sich gut mit Pferd, Drache und Hund.

Hase: 1915, 1927, 1939, 1951, 1963, 1975, 1987, 1999, 2011
Wer in diesem Jahr geboren ist, ist ehrgeizig, begabt, redegewandt, aber zurückhaltend. Er ist rechtschaffen, hat einen ausgezeichneten Geschmack und man bringt ihm Bewunderung und Vertrauen entgegen. Eine Neigung zu Klatsch ist ihm nicht abzusprechen, aber im Allgemeinen ist er freundlich und meist geduldig. Er gilt als geschickt in Gelddingen, gewissenhaft und zuverlässig.
Versteht sich am besten mit Schaf, Schwein und Hund.

Drache: 1916, 1928, 1940, 1952, 1964, 1976, 1988, 2000, 2012
Gesund, voller Energie und leicht zu begeistern. Weniger positiv sind seine Sturheit und Reizbarkeit. Drachen sind tapfer, ehrlich und einfühlsam. Man vertraut ihnen gerne. Drache ist das exaltierteste Zeichen im östlichen Tierkreis.
Versteht sich am besten mit Ratte, Affe und Hahn.

Schlange: 1917, 1929, 1941, 1953, 1965, 1977, 1989, 2013
Wer in einem dieser Jahre geboren ist, ist ein tiefer Denker, klug und braucht sich nie um Geld zu sorgen. Allerdings ist er häufig von sich eingenommen, egoistisch und ein Pfennigfuchser, auch wenn er Mitleid empfindet mit den weniger Glücklichen und ihnen

zu helfen versucht. Schlangen sind entschlossen und hassen Misserfolg. Sie wirken vielleicht nach außen hin ruhig, sind aber in ihrem tiefsten Inneren sehr leidenschaftlich. Beziehungen können unter ihrer Pingeligkeit leiden.

Versteht sich am besten mit Büffel und Hahn.

Pferd: 1918, 1930, 1942, 1954, 1966, 1978, 1990, 2002, 2014
Pferde sind beliebt, gut gelaunt, geschickt im Umgang mit Geld und ihnen entgeht nichts. Außerdem sind sie ziemliche Plaudertaschen, klug und begabt, geschickt mit den Händen und sie flirten gerne. Allerdings sind sie ungeduldig und regen sich über alles auf – außer über ihre Arbeit. Pferde lieben es zu feiern und pfeifen meist auf die Ratschläge anderer.

Versteht sich am besten mit Tiger, Hund und Schaf.

Schaf: 1919, 1931, 1943, 1955, 1967, 1979, 1991, 2003, 2015
Schafe sind elegant und vollendet und häufig in der Welt der Kunst anzutreffen. Auf den ersten Blick scheinen sie besser dran zu sein als die anderen Zeichen, aber sie sind häufig schüchtern, pessimistisch und zerbrechen sich den Kopf über das Leben. So leidenschaftlich überzeugt sie von ihrer Meinung auch sind, sind sie doch zu schüchtern, ihre Gedanken nach außen hin zu vertreten. Schafe sind daher selten große Redner, dafür aber klug, sanft und einfühlsam.

Versteht sich gut mit Hase, Schwein und Pferd.

Affe: 1920, 1932, 1944, 1956, 1968, 1980, 1992, 2004, 2016
Der Affe ist das launische und eigenwillige Genie des Tierkreiszeichens. Er ist klug und talentiert, erfinderisch und originell und löst jedes Problem. Er ist auf fast jedem Feld erfolgreich. Affen sind wissensdurstig und haben ein ausgezeichnetes Gedächtnis.

Versteht sich gut mit Drache und Ratte.

Hahn: 1921, 1933, 1945, 1957, 1969, 1981, 1993, 2005, 2017
Der Hahn ist begabt und talentiert und mehr als pflichtbewusst, und ein Misserfolg trifft ihn ungemein – wo wären wir ohne das Kikeriki dieser Frühaufsteher? Aber so abenteuerlustig sie auch wirken mögen, da ist zugleich diese schüchterne Seite, der Hang zum Einzelgänger.
Versteht sich gut mit Büffel, Schlange und Drache.

Hund: 1922, 1934, 1946, 1958, 1970, 1982, 1994, 2006, 2018
Wer in einem dieser Jahre geboren wurde, weist die besten Züge der menschlichen Natur auf – außergewöhnliche Loyalität und Ehrlichkeit. Er erweckt Vertrauen und ist verschwiegen. Aber Hunde sind nicht vollkommen, sie können egoistisch und starrköpfig sein. Geld ist ihnen nicht wichtig, trotzdem haben sie immer welches auf der Bank.
Versteht sich gut mit Pferd, Tiger und Hase.

Schwein: 1923, 1935, 1947, 1959, 1971, 1983, 1995, 2007, 2019
Sie sind in einem dieser Jahre geboren? Dann sind Sie ritterlich und galant. Was immer ein Schwein sich vornimmt, zieht es mit aller Macht durch. Wer ein Schwein zum Freund hat, hat einen Freund fürs Leben. Schweine sind sehr wissensdurstig, hassen Streit und sind gerne gut informiert.
Versteht sich gut mit Hase und Schaf.

Chinesische Neujahrsfeiern können zwei Wochen dauern und haben – wie die meisten großen Ereignisse – einen ziemlichen Vorlauf. Da wäre der Frühjahrsputz, bei dem jede Spur von Pech hinweggefegt wird und bei dem, wenn Sie die Sache ernst nehmen, auch Türen und Fensterrahmen frisch gestrichen werden sollten – in China häufig in einem fröhlichen Rot. Türen und Fenster werden mit Papiergirlanden geschmückt und mit Spruchbändern, in denen um Glück, Reichtum und Langlebigkeit gebeten wird.

Das Essen spielt bei den Festlichkeiten eine besonders wichtige Rolle. Meeresfrüchte können in mancher Hinsicht Segen bringen – Garnelen zum Beispiel bringen Munterkeit und Glück, getrocknete Austern bringen alles mögliche Gute und roher Fischsalat verheißt Glück und Reichtum.

Am chinesischen Neujahrstag bekommen Kinder seit altersher in einem roten Umschlag Geld geschenkt (Hong Bao heißt dieser Brauch). Familien gehen von Tür zu Tür und wünschen sich ein glückliches neues Jahr und machen reinen Tisch mit dem Wunsch: »Was vorbei ist, ist vorbei.«

Worauf der abergläubische Chinese an Neujahr achtet
Tod, Sterben und Geistergeschichten sind tabu, und Schulden müssen beglichen werden. So weit, so gut.

Es gibt allerdings ein paar merkwürdige Details, die es bei den Festlichkeiten zu beachten gilt. Es bleibt Ihnen überlassen, wie authentisch Sie das chinesische Neujahrsfest feiern wollen.

Schuhe und Hosen zu kaufen gilt als unglücksverheißend. »Schuh« kommt vom kantonesischen Wort für »rau« und »Hose« vom kantonesischen Wort für »bitter«. Es fällt mir schwer, vom Kauf von Schuhen abzuraten, aber in diesem besonderen Fall sollte man es zumindest in Betracht ziehen.

Ein Haarschnitt ist ebenfalls schlecht, und auch den Boden sollte man nicht kehren. Wer sich die Haare wäscht, wäscht auch sein Glück weg, heißt es. Wie Cinderella unter diesen Umständen strahlen soll, ist mir ein Rätsel.

Tragen Sie Rot, das soll Glück bringen. Ach ja, noch was Feines: Süßigkeiten zu essen verspricht ein süßes Jahr.

Fußnote

Pumps

Keine elegante Garderobe ist ohne Pumps denkbar. Das gilt seit Ewigkeiten, genauer gesagt seit 1555, als sie das Licht der Welt erblickten. Der Name kommt von »Poumpe«, dem Schuh der Lakaien. Es dauerte nicht lange, und der Schuh hatte seinen Weg von den Lakaien auf das schillernde Parkett des Hofs geschafft. Auf Britisch heißt er übrigens »court«, was wiederum »Hof« bedeutet. Und mit diesem niedrig geschnittenen Schuh ließ sich – mit oder ohne Spange, Schleife oder Spitzen, *comme vous voulez* – Hof machen, denn die Pavane war der aktuelle Tanz. (Liegt eine Weile zurück.) Seit dem 16. Jahrhundert tanzen Pumps nun mit, mal mit einem etwas höheren, mal mit einem etwas niedrigeren Absatz, wie die Mode es verlangt. Denn Pumps sind eher *follower of fashion,* als dass sie diese diktieren würde. Es gilt die Faustregel: Je kürzer die Röcke wurden, desto niedriger waren auch die Absätze.

Typische Pumps sind schwarz, allerdings ist es längst kein schlimmer Tabubruch mehr, wenn man sie in einer anderen Farbe trägt – in den 50er-Jahren war es sogar modern, sie in derselben Farbe wie die Handtasche zu tragen. 1880 wäre das unmöglich gewesen. Damals galt es als unziemlich für eine Dame, die öffentliche Aufmerksamkeit auf sich zu lenken. Und als Königin Victoria um ihren Mann trauerte, trauerte der ganze Hof mit ihr, und auch die Schuhe trugen Trauer. In der Ära des Jazz tanzten die Mädels Charleston, und Pumps bekamen Riemchen, damit sie nicht verloren gingen.

Nach vorne gebracht wurden Pumps unter anderem durch Roger Vivier, Manolo Blahnik und Raymond Massaros zweifarbigen Pumps aus dem Jahr 1957 für Chanel. Der Klassiker für jede Frau mit Stil, der es vom Lakai bis zur First Lady geschafft hat (denken Sie nur an Jackie Kennedy).

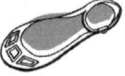

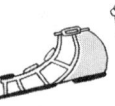

Februar

»O Romeo! Warum denn Romeo?«
William Shakespeare

Ich wünschte,
ihr wärt hier

Bella Freud aus Paris

Pure Seligkeit – ich liege in meiner winzigen Pariser Wohnung im Bett. So klein sie auch ist, dank Benoît Dupuis, dem Architekten, wirkt sie Zen-mäßig großzügig.

Ein schöner Tag, zunächst probierte ich durch, welche Klamotten am besten zu meinen neuen Stiefeln von Christian Louboutin passen, dann traf ich mich mit Christian bei Drouot, dem Auktionshaus in der Rue Drouot 9. Wollte nach passenden Möbeln suchen. Hab darauf gewartet, dass er auf seinem Roller auftaucht, und mir die Zeit damit vertrieben, die skurrilen Stammkunden zu beobachten – ein Mann in einem eleganten Anzug und mit langen, glänzenden Haaren sah aus wie ein Whisky-Prediger aus dem Wilden Westen. Lunch bei Guenmai, dem makrobiotischen Restaurant in der Rue l'Abbaye, das aussieht wie das Lebkuchenhäuschen aus *Hänsel und Gretel*. Ich widerstand der magnetischen Anziehungskraft von Sonia Rykiel (Boulevard St. Germain) und sah im L'Appartement in der Rue St. Honoré vorbei, um mir eine Gesichtsmaske von Stephane zu gönnen, nach der man wie zwölf aussieht. Kaufte mir in einem Vintage-Shop namens Ragtime eine verrückte Jacke aus leopardengemustertem Samt und goldenem Leder, für die ich nur 90 Euro bezahlte. Mal sehen, ob ich Camille Bidault Waddington darin beeindrucken kann. Aß mit Jerry Stafford und Sue Stemp im Kinugawa, meinem Lieblingsjapaner weltweit. Liegt hinter dem Hôtel Meurice in der Rue Mont Thabor. Mein Gott, ist das Essen gut!

Alles Liebe,
Bella

1. Februar

1896 wurde Puccinis von Paris inspirierte Oper *La Bohème* im Teatro Reggio in Turin uraufgeführt. Doch anders als seine vorherige Oper *Manon Lescaut* war seine fünfte Oper kein großer Erfolg. Die italienische Zeitung *La Stampa* schrieb:»Es hinterlässt keinen nachhaltigen Eindruck ... [und] wird keine großen Spuren in der Geschichte der Oper hinterlassen.« Falsch. Urteilen Sie selbst. Hören Sie sich die Oper an oder – noch besser – sehen Sie sich eine Aufführung von *La Bohème* an. Lesen Sie dazu ab Seite 409 nach, wie man Opernliebhaber wird.

Giacomo Puccini (1858–1924) wurde in Lucca, Italien, geboren. Er stammte aus einer Musikerfamilie. Seine Karriere begann, als er als Teenager die Kirchenorgel spielte. Sein Organistengeschick, seine Erfindungskraft – und sein katholisches Gewissen – wurden geprüft, als er die Orgelpfeifen nacheinander verkaufte, um seinen Tabakkonsum zu finanzieren.

Die Vorlage zu *La Bohème* lieferte der zunächst als Fortsetzungsroman und später zu einem Theaterstück umgearbeitete Bilderbogen *Scènes de la vie de bohème* des französischen Schriftstellers Henri Murger. Luigi Illica und Giuseppe Giacosa schrieben das Libretto. Mit der Musik Puccinis wurde daraus ein unsterbliches Stück.

Die Geschichte gibt eine Vorstellung vom Leben der Bohème im Paris des 18. Jahrhunderts. Die Hauptcharaktere sind der Philosoph Colline, der Maler Marcel, der Musiker Schaunard und der am Hungertuch nagende Schriftsteller Rudolphe (der an Murger erinnert). Die Freunde sind Stammgäste im Café Momus, wo sie unter dem Namen »die vier Musketiere« bekannt sind. Die Handlung kreist um diese Künstlerclique aus der Bohème, vor allem aber um die Liebesgeschichte zwischen dem Poeten Rudolphe (aus dem in

Puccinis Oper Rodolfo wurde) und Grisette Mimi, einer jungen, bettelarmen Stickerin. Es gibt noch eine zweite Liebesgeschichte, die zwischen seinem Zimmergenossen Marcel und Musetta, doch im Mittelpunkt steht die ausweglose Lage, in der sich Amors Hauptopfer befinden.

Es gibt Liebeskummer, Verwirrungen, tragische Entwicklungen und am Ende steht unweigerlich der Tod – Höhen und Tiefen, die der Musik genug Gelegenheit geben, zu brillieren. Murger selbst war zehn Jahre, nachdem er sein triumphales Werk geschrieben hatte, tot. Er starb am 28. Januar 1861, noch keine 40 Jahre alt. Er sollte nie erfahren, zu welchen Höhen sich seine Worte aufschwingen würden.

La Bohème bleibt eine der größten Liebesgeschichten, die je vertont wurden. Hören Sie sich das Duett am Ende des 1. Akts an, »O soave Fanciulla!« (»Oh liebes Mädchen«), in dem Rodolfo und Mimi sich ihre Geschichte erzählen und sich ineinander verlieben, als sie sich Licht für eine Kerze holen möchte.

Baz Luhrmanns theatralische Adaption von *La Bohème* genauso wie sein Film *Moulin Rouge* oder das Musical *Rent* sind allesamt moderne Versionen von Puccinis Meisterwerk.

Über die Kunst, wie die Kelten zu feiern

Hier die acht wichtigsten Termine, die nicht verpasst werden dürfen (vier davon sind keltischen Ursprungs, vier werden durch das Sonnenjahr bestimmt):

Keltisch
Imbolg 1.–2. Februar
Beltane 30. April–1. Mai
Lughnasadh 1.–2. August
Samhain 31. Oktober–1. November

Sonnenjahr
Frühlingstagundnachtgleiche 20.–21. März
Sommersonnwende 21.–22. Juni
Herbsttagundnachtgleiche 20.–21. September
Wintersonnwende 20.–21. Dezember

Aufgepasst: Wer südlich des Äquators lebt, muss die Sonnenjahrfeste natürlich entsprechend vertauschen. Die hier angegebenen Termine gelten für die Nordhalbkugel.

Das keltische Imbolg-Fest wurde vom 1. auf den 2. Februar zum Beginn des heidnischen Jahresrads gefeiert, damit die zunehmende Kraft der Sonne eine gute Ernte versprach. Dabei wurden Feuer angezündet, Kerzen gemacht, Frühlingsblumen gepflanzt, heidnische Gedichte gelesen und Geschichten erzählt. Wie steht's um Ihre erdverbundene, astrologische Seite?

Stonehenge

Der größte Steinhaufen, der einem zu den Heiden einfällt. Seit 3000 bis 5000 Jahren ein wichtiger Ort für heidnische Rituale. Eigentlich ein riesiger, von Menschen gemachter, praktisch unverwüstlicher Sonnenkalender. Lernen Sie, damit die Zeit zu bestimmen – das wäre praktisch, Sie brauchen keine Batterien dazu und Wasser kann dem Ding auch nichts anhaben.

2. Februar

In Amerika ist heute Groundhog Day, also Murmeltier-Tag. Im Ernst, es geht dort die Legende, dass der Winter noch sechs Wochen länger dauert, wenn das Murmeltier beim Verlassen der Höhle »seinen

Schatten sieht«. Sehen Sie sich *Und täglich grüßt das Murmeltier* mit Bill Murray an und erleben Sie mit, was passiert, wenn sich dieser Tag immer und immer wiederholt.

3. Februar

Felix Mendelssohn Bartholdy, der Komponist des »Hochzeitsmarschs« aus *Ein Sommernachtstraum,* wurde an diesem Tag 1809 in Hamburg geboren. Hören Sie sich heute eines seiner Meisterwerke an – oder üben Sie in den Gängen des Supermarkts schon mal für den Hochzeitstag, damit Sie elegant zum Altar schreiten. Schließlich ist der Februar ideal, um die Liebe seines Lebens zu finden.

Wie man in jeder Sprache die passenden Worte findet

Die guten Vorsätze zum neuen Jahr wurden noch nicht ad acta gelegt? Dann probieren Sie es mit einem weiteren Vorsatz: Lernen Sie eine neue Sprache. Bis zum nächsten Sommerurlaub, sprich: der Bikinisaison, sind es nur noch sechs Monate. Das heißt, es ist nicht nur an der Zeit, mit den Sit-ups anzufangen, sondern Sie sollten sich auch schon mal Gedanken machen, wo es heuer hingehen soll – und welche Sprache Sie brauchen.

Sorgen Sie vor, damit Sie am Welt-Hallo-Tag (21. November) richtig loslegen können.

Mehr Informationen finden Sie auf *www.worldhelloday.org,* allerdings spricht diese Seite nur englisch mit Ihnen.

Suchen Sie im Internet nach Fremdsprachenseiten. Sie können jede Menge Sprachen online lernen – oder zumindest nachsehen,

wie man Hallo sagt. Für den Anfang schon mal zehn Sprachen zur
Auswahl:

Konichiwa (koh-ni-tschi-WAH) heißt Hallo auf Japanisch.
Jambo (JAM-bo) heißt Hallo auf Swahili.
Hola (OH-la) heißt Hallo auf Spanisch.
Ni hao (Ni-ha-AO) heißt Hallo auf Chinesisch.
Bonjour (bohn-SCHUUR) heißt Hallo auf Französisch.
Ciao (tschau) heißt Hallo auf Italienisch.
Annyong ha shimnikka (an-JOH-HASCH-im-ni-kah) heißt Hallo auf
   Koreanisch.
Czesc (tschescht) heißt Hallo auf Polnisch.
Zdravstvuite (zzDRAST-vet-jah) heißt Hallo auf Russisch.
Al Salaam a'alaykum (ahl sah-LAHM-ah-ah-LAI-kuhm) heißt Hallo
   auf Arabisch.

Doch außer »Hallo«, dessen englischsprachige Variante Hello für
immer mit dem Namen Lionel Ritchie verknüpft sein wird, gibt es
noch andere Ausdrücke, die Sie kennen sollten. (Und damit meine
ich nicht: »Bitte nicht schießen, wir sind unschuldig.«)

In welcher Sprache möchten Sie diesen magischen Satz sprechen?
Nicht jede braucht dazu drei Worte.

Deutsch	*Ich liebe dich*
Englisch	*I love you*
Dänisch	*Jeg elsker dig*
Niederländisch	*Ik hou van jou*
Esperanto	*Mi amas vin*
Französisch	*Je t'aime*
Indonesisch	*Saya cinta kamu*
Italienisch	*Ti amo*
Japanisch	*Aishite imasu*

Latein	*Te amo*
Mandarin-Chinesisch	*Wo ai ni*
Polnisch	*Kocham cie*
Rumänisch	*Te iu besc*
Russisch	*Ya vas liubliu*
Spanisch	*Te amo*
Schwedisch	*Jag älskar dig*
Türkisch	*Seni seviyorum*

Überlegen Sie, welche Sprache beruflich interessant wäre. Oder/ und fürs Essen, Trinken oder Einkaufen. Tauchen Sie zuerst in die Atmosphäre des Landes ein, in dessen Sprache Sie plaudern wollen, bevor Sie sich ins Sprachstudium stürzen. Dazu können Sie das Land besuchen, jemanden kennenlernen, der aus dem Land kommt, oder sich ein passendes Buch oder eine passende DVD ausleihen. Ob Sie sich nun einen Blockbuster ansehen, einen Roman oder einen Reiseführer lesen, ist egal. Versuchen Sie aber unbedingt, Muttersprachler zu finden, die bereit sind, sich mit Ihnen in der Sprache ihres Landes zu unterhalten. Gehen Sie in ein Restaurant essen, das auf die Küche Ihres auserwählten Landes spezialisiert ist, oder kaufen Sie sich einfach eine Flasche Wein aus der Region – falls dort Wein wächst. Es spielt keine Rolle, für welche Sprache Sie sich entscheiden, aber tauchen Sie in die Kultur dieser Sprache ein. Finden Sie heraus, was dieses Land bewegt und die Menschen dort mit Stolz erfüllt.

Aufgepasst: In vielen indischen oder chinesischen Restaurants werden Gerichte serviert, die an den Geschmack des Gastlands angepasst sind und die es in der authentischen Küche so gar nicht gibt.

Diese westlichen Kreationen, die wir so lieben und schätzen, entstanden, als die Arbeitsuchenden gen Westen aufbrachen, um hier ihr Glück zu machen. Die Sprachbarriere und der Arbeitsmangel zwangen sie häufig in die Selbstständigkeit. Sie merkten, dass sie sich ihren Lebensunterhalt damit verdienen konnten, die Küche ihrer Frauen nachzukochen, und so schossen all diese »authentischen« Restaurants wie Pilze aus dem Boden.

Das Problem war nur, dass sie, wie alle Männer, nur wenig Küchenerfahrung hatten und daher improvisierten, hier etwas Farbe und da etwas Süße hinzufügten, damit die Gerichte ungefähr so aussahen und schmeckten, wie sie sie in Erinnerung hatten – in der Hoffnung, dass die »Chefin zu Hause« ihnen nicht auf die Schliche kommen würde. Die Gerichte, die wir heute so gerne essen, sind nicht genau das, was die Frauen im Schweiße ihres Angesichts in ihren Küchen brutzelten, und wahre Kenner werden die Plastikpizzas und Künstliche-Aroma-Kompositionen sicher verschmähen, die rund um den Globus und rund um die Uhr erhältlich sind.

Achten Sie auf den Unterschied zwischen der authentischen Küche und den Gerichten, die nur so tun. Bestellen Sie nicht wie ein Tourist diesen nachgemachten Fraß, sondern suchen Sie nach dem Abenteuer der echten einheimischen Küche. Schließlich interessieren Sie sich ja auch sonst für die echte Kultur abseits der touristischen Trampelpfade. Hüten Sie sich vor Klischeedenken und kulturellen Vorurteilen und Missverständnissen und lassen Sie sich ein auf die *wahren* Abenteuer und Wunder dieser Welt.

Frankreich ist sehr stolz auf seine feine Küche, und in der Tat vermag die französische Überlegenheit auf diesem Gebiet einen Fastfood-Junkie schneller zu vergraulen, als man »Take-away« sagen kann. Aber falls Sie die Gerichte auf der Speisekarte einschüchtern, dann beschäftigen Sie sich doch mal mit der Sprache, der Literatur und den Kreationen der Sterneköche. Machen Sie Februar zu dem Monat, an dem Sie sich unserem Nachbarn im Westen zuwenden, und finden Sie heraus, was es dort neben den Abenteuern der Speisekarte noch zu erleben gibt und was es mit der »Sprache der Liebe« auf sich hat.

Weitere Sprachen, die Sie lernen könnten

Spanisch ließe sich mit Flamenco-Stunden verbinden, mit Kastagnetten und einem Matador, den Sie in einer Stierkampfarena kennenlernen, oder einem Teller Paella und einem Glas Rioja. Denken Sie an Penélope Cruz und schauen Sie sich *Volver* an, um herauszufinden, ob Ihnen diese Sprache zusagt.

Italienisch bedeutet, dass Sie lernen, Pizza und Pasta zu kochen, bis Sie am Ende Ihre eigenen Nudeln herstellen wie eine echte italienische Mama. Nicht so Ihre Sache? Dann beschäftigen Sie sich eben mit den italienischen Fußballteams und den Modedesignern. Oder Sie lernen Italienisch mit Ausflügen in die Oper und Museen oder indem Sie sich den sinnlichen Stil Sophia Lorens aneignen. Begleiten Sie Audrey Hepburn bei ihren römischen Abenteuern in dem Klassiker *Ein Herz und eine Krone*.

Mandarin-Chinesisch ist vielleicht die weltweit am häufigsten gesprochene Sprache, gefolgt von Spanisch und Englisch. Aber die Sprachen des Fernen Ostens sind nicht weniger tückisch zu erlernen als das Essen mit Stäbchen. Dazu kommt, dass orientalische Sprachen eine andere Schrift haben. Prüfen Sie also, ob es sich hier um die wahre Liebe handelt – oder doch nur um eine Vorliebe für Gerichte, die am besten mit Reis schmecken.

Und noch eine kleine Warnung: Wenn Sie Italienisch/Englisch/Französisch in der Oper und im Theater lernen, dann denken Sie daran, dass die eine oder andere Redewendung veraltet und in der Kneipe um die Ecke fehl am Platz sein könnte. Allerdings klingt »Voi che sapete che cosa è amor?« (Was ist das für ein Gefühl [der Liebe], das mich so traurig stimmt?) heute noch genauso schön wie damals, als es am 1. Mai 1786 in Wien bei der Premiere der *Hochzeit des Figaro* zum ersten Mal gesungen wurde.

Nehmen wir mal an, Sie wollen Französisch lernen, schließlich ist der Februar der Monat der Liebe.

Keine Bange, wenn Ihr Französischlehrer Ihnen die Sprache vergällte. *Moi aussi.* Es ist nicht wichtig, wie weit Sie kamen und ob Sie noch eine Erinnerung an die Konjugation der Verben haben oder wie Sie Ihren *café* mögen. Beim zweiten Mal, wenn es Ihre eigene Entscheidung ist, macht es immer mehr Spaß – und es bringt auch mehr. Überlegen Sie, wie Sie Ihre *étude de français* angehen wollen. Eine Möglichkeit wäre, sich in einem Sprachkurs anzumelden und zu lernen, wie man Belanglosigkeiten auf Französisch flüstert, und Gleichgesinnte zu treffen. Wie chic! Es gibt auch unzählige Bücher, Online-Kurse und CDs, um Ihnen bei der Konversation und der Grammatik auf die Sprünge zu helfen.

Recherchez im Internet, vielleicht finden Sie dort Angebote oder Kurse, die Ihnen zusagen und die zeitlich passen – damit Schluss ist mit *ne pas comprendre.* Ein heißer Tipp ist und bleibt *www.berlitzpublishing.de,* dort finden Sie die Bibeln unter den Sprachführern.

Paris ist nicht nur ein Paradies für die Verliebten und die Modehauptstadt der Welt. Denken Sie nur an Amélie, Brigitte Bardot und Vanessa Paradis. Hier ein paar schicke Kleinigkeiten, die Lust auf mehr machen.

un cadeau	ein Geschenk
les fleurs	Blumen
les bonbons	Süßigkeiten
les vêtements	Kleidung
le parfum	Parfum
un amant	ein Geliebter
une amante	eine Geliebte
un copain	ein Freund
une copaine	eine Freundin

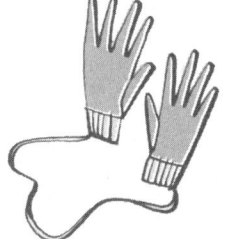

Je t'aime aussi.	Ich liebe dich auch.
Je t'adore.	Ich bete dich an.
Veux-tu m'épouser?	Willst du mich heiraten?

Der rischtige Aksönt

Den Franzosen sagt man nach, sie legten Wert auf die richtige Aussprache. *Ah, mon Dieu.* Machen Sie sich deshalb mal keinen Kopf. Sie probieren es, und das allein gibt schon Punkte. Machen Sie weiter – es ist wie Radfahren, plötzlich macht es klick im Kopf. Deshalb sprechen Sie die Sprache nicht sofort fließend, aber Sie kommen von Punkt A nach Punkt B.

Führen Sie sich französische CDs, Radiosendungen und Filme zu Gemüte, damit Sie ein Gefühl für die Aussprache, die Betonung und das Tempo der Profis bekommen. So praktisch Wörterbücher und Lernprogramme sind, Sie müssen die Sprache in normaler, sprich Höchstgeschwindigkeit hören. Aber verzweifeln Sie nicht und unterschätzen Sie die Möglichkeiten der Körpersprache nicht – Augenverdrehen, Deuten und Seufzen. Damit sollten Sie sich wunderbar verständigen können, falls Sie Probleme haben. (Ein *non* sollten Sie nicht allzu ernst nehmen, Franzosen stellen sich nun mal gerne taub.) Bei den Franzosen gehört das Augenverdrehen und Seufzen dazu, Sie können also mit ihrem Mitgefühl rechnen.

In Wörterbüchern findet man normalerweise neben dem Wort die Angabe für die Aussprache. Diese Hilfen sind für den Anfang und Notsituationen okay, aber Sie sollten selbstverständlich danach trachten, so wie die Bardot zu schnurren und nicht gleich nach dem Begrüßungs-Hallo zu verstummen. *S'il vous plaît*, das wortwörtlich übersetzt »wenn es Ihnen gefällt« bedeutet (und gute Manieren werden international geschätzt), spricht man »si wu plä« aus. Selbstverständlich dürfen Sie nie und nimmer verraten, dass Sie die Lautschrift benutzen. Das sieht nach Tourist aus und wäre wie das Eingeständnis, dass das fabelhafte Essen, mit dem Sie Ihre Gäste beeindruckten, aus der Mikrowelle stammt.

Selbst Brot bringt Sie weiter

Eine Herausforderung, die Sie ernst nehmen sollten. Fahren Sie nach Frankreich und gehen Sie in eine *boulangerie* (Bäckerei). Das ist der perfekte Ort, um die Leidenschaft und das *pain* (Brot) der Franzosen kennenzulernen. Das mit Frankreich klappt nicht? Dann machen Sie sich auf die Suche nach einem möglichst »echten« französischen Café in Ihrer Nähe. Ob Baguette oder Croissant, alles Französische hilft, Sie in die rischtige Stimmung zu bringen.

Eine kurze Geschichte des Croissants

Die berühmteste französische *pâtisserie* ist das Croissant, das, wie so vieles anderes, eher zufällig nach Frankreich gelangte.

Am 12. September 1683 wurde vor Wien eine drohende Eroberung durch die Türken vereitelt. Während der Belagerung Wiens hatten die Türken gegraben und getrickst und alles versucht, die Mauern der Stadt zu überwinden.

Die Türken kamen dabei ziemlich gut voran, bis ein Bäcker, ein gewisser Peter Wender, in seinen Keller ging und dort ein seltsames Geräusch hörte – nämlich die Türken, die an ihrem Tunnel gruben. Er gab den Behörden einen Tipp, die Armee kam und Wien war gerettet. Hurra.

Um seinen Anteil am Sieg über die Türken zu würdigen, beschloss Wender, ein Gebäck in der Form eines Halbmonds zu backen, des Symbols des (besiegten) Osmanischen Reichs. Eine gute Geschichte, ob sie wahr ist, lässt sich schwer sagen. Aber das Kipferl, das wie ein Halbmond aussieht, entstand um diese Zeit.

1770 brachte dann Marie-Antoinette die Köstlichkeit mit nach Frankreich, als sie Louis XVI. heiratete. Das Kipferl liebten die Franzosen, was sich von der Königin nicht behaupten lässt, der sie bekanntermaßen den Kopf abschlugen.

Französisch lesen

Warum sollten Sie sich mit diesen drögen und trockenen Wörterbüchern quälen und sich *Le Figaro* oder Molière antun? Es gibt doch jede Menge schickere und witzigere Möglichkeiten, eine Fremdsprache zu lernen. Abonnieren Sie stattdessen *Vogue, Numéro* oder *L'Officiel.*

Die Überschriften in den Magazinen sind nicht nur wunderbare Wortschatzübungen, Sie bekommen dadurch auch ein Gefühl für den französischen Stil.

Machen Sie sich mit ein paar Schlagwörtern vertraut, die Sie für Ihren neuen Look brauchen:

les gants	Handschuhe
le manteau	Mantel
les chaussures	Schuhe
le rouge à levres	Lippenstift
les lunettes de soleil	Sonnenbrille
le sac à main	Handtasche
Christian Dior	Christian Dior (Hinweis: Ein gutes Label kennt man auf der ganzen Welt)

Sie wollen noch mehr tun für Ihren Wortschatz? Lesen Sie die Artikel. Fangen Sie mit *Paris Match* an, der französischen Klatschbibel, dem französischen Äquivalent der *Bunten* oder *Gala.* Die *Paris Match* hat viele Bilder, das hilft schon mal weiter beim Starinterview. Und wenn Sie bei den Liebesgeschichten der Promis up to date sind, dann erraten Sie leichter, was das eine oder andere Wort bedeuten könnte, wenn Sie sehen, um welchen *scandale* es in dem Paparazzi-Artikel gerade geht.

Sie finden, das geht schon ganz gut? Oder ist Ihnen das zu langsam? Dann probieren Sie es doch mal mit einer Übersetzungsseite im Internet. Tippen Sie einen Satz ein, den Sie gerne übersetzt hätten, klicken Sie auf Übersetzen und schauen Sie, was dabei rauskommt. Eine solche Seite ist zum Beispiel *www.babelfish.altavista.com/tr.*

Zum Beispiel:

Wie viel ist das für zwei Baguettes?
C'est combien pour deux baguettes?

Wo ist Chanel?
C'est où Chanel?

Kann ich ein Glas Champagner haben?
Un verre de champagne, s'il vous plaît.

Ich hätte bitte gerne ein Zimmer mit Aussicht.
Je voudrais une chambre avec vue, s'il vous plaît.

Haben Sie diese Manolos in meiner Größe?
Avez-vous ces Manolos dans ma pointure?

Wann beginnt der Schlussverkauf?
Quand est-ce que les soldes commencent?

Taxi!
Taxi!

Und so weiter.

Stellen Sie eine Liste von Sätzen zusammen, die Sie sich einprägen möchten, und drucken Sie sich die Übersetzung aus. Eine andere Methode, die ebenfalls jedes Schulbuch um Längen schlägt, ist, sich eins seiner Lieblingsbücher oder ein Kinderbuch *en français* zu besorgen und zu lesen. Wie wär's mit *'Arry Potter, Dör Teufel trägt*

Prada, Wie Sie in 'igh 'eels unfallfrei eine Glühbirne auswechseln oder *Sakrileg. Zee Da Vinci Code?* Andererseits – wollen Sie wirklich Ihren Wortschatz über religiöse Sekten erweitern? Und wie oft werden Sie wohl Ihren Zaubererwortschatz in einem Gespräch brauchen ...

Wählen Sie ein Buch, um *vous aider.*

Ein Buch, das Ihr Lieblingsthema behandelt oder dessen Geschichte Sie kennen. Nein, das ist nicht geschummelt. Es ist nun mal einfacher, ein Buch zu lesen und so Ausdrücke nebenbei zu lernen, als sich damit zu quälen, *j'aime, tu aimes, il/elle/on aime* zu konjugieren. Im echten Leben gehen Sie nämlich relativ selten zu Leuten und rattern eine Liste Verben herunter.

Noch leichter, als ein Buch zu lesen, ist es, sich ein Hörbuch anzuhören. Damit erweitern Sie nicht nur Ihren Wortschatz, sondern verbessern auch gleichzeitig Ihren Akzent. Sie können daneben das Buch auf Deutsch lesen oder die Geschichte im Bett zum Einschlafen hören. Dann verbessern Sie Ihren Akzent im Schlaf. Trainieren Sie Ihre Ohren darauf, die Feinheiten zu hören, damit Sie die Wörter korrekt aussprechen. Oder versuchen Sie zumindest, diese so gut wie möglich nachzusprechen. Selbst wenn Ihr Wortschatz sich auf die Basics beschränkt – wenn Sie sich Mühe geben und Ihr Akzent gut ist, ist die Schlacht schon halb gewonnen.

Französischer Konversationsunterricht, bei dem nicht zwischendurch *en allemand* gemogelt wird, ist gut, ein romantisches französisches Rendezvous noch besser. Wie wär's mit einem Wochenendtrip nach Paris? *Parlez seulement français,* auch wenn das bedeutet, dass Sie allein reisen. Schließlich haben Sie ernsthaft vor, den Code zu knacken und zweisprachig zu schnäbeln. Machen Sie sich darauf gefasst, von einem miesepetrigen Taxifahrer wegen Ihres Akzents und Ihrer Fehler kritisiert zu werden. Und auch wenn Sie ihn in diesem Moment zum Teufel wünschen und am liebsten heulen würden, auf lange Sicht hilft Ihnen das weiter. Also halten Sie diese perverse Form der Folter durch.

Sie sind noch nicht so weit, Ihren französischen Akzent öffentlich auszuprobieren? Machen Sie sich doch zu Hause einen französischen Abend. Mit einem Brie, einem Baguette und einem Bordeaux – oder Ihrem französischen Lieblingsgericht – *coq au vin, croque monsieur, comme vous voulez.* In Frankreich gibt es 22 Weinregionen und über eine Million traditioneller, regionaler oder Gourmetrezepte, durch die man sich essen muss. Ein elastischer Bund wäre also nicht schlecht, bis Sie Mireille Giulianos *Warum französische Frauen nicht dick werden* geknackt haben. Schmökern Sie in den Büchern von Leuten, die nach Frankreich gezogen sind und überlebt haben.

Die Franzosen und das Essen

Julie & Julia: 365 Tage, 524 Rezepte und 1 winzige Küche von Julie Powell ist der aus einem Blog entstandene Bestseller, bei dem die Autorin nicht nach Frankreich zog, sich aber mit dem französischen *way of kitchen life* vertraut machte. Das Buch ist im Grunde genommen ein Kochtagebuch und enthält die Gedanken und den Frust einer Amerikanerin, die ihre Tage als Regierungssekretärin verbringt und abends kocht. Powell zeichnete ihre Erfahrungen auf, während sie sich durch die 524 Rezepte aus dem Buch *Mastering the Art of French Cooking* von Louisette Bertholle, Simone Beck und Julia Child kochte. (Julia Child ist die Frau, die Pasta und die europäische Küche in die Staaten brachte und letztlich Amerika zeigte, wie man kocht.)

Julie & Julia ist nicht nur eine witzige Geschichte und ein Bestseller, es wird jetzt auch verfilmt. Werfen Sie doch mal einen Blick in den Blog unter *www.juliepowell.blogspot.com.* Dazu bräuchten Sie natürlich ein halbwegs passables Englisch …

Powell könnte Ihre Mentorin dabei werden, eine fremde Sprache zu lernen und sich nebenbei in eine gute Köchin zu verwandeln. Und irgendwie kommt dieser »Blogbuster« gerade recht als Erinnerung an Ihre guten Blog-Vorsätze. Ihre Homepage/Ihr Blog müsste inzwischen schon im Netz sein, oder?

Es gibt noch jemanden, der mit dem Kochen zugleich Französisch lernte, nämlich Audrey Hepburn, als sie in *Sabrina* die Tochter des Chauffeurs spielt und nach Paris geschickt wird, um die feine Küche zu erlernen. Weil man hofft, dass sie so über ihre Schwäche für David Larrabee hinwegkommt. Am Schluss landet sie bei Linus Larrabee (Humphrey Bogart), dem älteren Bruder, und das, obwohl sie es nie schaffte, ein Ei zu pochieren.

Warum lernen Sie nicht selbst französisch kochen – sei es mit einem französischen Kochbuch oder in einem Kochkurs? Entsprechende Kochbücher und -kurse finden Sie im Internet. Leidenschaftliche Restaurantbesucher finden dort natürlich auch Restaurants und Bistros, falls Sie nach Paris kommen …

Französische Filme

Machen Sie es sich mit einem französischen Film gemütlich.

Es ist *unbedingt* zu empfehlen, sich Filme in einer neuen Fremdsprache zu Hause anzusehen, da man, bedingt durch den Übersetzungsfilter, meist etwas länger braucht, um die Witze zu verstehen, und dann die anderen Zuschauer durch zeitversetztes Kichern irritiert. Greifen Sie zu Filmen in der französischen Originalsprache mit deutschen Untertiteln (OMU). Das ist besser, als sich anderssprachige Filme in der französischen Synchronisation anzusehen. Die Lippenbewegungen sind nicht synchron und am Ende ist man so durcheinander, dass man sich nicht mehr auf den Film konzentrieren kann, ganz zu schweigen von der Sprache, die man ja eigentlich lernen will.

Fangen Sie mit Klassikern an wie *La Belle et la Bête, Jean de Florette, Manon des Sources, Jules et Jim, Cyrano de Bergerac* oder *Amélie*.

Wer ist Cyrano de Bergerac?

Cyrano de Bergerac ist einer der populärsten französischen Filme und erzählt die Geschichte eines Mannes, der wirklich gelebt hat –

des französischen Soldaten Hector Savinien Cyrano de Bergerac (1619–1655).

Er wurde bekannt, als der Bühnenautor Edmond Rostand 1897 eine Komödie über ihn schrieb. Diese war die Grundlage für den Film *Roxanne* (1987), in dem Steve Martin und Daryl Hannah die Hauptrollen spielten. Doch der ganz große Erfolg kam 1990, als sie in altem Glanz mit Gérard Depardieu erneut verfilmt wurde. Es war einer der erfolgreichsten französischsprachigen Filme an der Kinokasse und ist wirklich eine wunderschöne Schnulze, das heißt: Dieser Film gehört auch in Ihre DVD-Sammlung.

Cyrano liebt eine entfernte Cousine, die schöne Magdeleine Robin, die Roxane genannt wird. Er ist adlig, der beste Fechter in der Garde des Königs und ein brillanter Dichter, wäre also eine wunderbare Partie, hätte er nicht diese riesige Nase. Er spielt lieber den Clown, als sich eine Abfuhr von seiner Herzensgeliebten oder einem anderen Mädchen einzufangen.

Natürlich ahnt Roxane nichts von seinen Gefühlen für sie. Sie kommt zu Cyrano, um sich seinen Rat in Liebesangelegenheiten zu holen, da ihr ein junger Kadett in seiner Kompanie gefällt. (Würg, ist das nicht das, was man am meisten hasst?) Auftritt des feschen jungen Barons Christian de Neuvillette, als Rivale Cyranos schlimmster Albtraum. Als sie an die Front geschickt werden, bittet Roxane Cyrano, ihn zu beschützen und dazu zu bringen, ihr zu schreiben (damals die einzige Möglichkeit zu flirten, ohne gegen die guten Sitten zu verstoßen). Verstehen Sie nun, was Ihnen ohne hübsches Briefpapier entgeht?

Christian sieht also gut aus, ist aber leider unfähig, einen geraden Satz hinzubekommen. Cyrano tut mehr als seine Pflicht und springt ein, denn was ihm an Schönheit fehlt, macht sein literarisches Geschick mehr als wett. Die Kombination aus Cyranos Briefen und Christians Aussehen ist umwerfend und Roxane ist hin und weg. In einer Szene, die an die berühmte Balkonszene aus *Romeo und Julia* erinnert, sagt Cyrano Christian vor, und zwar so erfolgreich, dass Christian mit einem Kuss belohnt wird. Wie weit würden Sie in wahrer Liebe gehen?

Die beiden heiraten – das heißt Christian und Roxane –, aber Christian und Cyrano müssen praktisch sofort in den Krieg ziehen. »Christian« schreibt täglich an seine junge Frau, und sie gesteht ihm, dass sie ihn immer mehr seiner Briefe wegen liebt, die sie tiefer berühren als seine Schönheit. Puh. Praktischerweise wird er zu diesem Zeitpunkt tödlich verwundet und stirbt. Cyrano lebt. Perfekt, denkt die Romantikerin – aber nein, denn Cyrano ist zu loyal, zu treu und verrät die Wahrheit nimmermehr. Was für eine Verschwendung.

14 Jahre später. Roxane lebte noch immer als Witwe in einem Kloster, wo Cyrano sie jede Woche besucht. Er liebt sie noch immer und hat ihr noch immer nicht die Wahrheit gesagt. Dann wird er auf seinem Weg ins Kloster verwundet. Soll er Roxane enttäuschen? Niemals, er schleppt sich dorthin.

An diesem Tag bittet sie ihn, ihr Christians letzten Brief vorzulesen. Sie hatten oft darüber gesprochen, aber erst heute liest er ihn ihr vor. Es ist dunkel, er liegt im Sterben, und während das Licht schwindet, liest er – denn er kann den Monolog auswendig:

Mon cœur vous quitta jamais une seconde et je suis et serai jusque dans l'autre monde celui qui vous aima sans mesure …

Mein Herz war jede Sekunde bei dir und ich bin für immer und auch in der anderen Welt der, der dich über alle Maßen liebt …

Bitte ein Taschentuch …

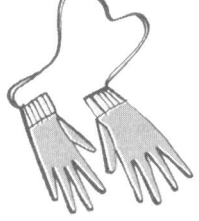

Lesefutter

Das Parfüm
von Patrick Süskind

Warum

Reisen Sie in das Paris des 18. Jahrhunderts und folgen Sie einer Geschichte voll sinnlicher und finsterer Wendungen, der Geschichte eines Mannes, der danach strebt, den perfekten Duft zu finden. Falls Sie je davon träumten, durch die Straßen des alten Paris zu wandern, sie zu riechen und zu schmecken, dann sind Süskinds Beschreibungen wie geschaffen für Sie. Von der ersten Seite an quillt das Buch über von Adjektiven, um jede sinnliche Wahrnehmung zu beschreiben, während sich die grausame Geschichte Jean-Baptiste Grenouilles entfaltet.

Wer

Patrick Süskind wurde am 26. März 1949 in Ambach am Starnberger See geboren. Er studierte an der Universität München Geschichte und verbrachte ein Jahr in Aix-en-Provence, was ihn später zu seinem Bestseller inspirierte. Sein erstes Stück, *Der Kontrabass,* erschien 1981 und war ein großer Erfolg. Doch erst *Das Parfüm* verhalf ihm international zum Durchbruch. Dieses Meisterwerk wurde weltweit über eine Million Mal verkauft. 2006 wurde es unter anderem mit Dustin Hoffman, Alan Rickman und Ben Whishaw als Grenouille verfilmt. Süskind selbst lebt zurückgezogen und weigert sich, Interviews zu geben. Aber das hält die Menschen nicht davon ab, seine Bücher zu lesen und zu diskutieren. Kurt Cobain meinte, *Das Parfüm* sei sein Lieblingsroman, und schrieb, »Scentless Apprentice« vom Nirvana-Album *In Utero* sei davon inspiriert.

Die Story

Grenouille wird nach der Geburt in einem Haufen stinkender Fischabfälle zurückgelassen und ist von Anfang an ein merkwürdiger, unheimlicher Einzelgänger. Obwohl er für seine tragischen Lebensumstände nichts

kann, bemüht sich Grenouille kaum um die Zuneigung anderer. Er ist im Waisenhaus unbeliebt, aber nicht, weil er aggressiv oder unangenehm ist, sondern weil er nicht riecht und so für die anderen unsichtbar ist. Obwohl er seltsamerweise selbst geruchlos ist, verfügt er über einen außerordentlich scharfen Geruchssinn, und seine Nase wird folglich seine geheime Waffe, mit der er sich seine Umwelt unterwirft.

Der Waise Grenouille kommt als Lehrling zum Gerber Maître Grimal. Als er Ziegenlederhaut an den berühmten Parfümeur Baldini liefert, überredet er diesen, ihn als Lehrling zu nehmen. Es gelingt ihm, ein Parfüm zu mischen, das dieser vergeblich zu kopieren versuchte, und im Austausch gegen die Rezeptur dieses Parfüms verschafft er sich eine Lehrstelle. Zum ersten Mal merkt Grenouille, dass er ein außerordentliches Talent hat, dass er dazugehören kann. Aber gleichzeitig fühlt er sich mächtig.

Mit diesem merkwürdigen Grenouille als Protegé im Hintergrund wird Baldini der berühmteste Parfümeur von Paris. Das Geschäft blüht und seine Auftraggeber sind von seinen neuen Mischungen hingerissen. Er ist nicht aufzuhalten, nicht zu schlagen, reicher, als er sich in seinen kühnsten Träumen vorstellte, und zugleich fürchtet er diese Kreatur, die sein Schicksal in Händen hält. Dabei müsste er das gar nicht, denn trotz seines überragenden Talents geht es Grenouille weder um Ruhm noch Vermögen. Bald hat er alles gelernt, was Baldini ihn zu lehren vermag, und beginnt mit der Suche nach dem ultimativen Duft. Grenouille übergibt Baldini alle Rezepturen und verschwindet. Doch diesen ereilt das Schicksal, kaum dass ihn sein Protegé verlassen hat.

Grenouille kann nun durch das Land streifen und nach einer Möglichkeit suchen, seinen eigenen Körpergeruch zu schaffen. Die Jagd nach dem perfekten Geruch quält ihn, bis er schließlich den süßesten Geruch entdeckt, nach dem er sein ganzes Leben suchte – den eines jungen Mädchens an der Schwelle zur Frau. Er muss nur einen Weg finden, diesen Duft einzufangen. Skrupellos sammelt er die Ingredienzien, die er für seinen Geruch braucht, aber wird ihm sein Vorhaben gelingen?

Vielleicht nicht gerade der gemütlichste Schmöker fürs Bett, aber bestimmt ein unvergessliches Buch und eins, das die Diskussion befeuert.

Der Abend

Idealerweise sollte dieses Buch in einem schummrigen, in rotem Samt gehaltenen Bordell gelesen werden. Reichen Sie dazu parfümierten Tee oder Wein. Eine Weinprobe wäre bestimmt eine gute Idee. Dann könnten Sie die verschiedenen Bouquets bewundern und so gleichzeitig einer weiteren französischen Leidenschaft frönen. Auf den Kunden zugeschnittene Düfte sind absolut in. Vielleicht könnten Sie jemanden einladen, um einen Duft für die Gruppe zu kreieren (mit nicht ganz so tödlichen Absichten). Wenn das Wetter mitspielt, wäre ein Treffen in einem duftenden Garten schön. Oder vielleicht ist das auch die beste Entschuldigung überhaupt, um die neueste *pâtisserie* auszuprobieren? Oder wie wär's mit einem Wochenendtrip nach Paris und einer heißen Schokolade im Angelina?

Wo Sie die Essenz von Paris außerdem finden:

Ein Engländer in Paris von Stephen Clarke
Eine Geschichte zweier Städte von Charles Dickens
Das Mädchen vom Lion d'Or von Sebastian Faulks
Bonjour Tristesse von Françoise Sagan
Joséphine von Sandra Gulland
Leb wohl, Königin! von Chantal Thomas
Die Elenden von Victor Hugo

6. Februar

1564 wurde an diesem Tag der Dichter und Bühnenautor Christopher Marlowe geboren.

Marlowe galt als einer der führenden Rivalen seines Zeitgenossen Shakespeare. Beide waren populäre Schriftsteller und Schauspieler in Lord Stranges Schauspieltruppe, doch Marlowes Leben und Schreiben nahmen ein frühzeitiges Ende. Am 30. Mai 1593 stritten sich Marlowe und sein Freund Ingram Frizer darüber, wer die Pubrechnung bezahlen sollte, und die Sache eskalierte. Rasend vor Wut und betrunken zog Marlowe den Dolch, den Frizer bei sich trug, und schlug ihm damit zweimal auf den Kopf. Frizer packte Marlowe in Notwehr, entwand ihm den Dolch und traf ihn dabei tödlich über dem rechten Auge.

Marlowe war erst 29 Jahre alt, als er starb. Zu dem Werk, das er hinterließ, gehören unter anderem *Die tragische Historie vom Doktor Faustus, Eduard II.* sowie folgendes Gedicht:

Komm, leb mit mir, sei meine Liebste,
und lass uns von allen Freuden kosten,
die Tal, Hain, Hügel und Feld,
Wald und Gebirg uns schenken.

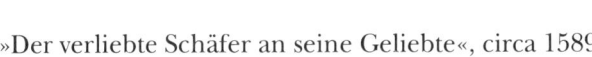

»Der verliebte Schäfer an seine Geliebte«, circa 1589

7. Februar

An diesem Tag wurde 1812 Charles Dickens, eine weitere literarische Größe, geboren.

Dickens war noch ein kleiner Junge, als sein Vater ins Schuldgefängnis gesperrt wurde und er selbst in einer Fabrik arbeiten musste. Eine Erfahrung, die ihn sein Leben lang verfolgte und sein Schreiben beeinflusste.

Später wurde Dickens Schreiber bei einem Rechtsanwalt und stieg auf zum berühmtesten Schriftsteller des viktorianischen Englands. Seine erste Geschichte veröffentlichte er 1836 unter dem

Pseudonym »Boz« und entwickelte sie weiter zu *Die Pickwickier.* In seinen Werken beschrieb er die dunklen Seiten der viktorianischen Ära und des Industriezeitalters.

Weitere Romane Dickens' sind unter anderem *Große Erwartungen, Oliver Twist, Harte Zeiten* und *Eine Geschichte zweier Städte.*

Dieser Tag ist auch der Geburtstag eines großen Staatsmannes. Thomas Morus, englischer Staatsmann, Autor und Märtyrer, wurde 1478 geboren. Morus' Roman *Utopia* (1516), was wortwörtlich übersetzt »Kein Ort« bedeutet, beschreibt das seiner Ansicht nach perfekte Land. Was nichts zu tun hatte mit seinen eigenen Lebensumständen als tiefgläubiger Katholik und Kanzler von England unter der Herrschaft Heinrichs VIII. Er weigerte sich, die zweite Ehe des Königs anzuerkennen, und musste sich zwischen seinem katholischen Glauben und dem König entscheiden. Er traf die in den Augen seines Königs falsche Entscheidung – und verlor den Kopf.

Thomas Morus wurde 1935 heiliggesprochen. Robert Bolt setzte ihm in seinem Stück *Thomas Morus (A Man for All Seasons)* ein Denkmal. 1967 wurde dieses Stück verfilmt und räumte sechs Oscars ab.

Übers Küssen und die Kunst, eine Kontaktanzeige zu verfassen

Hoffentlich gehört es zu Ihren guten Vorsätzen für dieses Jahr, sich nie wieder mit einem dieser durchgeknallten, beziehungsunfähigen, bereits vergebenen oder unangenehmen Typen zu verabreden. Die einzige Liebe, die nicht erwidert zu werden braucht, ist die Liebe zu Ihren Schuhen – und selbst Schuhe können drücken. Nach Weihnachten und vor dem Valentinstag brummt normalerweise das Geschäft bei den Dating-Services, sei es online oder offline. Sie sind Single? Was diesen Valentinstag angeht, wird's knapp, aber andererseits ist jetzt die günstigste Zeit, um nach Amors Pfeil

Ausschau zu halten. Werden Sie pro-aktiv in der Suche nach dem Mann fürs Leben. Es ist doch wirklich nett, jemanden zu haben, der einem das Frühstück ans Bett und den Müll hinausbringt.

Sie wollen nicht aufbrechen und den Mann fürs Leben suchen? Aber Sie müssen deshalb doch nicht die Wohnung verlassen, suchen Sie ihn online oder geben Sie eine Kontaktanzeige auf. Schon überzeugt? Dann vergewissern Sie sich, bevor Sie eine Anzeige aufgeben oder eine beantworten, die Sie mitten ins Herz getroffen hat, was all diese Abkürzungen bedeuten. Sie wollen schließlich Missverständnisse vermeiden.

Entschlüsseln und entfrosten

Eine Kontaktanzeige ist eine Möglichkeit, einen Partner zu finden. Natürlich nur, wenn Sie nicht die Zeit haben, das dem Schicksal zu überlassen – oder dessen Winkelzüge, Sie mit dem Wahnsinnstypen zusammenzubringen, zu oft vereitelten. Um Platz ein- und dem Leser unnötiges Erröten zu ersparen, werden die Anzeigen mit vielen Kürzeln gedruckt. Das liest sich dann wie ein kryptisches Kreuzworträtsel, bei dem allerdings wesentlich mehr auf dem Spiel steht.

Anh. = Anhang
attr. = attraktiv
bi = bisexuell
bmb = bitte mit Bild
C. = Chiffre
gesch. = geschieden
GS = Gruppensex
KFI = keine finanziellen Interessen
ml. = männlich
wbl. = weiblich
NR = Nichtraucher
NT = Nichttrinker

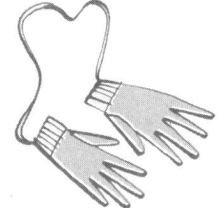

NEZ = nur ernsthafte Zuschriften
ONS = One Night Stand
PT = Partnertausch
PV = Partnervermittlung
schl. = schlank
TV = Transvestit
Wwe = Witwe
Zuschr. erb. = Zuschriften erbeten

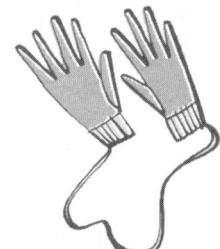

Romantik online

Populäre Webseiten sind unter anderem www.meetic.de oder www.
match.com. Online-Datingseiten können dabei helfen, neue Leute
kennenzulernen, sind aber auch nett, wenn im Büro grad mal weniger los ist oder man abends mit einer Gesichtsmaske rumsitzt ...
natürlich nur, wenn man keine Webcam hat.

Schauen Sie sich zuerst ein paar Datingseiten an, bevor Sie Ihr Profil rausschicken. So bekommen Sie eine Vorstellung, wer diese Seite
benutzt, und ein Gefühl, welchen Ton Sie am besten anschlagen.

Sie wollen sich möglichst gut verkaufen, sicher, aber bleiben Sie
bei der Wahrheit. Beschreiben Sie, ohne dabei Ihr Inneres preiszu-
geben, Ihren Charakter, Ihre Hobbys, Ihre Vorlieben und Abnei-
gungen und was Ihnen bei anderen Menschen wichtig ist. Dabei
können Sie ruhig ehrlich und geradeheraus sein, schließlich müssen Sie niemanden von diesen Leuten tatsächlich treffen. Wenn
Sie keine Wochenendbeziehungen, alleinerziehende Partner, Rot-
schöpfe, Brillenträger oder Menschen, die Schnecken sammeln,
mögen, dann können Sie das ruhig sagen – immer noch besser, als
den anderen direkt vor den Kopf zu stoßen.

Verraten Sie so viel, wie Sie möchten, aber aufgepasst: Verraten
Sie nie Ihre E-Mail-Adresse oder Ihren vollen Namen. Eine gewisse
Distanz ist immer besser. Benutzen Sie die Website, um sich umzu-
sehen, und nur dafür.

Verlieben Sie sich nicht in ein Foto – ein Foto ist schnell retuschiert. Klar, laut Statistik bekommt ein Online-Profil mit Foto zehnmal so viel Aufmerksamkeit. Ein Profil ohne Foto ins Netz zu stellen ist also ein bisschen so, als wenn Sie mit einer Tarnkappe ausgingen – entscheiden Sie selbst, wie sehr Ihnen nach Harry Potter zumute ist.

Noch ein Tipp: Lesen Sie, bevor Sie auf Senden klicken, Ihr Profil noch einmal laut. Oder bitten Sie einen Freund / eine Freundin darum. Würden Sie sich für so jemanden interessieren? Versuchen Sie witzig zu sein und verzichten Sie auf ausgelutschte Aufreißsätze. Sie wollen schließlich nicht verzweifelt oder wie ein Klette rüberkommen.

Eine kurze Geschichte des Kusses

ROMEO:
Entweihet meine Hand verwegen dich,
O Heilgenbild, so will ichs lieblich büßen.
Zwei Pilger neigen meine Lippen sich,
Den herben Druck im Kusse zu versüßen.

JULIA:
Nein, Pilger, lege nichts der Hand zuschulden
Für ihren sittsam-andachtvollen Gruß.
Der Heilgen Rechte darf Berührung dulden,
Und Hand in Hand ist frommer Waller Kuss.

ROMEO:
Haben nicht Heilge Lippen wie die Waller?

JULIA:
Ja, doch Gebet ist die Bestimmung aller.

ROMEO:
O so vergönne, teure Heilge nun,
Dass auch die Lippen wie die Hände tun.
Voll Inbrunst beten sie zu dir: erhöre,
Dass Glaube nicht sich in Verzweiflung kehre!

Romeo und Julia, I. Akt, 5. Szene

Eine der besten Stellen aller Shakespearestücke und eine, die man sich merken sollte. Sie wurde um 1595 geschrieben, die Geschichte dieser Liebe, die unter einem unglücklichen Stern stand und in Verona spielt. Die Tragödie wurde in der Oper, dem Ballett und im Film immer wieder erzählt, darunter Franco Zeffirellis wunderbare Verfilmung von 1968 und Baz Luhrmanns zeitgenössische temporeiche Version. Leihen Sie sich in Ihrer Videothek aber lieber die Version des Regisseurs Irving Thalberg, die 1936 den Oscar gewann und bei der die Frau des Regisseurs, Norma Shearer, die Julia spielte. Oder bestellen Sie den Film als originelles Valentinsgeschenk.

Küssen wird auch im Neuen Testament erwähnt, damals war der Begrüßungskuss schließlich gang und gäbe. Aber glauben Sie bloß nicht, dass Romeo wirklich an Heilige dachte ...
Geküsst wurde schon immer. Die Römer küssten sich auf die Lippen oder die Augenlider, um sich Respekt zu bekunden. Ein Kaiser bestimmte den Rang seines Besuchers durch die Stelle, die er ihm zu küssen gestattete – von den Füßen aufwärts. Bei Hochzeiten ist der Kuss heute so populär, dass er den inoffiziellen Höhepunkt der Zeremonie darstellt.

»Ich habe viele Männer gefunden, die nicht küssen konnten. Ich habe immer die Zeit gefunden, es ihnen beizubringen.«
Mae West

Der längste Kuss dauerte 130 Stunden und zwei Minuten, was schlichtweg unsozial ist. Küssenswert ist vor allem – außer den Menschen, die man liebt – der Blarney Stone in Irland. Es heißt, wer dies wagt und dabei rückwärts über eine alte Schlossmauer baumelt, würde mit dem Geschenk der Beredsamkeit belohnt (was das Geheimnis der Iren erklären würde), aber andererseits sollte man auch etwas dafür erwarten können, wenn man sich über eine Festungsmauer hinauslehnt.

Sie suchen den Kuss in der Kultur? Werden Sie fündig bei Rodins Skulptur *Der Kuss* oder dem ineinander verschlungenen Paar auf Klimts gleichnamigem Gemälde.

Fünf der besten Leinwandküsse finden Sie in:

Vom Winde verweht
Casablanca
Frühstück bei Tiffany
Susi und Strolchi
Verdammt in alle Ewigkeit

Vergessen Sie darüber aber nicht Dornröschen und den Kuss, der den Fluch des hundertjährigen Schlafs beendete.

12. Februar

1947 wurde der New Look in Paris präsentiert. Der Modeschöpfer Christian Dior debütierte mit seiner Nachkriegskollektion und brachte die ganze Stadt zum Stillstand. Die Röcke waren weit, die Taillen schmal und Stofffülle und neue Weiblichkeit Trumpf. Carmel Snow, damals Chefredakteurin von *Harper's Bazaar*, rief dies als den »New Look« aus.

Der große Auftritt fand in der Avenue Montaigne Nummer 30 in Paris statt. Um zehn Uhr Vormittag warteten Damen im Nerz und elegant gekleidete Herren auf der Straße vor dem Modehaus darauf, dass sich die Tür zum Salon öffnet. Marie-Thérèse (die Linda Evangelista ihrer Zeit) schwebte in den Salon. Sie eröffnete die Show in einem weiten Rock, und das Publikum verstummte. Die Moderedakteurin der amerikanischen *Vogue*, Bettina Ballard, meinte, es sei ein »magischer« Moment gewesen.

Coco Chanel war nicht ganz so überschwänglich. Sie sagte, die Show habe sie wieder an ihren Zeichentisch getrieben. »Christian Dior zieht die Frauen nicht an, er polstert sie auf«, lästerte sie. Die Revolution hatte begonnen, und wie Herr Dior sagte: »Die Couture will zu ihrer wahren Berufung zurückkehren – die weibliche Schönheit hervorzuheben.«

Seit der Eröffnung Diors standen ihm illustre Designer vor.

Diors Designer:
Christian Dior 1947–1957
Yves Saint Laurent 1957–1960
Marc Bohan 1960–1989
Gianfranco Ferré 1989–1996
John Galliano 1996–

Coco Chanel

Sie wollen sich kleiden wie die Einheimischen? Orientieren Sie sich an den Stilikonen der Stadt. Nirgends ist das so wichtig wie in Paris, wo die Straßen nur so wimmeln von schicken und eleganten Madames und Mademoiselles, bei denen jedes Härchen perfekt sitzt ... und Sie dachten, das mit der Sprache sei das Problem.

Niemand fängt den Pariser Chic besser ein als Coco Chanel. Sie ist die Verkörperung von femininer Macht und Erfolg. Werfen Sie diesen Monat öfter mal einen Blick in den Spiegel, um zu sehen, ob es Ihnen gelingt, die Femme fatale in den Alltag zu integrieren. Ob Sie sich für eine Soirée im Stil der 20er-Jahre in Schale werfen oder für die Nacht enthüllen, bleiben Sie dem Chanel-Stil treu. Lackieren Sie sich die Nägel in einem sündigen Rot, tragen Sie ein Perlenkette oder die für Chanel typische Kamelie oder machen Sie es sich im luxuriösen pastellfarbenen Tweed bequem. Chanels Kleider sind einfach, aber chic. »Luxus muss bequem sein, sonst ist es kein Luxus«, sagte sie. Laut Chanel braucht es drei Dinge, um gut auszusehen: Ordnung, Haltung und guten Geschmack. Was beweist, dass es nicht nur darauf ankommt, was Sie tragen, sondern wie Sie es tragen. Denken Sie also an Coco Chanel, wenn Sie sich unter Druck fühlen, sich den Trends anzupassen, und stehen Sie zu sich.

Sie halten sich nicht für eine Modesklavin? Auch dann findet sich, ob Sie sich dessen bewusst sind oder nicht, in Ihrer Garderobe der Chanel-Touch. Strickware aus Jersey, Badeanzüge, Sportkleidung, Skiaccessoires und der androgyne Look – alles Coco Chanel. Es war Coco Chanel mit ihrer knabenhaften Figur, welche die Frauen vom Korsett befreite und eine Welle der Begeisterung für die Bob-Frisur auslöste. Sie schuf den Look für die Frau, welche die gleichberechtigte Partnerin des Mannes sein wollte und nicht sein Spielzeug.

Chanel schuf ein Imperium, das weit über ihre Zeit und ihre Generation hinausreichte. Sie entwarf Chancen in Stoff, weil sie es verstand, Frauen das Gefühl zu geben, unabhängig und selbstbewusst zu sein. »Sie revolutionierte die Mode mit einem schwarzen Pullover und zehn

Reihen Perlen«, sagte ihr Konkurrent Christian Dior. Ihr Modehaus war das erste Modeimperium, und sie die erste Modeschöpferin, die verstand, was es bedeutet, eine Marke zu kreieren – sie setzte ein Zeichen in der Welt des Parfüms wie des Stils.

Ihr Leben und ihre Zeit

Gabrielle Bonheur Chanel wurde am 19. August 1883 in Saumur geboren.

Sie war ein uneheliches Kind und verlor ihre Mutter vor ihrem zwölften Geburtstag, weshalb sie mit ihren vier Geschwistern in einem Waisenhaus aufwuchs. Der schwarze Habit der Klosterschwestern, die sie erzogen, inspirierte sie später.

Sie versuchte ihr Glück als Tänzerin, Reiterin, Schauspielerin und Sängerin. Während eines kurzen Engagements als Cabaretsängerin im *Café la Rotonde* erhielt sie ihren Spitznamen. Zu ihrer Nummer gehörten »Ko Ko Ri Ko« (Französisch für »Kikeriki«) und »Qui qu'a vu Coco«, und das Publikum verlangte nach »Coco«, um eine Zugabe zu erhalten. Der Name blieb kleben, ihre Karriere als Sängerin nicht – Gott sei Dank, was würden wir sonst tragen?

Chanel verdankte ihre spätere Karriere ihrem ausgeprägten Geschäftssinn und einer Reihe Sugar Daddys, die ihr auf die Sprünge halfen. Sie brüstete sich später: »Ich verdanke mein Modehaus zwei Gentlemen, die sich wegen meines heißen kleinen Körpers überboten.« Einer der beiden Herren war der englische Aristokrat »Boy« Capel, ein Schiffs- und Bergwerksmagnat, der angeblich die Liebe ihres Lebens war. Er ermöglichte ihr das ersehnte Entrée in die Gesellschaft, finanzierte sie und liebte sie, nur heiraten konnte er sie nicht – das war eine Frage der unterschiedlichen Herkunft und der Tradition und führte letztlich zu der lebenslangen Unabhängigkeit Coco Chanels. 1910 half er ihr, ihr erstes Geschäft in der Rue Cambon zu eröffnen, das ursprünglich Modewaren für befreundete Kunden von der Bühne und der feinen Gesellschaft anbot. 1919 kam Boy Capel bei einem Autounfall ums Leben. Sie war am Boden zerstört und fand trotz ihrer vielen Affären niemanden mehr, dem sie ihr Herz schenkte.

Sie war nicht nur in beruflicher Sicht ehrgeizig, sie hatte auch eine

Neigung zu erfolgreichen, reichen Männern. Sie arbeitete mit Picasso zusammen, der sie als Geliebte zurückwies, und dem Komponisten Strawinsky, der sie nicht zurückwies. Sie war mit den strahlendsten Sternen am Pariser Firmament befreundet: Cocteau, Djagilew, Dalí. Sie hatte Affären mit Aristokraten, dem Pferdezüchter Etienne Balsan und dem Herzog von Westminster – der den Gerüchten nach der reichste (verheiratete) Mann Englands war. Er inspirierte sie zu ihrer Liebe für Modeschmuck und den Perlenketten, die ihr Kennzeichen werden sollten und die sie zu Tweed trug, wenn sie mit ihm ausritt. Sie war zehn Jahre mit dem Herzog zusammen, und er war hingerissen von dieser modern denkenden Frau. Einmal soll er einen großen, ungeschliffenen Diamanten in einer Gemüsekiste versteckt haben. Nicht dass die Chanel die Sorte Frau war, die Kartoffeln schälte, aber sie mochte originelle Überraschungen. Er erklärte ganz London seine Liebe zu ihr mit Laternenpfosten, auf denen zwei goldene Cs – das Chanel-Logo – prangten. Vielleicht eine etwas bizarre Weise, zu zeigen, wie sie sein Leben erhellte. Während die beiden Liebenden schon längst nicht mehr unter uns weilen, sind die schwarzen Laternenpfähle mit den goldenen Cs noch immer in den schicksten Straßen Westminsters zu bewundern.

Der Duke of Westminster war nicht die einzige hochadlige Affäre, es gab auch noch den russischen Großfürsten Dimitri, der bei der Entstehung ihrer Parfüms mitmischte. In dem berühmten No. 5, das sie mit Ernest Beaux kreierte, wurden 128 Düfte zusammengemischt. Chanel war die Erste, die Blumennoten, vor allem Jasmin, verwendete. Das Parfüm wurde mit bezeichnender Schlichtheit No. 5 genannt, da es die fünfte Phiole war, an der sie roch. Marilyn Monroe soll gewitzelt haben, sie trage im Bett nur zwei Tropfen Chanel No. 5. In kalten Winternächten reicht das vielleicht nicht aus, um einen warm zu halten.

Die berühmte Chaneljacke wurde 1925 eingeführt und ihr erstes Tweedkostüm 1928. Der Chanel-Look war geboren. Ihre Mode war die perfekte Rüstung für die ehrgeizigen Frauen der 20er-Jahre. 1931 handelte sie mit United Artists einen Millionen-Dollar-Deal aus, um deren Hollywoodstars einzukleiden, darunter Gloria Swanson in *Tonight or Never*. Doch diese Art von Betätigung war nur von kurzer Dauer, ihr Herz gehörte nun mal ihrem Modehaus in Paris.

1939 hatte sie genug Geld verdient, um sich zur Ruhe zu setzen, also schloss sie ihr Modehaus. Sie zog in das Hotel Ritz. Während des Krieges hatte sie eine Affäre mit einem Nazioffizier und Spion, Baron Hans Günther von Dincklage, einem zehn Jahre jüngeren Toyboy. Was sich nicht gerade als PR-Coup entpuppte. Sie wurde wegen der Wahl ihres Liebhabers von der französischen Polizei verhaftet und vernommen, schaffte es aber, dank der Freundschaft zu Winston Churchill, einer größeren Strafe zu entgehen. Sie soll bemerkt haben, »in ihrem Alter frage man nicht nach dem Pass, wenn ein Mann mit einem schlafen wolle«.

Nach dem Ende des Zweiten Weltkriegs verließ sie Frankreich und zog in die neutrale Schweiz. Doch 1947, sie war 64, kehrte sie zurück und eröffnete Chanel erneut. In Anbetracht des Monsieur Dior und seines neuen Looks sei dies ihre Pflicht, behauptete sie. (Siehe 12. Februar.) Er verkörperte das genaue Gegenteil ihrer Stilprinzipien. Insgeheim freute sie sich darüber, wieder im Geschäft zu sein, vor allem, da sie jemand anderem die Schuld dafür aufhalsen konnte. 1954 präsentierte sie ihre Comeback-Kollektion. Und da war es passiert – sie hatte das perfekte kleine Schwarze auf den Laufsteg geschickt. Es wurde sofort zum absoluten Must-have für jede Frau, die gut angezogen sein wollte, und der »Chanel-Look« war auf beiden Seiten des Atlantiks en vogue.

Coco Chanel arbeitete bis zu ihrem Tod an ihrer Kollektion und starb ruhig in ihrem Bett im Hotel Ritz, am 10. Januar 1971.

Ihr Esprit ist lebendig wie eh und je, dank Karl Lagerfeld, seit 1983 Creative Director bei Chanel. Womit sie wahrscheinlich ganz und gar nicht einverstanden gewesen wäre, da sie nicht viel auf ihre männlichen Rivalen gab. Aber Lagerfeld hat die Marke Chanel wieder belebt und modisch in der ersten Reihe gehalten. Inzwischen spielen in dem Imperium neben der Mode auch Parfüm und Make-up eine gewichtige Rolle. Im Anschluss an den Erfolg Uma Thurmans, die in *Pulp Fiction* den Nagellack Rouge Noir trug, bat Karl Lagerfeld Kinder um Bilder von ihren Lieblingssachen, als er 1997 einen neuen Nagellack auf den Markt brachte. Er versprach ihnen, sich davon inspirieren zu lassen. Das Bild eines Jungen von einem nächtlichen Sternenhimmel gebar die Idee zu Ciel de Nuit – einem nachtblauen Nagellack mit Glitter.

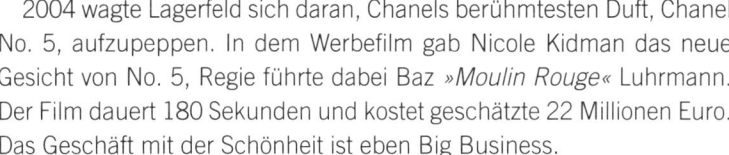

2004 wagte Lagerfeld sich daran, Chanels berühmtesten Duft, Chanel No. 5, aufzupeppen. In dem Werbefilm gab Nicole Kidman das neue Gesicht von No. 5, Regie führte dabei Baz »*Moulin Rouge*« Luhrmann. Der Film dauert 180 Sekunden und kostet geschätzte 22 Millionen Euro. Das Geschäft mit der Schönheit ist eben Big Business.

Berühmte Zitate

»Wirklich Mut braucht es, um selbst zu denken. Und zwar laut.«

»Eleganz besteht nicht darin, ein neues Kleid anzuziehen.«

»Verbringen Sie Ihre Zeit nicht damit, gegen die Wand zu hämmern in der Hoffnung, sie in eine Tür zu verwandeln.«

»Bei der Mode geht es nicht einfach nur um Kleidung. Mode liegt in der Luft und fliegt mit dem Wind. Eine Ahnung. Sie ist im Himmel und auf der Straße.«

»Es ist das noch nie gesehene, unvergessliche, ultimative Accessoire der Mode, das Ihre Ankunft verkündet und Ihren Abschied hinauszögert.«

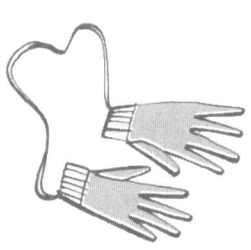

14. Februar – Valentinstag

Der Tag, an dem jedem Single schwer ums Herz wird, wenn der Postbote noch später als sonst zu kommen scheint, und Pärchen sich aufgefordert fühlen, bei der Romantik Gas zu geben und noch mehr zu sülzen als sonst.

Die Geschichte des heiligen Valentin

Im Jahre des Herrn 269 starb der heilige Valentin den Märtyrertod. Er kämpfte für die wahre Liebe, und es ist daher nur passend, dass er der Schutzheilige der Liebenden ist.

Der römische Kaiser Claudius versuchte mit allen Kräften, Soldaten für seine Armee zu rekrutieren. Aber niemand wollte in den Krieg ziehen. Alle Männer wollten zu Hause bei ihre Frauen, Familien und Herzallerliebsten bleiben. Da verbot Claudius Hochzeiten – nach seiner »Logik« würden die jungen Männer, wenn sie nicht mehr heiraten durften, als Soldaten zur Verfügung stehen und für ihn in den Krieg ziehen. Weit gefehlt. Viel falscher hätte er nicht liegen können. Es regte sich großer Widerstand, unter den Gegnern befand sich auch der Priester Valentin. Unser Held begann, Paare heimlich zu trauen. Claudius erfuhr davon, drehte durch und verurteilte den romantischen Priester zum Tod.

Der Legende nach hinterließ er der Tochter seines Kerkermeisters, mit der er sich nicht nur angefreundet, sondern die er auch von der Blindheit geheilt hatte, einen Abschiedsbrief, den er einfach mit »Von deinem Valentin« unterschrieb.

Im Jahre des Herrn 496 beschloss Papst Gelasius, sein Andenken an diesem Tag zu ehren. Und seitdem fliegen am 14. Februar Karten, Blumen und Pralinen sowie Liebeserklärungen schneller als Amors Pfeil.

Über die Kunst, sich auszudrücken wie ein Poet

Für den Valentinstag ist Poesie wie geschaffen, und ein Zitat aus einem Shakespeare-Sonett hat weitaus mehr Stil, als eine Karte mit einem Amor zu schicken, der ein rotes Satinherz in Händen hält. Rührt das Sonett Nummer 18 nicht Ihr Herz?

Soll ich dich einem Sommertag vergleichen,
Wo du viel lieblicher und sanfter bist?

Oder der hoffnungslose Romantiker Lord Byron?

In ihrer Schönheit wandelt sie
Wie wolkenlose Sternennacht;
Vermählt auf ihrem Antlitz sieh
Des Dunkels Reiz, des Lichtes Pracht:
Der Dämmrung zarte Harmonie,
Die hinstirbt, wenn der Tag erwacht.

Aber aufgepasst, wenn Sie sich für ein Gedicht entscheiden … Byron und Shakespeare warben in ihren Versen als Männer um eine Frau. Vielleicht wählen Sie also lieber einen Vers von Elizabeth Barrett Browning – für unsere deutschen Leser in der Übersetzung von Rilke:

Wie ich dich liebe? Lass mich zählen wie …

Wer die Vollkommenheit sucht, muss sich an Ludwig van Beethoven und seinem Brief an seine »unsterbliche Geliebte« orientieren. »Mein Engel, mein Alles, mein Ich! – Nur einige Worte heute, und zwar mit Bleistift (mit Deinem)«, so beginnt die Melodie in Worten.

Die Briefe wurden im März 1827 entdeckt, kurz nach dem Tod

des Komponisten. Sein unwiderstehlicher dreiteiliger Liebesbrief wurde nie abgeschickt, und bis heute weiß man nicht wirklich, wer sie war.

Wie frustrierend.

War es seine Schwägerin Johanna? Oder Josephine von Brunswick? Wer immer sie war, er konnte nicht mit ihr sein. Die meisten Biografen, die das Geheimnis um ihre Identität lüften wollen, behaupten, es handle sich um Antonie Brentano, eine Wienerin, die mit einem Frankfurter Geschäftsmann verheiratet war und fünf Kinder hatte. Beethoven lernte sie um 1810 in Wien kennen und verbrachte viel Zeit mit ihr, aber sie war verheiratet. Vielleicht hatten die beiden eine Affäre, aber er wollte keine inkriminierenden Beweise hinterlassen, weshalb er die Briefe nicht abschickte?

Wie anders es hätte kommen können, wenn er sie abgeschickt hätte. Lesen Sie die Briefe selbst und Sie wissen, warum. Oder messen Sie die Briefe, die Sie erhalten, daran. Wären diese Briefe an Sie gerichtet gewesen, hätte Sie wahrscheinlich nichts zurückhalten können (obwohl Beethoven angeblich sehr übellaunig sein konnte).»Deine Liebe machte mich zum glücklichsten und zum unglücklichsten Mann zugleich«, beklagte er sich.

Es gibt noch andere Briefeschreiber, die auf wunderbare Weise mit ihrer »weiblichen Seite« in Kontakt sind, wie zum Beispiel Napoleon Bonaparte, F. Scott Fitzgerald und Dylan Thomas. Vielleicht sollten Sie um diese Zeit hin und wieder einen Blick in diese Briefe werfen?

Ihre Briefe müssen nicht so poetisch sein, aber sie sollten von Herzen kommen. Man darf sich Formulierungen auch ausleihen, solange man die Zitate kenntlich macht und hinter ihnen steht. Sobald etwas schwarz auf weiß geschrieben steht, beweist es Ihre Gefühle, also seien Sie vorsichtig, bevor Sie etwas aus der Hand geben.

Wie man Trüffel macht

Es ist Valentinstag, und Sie sind Teil eines Paars? Dann schicken Sie Ihrem Liebsten nicht nur eine Karte, verwöhnen Sie ihn mit Geschenken. Und was wäre ein besseres Geschenk als Schokoladentrüffel? Wer wirklich Eindruck schinden will, sollte diese selbst machen, statt sie zu kaufen – obwohl es sehr gute und absolut schicke Schokoladentrüffel im Handel gibt. Aber bitte etwas im Voraus herstellen und vor dem Verschenken kosten!

Natürlich gibt es im Internet jede Menge Seiten, wo haarklein erklärt wird, wie man Schokotrüffel selbst macht – und es gibt *beaucoup de variations*. Vielleicht versuchen Sie es für den Anfang mit einem einfacheren Rezept. Oder sind Sie in Ihrem Kochkurs schon bei den Finessen der französischen Küche angelangt?

Hier die Basics:

Zutaten:
200 g Crème double
2 Esslöffel Butter
1 Teelöffel Sirup
200 g gehackte Schokolade (zartbitter) und
150 g Schokolade (Vollmilch oder zartbitter) für den Überzug
200 g Kakaopulver (gesiebt)

Zubereitung:
Geben Sie Crème double, Butter und Sirup in einen Topf und bringen Sie die Mischung zum Kochen, dann sofort ausschalten. Geben Sie vorsichtig die gehackte Schokolade in die Mischung. Nicht umrühren, lassen Sie die Schokolade einfach schmelzen.
Alles einmal kurz durchrühren und aus dem Topf in eine Schüssel gießen. 45 Minuten in den Kühlschrank stellen. Aus der abgekühlten Masse mit einem Teelöffel kleine Bällchen stechen und in der Hand vorsichtig in die richtige Form rollen. Legen Sie die Trüffel

auf einen (mit Backpapier ausgelegten) Teller und stellen Sie sie für weitere 15 Minuten in den Kühlschrank. Inzwischen können Sie die restliche Schokolade in einem Topf schmelzen und abkühlen lassen. Tauchen Sie nun Ihre Bällchen in die geschmolzene Schokosoße und rollen Sie sie anschließend in dem Kakaopulver. Das ist natürlich etwas Aufwand und hinterher muss sogar Jamie die Küche sauber machen.

Zu chaotisch oder zeitaufwendig für Sie? Ziehen Sie los und kaufen Sie Schokotrüffel. Schneiden Sie die Verpackung auf und verpacken Sie die Trüffel neu. Für den selbst gemachten Touch. Warum sollten Sie sich für einen Mann, und sei er noch so ein Schatz, zum Märtyrer machen? Was er nicht weiß, macht ihn nicht heiß.

Über den Valentinstag und die Kunst, ihn auch als Single zu genießen

Der Valentinstag ist der romantischste Tag des Jahres. Quatsch mit Soße.

Sie können immer noch blaumachen oder sich selbst anonym einen Strauß schicken, wenn der gesellschaftliche Druck unerträglich wird. Aber ziehen Sie sich bitte diesen Schuh nicht an – ein Leben als Single hat durchaus Vorteile. Sie können die Trüffel für sich selbst machen und es genießen, dass Sie nicht teilen müssen.

Ein paar Filme, die zu dem Abend passen, ob Sie nun Single sind oder verbandelt:

Die Nacht vor der Hochzeit
Casablanca
Haben und Nichthaben
Sabrina

Sturmhöhe
Begegnung
Die große Liebe meines Lebens
Schlaflos in Seattle

Oder Sie schenken sich die Schnulzen und schauen sich Billy Wilders *Manche mögen's heiß* an. Schließlich gibt es zwischen dem ganzen Liebesgesäusel, den lockerflockigen Botschaften und dem Zuckerguss auch noch Action, und die spiegelt die Bandenkriege um Al Capones berühmtes Valentinstag-Massaker von 1929 im Chicago der Prohibitionszeit wider. In dem Film sind Marilyn Monroe, Tony Curtis und Jack Lemmon in den Hauptrollen zu sehen, und der berühmte letzte Satz lautet: »Well, nobody's perfect« oder auf Deutsch: »Niemand ist vollkommen.« Von allen Tagen trifft das heute natürlich am wenigsten zu.

Was der Volksmund am Valentinstag rät

Vögel beobachten
»Wenn eine Frau am Valentinstag ein Rotkehlchen fliegen sieht, wird sie einen Seemann heiraten. Wenn sie einen Spatz sieht, wird sie glücklich werden, jedoch einen armen Mann heiraten. Sieht sie aber einen Goldfink, dann wird sie einen Millionär heiraten.«

Fakt ist: Goldfinken (auch unter dem Namen Distelfink oder Stieglitz bekannt) sind in Obstgärten und an Waldrändern, in einzeln stehenden Sträuchern, Disteln oder Bäumen zu finden. Damit Sie wissen, wo Sie suchen müssen (die Vögel, nicht die Millionäre).

Ihr Augapfel
Denken Sie an die Namen von vier bis sechs möglichen Heiratskandidaten. Nehmen Sie einen Apfel und drehen Sie den Stängel, während Sie die Namen aufsagen. Zum Beispiel »John, Paul, George, Ringo«. (Die waren schließlich alle vier auf dem Plattenlabel Apple

vertreten.) Der Name, den Sie sagen, wenn der Stängel abgeht, ist der Name Ihres Zukünftigen.

Jetzt, da Sie den Namen wissen, müssen Sie nur noch den Apfel in zwei Hälften schneiden. So viele Kerne Sie sehen, so viele Kinder werden Sie bekommen. Nun, da alles geklärt ist, dürfen Sie den Apfel essen.

Aschermittwoch

Der erste Tag der Fastenzeit. Jetzt sind es noch 40 Tage bis Ostern. Wann genau Ostern ist, sehen Sie im Kalender – irgendwann zwischen jetzt und Ende April.

In der Messe malt der Priester an diesem Tag den Gläubigen mit Asche ein Kreuz auf die Stirn, die für die nächsten 40 Tage auf ein Nahrungsmittel verzichten, das sie mögen. Schließlich soll man in der Fastenzeit ein Opfer bringen. Und, seien wir ehrlich, 40 Tage kein KitKat zu essen ist nicht zu vergleichen mit dem, was Jesus auf sich genommen hat. In dieser Zeit geht es darum, über seinen Glauben nachzudenken, zu beten und Buße zu tun.

25. Februar

Der französische Impressionist Auguste Renoir wurde 1841 an diesem Tag geboren. Er ist berühmt für seine Studien des Pariser Lebens und der Ballerinas. Lassen Sie sich von ihm inspirieren und nehmen Sie heute Abend einen Zeichenblock mit in die Bar.

29. Februar

Cäsar führte 45 v.Chr. einen neuen Kalender mit einem Schaltjahr ein.

Ein Schaltjahr gibt es, so wie die Olympischen Spiele, nur alle vier Jahre, und dabei erhält man einen zusätzlichen Tag. Dazu bietet sich der Februar als kürzester Monat an. An diesem Tag wird der Spieß umgedreht und die Mädels dürfen den Jungs einen Heiratsantrag machen.

Julius Cäsars Kalender – der julianische Kalender – brachte Ordnung in das bäuerliche Leben aus Säen und Ernten, das durch die langen Monate und Jahre in Unordnung geraten war. Er verkürzte das Jahr auf 365,25 Tage. Da es aber keinen sechs Stunden langen Tag gibt, behalf man sich mit einem zusätzlichen Tag – dem 29. Februar –, damit alles wieder passte.

Im Lauf der Zeit kam es jedoch zu Rechenfehlern – einige schieben Kaiser Augustus dafür die Schuld in die Schuhe –, und deshalb führte Papst Gregor XIII. 1582 den gregorianischen Kalender ein, damit Neujahr nie wieder auf den Sommer fallen kann. Diesen Kalender benutzen wir noch heute.

Dieses magische Datum ist das Geburtsdatum des italienischen Komponisten Gioacchino Rossini (1792). Er schrieb 30 Opern – mit am bekanntesten sind *Der Barbier von Sevilla* und *Die Wilhelm-Tell-Ouvertüre*, die im angloamerikanischen Raum jeder kennt – sie ist die Titelmelodie der amerikanischen Westernserie *The Lone Ranger*.

Fußnote

Stiefel

Vom gestiefelten Kater bis zu Jane Fonda in *Barbarella* verschwanden Stiefel nie von der Bildfläche und waren für Männer wie Frauen immer eine Option. Wegelagerer versteckten ihre Beute in der bis zum Oberschenkel reichenden Version, und eine der Anklagen, die gegen Jeanne d'Arc erhoben wurden, war, dass ihre Stiefel bis zum Oberschenkel reichten – diese Hexe! Bis zum 18. Jahrhundert waren Stiefel beliebter als Schuhe. (Nicht dass man viel von ihnen gesehen hätte, schließlich waren sie unter langen Röcken und Petticoats versteckt.) Die feinen Damen schnürten sich nicht nur ins Korsett, sie steckten auch in fest zugehakten oder geschnürten Stiefeln. Die Knöchel mussten immer bedeckt sein, vor allem im England Königin Victorias, um die Männer nicht verrückt zu machen. Weil ein erhaschter Blick auf einen Knöchel im zugehakten oder geschnürten Stiefel also nicht ohne Wirkung blieb, legten die Ladies Wert auf hübsche und reizvolle Stiefel.

Als Chanel die Säume hob, musste sich auch an der Fußbekleidung etwas ändern. Doch der Stiefel ließ sich nicht einfach so beiseiteschieben – er kam immer wieder in neuer Form, als Stiefelette, als Chelsea-Boot, Lackstiefel oder Moonboots, als Cowboystiefel, Ski- und Reitstiefel. Stiefel sind immer ein modisches Statement. In allen Größen, Formen und Variationen marschierten sie über die Laufstege und Boulevards dieser Welt: Was der Doc Marten für den Grunge und den Punk bedeutet, ist der liebevoll mit Schnallen zugepflasterte Stiefel für den Goth. Die eng anliegenden Stiefel von Biba führten zu öffentlichem Aufruhr, als Twiggy und jedes andere Mädchen losstürmten, um sich ein Paar zu besorgen. Also keine Bange, bei dieser Auswahl finden auch Sie ein Paar, um sich zur Wehr zu setzen, oder wie Nancy Sinatra sang: »to walk all over you«. Danke, Nancy.

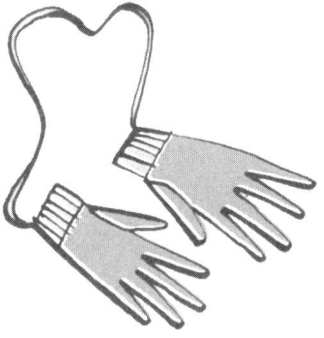

März

»Drama ist das Leben
ohne die langweiligen Teile.«
Alfred Hitchcock

Ich wünschte, ihr wärt hier

Gisele aus L. A.

Ich war gerade eine Woche in L. A. und ich wünschte, ihr hättet dabei sein können. Ich aß abends bei Dusty's in Silver Lake – ihr hättet den Ziegenkäsesalat und die Lobsterravioli geliebt. Anschließend gingen wir ins Akbar tanzen. Das ist auch in Silver Lake, eine Bar mit einer winzigen Tanzfläche und einer Jukebox. Hat wirklich super Spaß gemacht!

Am nächsten Morgen sofort los zu einer Bergtour in den Runyon Canyon. Ich nahm die steile Route, und da es ein klarer Tag war, sah ich den Berg und das Meer. Danach hatte ich einen Bärenhunger und fuhr zum In-n-Out Burgers … da gibt's echt die besten Burger weit und breit, und der Erdbeer-Milkshake ist zum Hinknien.

Sonntagvormittag landeten wir auf dem Rose Bowl Flea Market in Pasadena, wo ich ein paar ziemlich gute Röcke fand. Wir fuhren zum Topanga Canyon rüber nach Malibu, um am Strand Volleyball zu spielen. Nachmittags aßen wir Fish and Chips im Reel Inn, bevor wir zurückfuhren.

Leider musste ich wieder weg, dabei wär ich noch so gern ins Bala Yoga in L. A. gegangen … das ist mein Lieblingsyogastudio.

Alles Liebe, Gisele

1. März

Heute ist der Tag des heiligen Davids, des Schutzheiligen von Wales. Der rote Drache (*Y Ddraig Goch*) wird fliegen – wenn auch nur auf der walisischen Fahne –, und die Leute stecken sich zur Feier des Tages eine Stange Lauch oder eine Osterblume ins Knopfloch.

Weitere berühmte walisische Namen:
Die Schauspieler Anthony Hopkins, Ioan Gruffudd, Jonathan Pryce und Catherine Zeta-Jones stammen aus Wales,
sowie die Designer Laura Ashley und Julien Macdonald
und die Sänger Shirley Bassey, Charlotte Church, Tom Jones,
schließlich der Musikmogul Ivor Novello
und die Schriftsteller Roald Dahl und Dylan Thomas.

An diesem Tag soll 1810 der polnische Komponist Fryderyk Franciszek Chopin geboren worden sein. Später wählte er die französische Form seines Namens, weshalb wir ihn als Frédéric Chopin kennen.

Er war sieben, als man sein musikalisches Genie erkannte und er zwei Polonaisen veröffentlichte. Obwohl er durch ganz Europa tourte und sich schließlich in Paris niederließ, blieb er im Herzen Pole.

Chopin schrieb 24 Préludes, Mazurkas, Nocturnes und Walzer, die romantisch und volkstümlich zugleich waren – und dabei so raffiniert, dass nur ein Pianist seines Niveaus sie spielen konnte.

1836 wurde seine Verlobung mit seiner ersten Liebe, Maria Wodzinska, auf Betreiben ihrer Mutter gelöst. Seine nächste Geliebte war die verheiratete Baroness Dudevant, Amandine-Aurore-Lucile Dupin, die bekannter ist unter ihrem Künstlernamen George Sand. Sein Verhältnis mit dieser berühmten Schriftstellerin dauerte zehn Jahre. Ihr Roman *Lucrezia Floriani* (1847) – die Geschichte einer reichen Schauspielerin und eines kränklichen Prinzen – ist eine kaum verschlüsselte Schilderung ihrer Affäre.

Chopin starb 1849, mit 38 Jahren, an Tuberkulose. Sein Grab befindet sich auf dem Friedhof Père-Lachaise in Paris (wo auch Oscar Wilde und Jim Morrison begraben sind). Allerdings wurde ihm auf seinen Wunsch nach seinem Tod das Herz herausgeschnitten und in sein geliebtes Polen gebracht.

Schauen Sie sich den oscarprämierten Film *Der Pianist* (2002) an. Der Regisseur ist ebenfalls Pole – Roman Polanski (dessen Mutter in einem Konzentrationslager starb). Der Film wurde nach den Memoiren des polnisch-jüdischen Pianisten Wladyslaw Szpilman gedreht, in denen er erzählt, wie er in dem von den Nazis besetzten Polen überlebte. Chopins Musik liefert dazu den Soundtrack, auch wenn Chopin selbst schändlicherweise Antisemit war.

Der Pianist gewann drei Oscars: Beste Regie – Roman Polanski; Bester Hauptdarsteller – Adrien Brody; Bestes Drehbuch – Ronald Harwood.

Wie man es auf die A-List zur Oscarverleihung schafft

Selbst zur Oscarverleihung eingeladen zu werden (und nicht als schmückendes Anhängsel) ist hart, wenn nicht unmöglich. Die Veranstaltung ist inzwischen derart aus dem Ruder gelaufen, dass sie nicht mehr zu erkennen ist. Trotz des Umzugs ins Kodak Theatre, das 3400 Sitzplätze bietet, herrscht noch immer Platzmangel – die Academy allein hat 5000 Mitglieder. Die Chancen stehen also schlecht bis miserabel – selbst für den Schrecken aller Türsteher. Aber man wächst ja mit der Herausforderung.

Wer absolut versessen auf einen Platz bei der Oscarverleihung ist, muss schamlos jeden Kontakt und jede Beziehung ausnutzen. Ein Besuch der Schauspielschule oder ein Job im Medienbereich hilft.

Außerdem gibt es genug Beleuchter, Kostümbildner und Kameraleute, die Assistenten brauchen.

Äußern Sie Ihren Wunsch und lassen Sie ihn Wirklichkeit werden. Aber vergessen Sie dabei nicht, dass es Jahre dauern kann, bis ein Traum Wirklichkeit wird. Also behalten Sie Ihren Brotjob. Und beten Sie um einen glücklichen Zufall.

Doch überlegen Sie sich genau, was Sie sich wünschen.

Der Ruhm kommt mit Haken und Ösen. Und wenn Sie das wirklich wollen, dann sollten Sie sich Ihren Ruhm *verdienen* und nicht *aneignen*. Es kann durchaus Spaß machen, berühmt zu sein, aber die Anerkennung dafür, der Beste auf seinem Gebiet zu sein, ist ein weitaus besseres Gefühl. Und der Ruhm, den man sich selbst verdient hat, hält auch länger. Wenn Sie in Ihrem Viertel bekannt sind, an Ihrem Arbeitsplatz respektiert und für Ihre Fähigkeiten geschätzt werden, mag das gut und schön sein, reicht aber nicht für ein Ticket nach L. A. Wie wär's also mit einem Starauftritt im Supermarkt? Schweben Sie in High Heels den Gang entlang und zeigen Sie diesen Starlets, was ein echter Auftritt ist.

Hollywood

Gut möglich, dass die Hügel um Hollywood mit dem berühmten 140 Meter langen und 14 Meter hohen Schriftzug dem mythischen Berg Olympos am nächsten kommen.

»Hollywoodland«, wie der Schriftzug ursprünglich lautete, war 1923 von einem Immobilienmakler aufgestellt worden, um für die Grundstücke im Beachwood Canyon zu werben. Anders klingt's besser, richtig? Als die Studios und das Showbusiness die Gegend berühmt machten, wurde das Schild zum Wahrzeichen.

1949 wurde dann der »land«-Teil entfernt und Hollywood war geboren.

1977 brannte das Schild völlig ab. Ob es ein Brandstifter oder ein Schauspieler, der *die* Rolle nicht bekam, angezündet hatte, ist bis heute nicht bekannt. Die Hollywoodgrößen waren über dieses

Sakrileg außer sich, und Hugh Hefner gab ein Benefizdinner in seinem Playboy-Domizil, um die beliebtesten neun Buchstaben in L. A. neu aufzurichten. Hefner kaufte das neue »Y« und Alice Cooper spendete eine große Summe, um ein »O« seinem Helden Groucho Marx zu widmen.

»Ich schickte dem Club ein Telegramm: NEHMEN SIE BITTE MEINEN AUSTRITT ZUR KENNTNIS. ICH MÖCHTE KEINEM CLUB ANGEHÖREN, DER MICH ALS MITGLIED AUFNIMMT.«
Groucho Marx

Die Buchstaben sind jetzt aus Stahl und Beton, stehen hinter einem Millionen-Dollar-Zaun und werden rund um die Uhr bewacht. Sie sind das Kronjuwel in der Krone Hollywoods. Am besten wirken sie aus der Ferne, aus dem Fenster eines Penthouse oder auf einer Postkarte.

Preisverleihungen

Im Filmgeschäft gibt es immer einen Grund, sich aufzubrezeln und den roten Teppich entlangzulaufen. Alle Schauspieler und Filmmogule wollen hier auf der Einladungsliste stehen – nur eine Nominierung ist noch besser.

Natürlich freuen sich Schauspieler über den Oscar oder einen Golden Globe (vor allem, weil er ein guter Indikator dafür ist, wer auch noch einen Oscar abräumt), doch auch die SAGs – die Screen Actor's Guild Awards – sind cool, denn hier stimmen die Schauspieler selbst über Schauspielerpreise ab. Dann gibt es noch die Emmys, das sind die Fernsehpreise, die von der Academy of Television Arts & Sciences verliehen werden. Und die BAFTAs, Londons Äquivalent der Oscars, sowie den Goldenen Bären, Berlins Version. Außerdem wären da der Goldene Löwe, den es in Venedig für den besten Film gibt, und die Goldene Palme, die in Cannes zu holen ist. Aber auch die Musiker gehen nicht leer aus: Die Grammys sind für die amerikanischen Musikschaffenden das, was der Oscar für die Filmschaffenden ist. Die britische Entsprechung sind die BRITs, die in derselben Woche wie die BAFTAs verliehen werden, das heißt, es ist einiges los in Londons WC1. In Deutschland gibt's für Musiker den ECHO.

Eine Nominierung erhöht den Ruhm, klar, aber heute braucht ein Star vor allem auch eine – möglichst große – Entourage. Das sorgt für Aufmerksamkeit und zusätzliche Spalten in den Klatschkolumnen.

Um nicht unangenehm aufzufallen, brauchen Sie:

einen Agenten
einen Publicitymanager
einen PR-Berater
eine Stylistin
ein rund um die Uhr verfügbares Friseur-/Make-up-Team
Ehemann/Hund/Kind, je nachdem, wie viel Platz zur Verfügung steht.

Personal Trainer, Koch und anderer luxuriöser Anhang – und ob dieser Business- oder First Class fliegt – hängen vom Budget ab. Dabei neigt Hollywood eher zum Exzess. Weniger ist hier nicht mehr. Eigentlich schade, oder?

Sie ziehen sich für ein Abendessen oder eine schicke Abendeinladung an? Die Überlegung lautet: »Wie käme das auf dem roten Teppich rüber?« oder: »Wäre das für die Oscarverleihung zu viel oder zu wenig?« Wenn es zu viel ist – keine Bange. Lieber overdressed als underdressed. Und underdressed? Dazu kommen wir später …

Oscar-Geschichten

Die erste Verleihung des Academy Award of Merit fand 1929 im Roosevelt Hotel statt. Nur 250 Gäste waren eingeladen, und für dieses Privileg mussten sie zehn Dollar zahlen.

Der Oscar selbst ist eine kleine Statue. Er wiegt gute vier Kilogramm und ist dabei doch ein Kinoweltschwergewicht. Der Ritter mit dem Schwert steht auf einer Filmrolle – der ultimative Türstopper. Besorgen Sie sich Ihre Kopie im Internet!

Woher er seinen Namen hat, darüber sind, wie bei allen guten Geschichten, mehrere Versionen im Umlauf. Margaret Herrick, die Bibliothekarin und Geschäftsführerin der Academy, soll bei seinem Anblick gesagt haben, er erinnere sie an ihren Onkel Oscar, während Bette Davis meinte, von hinten sehe die Statue aus wie ihr damaliger Mann, Harmon Oscar Nelson.

Vielleicht stimmen ja beide Geschichten – eine vorne, eine hinten?

Der Name Oscar wurde zum ersten Mal 1934 erwähnt. Der Feuilletonist Sidney Skolsky bezeichnete die goldene Statue, die Katharine Hepburn als beste Schauspielerin bekommen hatte, als Oscar.

Bei der Verleihung der 25 Preise sehen weltweit 41,5 Millionen Menschen zu, 1500 Presseleute reisen an und in dem Monat davor finden bereits die ersten Partys statt. Also, warum nicht kurz rüberfliegen und im Château Marmon abhängen? Aber bitte nicht mit allen anderen, die entdeckt werden wollen, an der Bar rumstehen …

Auf welcher Party man wirklich gesehen werden möchte, hängt natürlich von den anwesenden Stars ab. Und wer wann wo auftaucht, weiß man nie. Heiße Tipps wären allerdings der Governor's Ball, die *Vanity-Fair*-Fete nach der Verleihung, Elton Johns Aids-Fundraiser und die Nacht der 100 Stars (kostet pro Person 2500 Dollar, dafür können Sie die Verleihung auf einem großen Bildschirm verfolgen). Falls es nicht klappt, können Sie sich noch immer eine Klatschpostille kaufen, um zu wissen, wer was getragen hat.

3. März

Der große Kostümbildner Adrian Adolphe Greenberg wurde 1903 an diesem Tag geboren. Er entwarf die Kostüme für über 250 Filme, darunter 23 Filme mit Joan Crawford, 18 mit Norma Shearer, neun mit Jean Harlow, und für Greta Garbo tat er alles. Dabei schaffte er es irgendwie nie zu einer eigenen Oscarnominierung. Von ihm stammt die berühmte Bemerkung:»Ich verließ MGM wegen der Garbo. In ihrem letzten Film wollten sie, dass ich sie als typische Amerikanerin in Pullis einkleide. Ich sagte: ›Wenn für die Garbo mit dem Glamour Schluss ist, dann ist auch für mich damit Schluss.‹ Als die Garbo das Studio verließ, verschwand auch der Glamour – und ich ebenfalls.«

Schauen Sie sich heute einige seiner größten Kreationen an in *Die Frauen, Der Zauberer von Oz* oder *Der große Ziegfield.*

Beim Make-up ist übrigens ein Name eng mit Hollywood verknüpft: Max Factor (1877-1938). Der 1904 aus Russland emigrierte Maximilian Factorowitz kreierte die passenden Looks für Jean Harlow, Bette Davis und all die anderen Filmgöttinnen, die alle regelmäßig in seinen Schönheitssalon kamen. Im Prinzip ist er der Erfinder des modernen Make-ups und auf jeden Fall des Lipgloss. Was wären wir ohne ihn.

Über die Kunst, das richtige Kleid bei der Oscarverleihung zu tragen

Die beste Hauptdarstellerin anzuziehen ist der Traum jedes Modedesigners. Wer was trägt, bleibt ein streng gehütetes Geheimnis und es ist, wie Sie wissen, ein Vorrecht der Frauen, im letzten Moment ihre Meinung zu ändern. Weshalb die Angelegenheit für den

Modedesigner so nervenzerfetzend ist wie für die Schauspielerin. Designer aber haben eine ausgemachte Schwäche für Scheinwerfer, also werden die Scheren geschliffen und die Nadeln gespitzt. Denn wen immer sie trägt, an diesem Abend ist sie die meistfotografierte Frau der Welt. Wer seine Kreation an diese Frau bringt, wird mit ihr mehr Menschen erreichen als mit jeder Werbekampagne. Das ist den Einsatz wert.

Bei Oscarverleihungen gerne getragene Designer:

Vera Wang – Keira Knightley, Michelle Williams
Chanel – Nicole Kidman
Caroline Herrera – Renée Zellweger
Dior – Charlize Theron
John Galliano – Cate Blanchett
Versace – Catherine Zeta-Jones, Jennifer Lopez

Julia Roberts nahm ihren Oscar 2002 in einem Vintage-Valentino-Kleid entgegen und Reese Witherspoon strahlte 2006 in einem Original-Kleid von Christian Dior aus den 50er-Jahren. Eine Schauspielerin, die sich dem Druck der Designer widersetzt und zugleich einer der größten Stars auf dem roten Teppich ist, ist Sharon Stone. Sie ist sich ihres Sexappeals und ihrer umwerfenden Erscheinung so sicher, dass sie einmal in einem Rollkragenpulli von GAP zur Oscarverleihung erschien und ein anderes Mal in einem langen Satinrock von Vera Wang, zu dem sie ein weißes Hemd ihres damaligen Mannes trug. Was beweist, dass man für sicheres Auftreten nichts braucht als Stil und genug Selbstvertrauen. Oder Sharon Stones Beine, ihr Lächeln, ihre Rolle, ihre Haltung, ihr Talent …

Wie man stilvoll über den roten Teppich schreitet

Von Sophie Dahl, Model und Autorin

Als eher vollbusiger Teenager fühlte ich mich auf dem roten Teppich wie ein Fisch im Wasser. Es war nicht viel anders, als sich mit Freundinnen vor dem Spiegel aufzutakeln, nur machte es weitaus mehr Spaß: Blitzlichtgewitter und anerkennende Pfiffe und dieses Meer von Leuten, die phallische Fotolinsen auf mich richteten und meinen Namen riefen, als wären wir alte Bekannte. Solch abartige Dinge machen Spaß, wenn man ein Teenager ist. Erst wenn der Verstand wächst, versteht man die Folgen. Und wie! Mutwillig und ungeniert rief ich die Geister, die mich als Erwachsene verfolgten – in Form von Fotos meiner modischen Fehltritte, Wutausbrüche, meines Babyspecks, der betrunkenen Auftritte in der Öffentlichkeit und des Freundes, der sich als niederträchtiger Schurke entpuppte. Heute fehlen mir die Chuzpe und die Oberweite, und der rote Teppich macht mich nervös. Aber manchmal muss man da drüber. Und das geht dann so:

- Tragen Sie einen Slip, egal welchen, aber tragen Sie einen. Außer natürlich, Sie haben es auf eine Karriere als Pornostar abgesehen oder fahren auf so was ab.
- Prüfen Sie, bevor Sie losziehen, ob Ihr Kleid, das vor Ihrem Schlafzimmerspiegel so reizvoll und durchscheinend aussah, nicht tatsächlich transparent ist und alle Reize verrät. Sie haben den Verdacht, es könnte durchsichtig sein? Dann ist es das wahrscheinlich auch. Was zu Hause einen Anflug von Transparenz hat, wirkt im Blitzlichtgewitter wie eine Röntgenaufnahme. Ich weiß das aus eigener Erfahrung, nicht zu empfehlen.
- Schmeißen Sie im Auto ein paar Notfalltropfen ein und pudern Sie, was glänzen könnte. Dabei bitte nicht den Schlips Ihres Freundes mitpudern, wenn Sie ihn nicht ärgern wollen.

124

- Hören Sie gute Musik – Stevie Wonder oder ordentlichen Hip Hop. Prüfen Sie, ob Sie im Auto auf der richtigen Seite für den roten Teppich sitzen. So ersparen Sie es sich, nach dem Vorfahren um das Auto herumzustaksen und dabei Leib und Leben zu riskieren.
- Atmen Sie tief durch. Steigen Sie aus, die Beine immer schön zusammen (vor allem, wenn Sie Mini tragen). Zupfen Sie, wenn Sie stehen, diskret Ihr Kleid zurecht.
- Gehen Sie langsam und bleiben Sie bei jeder Fotografengruppe stehen, links wie rechts. Fühlen Sie sich nicht bemüßigt, seltsame Posen einzunehmen, wie Sie sie aus Modezeitschriften kennen: Werfen Sie die Arme nicht in die Luft und auch keine Kusshände. Einfach aufblicken und lächeln. Orientieren Sie sich haltungstechnisch an Audrey Hepburn oder Ihrer liebsten Oldie-Leinwandgröße. Lächeln Sie über die Schulter, wenn Ihr Kleid von hinten gut aussieht. Das macht sich gut und nutzt dem Designer.
- Plaudern Sie nicht mit den Fotografen – mit offenem Mund sehen Sie auf Fotos bescheuert aus. Und zitiert werden Sie auch noch falsch. Ein unschuldiger Satz wie: »Nein, ich kann mich nicht so gut umdrehen, weil dieses Kleid einen ziemlich gefährlichen Schlitz hat und Sie, wenn ich mich zu viel bewege, meinen Po sehen könnten« liest sich dann in der Kurzfassung so: »Möchten Sie meinen Hintern sehen?«
- Sie haben genug Zeit mit den Fotografen verbracht oder jemand noch Berühmterer taucht auf? Dann bedanken Sie sich und schweben so stilvoll davon, als wären Sie mit zehn Zentimeter hohen Pfennigabsätzen geboren worden.

Wie man Dresscodes entschlüsselt

Das Problem, *was* man *wann* trägt, ist keineswegs nur auf Oscarverleihungen und Starlets beschränkt. Die Kunst, den Dresscode richtig zu lesen, will gelernt sein, will man bei der Einladung des Chefs oder des Herzallerliebsten nicht unangenehm auffallen.

125

Kennen Sie den Unterschied zwischen Straßenanzug und Gesellschaftsanzug? Und wann ist der Schlips *schwarz* und wann *weiß?*

Aufgepasst: Gesellschaftskleidung muss kein Vermögen kosten. Sie muss auch nicht unbedingt Designerkleidung sein. Wenn Sie es sich leisten können, schön; wenn nicht: Man kann tolle Kleider und super Anzüge auch für wenig Geld finden, wenn man weiß, wo und wann man suchen muss.

Der Winterschlussverkauf ist eine wunderbare Gelegenheit, um ein Cocktail- oder Abendkleid als Schnäppchen zu ergattern. Oder vorsorglich schon mal ein Kleid für die Hochzeitseinladungen im Sommer.

Und bitte kein falscher Stolz, wenn Sie nach Schnäppchen suchen – Abverkauf ist kein Grund, die Nase zu rümpfen. Halten Sie sich an die Regel: Was fantastisch ist, wird gekauft. Ein Anlass, das gute Stück zu tragen, kommt schon, und wenn nicht, dann sorgen Sie eben selbst für einen!

Bei Hochzeiten und offiziellen Einladungen wird häufig ein Dresscode angegeben – Sie verstoßen nicht gegen das Gesetz, wenn Sie diesen nicht befolgen, aber gegen die grundlegenden Regeln der Höflichkeit. (Mehr über Hochzeiten und was jede Braut dazu wissen sollte, erfahren Sie im Monat Juli ab Seite 264.) Normalerweise wird auf der Einladung die Kleidung des Herrn angegeben, daraus erschließt sich dann, was die Damen tragen. (Anscheinend muss man Männern alles genau auseinanderklamüsern – Frauen werden als kreativer eingeschätzt.)

Casual
Ist zu verstehen als »anything goes«. Aber »smart casual« heißt: »Bitte etwas anstrengen, glauben Sie bloß nicht, Sie können hier so aufkreuzen, wie Sie sonst rumlaufen.«

Anzug

Damit ist ein Geschäfts- oder Straßenanzug gemeint. Natürlich sollten Sie ihn zu einer schicken Einladung nicht mit dem Anzug losziehen lassen, in dem er schon den ganzen Tag rumläuft. Erklären Sie ihm, dass er dafür schon zum frisch gebügelten Anzug greifen und sich rasieren muss.

Abendgarderobe

Will heißen: Ziehen Sie eines Ihrer »besten« Kleider an. Bedeutet: Champagner und was zu knabbern – elegant, aber kein gesetztes Essen und kein Tanz. Für Damen heißt das kurz bis knielang. Definitiv besser als die Büroklamotten, aber nicht ganz so schick wie das, was Sie zu einer Hochzeitseinladung tragen würden.

Abendanzug/Smoking (Black Tie)

Das heißt technisch gesprochen, der Herr trägt einen Abendanzug oder Smoking (auf Seite 407, unter »10. Oktober«, erfahren Sie mehr über dessen Geschichte) und eine schwarze Fliege, die Dame trägt ein Abendkleid. Die Kronjuwelen und den großen Zinnober sparen Sie sich aber auf für: siehe unten.

Cutaway

Wunderbar. Der festliche Tagesanzug wird gewöhnlich nur zu Hochzeiten, großen Beerdigungen oder Staatsempfängen getragen. In England natürlich auch zu Pferderennen. Der Cut besteht aus einer einreihigen Jacke, einer Weste, einem weißen Hemd, dazu werden schwarze Schuhe getragen. Ist die Jacke schwarz, sollte die Hose gestreift sein. Die meisten Leute leihen sich den Cut aus. Die Dame kleidet sich entsprechend – denken Sie an Ascot, Hüte, Handschuhe und dieses feminine Kleid. Time to be a lady.

Frack (White Tie)

Das ist ein Synonym für den ganz großen Auftritt, über den zum

Beispiel Fred Astaire in »Putting on the Ritz« singt, für einen Ball wie Elton Johns jährlichen White Tie and Tiara Ball. Dazu trägt der Herr traditionellerweise einen schwarzen Frack (weiß nur dann, wenn er's wirklich wissen will), ein weißes Hemd, eine weiße Fliege und schwarze Lackschuhe. Das ist der Ginger-Rogers/*My-Fair-Lady*-Moment, auf den Sie schon immer gewartet haben. Die Nacht für Marabufedern.

Manchmal lässt Ihnen der Gastgeber die Wahlfreiheit – aber warum sollte man sich eine Gelegenheit zum Aufbrezeln entgehen lassen?
Für die weiblichen Gäste sind die Regeln ohnehin nicht ganz so streng. Ziehen Sie an, was Ihnen steht, und richten Sie sich nicht sklavisch nach dem »Trend«. Figurnah mag an Schlanken hübsch aussehen, aber wer etwas mehr auf den Hüften hat, nicht den ganzen Abend den Bauch einziehen und vielleicht noch tanzen will, hat es gerne etwas weiter.
Wählen Sie eine Hollywoodikone als Schablone; Jean Harlow, um der Braut die Schau zu stehlen; die Garbo, um die Bühne links mit einem Glas Gin als Begleitung zu verlassen; Jessica Rabbit, um die Bühne rechts, umschwärmt von jedem Mann im Raum, zu verlassen.
Dekolleté heißt Halsband, Schal oder elegante Weste. Richten Sie sich dagegen bei der Rock- beziehungsweise Kleidlänge danach, ob die Beine ein Plus oder Minus sind, statt nach der Kleidungsvorschrift. Allerdings sollte das Knie bedeckt sein, wenn's formell wird. Und denken Sie dran, es gibt noch andere Farben außer Schwarz für den Abend, auch wenn Schwarz schlank macht und Flecken verbirgt.

Das Handgepäck

Sie wissen nun, was Sie anziehen? Dann müssen Sie bloß noch klären, was Sie zum großen Anlass mitnehmen. Sirenen sieht man nur selten mit mehr als einer winzigen Clutch-Handtasche auf dem roten Teppich, es bleibt also ein Rätsel, wo sie ihr Handy, die Schlüssel, Lippenstift etc. verstauen. Vielleicht ist das der Grund, warum die Entourage so wichtig ist? Hier die Basics:

Papiertaschentücher für die emotionalen Augenblicke
Lippenstifte zum Nachziehen nach all diesen Küsschen
Dankesrede, nur für den Fall
Handy, um die Familie anzurufen, wenn Sie gewonnen haben, zu SMSen, wenn Sie verloren haben
Kreditkarte, ist schließlich bequemer als Bargeld
Schlüsselkarte fürs Hotel, damit Sie diese verflixten Schuhe ausziehen können
Winziges Parfümprobefläschchen
Pfefferminzbonbons, die brauchen Sie, bevor geküsst wird (siehe oben)

Hier heißt es, Prioritäten zu setzen und nur das Nötigste in die Handtasche zu stecken. Den Rest übernimmt Ihr Begleiter. Ach ja: Nehmen Sie bitte nur dann eine Handtasche mit, wenn diese zum Kleid passt. Die Kombination Rucksack und Ballkleid hat sich bislang nicht durchsetzen können.

Warum ist es *eine allgemein anerkannte Wahrheit,* dass trotz der Berge an Tüll und Stoff die wenigsten dieser fabelhaften Kleider geheime Taschen haben? Eine verpasste Chance der Moderne, einerseits. Andererseits vielleicht ein Segen, denn es bleibt Ihnen erspart, beim Aufwachen am nächsten Morgen feststellen zu müssen, dass Ihre Kamera kaputt ist. Denken Sie an David Larrabee in *Sabrina:* Er versteckte Champagnergläser in seinen Hosentaschen und war gerade dabei, Sabrina mit seiner stets erfolgreichen Masche zu verführen, als ihm sein Bruder in die Parade fuhr und ihn dazu brachte, sich zu setzen. Glasscherben unter dem Hintern heben nicht gerade die Stimmung.

Über die Kunst, eine Fliege zu binden

Zum Smoking trägt Mann eine schwarze Fliege, da beißt die Maus keinen Faden ab. Natürlich gibt es diese fertig gebunden zu kaufen, aber das ist geschummelt. Außerdem, seien wir ehrlich, gibt es für ihn allerhand zu tun, diese ganzen Knöpfchen und Häkchen und Lippenstifte, die zu tragen sind, da wäre es nur nett, ihm zu zeigen, dass einem sein Erscheinungsbild nicht ganz unwichtig ist.

Eine fertig gebundene Fliege nimmt ihm auch die Möglichkeit, die Schleife im weiteren Verlauf der Soirée im Stil von Clark Gable/George Clooney offen um den Hals zu tragen und den obersten Kragenknopf lässig offen zu lassen. Und wer würde nicht gerne mit einem der beiden die Party verlassen?

Eine Fliege zu binden ist ein Mittelding zwischen dem Binden einer Schleife und eines Schnürsenkels.

Erst den Kragen nach oben klappen und das Seidenband um den Nacken legen. So zurechtzupfen, dass es auf einer Seite etwas länger nach unten hängt. Ziehen Sie das lange Ende unter das kurze, als ob Sie einen Knoten machen möchten, und dann hinten durch und hoch. Falten Sie dieses Ende nun zu einer halben Schleife und falten Sie dann auf der anderen Seite den zweiten Teil der Schleife. Im Prinzip müssten Sie jetzt zwei Häschenohren haben, die ineinander verknotet sind. Im Grunde binden Sie einfach eine Schleife. Das ist nicht recht viel anders, als sich die Schuhbänder zu binden, nur dass es nicht am Boden, sondern in Augenhöhe stattfindet. Binden Sie die Schleife fest, aber bitte würgen Sie den Ärmsten dabei nicht. Jetzt noch die Enden zurechtzupfen, fertig. Unbedingt vor dem fraglichen Abend ein paar Mal üben!

Marilyn Monroe

Unter all den Geschichten über arme unbekannte Mädels, die entdeckt und über Nacht Stars wurden, von all den an dramatischen Höhe- und tragischen Tiefpunkten reichen Hollywoodkarrieren bleibt die Geschichte Marilyn Monroes unerreicht.

Mit ihrem Aussehen schaffte sie es unter der Schlagzeile »Der größte Sexstar des 20. Jahrhunderts« aufs *Playboy*-Cover. Das und ein tragischer früher Tod sorgen dafür, dass wir sie immer als jung und schön in Erinnerung behalten. Sie drehte 29 Filme, obwohl ihre Rollen anfangs noch winziger waren als ihre Kostüme, und sie war mit den berühmtesten Männern Nachkriegsamerikas verbandelt.

Affären und ein geheimnisvoller Tod sind nicht notwendigerweise nachahmenswert, und doch ist Marilyn Monroe insofern ein fantastisches Vorbild, als sie sich von ihren Träumen leiten ließ und ihr Schicksal selbst in die Hand nahm. Ihr Vermächtnis inspirierte so viele, denken Sie nur an Andy Warhols Siebdruck, der wiederum Versace zu seinem Marilyn-Print-Kleid inspirierte oder Elton John zu seinem Hit »Candle in the Wind«. Und Madonna, Scarlett Johansson und manch andere Blondine haben ihr stiltechnisch viel zu verdanken.

Warum machen Sie es diesen Monat nicht wie Marilyn, wenn Sie eingeladen sind? Etwas schwarzer Eyeliner, knallrote Lippen und ein Hüftschwung, um die Kurven zur Geltung zu bringen. Vielleicht sollten Sie sogar Ihr Wasserstoffsuperoxid rausholen (oder eine gute Perücke) und überprüfen, ob Blondinen bevorzugt sind – und mehr Fun haben. Das interessiert Sie weniger? Dann machen Sie doch den Test, ob Diamanten Ihre besten Freunde sind!

Ihr Leben und ihre Zeit

Marilyn Monroe wurde am 1. Juni 1926 als Norma Jean Mortenson in Los Angeles geboren. Als ihre Mutter, Gladys Pearl Baker, die schizophren war, in eine Anstalt eingewiesen wurde, kam Norma Jean ins Waisenhaus, wo sie bis zu ihrem elften Lebensjahr blieb, bis Grace Goddard und ihr neuer Ehemann sie adoptieren konnten. Als Norma Jean 16 war,

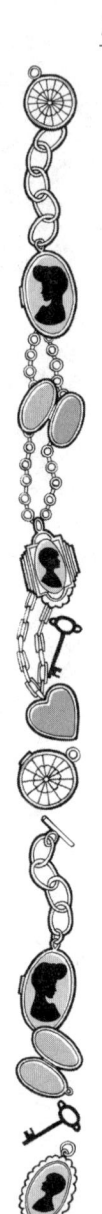

zogen die Goddards weg, und sie heiratete ihren 21-jährigen Nachbarn, Jimmy Dougherty, der bald darauf in die Handelsmarine eingezogen wurde. Das junge Paar zog daraufhin nach Catalina, wo Norma Jean am Fließband in der Radio Plane Company arbeitete. Dort wurde sie von dem Fotografen David Conover entdeckt, der den Auftrag hatte, ein paar »nette Schnappschüsse von hübschen Mädchen« zu machen. Conover erkannte sofort das »Leuchten in ihrem Gesicht, die Kombination aus Zerbrechlichkeit und einer unglaublichen Energie«. Außerdem hatte sie Kurven und war auf Film Dynamit. Sie wurde schnell das beliebteste Pin-up der Blue Book Modelling Agency.

1946 war Ehemann Nummer eins Geschichte, sie nannte sich Jean Norman und sprach im Büro von Ben Lyon bei 20th Century Fox vor. Hollywood, wir kommen! Sie hatte den Ehrgeiz, den Schmollmund und das Wasserstoffsuperoxid, nur der Name war falsch. Sie nannte sich nach ihrer Großmutter mütterlicherseits Monroe und auf Lyons Vorschlag hin, nach dem 20er-Jahre-Starlet Marilyn Miller, Marilyn. (Ironie des Schicksals: Durch eine Heirat bekam sie auch noch deren Nachnamen.) Marilyn Monroe war geboren.

Ihren ersten Auftritt hatte sie in *Dangerous Years,* auf den vier Monate später *Scudda-Hoo! Sudda-Hay!* folgte. Sie bezauberte Groucho Marx in *Die Marx Brothers im Theater,* der meinte, er habe sie gecastet, weil er eine junge Dame brauchte, »die, wenn sie an mir vorbeigeht, meine Alt-herren-Libido in Schwung und meine Ohren zum Qualmen bringt«. Was Gott sei Dank ihre Spezialität war.

Im April 1952 schrieb das *Life*-Magazin, sie sei das Mädchen, über das ganz Hollywood spricht, und 1953 stellte sie in *Blondinen bevorzugt* die weitaus etablierteren Kurven Jane Russels in den Schatten. In diesem Film singt sie auch »Diamonds Are a Girl's Best Friend«.

Von Fans und Paparazzis verfolgt, strahlte sie von Titelseiten und auf Oscarverleihungen. Der unvermeidliche nächste Schritt war ein prominenter Freund. 1954 heiratete sie den Baseball-Helden Joe DiMaggio. Aber die frisch verheiratete Mrs. DiMaggio reiste bereits in den Flitterwochen nach Korea, um vor den dort stationierten Soldaten aufzutreten. Die frühere Miss Cheesecake und Miss California Artichoke Queen war die schönere Hälfte von Mr. und Mrs. America. Doch sie war glücklicher,

wenn sie vor der Kamera spielte, als wenn sie mit der Wirklichkeit konfrontiert wurde.

»Niemand hat sie entdeckt, sie ist aus eigener Kraft ein Star geworden«, sagte Darryl F. Zanuck, der legendäre Präsident der 20th Century Fox. Am 15. September 1954 zahlte sich die harte Arbeit aus. Vor ein paar hundert Fotografen und 2000 Zuschauern stand die Wasserstoffsuperoxid-Blondine über einem U-Bahn-Ventilator, der ihr Kleid hochblies. Der Film *Das verflixte siebte Jahr* blieb vor allem wegen dieser Szene mit Marilyn in dem weißen Nackenträgerkleid in Erinnerung. Denken Sie also, wenn Sie wieder mal den schrecklichen Wind verfluchen, daran, was dieser Luftzug für Marilyn getan hat. (Und tragen Sie immer einen Schlüpfer, damit die Welt nicht zu viel zu sehen bekommt.) In gewisser Weise ist es daher nachvollziehbar, dass Mr. America die Aufmerksamkeit, die seine Frau auf sich zog, zu viel wurde. Monroe hatte gesagt: »Ich werde eines Tages ein großer Filmstar«, und das konnte sie nicht aufgeben, um eine brave Ehefrau zu sein. Schlechtes Timing und das Ende für Ehe Nummer zwei.

Mit 30 und frisch geschieden beschloss Marilyn Monroe, die ihren Künstlernamen nun auch offiziell trug, ihr Lampenfieber anzugehen und das Image der »dummen Blondine« ad acta zu legen. Es war Zeit, dass man sie ernst nahm. Sie meldete sich im Actors Studio an, um bei Lee Strasberg das Method Acting zu studieren. Dabei soll der Schauspieler in der Rolle sein eigenes Ich entdecken und sich selbst einbringen. Strasberg unterrichtete all die Großen: Marlon Brando, Jack Nicholson, James Dean, Robert de Niro. Bei einer der wenigen Gelegenheiten, da er selbst vor die Kamera trat (als Hyman Roth in *Der Pate, Teil II*), wurde er als bester Nebendarsteller nominiert, es muss also was dran sein an der Methode.

Strasbergs Einfluss auf ihre Schauspielkunst mag vernachlässigenswert gewesen sein, ihr Privatleben aber hat er wahrlich umgekrempelt. Durch ihn lernte sie Arthur Miller kennen, den älteren, berühmten Schriftsteller, bei dem ihr »ganz schwindlig« wurde. Sie heirateten 1956. Nach außen hin sah alles wunderbar aus – sie gründete ihre eigene Produktionsfirma und produzierte *Bus Stop* und *Der Prinz und die Tänzerin* –, aber hinter den Kulissen gab es Fehlgeburten, Affären und Ab-

treibungen. Sie griff auch häufiger zur Flasche (und damit ist nicht das Wasserstoffsuperoxid gemeint) und ins Pillenschränkchen, um über die Runden zu kommen. Monroe hatte eine skandalös öffentliche Affäre mit Yves Montand, mit dem sie in dem Film *Machen wir's in Liebe* vor der Kamera stand. Der Titel passte, aber sie schien versessen darauf zu sein, die Selbstzerstörungstaste zu drücken.

Tony Curtis, der mit ihr in *Manche mögen's heiß* spielte, hegte ebenfalls Gefühle für sie – was niemanden überraschen dürfte. »Sie haben diese Frau genommen und sie zu etwas aufgeblasen, was es nie gab«, erzählte er Larry King 2001 in dessen Show, bei der ihres 75. Geburtstags gedacht wurde. Curtis erzählte, wie sie zusammen anfingen und wie verändert sie war, als er sie zehn Jahre später zu den Dreharbeiten von *Manche mögen's heiß* wiedertraf. »Und ich habe auch nie behauptet, Marilyn Monroe zu küssen sei, als küsse man Hitler.« Ein Ausspruch, der ihm nachgesagt wird. »Jemand hat ihr das erzählt, und sie war beleidigt, was ich ihr wirklich nicht vorwerfe. Aber sie wusste, dass ich das nie gesagt habe.« Welche Erleichterung! So eine Ikone muss einfach küssen können. Billy Wilder dagegen seufzte nur. »Mit ihr zu arbeiten war unmöglich, nicht nur schwierig.« Doch trotz ihrer Angst gewann sie den Golden Globe für ihre Darstellung der Sugar Kane Kowalczyk. Was nur zeigt, dass man es niemals allen recht machen kann. Trotz dieser Anerkennung ihrer Schauspielkunst war es ihr Leben außerhalb der Leinwand, das die Welt wirklich in Bann hielt. Welches Drehbuch hätte mit der Wirklichkeit mithalten können? Zu den Kollegen, mit denen ihr eine Affäre nachgesagt wurde, gehörten Charlie Chaplin, eine Reihe Mitglieder aus dem Rat Pack, und nicht einmal das Weiße Haus wurde von der Gerüchteküche verschont. Dazu kam das Gerede über Abtreibungen und Probleme, schwanger zu werden, Depressionen und Drogenabhängigkeit. Vom Waisenhaus in Amerikas Schauspielolymp – ihr echtes Leben, ihr Ruhm und ihr Elend waren aufregender als jeder Film.

Ihr nächster Film war *Nicht gesellschaftsfähig.* Geschrieben hatte ihn ihr (angesäuerter) Ehemann Arthur Miller. Aber inzwischen war hinter den Kulissen wirklich die Hölle los. Selbst Clark Gable, einer ihrer treuesten Fans, sagte, bei der Arbeit mit ihr »bekomme er noch einen Herzanfall«. Und zwei Wochen nach Abschluss der Dreharbeiten kam es genau so – er starb an einem Herzanfall. Und *Sie* dachten, der Stress im Büro sei zu viel?

Ihre Ehe mit Miller war vorbei und kurz danach, am 7. Februar 1961, wurde sie in eine psychiatrische Klinik eingewiesen. Vier Tage später holte DiMaggio, ihr getreuer Held, der nie aufgehört hatte, sie zu lieben, sie heraus. Im Jahr darauf gab sie eine ihrer vor Sex sprühendsten Vorstellungen (und ihre letzte), als sie nach New York flog, um für JFK »Happy Birthday (Mr. President)« zu gurren, was live im Fernsehen übertragen wurde. Den Gerüchten nach soll das am Ende ihrer Affäre gewesen sein, aber dafür begann es gerade zwischen ihr und seinem Bruder Bobby, dem Bezirksstaatsanwalt, zu knistern. Allmählich wurde sie zu einem politischen Problem.

Am 5. August 1962 wurde sie tot aufgefunden. Offensichtlich starb sie an einer Überdosis Schlaftabletten, was den Verschwörungstheorien keinen Abbruch tat.

Joe DiMaggio bestand auf einer Feuerbestattung im kleinen Kreis und ohne Presse. Bis zu seinem Lebensende schickte er Rosen in den Westwood Memorial Park Cemetery. Er kam, wie der Rest der Welt, nie über ihren Tod hinweg.

Was Marilyn sagte

»Es ist eine schwere Last, ein Sexsymbol zu sein. Vor allem, wenn man müde, verletzt und verwirrt ist.«

»Es stimmt nicht, dass ich nichts anhatte. Ich hatte das Radio an.«

»Ich möchte alt werden, ohne mein Gesicht liften zu lassen. Ich möchte den Mut haben, zu dem Gesicht zu stehen, das ich gemacht habe.«

»Der Ruhm ist launisch, das ist mir klar. Er hat seine Vorteile, aber er hat auch seine Nachteile, und ich habe beides kennengelernt.«

Was Männer über Marilyn sagten

»Sie wirkte sehr scheu, und ich erinnere mich daran, dass es ihr peinlich war, wenn ihr die Arbeiter im Studio nachpfiffen.«
Cary Grant

»Ihre Schönheit und ihre Menschlichkeit scheinen durch ... Sie ist die Art von Künstlerin, die man nicht jeden Tag trifft. Sie ist außergewöhnlich.«
Arthur Miller

»Sie hat eine undefinierbare Magie, die man spürt und die keine andere Schauspielerin im Showgeschäft hat.«
Billy Wilder

»Marylin ist das Nonplusultra. Sie ist einzigartig feminin. Alles, was sie tut, ist anders, fremd und aufregend – von der Art, wie sie redet, bis hin, wie sie diesen großartigen Torso benutzt. Sie macht einen Mann stolz darauf, ein Mann zu sein.«
Clark Gable

Das wäre doch auch ein Ziel, wenn Hollywood nicht lockt ...

Wie man sich für einen Preis richtig bedankt

So aufregend der rote Teppich draußen auch ist, worauf es ankommt, findet natürlich drinnen statt. So wie auch wahre Schönheit von innen kommt. Jetzt ist entscheidend, wer gewonnen und wer verloren hat. Beherzigen Sie, wenn Sie einen glitzernden Preis entgegennehmen – sei es der Oscar oder der Pokal für den dritten Platz beim Bingo –, bitte Folgendes:

Im Idealfall wird eine Rede in Voraus vorbereitet, aufgeschrieben und/oder auswendig gelernt. »Überraschungs«-Preise sind der absolute Albtraum – falls Sie fünf Anrufe erhalten, ob Sie auch kommen und warum Sie noch nicht bestätigt haben, dass Sie kommen, sollten Sie in sich gehen und sich eine kurze, herzliche Dankesrede überlegen. Und ein paar dezente Kärtchen schreiben – mit Schlüsselwörtern und Namen. Ein paar Notizen am Rand der Einladung tun's auch. Das kann Sie davor retten, im Fall des Falles da oben kläglich zu stottern oder gar kein Wort herauszubringen.

Die Länge

Bloß nicht lang und langweilig, so viel ist klar. Weniger ist hier mehr. Und lassen Sie sich bitte nicht zu irgendwelchen Gefühlsduseleien hinreißen, die Sie später nur bereuen. Selbst die superschicke Grace Kelly wurde nervös und bemerkte 1954 bei der Oscarverleihung: »An diesem Abend wär's mir lieber, ich würde rauchen und trinken.« Sie zerbrach sich jedoch unnötig den Kopf – sie war ohne Fehl und Tadel und heimste den Oscar für die beste Hauptdarstellerin ein.

Die kürzeste Dankesrede hielt Clark Gable, der 1934 den Oscar für seine Rolle in *Es geschah in einer Nacht* erhielt. Er sagt einfach: »Danke.« Am längsten brauchte (bisher) Greer Garson, um sich für ihren Oscar zu bedanken. Sie bekam ihn 1954 für ihre Rolle in *Mrs. Miniver* und war nach fünfeinhalb Minuten noch immer nicht fertig. Dabei hatte sie noch kein Wort verloren über ihr Highschool-Sweetheart, ihre erste Katze, die zweite Reihe im Publikum und die Vornamen im Telefonbuch, die mit G anfangen …

Im nächsten Jahr gab es ein Zeitlimit.

»Ich werde einige Zeit hier oben bleiben« war der berühmte Satz, mit dem Julia Roberts 2001 ihre Dankesrede einleitete. *Pretty Woman* gewann den Oscar für ihre Rolle in *Erin Brockovich,* und als sie ihr anfangs gemachtes Versprechen hielt, vergaß sie leider, der echten Erin Brockovich zu danken, von der der Film handelte. Ups. Halle Berry, Nicole Kidman und Gwyneth Paltrow waren ebenfalls angemessen sprachlos, als sie auf die Bühne gerufen wurden, und Sarah Jessica Parker war so überwältigt, als sie den Golden Globe erhielt, dass sie vergaß, ihrem Mann, dem Schauspieler Matthew Broderick, zu danken. Notizkärtchen sind als Hilfe nicht zu verachten.

1969 teilte sich Barbra Streisand den Oscar für die beste Hauptdarstellerin mit Katharine Hepburn (die in diesem Jahr bei der Verleihung nicht auftauchte ... Teilen? Igitt.). Die Streisand gewann den Oscar für die Hauptrolle in *Funny Girl* und eröffnete ihre Rede mit »Hello, gorgeous«.

Der öffentliche Auftritt im wirklichen Leben

Seien Sie sich im Klaren, *wem* (welcher Organisation) Sie diesen Preis verdanken, *vor wem* Sie diese Rede halten – und beschränken Sie sich auf drei Namen, denen Sie danken. Machen Sie's gut, dann lädt man Sie vielleicht wieder ein.

Alkohol

Im wirklichen Leben liegt der Wunsch nahe, eine Rede – bei einer Hochzeit, einem Essen oder einem Geburtstag – mit einem Trinkspruch aufzulockern. Einen Toast auszubringen kommt immer gut, erstens, weil das Publikum direkt angesprochen wird, und zweitens, weil es dabei um Alkohol geht. Hurra. Ihre Beliebtheit steigt noch weiter, wenn Sie vor diesem Trinkspruch keine ewig lange, dröge Rede halten. Keine Sorge, wenn sich Ihr Publikum nicht vor Lachen am Boden wälzt, wenigstens haben Sie es nicht zu Tode gelangweilt, und außerdem sind Ihre Zuhörer zu beschwippst, als dass es sie weiter stören würde.

Halten Sie sich jedoch vor dem großen Moment mit dem Alkohol zurück. Ein Glas Wein beruhigt die Nerven, aber bei einer trockenen Kehle sind Sie mit Wasser besser bedient. Eine Flasche Wein ist definitiv zu viel, um die Nerven zu beruhigen – bei dieser Kombination wird schon die Suche nach der Bühne zum Problem, ganz zu schweigen davon, sich zu konzentrieren und gerade zu stehen. Und ob die feinen Nuancen Ihrer Rede noch so rüberkommen, wenn Sie nur noch nuscheln können?

Im Internet finden Sie übrigens einige Seiten mit Tipps für Reden und sogar die eine oder andere fertige Rede.

 *Lesefutter*

Abgerechnet wird zum Schluss – Ein Hollywood-Tycoon erinnert sich
von Robert Evans

Warum

Sie wollen Sex, Skandale und Stars? Lesen Sie *Abgerechnet wird zum Schluss – Ein Hollywood-Tycoon erinnert sich.* Auf Deutsch nicht einfach zu finden, aber die Suche lohnt sich. Der Filmproduzent erzählt in dieser Biografie von 40 Jahren auf der Überholspur, einer Achterbahnfahrt – vom Tellerwäscher zum Millionär und wieder zurück –, und schont dabei weder sich noch seine Kollegen. In diesem flotten Who's Who und »How not to« Hollywoods werden viele bekannte Namen erwähnt. Er war dabei, war vorn dran, wurde von den Besten ins Bett gezerrt und in den Ruin getrieben. Die Geschichten und Namen würden für mehrere Bücher reichen – die Klatschpresse eines Jahres in der Kompaktausgabe.

Die Story

Evans wurde am 29. Juni 1930 geboren und arbeitete anfangs in der Modefirma seines Bruders (Evan-Picone, war in den Siebzigern in Amerika ein Begriff). Er wurde der jüngste Chef der Paramount Studios und produzierte eine Reihe von Hits, darunter *Rosemarys Baby, Der Pate, Chinatown* und *Love Story,* dessen Star, Ali MacGraw, er heiratete.

Sein kometenhafter Aufstieg begann 1957, als die große Hollywood-Schauspielerin Norma Shearer den hübschen Kerl am Pool entdeckte und fand, er sei die Idealbesetzung, um ihren Liebhaber Irving Thalberg in *Der Mann mit den 1000 Gesichtern* zu spielen. Im selben Jahr gab ihm Studioboss Darryl F. Zanuck die Rolle des Stierkämpfers an der Seite der sinnlichen Ava Gardner in Ernest Hemingways *Fiesta.* Auf Deutsch heißt der Film übrigens *Zwischen Paris und Madrid.* Evans Stern war also rasant im Aufsteigen begriffen.

Doch mit der Schauspielerei war schnell Schluss. »In einer Sache war ich mir sicher«, sagte Evans. »Ich war als Schauspieler ein Dilettant.« Hollywood aber blieb seine Droge (na ja, eine seiner legalen Drogen.) Er wechselte hinter die Kamera und wurde Produzent. Mit Freunden wie Jack Nicholson und Warren Beatty war es kein Wunder, dass der Typ Scherereien machte. Im großen Stil. Er gab Al Pacino die erste Hauptrolle, war mit Henry Kissinger befreundet und hatte ein massives Kokainproblem. Er wurde mit Ava Gardner, Grace Kelly und Margaux Hemingway in Verbindung gebracht und war sieben Mal verheiratet – was den Schluss nahelegt, dass er noch lieber vor den Traualtar trat als Henry VIII. Er war verheiratet mit Sharon Hugueny, dem Model Camilla Sparv, Ali MacGraw (mit der er seinen einzigen Sohn hat, Josh Evans), Phyllis George, Catherine Oxenberg, Leslie Ann Woodward und zuletzt Victoria White O'Gara – die Ehe mit ihr endete im Juni 2006.

Seine Ehe mit MacGraw ging auseinander, als sie eine sehr öffentliche Affäre mit Steve McQueen hatte, den sie bei Dreharbeiten kennenlernte, und Evans mit dem ersten Teil des *Paten* alle Hände voll zu tun hatte.

Der Abend

Falls es jemals eine Gelegenheit gab, sich um einen Tisch im The Ivy in L. A. zu bemühen (Sie wussten, es gibt einen Grund, warum Sie dieses Buch mochten), dann ist es der Lesefuttertipp dieses Monats. Natürlich kommen Sie nicht darum herum, sich dafür in Schale zu werfen. In Frage kommt nur ein oscarwürdiges Kleid oder der Stil Ihres Lieblingscharakters aus einem von Evans' Filmen. Lassen Sie sich die Haare wie Mia Farrow schneiden. Falls Sie nicht die Zeit haben, Rosemarys Baby zu lesen, aber mitreden möchten, dann schauen Sie sich doch einfach den Film an. Es gibt eine Fassung mit Voice-over von Robert Evans – aber das ist ein bisschen geschummelt und kann nur akzeptiert werden, wenn Sie für Ihr eigenes Filmdebüt ein ganzes Drehbuch auswendig lernen müssen – und nein, die Schulaufführung zählt nicht.

Alternative Bücher wären unter anderem:

Lawrence Olivier von Terry Coleman
Easy riders, raging bulls: Wie die Sex-&-Drugs-&-Rock'n'Roll-Generation Hollywood rettete von Peter Biskind

4. März

Der italienische Komponist, Geiger und Priester Antonio Lucio Vivaldi wurde 1678 in Venedig geboren, am selben Tag wurde die Stadt von einem Erdbeben erschüttert. Sein Vater war Musiker und spielte in der Kathedrale San Marco. Und der kleine Antonio schwor sich, es ihm gleichzutun. Er schlug mit 15 die geistliche Laufbahn ein (sicherer Job) und hatte wegen seines roten Haarschopfs schnell den Spitznamen »Il Prete Rosso« (der rote Priester) weg. Da er an Asthma litt, musste er sich vom Priesteramt zurückziehen und konzentrierte sich ganz auf seine Musik. Er war Lehrer in dem Mädchenwaisenhaus *Ospedale della Pietà* und komponierte über 500 Konzerte. Doch erst, als 1926 in Turin und Genua ein riesiger Katalog seines Werks, darunter auch die *Vier Jahreszeiten,* wiederentdeckt wurde, wurde er berühmt. Hören Sie sich heute den *Frühling* aus den *Vier Jahreszeiten* an und feiern Sie diese Jahreszeit und diesen Mann.

13. März

1905 hatte an diesem Tag Mata Hari ihren ersten Auftritt in einem Pariser Cabaret.

Margaretha Geertruida Zelle, wie sie eigentlich hieß, wurde am 7. August 1876 geboren. Sie änderte ihren Namen in Mata Hari, was auf Malaysisch »Sonne« heißt. Ein Teil des Gespinsts aus Geheimnissen und Intrigen, das sie umgibt. Ihre exotische Aufmachung und ihr aufreizender Tanzstil ließen reihum die Kinnladen nach unten klappen. Dabei war sie in Wirklichkeit in Leeuwarden in den Niederlanden geboren worden und nicht im Orient, wie sie behauptete. Aber Letzteres kam einfach besser an.

Sie zog die Männer magisch an, darunter hochrangige Offiziere. Sie beschloss, das Bettgeflüster zu Geld zu machen, und soll den Gerüchten nach für den französischen Geheimdienst gearbeitet haben.

Im Januar 1917 fingen die Franzosen eine Nachricht ab, in der ausführlich die Aktivitäten eines deutschen Spions, H21, beschrieben wurden, der, wie sich herausstellte, Mata Hari war. Die Deutschen wussten, dass die Nachricht abgefangen worden war, lehnten sich einfach zurück und warteten, bis die Doppelagentin vom Feind »neutralisiert« wurde.

Sie wurde am 13. Februar 1917 verhaftet, vor Gericht gestellt und für schuldig befunden, den Tod von Tausenden von Soldaten verschuldet zu haben. Am 15. Oktober 1917 wurde sie von einem Erschießungskommando hingerichtet, wobei sie ihre Jacke aufgerissen und ihren nackten Körper entblößt haben soll, auf dem die Worte »*Merci, monsieur*« standen. Ein Leben für die Bühne, bis zum Schluss.

Mata Haris Legende wurde durch den gleichnamigen Film von 1931 unsterblich, in dem Greta Garbo die Hauptfigur spielte.

14. März

Albert Einstein, der wichtigste Wissenschaftler des 20. Jahrhunderts, wurde 1879 in Ulm geboren.

Dem deutschen Physiker und Exzentriker verdanken wir die Relativitätstheorie, $E = mc^2$ oder Energie ist gleich Masse mal Lichtgeschwindigkeit zum Quadrat (die ungewollt zur Formel für die Atombombe führte. Pfui!). 1921 bekam er den Nobelpreis für Physik, aber Sie brauchen sich nur zu merken, dass sein Name als Synonym für Genie steht.

Um diese Zeit finden auch das Purimfest statt, das jüdische Fest, das an die Errettung der persischen Juden vor der Vernichtung durch Haman erinnert.

Eine Geschichte, die man kennen sollte.

In der Stadt Susa in Persien hielt König Ahasveros einen Schönheitswettbewerb ab, um eine neue Frau zu suchen (nachdem er seine vorherige Frau hatte umbringen lassen, weil sie sich weigerte, vor seinen Gästen nackt zu tanzen. Also wirklich ...). Ein jüdisches Mädchen namens Esther machte auf Geheiß ihres Cousins Mordechai bei dem Wettbewerb mit und gewann. Er fand, in Zeiten religiöser Spannungen sei es nicht schlecht, eine Vertraute in der Nähe des Throns zu haben, was sich als richtig erwies. Als ihr Cousin Wind von der Verschwörung bekam, alle Juden umbringen zu lassen, ging Esther ungebeten zu ihrem Mann (worauf damals der Tod stand – und der Mann konnte ziemlich übel drauf sein) und fragte ihn, warum er plane, sie am nächsten Tag umzubringen.

Er rief aus, er wolle sie nicht töten, und wie sie auf so einen Gedanken komme. Worauf sie antwortete: »Die Verordnung deines Wesirs Haman, die du morgen durchführen lassen wirst, bedeutet meinen Tod. Denn auch ich bin eine Jüdin.« Weil er Esther liebte, packte ihn die Wut auf seinen Wesir, und am nächsten Morgen ließ er Haman an seinem eigenen Galgen aufhängen.

An Purim machen die Juden in der Synagoge immer dann so viel Lärm wie möglich, wenn der Name Haman gelesen wird. Außerdem gibt es spezielles Purimgebäck zu essen, dreieckige Taschen, die an Hamans Hut erinnern sollen, und sie verkleiden sich als Personen aus der Geschichte.

Das Hindufest Holi findet ebenfalls im Frühling statt. Es ist das Fest der Farbe, bei dem sich die Leute gegenseitig mit farbigem Wasser bespritzen und Freudenfeuer anzünden.

17. März

Vermutlich um 389 n. Chr. wird der heilige Patrick, der Schutzpatron von Irland, geboren. »*Beannachtaí na Féile Pádraig oraibh*« oder »Möge der Segen des heiligen Patrick mit dir sein« ist der angebrachte Gruß an diesem Tag, und als Farbe ist Grün angesagt. Grün bringt Glück, und ohne Grün wird man gekniffen (so will es der irische Brauch). Was sehr unangenehm wäre. Die meisten Pubs sind mit Kleeblattgirlanden geschmückt, doch das offizielle Symbol für Irland ist die keltische Harfe.

Typische irische Gerichte, die Sie heute kosten könnten, sind irischer Schinken (sie sagen *corned beef* dazu) und Kohl, Stew (Eintopf) und süßes irisches Brot. Bestellen Sie sich in Ihrem irischen Pub einen Baileys oder ein Glas Guinness und lassen Sie sich Geschichten von Leprechauns – den Kobolden, die es nur in Irland gibt – oder großen Männern und Frauen erzählen. Denn Geschichten erzählen können die Iren.

Berühmte Iren sind unter anderem:
Samuel Beckett, George Best, Bono, Kenneth Branagh, Gabriel Byrne, Daniel Day-Lewis, Colin Farrell, Michael Gambon, James Joyce, Van Morrison, Liam Neeson, Bram Stoker, Oscar Wilde, Terry Wogan.

20. März

An diesem Tag starb der englische Wissenschaftler Sir Isaac Newton im Jahr 1727 (laut anderer Quellen starb er am 31. März 1727). Und ja, das ist der, der angeblich das Gesetz der Schwerkraft entdeckte, als ihm ein Apfel auf den Kopf fiel. Von ihm stammen auch die drei Grundgesetze der Bewegung und er erfand das Newton'sche Spiegelteleskop. Irre.

Das ist auch der Tag, an dem die Schweiz 1815 die immerwährende Neutralität erklärte und die Lieblingssteueroase der Superreichen wurde. Essen Sie heute einen Apfel oder ein Stück Schweizer Schokolade.

21. März

Der deutsche Komponist Johann Sebastian Bach wird 1685 geboren.

Er ist berühmt für seine Orgelwerke, die *Brandenburgischen Konzerte,* die *Kunst der Fuge* und die *Matthäuspassion,* und auch die Zeit konnte ihm nichts anhaben – seine Musik taucht in über 400 Filmen auf, er hätte sich also über einen Mangel an Oscarnominierungen nicht beklagen müssen.

Unter anderem taucht Bach in folgenden Soundtracks auf: *Aviator* (2004), *Minority Report* (2002), *Lara Croft: Tomb Raider* (2001*), Der talentierte Mr. Ripley* (1999), *Der englische Patient* (1996), *Schindlers Liste* (1993) – und sein »Adagio für Viola da Gamba« Sonate BWV 1029 hatte einen umwerfenden Auftritt in *Wie verrückt und aus tiefstem Herzen,* einem der romantischsten Schmachtfetzen des Regisseurs Anthony Minghella aus dem Jahr 1990, in dem ein Cello, Juliet Stevenson und Alan Rickman die Hauptrollen spielen. Schauen Sie sich heute den Film an – als ob ich Ihnen das sagen müsste.

22. März

1832 stirbt an diesem Tag Johann Wolfgang von Goethe. Also aufgepasst, Kultur!

Goethe war der größte deutsche Dichter und Schriftsteller. Auf dem Totenbett soll er darum gebeten haben, die Fensterläden zu öffnen: »Mehr Licht!«

Mozart und Mahler vertonten seine Gedichte.

Goethe sagte:

»*Wer nicht mehr liebt und nicht mehr irrt, der lasse sich begraben.*«
»*Es hört doch jeder nur, was er versteht.*«
»*Das Alter macht nicht kindisch, wie man spricht. Es findet uns nur noch als wahre Kinder.*«

Was trifft auf Sie zu?

26. März

1827 stirbt Ludwig van Beethoven.

Der Komponist war in seinen letzten Lebensjahren vollkommen taub und soll seinem Flügel die Beine abgesägt haben, um die Vibrationen besser zu spüren.

Beim Dirigieren konnte er das Orchester nicht hören, geschweige denn den Applaus. Er musste sich zum Publikum drehen, um es klatschen zu sehen.

Hören Sie sich sein populärstes Werk an, die Symphonie Nr. 5 (Schicksalssymphonie), die zwischen 1804 und 1808 geschrieben wurde. Selbst wenn Sie in klassischer Musik nicht bewandert sind, diese Symphonie kennen Sie – es ist das bekannteste Werk der klassischen europäischen Musik.

27. März

Der Mann, der Paris sein neues Gesicht gab, Baron Georges Eugène Haussmann, wurde 1809 an diesem Tag geboren. Aber lassen Sie sich nicht verwirren – Haussmann war kein Architekt, er war der Stadtplaner Napoleons III. und wurde beauftragt, dafür zu sorgen, dass die imperiale Macht sich in der Hauptstadt des Kaiserreichs widerspiegelt. Haussmann verbreiterte die Straßen, um der wachsenden Bevölkerung gerecht zu werden, aber vor allem auch, um den Verkehrsfluss zu erleichtern und mögliche Aufstände im Keim ersticken zu können. Er sorgte für schönere Fassaden und ein schöneres Paris. Sein Erfolg rief Nachahmer auf den Plan, und sein Paris wurde das Modell für alle modernen Städte. Bilden Sie sich Ihr eigenes Urteil, auf nach Paris!

28. März

An diesem Tag wurde 1930 Konstantinopel in Istanbul umbenannt.

1941 ging die große britische Schriftstellerin Virginia Woolf ins Wasser. Sie stopfte sich die Manteltaschen mit Steinen voll und stieg in den Fluss Ouse.

147

Woolf war eines der zentralen Mitglieder im Londoner Bloomsburykreis, einem literarischen Zirkel. Sie war Bohemien, Feministin, Kritikerin und Autorin. 1905 begann sie für die Literaturbeilage der *Times* zu schreiben, 1915 veröffentlichte sie ihren ersten Roman, *Die Fahrt hinaus*. 1925 folgte *Mrs. Dalloway*, 1928 *Orlando*, 1927 *Zum Leuchtturm* und 1931 *Die Wellen*.

Michael Cunninghams Buch *Die Stunden* kombiniert Virginia Woolfs Leben mit dem zweier fiktiver Heldinnen. Obwohl alle drei aus verschiedenen Epochen kommen (den Zwanzigern, den Fünfzigern und der heutigen Zeit), geht es um das, was sie verbindet. Nicole Kidman spielte die britische Schriftstellerin und gewann als erste Australierin einen Oscar als beste Hauptdarstellerin. 2003 wurde sie mit einem eigenen Stern auf dem »Walk of Fame« in Hollywood bedacht und bemerkte dazu: »Noch nie hab ich mich so darüber gefreut, dass die Leute mich für den Rest meines Lebens mit Füßen treten!«

Fußnote

Stilettos

Bei High Heels denkt man unweigerlich an den Stiletto – das Nonplusultra, was den sexy Schuh angeht. Zum ersten Mal trippelte er 1952 in unser Blickfeld, und obwohl eine ganze Reihe von Designern den Anspruch erhebt, ihn auf den Laufsteg gebracht zu haben, gebührt diese Ehre wahrscheinlich den zwei großen Schuhmachern Salvatore Ferragamo und Roger Vivier.

Die Schuster lieben den Stiletto, weil er ständig gepflegt und repariert werden muss. Inneneinrichter dagegen hassen ihn wegen der Spuren und der Löcher, die er auf dem Boden und im Teppich hinterlässt. Und verzweifelte Ärzte warnen ihre Patientinnen vor ihm, weil er nur zu häufig zu verstauchten oder gebrochenen Knöcheln führt. Madonna dagegen bemerkte, dass Manolos – also Stilettos aus der Hand des modernen Maestros des Heels und das Schärfste, was es an Stilettos gibt – »länger halten als Sex«. Wer will noch länger behaupten, Diamanten wären der beste Freund eines Mädchens? Jayne Mansfield gestand, über 200 Paare zu besitzen, wie viele Stilettos sich in Imelda Marcos' Sammlung befinden, ist nicht bekannt.

Der Stiletto gehört zur Grundausstattung jedes Sexsymbols der Fünfziger und macht auch heute noch keine Anstalten, sich von der Bühne zu verabschieden. (Das wird erst der Fall sein, wenn die Liebe und die Romantik aus der Mode kommen, aber das ist doch eher unwahrscheinlich, oder?) Die verführerische Macht des Heels ist unumstritten, der hohe, spitze Absatz des Stiletto ist das perfekte Accessoire für sexy Mädels. Nach seinem Siegeszug in den Fünfzigern tauchte der Stiletto in den *Swinging Sixties* etwas ab, öffentliche BH-Verbrennungen und freie Liebe bekamen ihm nicht so, aber in den power-dressing-besessenen Achtzigern ging nichts mehr ohne ihn. Seitdem weigert er sich, die Bühne zu verlassen, und wurde zum Chamäleon, das die Fantasien der Fetischversessenen und Schuhverrückten befriedigt.

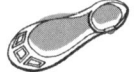
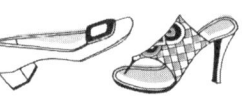

April

»Lache immer, wenn du kannst.
Lachen ist billige Medizin.«
Lord Byron

Ich wünschte, ihr wärt hier

Erin O'Connor denkt zurück an Wales

Ich erinnere mich gern daran, wie meine Eltern den lindgrünen Kombi beluden und wir uns dann hineinzwängten: meine Eltern, mein Onkel mit seiner gerade aktuellen Freundin und wir drei Kinder hinten auf die Rückbank, um zum Urlaub ans Meer zu fahren. Jedes Jahr wieder fuhren wir auf den Campingplatz in Wales – den Sun Valley Caravan Park in Rhyl, wo alles exakt aufgereiht war, und am Ende gab es einen kleinen Nachtclub mit Blechdach. Ständig lief Erasure, auf dem Kassettenspieler meiner älteren Schwester, in den Aerobic-Kursen, in der Disco und im Bingosaal, und kämpfte an gegen das Brummen der Heizstrahler ... Für mich war das der Himmel auf Erden.

Ein Urlaub ist mir besonders gut in Erinnerung – ich muss zwölf gewesen sein –, das war, als ich mich zum ersten Mal »verliebte«. Ich lernte den tollsten Jungen kennen (zumindest dachte ich das damals). Wir hatten uns an seinem Wohnwagen verabredet, und er schenkte unverdünnten Orangensaft von Tesco in eine Porzellantasse. Es war absolut unschuldig und gleichzeitig unglaublich romantisch. Diesen Moment werde ich nie vergessen – den Jungen schon, ich kann mich leider nicht einmal mehr an seinen Namen erinnern.

Es war die Art von Urlaub, wo man sein Geld sparte, um sich sein eigenes Haarspray und ein Deo zu kaufen, die man dann stolz in der neuen Strandtasche (geflochtene Henkel und Rhyl-Motiv) herumtrug. Wir verbrachten den Tag damit, Mädchenzeitschriften zu lesen und uns sehr erwachsen zu fühlen, wenn wir abends, während wir in *Just Seventeen* blätterten, den älteren Teenies nachsahen, wie sie zum Strand aufbrachen. Sieben Jahre war ich absolut glücklich, ich fuhr auf Popper ab und hielt es für ein echtes Abenteuer, in einem braunen Schlafsack zu schlafen und darauf zu warten, dass die Schokolade auf meinen Coco Pops schmilzt. Das war für mich der ultimative Urlaub – Herrlichkeiten an jeder Ecke, zum Beispiel Pommes oder im Meer schwimmen, egal

wie das Wetter war. Aber das Beste waren die Bingowettbewerbe, und in meinem letzten Jahr in Rhyl hab ich mir dort einen richtigen Freund geangelt, er hieß Derek. An einem Bingoabend wollte ich unbedingt auf die Bühne, sprang hinauf und erklärte, ich hätte gewonnen, was ich gar nicht hatte. Das fanden sie natürlich schnell heraus, und die Freude über den Applaus war wie weggeblasen. Mit gesenktem Kopf verließ ich die Bühne. Und dann kam es wie aus dem Nichts zu unserem ersten Kuss – dieses Gefühl von Zufriedenheit und Ausbruch, ich konnte mir nicht vorstellen, dass es noch besser werden könnte.

Etwas Neues zu entdecken, auch an einem selbst, macht einen Urlaub aufregend. Ich liebe es, der Stadt zu entfliehen, und ich glaube nicht, dass man in ein Flugzeug steigen muss, um etwas Neues zu entdecken – fahren Sie einfach zur Stadt hinaus und alles wird gut.

Alles Liebe, Erin

1. April

Jeder weiß, dass Alter nicht vor Torheit schützt. Aber heute wird man wohl oder übel zum Narren gehalten werden. Das lässt sich am 1. April so wenig vermeiden wie ein Kater am 1. Januar. Also lassen Sie heute Vorsicht walten!

Mit Sicherheit kann man nicht mehr sagen, wo die Narretei ihren Anfang nahm, aber einiges deutet darauf hin, dass es 1582 in Frankreich war und sich auf die Kalenderumstellung zurückführen lässt. Vor der Umstellung auf den gregorianischen Kalender fiel der Beginn des neuen Jahres mit dem Frühjahrsanfang zusammen und wurde acht Tage lang gefeiert. Der letzte Tag dieser Feier war der 1. April.

Als der Neujahrsanfang von April auf Januar verschoben wurde, gab es weder Telefon noch Internet oder SMS und auch keine Tageszeitung. Es dauerte also, bis sich eine Neuigkeit verbreitete. Wer der neuen Zeit nachhinkte und Neujahr noch immer nach dem alten Kalender feierte, galt daher als Aprilnarr. Im Lauf der Jahrhunderte wurde dieser Tag der Tag, an dem man Leute zum Narren halten und in den April schicken konnte. Das Repertoire an Aprilscherzen reicht von einfach (wie alle Uhren im Büro oder das Handy eines Freundes um eine Stunde vorstellen) bis zu sehr aufwendigen Scherzen.

Die Ruhmeshalle der Aprilscherze:
1962 versprach Schwedens Fernsehen »sofortigen Farbempfang«, wenn man die Antenne in eine bestimmte Richtung drehe. Tausende fielen darauf herein.

1977 druckte der *Guardian* eine Beilage, um den zehnten Jahrestag von San Serriffe zu feiern, das jedoch frei erfunden war. Was zu einer Flut von Anfragen von neugierigen und verwirrten potenziellen Touristen führte. Damit war der Standard geschaffen, den die Medien nun jährlich zu schlagen versuchen. Einer der erfolgreichsten Aprilscherze gelang *USA Today* 1998 mit einer Geschichte über den *Linkshänderwhopper* von Burger King.

Die Krone für den gelungensten Aprilscherz allerdings gebührt der ansonsten sehr vernünftigen BBC. 1957 gab es in der respektierten und anspruchsvollen Sendung *Panorama* (die für derlei Albernheiten viel zu seriös ist) einen Bericht über die »Schweizer Spaghettiernte«. Man sah die Einheimischen frische Nudeln von den Bäumen pflücken, als ernteten sie Äpfel. Die Geschichte war so glaubhaft, dass die Telefonleitungen der BBC von verdutzten Anrufern blockiert wurden, die wissen wollten, ob sie so einen Baum auch bei sich anpflanzen könnten.

Seien Sie heute bei Einladungen vorsichtig.

2. April

Der berühmteste Verführer der Welt, Giovanni Giacomo Casanova, wird 1725 geboren und mag mit seinen 122 Eroberungen gegen manchen modernen Latin Lover verblassen, gilt aber noch immer als König der Verführer.

»Ich hatte viele Freunde, die mir Güte erwiesen, und es war mir das Glück beschert und die Kraft, ihnen meine Dankbarkeit zu beweisen«, rechtfertigte er sich.

Casanova sollte ursprünglich eine Kirchenlaufbahn einschlagen, aber dann entdeckte er die Mädchen ... Lesen Sie seine skandalöse Autobiografie, *Memoiren*. Oder den Roman von Arthur Japin, *Die Verführung*, in der Casanovas Geschichte durch die Augen seiner ersten Liebe erzählt wird – die ihn auf den Weg in den Ruin schickte.

Sie kennen einen Gigolo? Dann achten Sie darauf, dass er Ihnen heute seine ungeteilte Aufmerksamkeit schenkt. Falls Sie allein sind, Single oder nicht, wäre es eine gute Idee, sich die DVD *Casanova* auszuleihen. Würden Sie diese Art von Drama ertragen?

Elisabeth I.

Königin Elisabeth I. gilt noch immer als die größte Monarchin der englischen Geschichte, und sie erreichte alles ohne einen Mann an ihrer Seite. Sie regierte England 45 Jahre von 1558 bis 1603. »Ich mag kein Löwe sein, aber ich stamme von einem Löwen ab, und ich habe das Herz eines Löwen«, sagte sie, und sie meinte es.

Ihre Regierungszeit gilt als das goldene Zeitalter. Die Künste blühten, Shakespeare und Marlowe schrieben ihre Meisterwerke; Drake und Raleigh entdeckten die Neue Welt und kamen mit Schätzen zurück, darunter Tabak und die Kartoffel; und Edmund Spenser schrieb zu Ehren Ihrer Majestät *The Faerie Queene*. Wie es einer Königin gebührt, wurde ihr Leben mehrfach verfilmt und durch Schauspielerinnen von Jean Simmons bis Bette Davis, von Helen Mirren bis Cate Blanchett unsterblich gemacht. 1998 spielte Judi Dench die Rolle der Königin in *Shakespeare in Love* und gewann den Oscar für die beste weibliche Nebenrolle – obwohl sie nur mickrige 14 Minuten zu sehen war.

Elisabeth bewies, dass hübsche Kleider, Überzeugungskraft und Macht keine Widersprüche sind, und obwohl sie einige Verehrer hatte, war ihr keiner gut genug. God save the Queen.

Ihr Leben und ihre Zeit

Man kann sich gut vorstellen, wie wütend Heinrich VIII. am 7. September 1533 war, als seine zweite Frau, Anne Boleyn, einer Tochter das Leben schenkte, Elisabeth. Und das nach dem ganzen Ärger, den er sich deshalb aufgehalst hatte – der Annullierung seiner ersten, »politischen« Ehe mit Katherina von Aragon (übrigens die erste Scheidung in Großbritannien) und der gesetzlichen Verrenkungen, derer es bedurfte, damit er Boleyn heiraten konnte (und sie weigerte sich, unverheiratet mit ihm zu schlafen). Er brach sogar mit dem Papst, Rom und der Kirche – und dann schenkte sie ihm keinen männlichen Erben. Er konnte nicht ahnen, dass das kleine, ungeliebte rothaarige Mädchen sein aufbrausendes Temperament und seine Skrupellosigkeit erben, populärer als er werden und durch ihren Ruhm den seinen mehren sollte.

Als ihm Boleyn trotz ihrer Bemühungen – und sie versuchte wirklich alles – keinen männlichen Erben schenkte, beschuldigte Heinrich sie des Inzests, des Ehebruchs und der Hexerei. (Da war zwar nichts dran, aber er war der absolute Monarch, sauer und – um der Wahrheit die Ehre zu geben – wild darauf, seine neue Geliebte zu heiraten, die er bereits geschwängert hatte. Vielleicht klappte es ja diesmal …) Er ließ Boleyn wegen Verrats am 19. Mai 1536 hinrichten. Elisabeth war zwei Jahre alt, von der Thronfolge ausgeschlossen und als illegitim erklärt. Sie hatte ihre Mutter nicht gekannt, dabei aber viele ihrer Charakterzüge geerbt: Sie war hart im Nehmen, charismatisch, glamourös, neurotisch und kokett, was sich alles in der Politik als nützlich erweisen sollte. Man hüte sich davor, das schönere Geschlecht zu unterschätzen.

Erst als Heinrich seine sechste und letzte Frau, Catherine Parr, heiratete, kamen Elisabeth und ihre Halbschwester Mary (aus Heinrichs erster Ehe) zurück an den Hof. Mit seiner dritten Frau, Jane Seymour, hatte Heinrich einen Sohn, die Thronfolge war also gesichert, und zwei Töchter als Backup konnten nicht schaden. Als Heinrich 1547 starb, wurde Parr Königswitwe und (Onkel) Edward Seymour wurde Lord Protector of England, bis Heinrichs goldenes Kind und Elisabeths Halbbruder, der zehnjährige Edward VI., alt genug für den Thron war. Die Waise Elisabeth lebte bei ihrer Stiefmutter und deren neuem Mann, Thomas Seymour (einem weiteren Bruder Janes). Sie war im letzten Testament ihres Vaters wieder in die Thronfolge eingesetzt worden, und das kam ihr am Hofe zugute. Doch ihre Stiefmutter wandte sich gegen Elisabeth, als sie dahinterkam, dass ihr Mann der jungen Prinzessin Avancen machte. Elisabeths Ruf litt Schaden – obwohl sie völlig unschuldig war –, und sie wurde Männern gegenüber noch misstrauischer.

Vielleicht war sie zu klug oder zu modern. Elisabeth war lernbegierig wie ihr Vater. Obwohl er nicht gerade ein vorbildhafter Vater gewesen war, hatte er dafür gesorgt, dass sie und ihre Halbschwester eine ihrem Bruder ebenbürtige Bildung erhielten. Sie beherrschte sechs Sprachen: Englisch, Französisch, Latein, Griechisch, Spanisch und Italienisch. Ihre Stiefmutter Parr ließ sie protestantisch erziehen, aber sie war klug genug, sich religiös nicht zu sehr festzulegen – sie wusste, welche Probleme das barg.

1553 starb ihr kränklicher Halbbruder mit nur 15 Jahren. Schwierig. In seinem Testament war als Nachfolgerin statt seiner Schwestern seine Cousine, die Protestantin Lady Jane Grey genannt. Die arme Lady Jane war nur eine Schachfigur des Lord Protectors Seymour, doch das englische Volk ließ sich nicht zum Narren halten. Sie war nur neun Tage Königin. Die beiden Schwestern taten sich zusammen (was selten vorkam), erhoben Anspruch auf den Thron und ritten im Triumph nach London.

Mary wurde Königin und heiratete Philipp II. von Spanien, einen starken katholischen Verbündeten. Sie wurde berühmt als »Bloody Mary« wegen ihrer brutalen und unpopulären Methoden, das Land wieder katholisch zu machen. Kein Wunder, dass Elisabeths Name ständig in Plänen auftauchte, das Terrorregime ihrer Schwester zu stürzen. Mary blieb nichts übrig, als Elisabeth in den Tower zu sperren, wo bereits Elisabeths Mutter geköpft worden war. Da sie aber selbst keinen Erben hatte, zögerte Mary, ihre Schwester hinrichten zu lassen. Als Mary glaubte, sie sei endlich schwanger, entspannte sich das Verhältnis etwas, und Elisabeth durfte den Tower verlassen und wurde unter Hausarrest gestellt. Aber die Schwangerschaft stellte sich als Scheinschwangerschaft heraus, als eine Eierstockzyste, an der Mary schließlich am 17. November 1558 starb. Elisabeth war an der Macht, sie war ihre eigene Herrin und die Herrin Englands. Der Underdog hatte es geschafft. England atmete auf. Sie hatte überlebt und war – mit 25 Jahren – Königin von England.

Zuallererst war sie daran interessiert, die religiösen Spannungen zu lösen und für Frieden zu sorgen. Alle anderen waren daran interessiert, wen sie wohl heiraten würde – einige Dinge ändern sich nie.

Als Catherine Parr gestorben war, hatte Elisabeth ihren lüsternen, arroganten Stiefvater auf Abstand gehalten, aber nun musste sie sich mit dem Antrag ihres früheren katholischen Schwagers, Philipps II., herumschlagen. Ob es an dem abschreckenden Beispiel ihres Vaters lag oder weil sie einen anderen liebte, den sie wegen seines niedrigen Rangs nicht heiraten konnte – sie klinkte sich aus und blieb Single.

Ihre große Liebe war angeblich Robert Dudley, der Earl of Leicester, der jedoch bereits verheiratet war (seine Frau Amy starb später unter äußerst mysteriösen Umständen), und sie hätte ihn niemals heiraten können. »Du bist wie mein Hündchen«, erklärte sie ihm. »Wenn die

Leute dich sehen, wissen Sie, dass ich nicht weit bin.« Aber mehr war nicht drin, die Pflicht obsiegte über die Liebe. Als Dudley starb, war sie am Boden zerstört.

Der einzige andere ernst zu nehmende Mitbewerber um ihre Hand war Francis Duke of Alençon, später Anjou. Doch nach dem Desaster der politischen Ehen ihres Vaters und der unpopulären Ehe Marys mit einem Ausländer entschied sie sich dafür, auch ihm einen Korb zu geben. Außerdem wäre damals, lange, lange bevor es Eheverträge gab, ein Großteil des Tudor-Vermögens für ihre Mitgift draufgegangen. Nein, England war ihr genug.

Gerade als man sich damit abfand, dass sie nie heiraten würde, bekam sie die Pocken, nicht ungefährlich damals. Schwupps, da war er wieder, der Druck zu heiraten oder zumindest einen Erben zu benennen. Die Königin wurde wütend, denn keiner der in Frage kommenden Erben kam wirklich in Frage:

Mary, die Königin von Schottland, war Katholikin. England erholte sich noch immer von der anderen Mary und war keineswegs *Verrückt nach Mary.*

Lady Catherine Grey hatte ohne ihre Zustimmung geheiratet. *Nul points.*

Lord Huntingdon war Puritaner und wollte den Job nicht wirklich. Hoffnungslos.

Dann war da noch die Sache mit der Religion. Es kam immer wieder zu Aufständen, bei denen ihre Cousine Mary, die Königin von Schottland, die Finger mit im Spiel hatte. Die junge Witwe des Königs von Frankreich war die letzte Chance der Katholiken auf den Thron. Seit ihrer Rückkehr aus Frankreich hatte Elisabeth ihr immer wieder nahegelegt, das Gezicke bleiben zu lassen und zum protestantischen Glauben überzutreten. Ja, sie hatte der jungen Witwe sogar angeboten, ihren geliebten Earl of Leicester zu heiraten. Fairer geht's nicht, aber Mary blieb halsstarrig. Elisabeth war gezwungen, ihre Cousine ins Gefängnis sperren und später köpfen zu lassen. Gegnerschaft ist so viel leichter zu ertragen, wenn man seinen Rivalen zum Henker schicken kann, finden Sie nicht?

Die Herzensangelegenheiten waren das eine, die Staatsangelegenheiten das andere. Und hier erreichte Elisabeth sehr viel. Stellen Sie sich ihre Überraschung vor, als ihr ehemaliger Schwager, Philipp II., sich gegen sie wandte und ihr die Armada auf den Hals hetzte. Zum Glück schlug ihre Flotte die Spanier, und dieser Sieg machte sie nur noch beliebter.

Zur Feier des Siegs gab sie ein Porträt von sich in Auftrag: Hand auf dem Globus, siegreiche Flotte im Hintergrund. Dazu trug sie eine aufwendig gearbeitete Robe, mit Perlen bestickt und mit rosa Schleifchen und Rüschen übersät. Porträts waren damals Propaganda und Paparazzifutter zugleich, ein Mittel, um dem Volk von den Siegen zu erzählen, ihm ihren Reichtum zu zeigen, ihren Erfolg und natürlich ihre unvergleichliche Schönheit. Als sie älter wurde, wurden die leuchtend roten Perücken ihr Kennzeichen. Ihre Pockennarben verbarg sie unter einer weißen Paste aus Blei und Essig. Ihre Wangen malte sie mit roter Farbe und Eiweiß an, und wo man ihr die faulen Zähne gezogen hatte, stopfte sie die Backen mit Lumpen aus. Kein Wunder, dass es heißt, sie habe am Ende ihres Lebens alle Spiegel aus dem Palast verbannt.

Sie starb am 24. März 1603. Auf ihrem Sterbebett ernannte sie Jakob I. (den Sohn Marys, der Königin von Schottland) zu ihrem Nachfolger. Sie meinte: »Nur ein König kann einer Königin folgen.« Leider waren ihre Fußstapfen für ihn zu groß.

Was Ihre Majestät sonst noch sagte:

»Ich bin lieber unverheiratet und eine Bettlerin als eine Königin und verheiratet.«

»Ich weiß, ich habe den Körper einer schwachen Frau, aber ich habe das Herz und den Mut eines Königs, auch eines Königs von England.«

»Ich danke Gott für die Fähigkeiten, mittels derer ich, würde ich in meinem Unterrock meines Reichs verwiesen, an jedem Ort des Christentums mein Auskommen fände.«

»Ein König zu sein und eine Krone zu tragen ist für die herrlicher, die es betrachten, als für die, die es ertragen.«

5. April

1976 starb an diesem Tag in Houston der zurückgezogen lebende Milliardär (Flugpionier und Ingenieur, Industrielle und Filmproduzent) Howard Hughes. Er war einer der reichsten Männer Amerikas. Schauen Sie sich doch heute *Aviator* an, die Verfilmung seines Lebens.

7. April

Der Dichter William Wordsworth wurde 1770 an diesem Tag geboren. Wordsworth leitete zusammen mit Samuel Taylor Coleridge die englische Romantikbewegung in der Literatur ein.

Aus dem Lake District stammend, spiegelt Wordsworths Dichtung seine Liebe zur Natur und zur englischen Landschaft.

Ich wandert' einsam wie die Wolk',
Die über Tal und Hügel zieht.
Da sah ich, dass ein ganzes Volk –
Ein Heer! – von Osterglocken blüht;
Am See, wo Steine moosig sind,
da tanzen flatternd sie im Wind.

1843 wurde Wordsworth zum Poet Laureate ernannt, ein Ehrenamt, das in England 1616 von Jakob I. für den Schriftsteller Ben Johnson geschaffen worden war. Der Poet Laureate schreibt die Gedichte für Staats- und andere große Feierlichkeiten. Unter anderem hatten John Betjeman und Ted Hughes dieses Amt inne.

Über die Kunst, Gedichte vorzutragen

Im Leben sollte man auch noch etwas anderes als E-Mails und Prosa lesen, also los, suchen Sie etwas mit mehr Tiefgang. Egal, ob Sie Gedichte schreiben oder lesen, achten Sie dabei auf den Rhythmus. Er ist mindestens so wichtig wie die Wortwahl und die Bedeutung. Es besteht ein himmelweiter Unterschied, ob man ein Gedicht liest oder einen Zeitungsartikel, und etwas Poesie hat noch keinem geschadet.

Gedichte finden Sie überall, in London wird zum Beispiel in den U-Bahnhöfen freier Werbeplatz genutzt, um Gedichte unters fahrende Volk zu bringen. Diese bunte Mischung wird inzwischen in einer mehrbändigen Reihe veröffentlicht: *Poems on the Underground*. Lassen Sie sich inspirieren, nehmen Sie sich einen Band Gedichte mit, wenn Sie mit der U-Bahn fahren oder im Park spazieren gehen.

Ob W. H. Auden oder Rainer Maria Rilke – Gedichte sind nicht nur eine Bereicherung für Songschreiber und romantische Seelen. Jerry Hall und Sophie Dahl sind beide Beispiele für wunderschöne Models, die inzwischen schreiben – womit bewiesen wäre, dass die Schriftstellerei kein altmodisches Hobby für Omas ist. Packen Sie es an, solange Sie noch kräftig zubeißen können.

Josephine Hart, die Herausgeberin der englischen Anthologie *Catching Life by the Throat: How to Read Poetry and Why* meint: »Gedichte sind eine Dreiheit aus Klang, Sinn und Gefühl und verleihen der Erfahrung eine Stimme, wie es keine andere literarische Kunstform vermag.«

Hmm. Sie fährt fort: »Gedichte haben mich nie im Stich gelassen. Ohne sie wäre das Leben für mich unverständlicher und unerträglicher gewesen und bei Weitem nicht so schön.«

Wie können Sie da noch sagen, Sie wären sich nicht sicher, ob Sie es auf einen Versuch ankommen lassen wollen? Los, bringen Sie Kultur in Ihr Leben, chic sind Sie schon.

Tragen Sie Wordsworths klassisches Gedicht laut vor. Lesen Sie es nicht: *Sprechen* Sie es. In einer normalen Stimme, nicht mit diesem Schauspielerton. Machen Sie eine Pause beim Komma statt am Zeilenende. Bei einem Gedicht geht es weniger drum, Sie aus dem Rhythmus zu bringen, als darum, die Reime zu betonen. (Beachten Sie zum Beispiel, wie Wordsworth *Wolk'* und *Volk* einsetzt.)»Ich wandert' einsam wie die Wolk', die über Tal und Hügel zieht.«Lesen Sie diesen Satz, ohne beim Zeilenende abzusetzen und tief Luft zu holen. Ein leichtes Luftholen nach jeder Zeile genügt, macht den Satz verständlich und lässt den Rhythmus fließen. Sie sind noch nicht überzeugt? Gedichte sind für Sie das Letzte? Schauen Sie sich den Klassiker *Der Club der toten Dichter* (1989) an, in dem Robin Williams den leicht durchgeknallten Lehrer John Keating spielt, der seine Schüler die Liebe zu Gedichten lehrt und »*carpe diem*« (Nutze den Tag). Oder *Sylvia* (2003), die Verfilmung der tragischen Geschichte von Ted Hughes' Frau, der Dichterin Sylvia Plath. Letzterer ist allerdings als Stimmungsheber weitaus weniger ergiebig.

8. April

An diesem Tag wurde Gautama Buddha, der spirituelle Lehrer und Gründer des Buddhismus, 563 v. Chr. im heutigen Nepal geboren. Als Prinz lebte er in einer Welt des Überflusses, doch er zog es vor, nach der Wahrheit der menschlichen Existenz zu suchen.

Der Buddhismus ist eine der ältesten und am weitesten verbreiteten Weltreligionen. Er entstand im Indien des fünften Jahrhunderts und basiert eher auf der Lehre als auf einem Gott oder Göttern. Im Buddhismus geht es darum, einen Menschen der Erleuchtung, wie Buddha sie selbst erfuhr, näher zu bringen und das Leiden und Elend zu überwinden.

Die Meditation konzentriert sich im Buddhismus auf die »Vier edlen Wahrheiten«:

1. dass das Leben von Leid geprägt ist,
2. dass dieses Leid durch Begierde verursacht wird,
3. dass das Leid verschwindet, wenn die Begierde verschwindet,
4. dass ein Leben ohne Leid möglich ist, wenn man den *edlen achtfachen Pfad* beschreitet.

Berühmte Buddhisten sind unter anderem:
David Bowie, Leonhard Cohen, Richard Gere, Goldie Hawn, George Lucas, Keanu Reeves und Patti Smith.

Einige Filme, in denen Buddhisten eine Rolle spielen:
Auf der Suche nach dem goldenen Kind (1986) mit Eddie Murphy.
Gefährliche Brandung (1991) mit Patrick Swayze und Keanu Reeves.
Sieben Jahre in Tibet (1997), nach Heinrich Harrers gleichnamiger Biografie, mit Brad Pitt.

Ostern und Pessach

In der Westkirche fällt Ostern immer auf einen Sonntag zwischen dem 22. März und dem 25. April, während die Ostkirche dem gregorianischen Kalender folgt und Ostern daher zwischen dem 4. April und dem 8. Mai liegt.

Pessach und Ostern richten sich nach dem Mondkalender, ähnlich dem alten hebräischen Kalender, der nach modernen kalendarischen Gebräuchen etwas sperrig anmutet. Sehen Sie in Ihrem Kalender oder im Internet nach, auf welchen Tag Ostern fällt, bevor Sie Ihren Urlaub buchen.

Pessach ist das jüdische Fest, bei dem der Auszug aus Ägypten, das Ende der Sklaverei und die Geburt des Volkes Israel gefeiert werden, es ist damit eines der wichtigsten jüdischen Feste.

Ostern bedeutet das Ende der Fastenzeit, die 40 Tage zuvor am Aschermittwoch begann. Vor allem aber wird an Ostern die Auferstehung Christi gefeiert. Der Sonntag vor Ostern ist der Palmsonntag und die letzten drei Tage der Fastenzeit sind Gründonnerstag – an dem am Abend des Pessachfestes das letzte Abendmahl stattfand, nach dem Judas Jesus mit einem Kuss verraten hatte, so dass die Häscher am Ölberg wussten, wen sie verhaften mussten –, der Karfreitag, an dem Jesus am Kreuz starb, und der Ostersamstag. Der Höhepunkt ist der Ostersonntag, an dem die Christen Jesus' Auferstehung von den Toten feiern.

Die vielen Bräuche an Ostern halten uns auf Trab, nur gut, dass es bei den besten davon ums Essen geht. Die Eier wurden ursprünglich als Symbol der Wiedergeburt, der Auferstehung und des neuen Lebens verschenkt, allerdings kann so ein leckeres Schokoei mit den Freuden des neuen Lebens durchaus mithalten.

Woher die Tradition stammt, an Ostern Fladen mit Rosinen zu reichen – die beliebten Osterfladen –, lässt sich nicht mehr genau klären. Osterfladen sollen Krankheiten heilen und gehören inzwischen beinahe so zu Ostern wie der Osterhase.

Und dann ist der Ostersonntag natürlich – wie jeder Fan von Judy Garland und Fred Astaire weiß – der Tag der Osterparade (live, wenn Sie in New York sind, im Fernsehen, falls Sie woanders sind). Nach all den Leckereien ist eben ein Osterspaziergang angesagt.

Die Osterparade in New York gibt es seit 1870, dabei tragen die Ladys einen hübschen Hut und die Gentlemen ihren besten Sonntagsanzug. So spazieren sie von der St. Thomas' Church zur St. Luke's Church. Sie sind Ostern nicht in New York und auch keine große Kirchengängerin? Kein Grund, sich nicht einen hübschen Osterhut zu basteln.

Wie man einen Osterhut bastelt

Von Stephen Jones, Hutmacher

»In your Easter bonnet, with all the frills upon it, you'll be the grandest lady in the Easter Parade ...« Irving Berlins hinreißender Text beschreibt das New York in der Mitte des 19. Jahrhunderts.

Diese Parade ist ein rot-weiß-blauer Event, der dem Labor Day und Thanksgiving in nichts nachsteht. Aber tragen Sie bei Ihrem Osterspaziergang zu Hause nicht diese amerikanischen Nationalfarben. Die traditionelle Osterfarbe ist Gelb, ob Blumenstrauß oder Dekoration, der Osterhut macht da keine Ausnahme. Ein Osterhut soll hübsch sein mit einem Touch Naivität, heben Sie sich übertriebene Extravaganz für Halloween auf.

Zunächst brauchen Sie einen alten Strohhut und einen Plan, wie Sie diesen aufpeppen – das ist bereits das ganze Geheimnis des Osterhuts. Wahrscheinlich haben Sie alles zu Hause, was Sie brauchen, nur nicht in Gelb ... Kaufen Sie sich Textilfarbe von Dylon und färben Sie Textilien und Accessoires in der Mikrowelle (wie das geht, erfahren Sie unter www.dylon.com).

Die beste gelbe Farbe nach Auskunft meiner Assistentin Lesley, die alles färbt – vom Chiffonkleid für Dior Haute Couture bis zu Kylies Federn –, ist Dylons Golden Glow. Also greifen Sie zu.

Beschränken Sie sich auf ein paar wenige Accessoires, »mehr ist mehr« führt meist zu einem Albtraum.

Zum *Eispiel:*
Ein witziges Minihäschen mit Blumen und Schleifen
Gelbe Federn mit Smarties (witzig für Tupfen im Polka-Stil)
Schicke gelbe Seide und goldene Pailletten
Gelber Tüll mit weißen Gänseblümchen (für den Landhausstil)

Ich arbeite am liebsten mit Crêpepapier. Die Idee dazu kam mir bei einer Kindersendung, in der die seltsamsten Spielsachen mit Crêpepapier (und Joghurtbechern und Toilettenpapierrollen) gebastelt wurden. Ich habe eine ganze Reihe von Papierhüten gemacht, unter anderem für Lulu, John Galliano, Anna Piaggi und die *Vogue*. Mir gefällt das Spontane und zugleich Dramatische. Es reicht, Crêpepapier um Pappe zu kleben, und schon hat man einen Hut. Ein Hut kann auch nur aus einer einzigen riesigen Schleife bestehen oder ein paar Papierpompons (Hallo Giles Deacon!). Crêpepapierblumen machen ganz schön was her, wenn Sie Ihnen diesen Touch von Haute Couture geben – mit ein paar zusätzlichen Blütenblättern aus Tüll oder Organza, die das Papier leichter und fragiler wirken lassen. Bänder aus Crêpepapier wirken am besten in Kombination mit Taft, während selbst gefärbte Samtbänder im Kontrast zu gekräuseltem Crêpepapier einen Hauch von Luxus ausstrahlen. Das Schönste am Crêpepapier aber ist, dass es sich einfach kleben lässt, das kann nun wirklich jeder. Und dass es dabei diesen persönlichen Charme entfaltet, von dem ich eingangs sprach. Basteln Sie sich einen Hut, auf den Sie stolz sind, hängen Sie ihn an Ihren Toilettentisch und freuen Sie sich an einem dunklen Novembertag auf Ostern. Wer will behaupten, Hüte wären nur was für den Frühling?

14. April

Der Komponist Georg Händel stirbt 1759 in London.

Georg Friedrich Händel, Sohn eines Barbiers und Wundarztes, studierte Jura, zumindest bis zum Tod seines Vaters. Anschließend wurde er Komponist und Musiker. Während seiner Zeit in London schrieb er seine berühmte *Wassermusik*, die zweifelsohne durch die englische Wetterobsession inspiriert war. Händel liebte London und ließ sich hier nieder, nachdem er von Queen Anne eine Pension von 200 Pfund jährlich zugesprochen bekam – eine sehr anständige Summe für damalige Verhältnisse. Nach einem Schlaganfall veröffentlichte er 1741 sein größtes Werk, den *Messiah*.

Sein Einfluss auf Haydn, Mozart und Beethoven im Übergang vom Barock zur Klassik ist unüberhörbar, also anhören! Mindestens eins seiner Stücke sollten Sie sich heute auf Ihrem iPod zu Gemüte führen.

15. April

Natürlich kennen Sie den Film von 1997, aber heute jährt sich das Unglück von 1912, als die »unsinkbare« RMS *Titanic* genau das tat – auf ihrer Jungfernreise nach New York.

Am 14. April um 11 Uhr 40 rammte sie 650 Kilometer vor Neufundland einen Eisberg.

Es befanden sich 2224 Passagiere und Besatzungsmitglieder an Bord, und die Plätze in den Rettungsbooten reichten für 1178 Leute – die Rechnung ging nicht auf. Nur 705 Menschen wurden gerettet, die anderen verschwanden in den eisigen Fluten, zusammen mit der Ladung, die 600 Millionen Dollar wert war – die schrecklichste transatlantische Tragödie.

19. April

»Die Narretei liebt das Martyrium des Ruhmes«, seufzte George Byron, der extravagante englisch-schottische Dichter, der 1824 an diesem Tag starb.

Lesen Sie sein Gedicht »Don Juan«, eines seiner berühmtesten Werke, über einen verwandten Geist, der bemerkt: »Die Wahrheit ist immer seltsam, seltsamer als die Dichtung.«

Über die Wonnen des Haus-/Wohnungsbesitzes

Wo immer Sie leben – ob in einem finsteren Loch, einer Mietwohnung oder diesem einsamen Traumhaus auf dem Land –, der April ist der Monat, in dem man sich nicht damit begnügen sollte, die Kissen aufzuschütteln und die Sockelleisten abzufegen, sondern in dem man frischen Wind in sein Heim bringt.

Die eigenen vier Wände zu finden, in Schuss zu halten und eine angenehme Atmosphäre zu schaffen ist das eine, aber wie soll man sich darin wohlfühlen, wenn alles um einen herum zusammenzukrachen droht?

Es gibt zwei Arten von Renovierungsarbeiten: die, die man machen will, und die, die man machen muss. Letztere lassen sich vermeiden, wenn man Bauunternehmer, Statiker oder Hellseher ist. Oder alles zusammen.

So etwas wie höhere Gewalt gibt es, und sie trifft einen gerne dann, wenn man am wenigsten damit rechnet oder kein Geld dafür auf dem Konto hat. Da heißt es vorausdenken und den Schaden begrenzen, und das nicht nur in Bezug auf schreckliche Nachbarn und Behörden.

Was kommt auf Sie zu?

Versuchen Sie die Probleme zu entdecken, bevor Sie sie an der Backe haben. Je früher Sie Risse und undichte Stellen entdecken, desto geringer ist der Schaden – selten trifft der Spruch »Ein Griff zur rechten Zeit spart viel Müh und Leid« den Nagel so auf den Kopf wie hier.

Ein Hauskauf hat viel mit einer Beziehung gemein. Schauen Sie genau hin. Wie viel Schaden haben die Vorbesitzer angerichtet? Feuchte Wände und morsche Böden sind nicht wirklich romantisch. Die Aufgabe eines Gutachters ist es, sozusagen die Leichen im Keller zu finden. Gefahr erkannt, Gefahr gebannt.

Natürlich will niemand, dass die Kellerdecke einbricht, die Heizung explodiert oder irgendwelche Wilden den Boiler installieren und dabei die halbe Hauswand einreißen. Aber es kommt vor. Sind Sie bereit?

Lieber zweimal checken

Überprüfen Sie, wenn Sie ein Haus/eine Wohnung/eine Hütte kaufen, dass Sie garantiert alle Aufgaben und Fragen auf Ihrer Liste geklärt haben, bevor Sie unterschreiben. Wenn Sie jetzt ein bisschen Zeit investieren, erspart Ihnen das mitunter in ein paar Monaten einen (Nerven-)Zusammenbruch.

Wissen Sie, wo sich Ihre Unterlagen und Verträge befinden?
Haben Sie die Versicherungsdetails?
Von wem beziehen Sie Gas?
Von wem Strom?
Wissen Sie, wo Sie die Bankverbindungen nachsehen können?

Bewahren Sie diese Unterlagen an einem sicheren Ort auf, und zwar so, dass Sie sie jederzeit problemlos finden. Und notieren Sie sich die Namen von Maklern und Notaren und andere wichtige Details, mit denen Erwachsene sich rumschlagen. Vielleicht brauchen Sie sie später noch einmal.

Versichern Sie sich

Eine Hausratversicherung ist ein Muss, erkundigen Sie sich, welche Versicherungen noch sinnvoll sind.

Eine Gebäudeversicherung bezieht sich auf die Immobilie selbst: das Dach, die Regenrinnen, die Treppen, die Mauern und alles, was zurückbleibt, wenn Sie ausziehen. Dazu gehören Fenster, Zentralheizung, quietschende Türen und bauliche Dinge. Bei Eigentumswohnungen zählen dazu auch gemeinsam genutzte Flächen wie das Treppenhaus.

Die Hausratversicherung versichert das, was Sie versichert haben wollen und was Sie mitnehmen, wenn Sie ausziehen: Tische, Stühle, Öfen, Schuhe.

Es gibt jedoch einige Grauzonen, also fragen Sie zuerst Ihre Versicherung, bevor Sie den hübschen Stuck als Souvenir abmeißeln.

Handwerker-Basics

Ein unglückliches Händchen bei der Wahl des Handwerkers kann sich als fatal erweisen. Hören Sie sich um, vielleicht kann Ihnen jemand mit einer Empfehlung weiterhelfen. Lassen Sie sich einen Kostenvoranschlag machen – damit es keine bösen Überraschungen gibt. Holen Sie mehrere Angebote ein. Bleiben Sie hart, wenn Handwerker kreativ werden – Waschmaschinen brauchen keine Räder und Zement ist kein Alleskleber. Sie wollen die Risse in der Decke gekittet haben? Das sollte nach (spätestens) drei Tagen erledigt sein. Sie haben den Verdacht, Ihr Handwerker möchte seine sieben Kinder auf Ihre Kosten studieren lassen (ohne eins nach Ihnen zu taufen)? Das sollten Sie unterbinden. Wenn Sie jedoch eine Perle gefunden haben, dann halten Sie sich diese warm. Auch wenn es noch so mühsam ist, den Kerl auf ein Datum festzunageln. Männer – immer dasselbe.

- Sind Sie sich sicher, dass Sie und Ihr Handwerker dieselbe Sprache sprechen? Wenn nicht, brauchen Sie jemanden, der zwischen Ihnen vermittelt, den Sie fragen können und auf dessen Antworten Verlass ist. Es ist schon schwierig genug, sich in seiner eigenen Sprache zu verständigen, wenn es um Fallrohre und Leitungen geht – verlängern oder verschlimmern Sie die Qual nicht unnötig.

- Der Kunde (Sie!) hat immer recht. Selbst wenn die Bautrupps Ihr Zuhause übernommen und die Zimmer mit einer dicken Staubschicht überzogen haben, steht Ihr Name auf dem Türschild und auf den Rechnungen. Überlassen Sie denen Ihr Reich nur für eine begrenzte Zeit. Auch wenn Sie das Gefühl haben, nicht mehr Herrin in Ihren eigenen vier Wänden zu sein, Sie sind es. Wenn Sie psychedelische Wände wollen, bitte. Aber aufgepasst: Für mickrige Bezahlung bekommt man eine mickrige Leistung. Andersherum: Wollten Sie wirklich einen Michelangelo, der vier Jahre an Ihrer Decke herumpinselt?

• Überprüfen Sie, ob die Maler die Wände tatsächlich in der Farbe streichen, die Sie ausgesucht haben. Und Sie sollten die Farbe selbst aussuchen, auch wenn Sie nicht selbst streichen. Es gibt Millionen unterschiedlicher Farbtöne – vergewissern Sie sich, dass Ihr Maler den richtigen Farbton trifft (und zwar vor dem ersten Pinselstrich!).

• Zahlen Sie nie mehr als die Hälfte der abgemachten Summe im Voraus. Sie wollen schließlich, dass die Jungs wiederkommen und die Arbeit fertigmachen!

23. April

Heute ist der Tag des heiligen Georg, des englischen Nationalheiligen, dessen Schild – rotes Kreuz auf weißem Grund – noch immer die Flagge Englands ziert. Fußballfans wissen, wovon ich spreche.

Der heilige Georg war ein römischer Soldat, der im dritten Jahrhundert lebte und dagegen war, Christen nur wegen ihres Glaubens zu foltern.

Besonders populär wurde er während der Kreuzzüge. Die berühmteste Geschichte über den heiligen Georg erzählt, wie er einen Drachen tötete und eine Jungfrau errettete.

Die *Goldene Legende* handelt von einem Drachen, der an einem See bei Silena in Libyen lebte. Ganze Armeen und so weiter versuchten ihn zu verscheuchen – vergeblich. Jeden Tag kam der Drache in die Stadt und fraß zwei Schafe, und damals waren Schafe knapp. Als es keine Schafe mehr gab, ging der Drache dazu über, Menschen zu verschlingen. An dem Tag, als Georg vorbeikam, hatte der Drache sein Auge auf eine wunderschöne Prinzessin geworfen. Georg bekreuzigte sich und erschlug das Monster mit einem Streich. Die Leute freuten sich – die Prinzessin auch, nehme ich mal an – und traten aus Dankbarkeit und Respekt vor dem Ritter und seinem Gott zum Christentum über.

Was man über Shakespeare wissen sollte

William Shakespeare ist wohl der berühmteste Stückeschreiber (und Dichter) aller Zeiten, zumindest ist er der am häufigsten zitierte. Er gilt als Englands größter Schriftsteller, und die Tatsache, dass sein Werk vier Jahrhunderte überdauert hat und so populär ist wie eh und je, ist Beweis genug.

Den Eintragungen im Kirchenbuch zufolge wurde Shakespeare am 26. April 1564 getauft, man geht daher davon aus, dass er ein paar Tage früher geboren wurde, wahrscheinlich am 23. April (aber vergessen Sie bitte nicht, damals galt noch der julianische Kalender, nicht der gregorianische, also sind die Daten mit Vorsicht zu genießen).

Sein Vater, John Shakespeare, war Handschuhmacher und Stadtangestellter, ab 1568 Bürgermeister. Seine Mutter, Mary Arden, stammte aus dem Landadel, es musste sich also um eine Liebesheirat gehandelt haben, schließlich galt es nicht gerade als ratsam, unter seinem Stand zu heiraten.

Shakespeare besuchte die örtliche Schule. Der Unterricht dort lief nach heutigen Standards ziemlich heftig ab: Beginn zwischen sechs und sieben Uhr morgens, eine Stunde Mittagspause, kein Sport, Unterrichtsende zwischen fünf und sechs Uhr abends. Es gab weder Ferien noch freie Wochenenden, und sonntags ging's ab in die Kirche. Kein Wunder, dass nur die Reichen es sich leisten

konnten, ihre Kinder auf die Schule zu schicken statt zum Bröt-
chenverdienen.

Mit 18 heiratete Shakespeare die acht Jahre ältere Anne Hathaway, die bereits im dritten Monat schwanger war. Ihr erstes Kind
wurde am 26. Mai 1583 geboren und auf den Namen Susanna getauft. Anne hatte es nicht leicht zu Hause in Stratford, während ihr
Mann in London den Ruhm und das Glück suchte (in jeglicher
Form, wenn man *Shakespeare in Love* glauben darf). Am 2. Februar
1585 wurden ihre Zwillinge Hamnet und Judith geboren und getauft, doch Hamnet starb 1596 (und ja, der Tod seines Sohns beeinflusste ihn sehr bei seinem großen Stück *Hamlet*).

Die Jahre in Stratford werden als »die verlorenen Jahre« bezeichnet, weil über diese Zeit wenig bekannt ist.

Um 1592 zog Shakespeare nach London und zwei Jahre später
war er Teilhaber, Schauspieler und Stückeschreiber der berühmtesten Schauspieltruppe – Lord Chamberlain's Men. Sie trugen den
Namen ihres wichtigsten Patrons und waren die Lieblingstruppe
Elisabeths I., die es sich meist nicht nehmen ließ, Shakespeares Pre-
mieren zu besuchen. Ihr Erfolg war so groß, dass Jakob I., als er
1603 den Thron bestieg, die Truppe für sich beanspruchte und in
»King's Men« umbenannte. Und einem König kann man schlecht
etwas abschlagen, oder? 1599 wurde das Globe Theatre als festes
Haus für die Truppe erbaut. Nun wussten die Groupies wohin, und
der Kartenverkauf brummte. Doch das Unglück nahm seinen Lauf,
als das Theater 1613 wegen seines Strohdachs den Flammen zum
Opfer fiel. Es wurde zwar 1614 wieder aufgebaut, schloss aber 1642,
als die Pest ausbrach, und wurde 1644 endgültig abgerissen.

1987 hatte der Hollywoodschauspieler Sam Wannamaker genug
Geld gesammelt, um das Globe neu aufbauen zu lassen. Leider er-
lebte er es nicht mehr, als die moderne Rekonstruktion (ein paar
Sicherheits- und Brandschutzvorkehrungen wurden dann doch
hinzugefügt) ziemlich nah am ursprünglichen Standort eröffnet
wurde. Es gibt Stehplätze für das niedere Volk und Bänke für die ge-

hobenen Schichten. Nehmen Sie die Bänke, vielleicht hat man sich früher ein Drei-Stunden-Drama im Stehen angeschaut, den heutigen Theaterliebhabern geht das ganz schön in die Beine.

Obwohl Shakespeares Stücke mit großem Erfolg aufgeführt wurden, wurden sie erst 1623, also nach seinem Tod, in einer Gesamtausgabe veröffentlicht. John Heminges und Henry Condell, Mitglieder seiner Schauspieltruppe, trugen die Werke zusammen. Die zeitliche Abfolge ist nicht gesichert, da Shakespeare seine Stücke für die Aufführungen andauernd umschrieb.

Erst nach seinem Tod konnte man sich auf eine Version einigen. Man stelle sich vor, er hätte auf Tantiemen für seine Nachkommen bestanden.

Shakespeares Werk wird in drei Gruppen eingeteilt:

Die Komödien
Ende gut, alles gut
Ein Sommernachtstraum
Wie es euch gefällt
Cymbeline
Verlorene Liebesmüh, auch: *Liebes Leid und Lust*
Maß für Maß
Viel Lärm um nichts
Perikles, Prinz von Tyrus
Die Komödie der Irrungen
Der Kaufmann von Venedig
Die lustigen Weiber von Windsor
Der Widerspenstigen Zähmung
Der Sturm
Zwei Herren aus Verona
Ein Wintermärchen
Troilus und Cressida
Was ihr wollt

Die Historiendramen (Königsdramen)
Heinrich VIII.
Heinrich IV., Teil 1
Heinrich VI., Teil 1
Heinrich V.
König Johann
Die Schändung der Lukrezia
Heinrich IV., Teil 2
Heinrich VI., Teil 2
Heinrich VI., Teil 3
Richard II.
Richard III.
Venus und Adonis

Die Tragödien
Antonius und Kleopatra
Coriolanus
Hamlet
Julius Cäsar
König Lear
Macbeth
Othello
Romeo und Julia
Timon von Athen
Titus Andronicus

So nette Sonette

Neben den Stücken schrieb Shakespeare auch noch 154 Sonette, von denen 26 an die »Dark Lady« und 126 an den »Fair Lord« gerichtet waren.

Doch wer steckt hinter dieser »schwarzen Dame« und diesem »blonden Jüngling«, wie es in einer der über 100 deutschen Übersetzungen heißt? Und war es überhaupt Shakespeare, der diese Sonette schrieb? Die Verschwörungstheoretiker überschlagen sich. Schriftsteller wie Francis Bacon und Christopher Marlowe werden ins Feld geführt, sogar der 17. Earl of Oxford, Edward de Vere, und selbst Königin Elisabeth I. werden genannt.

Ein Sonett ist ein 14-zeiliges Gedicht im jambischen Pentameter und einem strengen Reimschema. Das Wort kommt aus dem Italienischen und bedeutet »kleines Lied« – *sonnetto*. Uhh. Bevor Sie jetzt vor Schreck das Buch fallen lassen: Fürchtet Euch nicht. Einfach durchhalten. Jambischer Pentameter ist nur die Bezeichnung für das am häufigsten verwendete Versmaß, bei dem eine betonte Silbe auf eine unbetonte folgt.

Einfach gesagt:

Da-DAMM da-DAMM da-DAMM da-DAMM da-DAMM

Das bringt Ihr Gehirn zum Schwurbeln? Ersetzen Sie das da-DAMM durch Worte. Schauen Sie sich Shakespeares Sonett Nr. 18 an, bei dem das Versmaß wunderbar passt.

Shall I compare thee to a summer's day?
Thou art more lovely and more temperate:
Rough winds do shake the darling buds of May
And summer's lease hath all too short a date.

Auf Deutsch (in der Übersetzung von Karl Kraus):

Soll ich denn einen Sommertag dich nennen,
dich, der an Herrlichkeit ihn überglänzt?
Dem Mai will Sturm die Blütenpracht nicht gönnen,
und Sommers Herrschaft ist so eng begrenzt.

Wunderschön. Jambische Pentameter der Meisterklasse.

Die ursprüngliche Form entstammt der klassischen griechischen Dichtung, doch Shakespeare war ein solcher Zauberkünstler von so hohem Rang, dass er die Regeln über Bord warf, sobald er sie gemeistert hatte, und sich seine eigenen Regeln schuf, die des englischen oder Shakespeare-Sonetts. Also warum würzen Sie Ihre E-Mail-Korrespondenz heute nicht mit ein paar Jamben?

Fangen Sie mit Shakespeare an, und alles andere folgt von selbst. Aber verkaufen Sie sich nicht unter Wert, vor allem nicht heute.

 *Lesefutter*

Blaue Augen
von Thomas Hardy

Warum

Blaue Augen wurde 1873 veröffentlicht und ist einer der früheren Romane Hardys und der am meisten autobiografische. Darin erzählt er die Liebesgeschichte, die sein Leben veränderte, ihn dazu veranlasste, die Architektenlaufbahn zu verlassen und Schriftsteller zu werden. Sie müssen das Buch lesen, um zu erfahren, ob dem verliebten jungen Architekten ein ebensolches Happy End widerfährt wie dem Autor, der als Schriftsteller die größten Erfolge einheimste.

Der Autor

Thomas Hardy (2. Juni 1840 – 11. Januar 1928) wurde in der Pfarrei Stinsford in East Dorchester geboren. Sein Vater war Baumeister und Steinmetz und spielte Geige, während seine Mutter gerne las und ihren Sohn anhielt, sich auch nach Ablauf der Schulzeit weiterzubilden. Mit 19 ging er bei dem Architekten John Hicks in die Lehre. Eine Laufbahn, die er aufgab, um einer der beliebtesten Schriftsteller Englands zu werden und in Dickens' Fußstapfen zu treten. Wie dieser schrieb er über Werte und Familienleben, nur um dies alles in den Wind zu schießen, als er Affären hatte und sich von seiner Frau scheiden ließ, die ihn erst zu diesem Roman und einer Reihe von Gedichten inspiriert hatte. Sein nächster Roman, *Am grünen Rand der Welt,* 1874, trug zu seiner Popularität bei. Darauf folgten *Der Bürgermeister von Casterbridge,* 1886, *Tess von den d'Urbervilles,* 1891, und sein großer Schwanengesang *Jude the Obscure* (auf Deutsch unter verschiedenen Titeln erschienen, nämlich als *Juda, der Unberühmte; Herzen in Aufruhr* und *Im Dunkeln*). Doch auch in England machte der Titel Probleme, aus *Jude the Obscure* wurde schnell *Jude the Obscene,* der Roman galt nämlich als reich an »Stellen«.

180

Die Story

Als junger Architekt reiste Hardy nach St. Juliot in Cornwall, um die Restaurierung der Kirche zu planen. Er verliebte sich in die Schwägerin des Pfarrers, Emma Lavinia Gifford. England befand sich mitten in der industriellen Revolution und Hardy in den Dreißigern und damit im besten heiratsfähigen Alter. Und vor einem entscheidenden Berufswechsel. Nach dem Erfolg seines nächsten Romans verabschiedete er sich von der Architektur und widmete sich ganz der Schriftstellerei. Der Held seines Romans, Stephen Smith, befindet sich in einer ähnlichen Lage. Der junge Bauzeichner wird in die Pfarrei Endelstow geschickt, um das Pfarrhaus zu zeichnen, das restauriert werden soll. Er reist von London an die Küste und trifft dort, kaum angekommen, das Mädchen mit den blauen Augen, Elfride Swancourt, die Tochter des Pfarrers – und nichts ist mehr, wie es war.

Smith lernt zwar einen gehobenen Beruf, steht aber gesellschaftlich unter Swancourt (so wie Hardy unter Gifford stand). Und obwohl er ehrgeizig ist und am Beginn einer erfolgreichen Berufslaufbahn steht, wird Elfriedes erste Liebe niemals die Billigung ihres Vaters finden. Elfride befindet sich, wie viele Jungfern damals, in einer Zwickmühle – sie kann ihrem Herzen folgen und unter ihrem Stand und ohne die Zustimmung ihres Vaters heiraten, oder sie geht eine Verbindung ein, die den Status ihrer Familie fördert, und ist damit notgedrungen zufrieden.

Entschlossen, sich als würdig zu erweisen, nimmt Smith eine Stelle in Indien an, um sein Glück zu machen. Elfride macht Smith diese Entscheidung nicht leicht – in der einen Minute schert sie sich keinen Deut um die Konventionen und ist unbekümmert und romantisch, in der nächsten schluchzt sie sich die Seele aus dem Leib und läuft zu ihrem Vater. Als Smith in Indien ist und ihr Vater erneut heiratet, langweilt sie sich und schreibt einen Roman für junge Mädchen. Das Buch wird veröffentlicht, und Smith zeigt es Mr. Knight, seinem Mentor. Dieser, ein Literaturkritiker, bespricht und verreißt es (da er nicht weiß, was die Autorin seinem Schützling bedeutet). Elfride schreibt ihrem Kritiker, die beiden lernen sich kennen, und Knight verliebt sich in sie. Aber wen wird sie wählen, wenn Smith zurückkommt? Den Bauzeichner oder den Gentleman?

Der Abend

Hardy ließ seine Geschichten stets in seinem geliebten Dorset spielen, das ist zugegeben ein bisschen weit. Aber wie wär's mit einer gepflegten Tearoom-Atmosphäre, einer Bibliothek oder einem echt englischen Picknick im Garten mit Sandwiches, Likör, rosa Limonade und bunten Kuchen – etwas Romantischem für die Elfrides in Ihrer Gruppe.

Alternative Bücher wären:

Middlemarch von George Eliot
Zimmer mit Aussicht von E. M. Forster
Sturmhöhe von Emily Brontë
Zum Leuchtturm von Virginia Woolf
Wiedersehen mit Brideshead von Evelyn Waugh

 *Fußnote*

Gummistiefel

Bei Aprilwetter und in England ist man ohne Gummistiefel chancenlos. Was Gene Kelly im Regen trug, ist in diesem Monat ein Must-have.

In England heißt der Gummistiefel auch *wellington boot* – oder *wellies* – nach dem ersten Duke von Wellington. Dieser war die nassen Füße offensichtlich leid und ging mit seinen Lieblingsreitstiefeln zum Schuhmacher. »Na, ließe sich da was machen?« Der Schuhmacher, ein gewisser Hoby in der St. James' Street, meinte: »Natürlich, Sir. Lassen Sie die Stiefel ruhig hier.« Sie machten die Accessoires weg, kürzten den Absatz und machten den Schaft enger. Das war vielleicht nicht gerade modisch, aber für die Soldaten in der Schlacht war es ein Segen. Und zu Hause fanden die Patrioten es schick, sich nach dem Helden von Waterloo zu stylen. Die Nachfrage war stürmisch und der Name *wellington boot* war geboren.

Die Stiefel waren zwar ursprünglich aus Leder, doch 1852 traf der Industrielle Hiram Hutchinson den Erfinder des Gummis, Charles Goodyear (genau, den mit den Reifen). Die beiden taten sich zusammen und ihr leichtgewichtiger Stiefel wurde ein Hit. Heute sind Gummistiefel nicht nur der Freund des Fischers und des Bauern, sie gehören auch zur Standardausrüstung des (klugen) Festivalbesuchers. Die von Hunter sind der Ferrari unter den Gummistiefeln, und Designer von Gucci bis Prada haben ihre eigenen auf den Laufsteg gebracht. Allerdings wäre es eine Schande, wenn die dreckig würden.

Mai

»Wenn ich wüsste, was es bedeutet,
bräuchte ich es nicht zu tanzen.«
Isadora Duncan

Giorgio Armani aus St. Tropez

Ich dachte, ihr freut euch über eine Postkarte aus St. Tropez, dem für mich perfekten Ort an der Riviera. Dieser glamouröse, glitzernde, sonnendurchtränkte Hafen bot im Lauf der Jahre so vielen Menschen ein Zuhause – in den Dreißigern und Vierzigern (als es noch ein Fischerdorf war) Künstlern und Schriftstellern, nach dem Krieg französischen Existentialisten und in den Sechzigern und Siebzigern natürlich dem Jetset. 1971 heiratete Mick hier Bianca – sie trug einen weißen Hosenanzug von Yves Saint Laurent –, und der Empfang wurde im Hôtel Byblos gehalten, berühmt für seine pastellfarbenen Gebäude, den schattigen Hof und den blauen Pool. Aber für mich wird St. Tropez immer ein Synonym für die junge Brigitte Bardot sein, der Inbegriff von natürlicher, sinnlicher – und zugleich unschuldiger – weiblicher Schönheit.

Ich habe ein Haus in St. Tropez, wo ich normalerweise wohne. Aber manchmal besuche ich St. Tropez auch mit meiner Yacht, der *Mariu,* und schlafe ein mit den Geräuschen des Meeres, die sich mit den Geräuschen der Stadt vermischen – dem Klirren der Gläser und den Gesprächen. Den Aperitif nehme ich am liebsten in der zentral gelegenen Bar Café de Paris. Wenn ich mir aber ein bisschen die Leute anschauen will – ein beliebter Zeitvertreib hier –, dann lasse ich mich im Le Gorille blicken, der Bar, wo man hingeht, um zu sehen und gesehen zu werden.

Natürlich geht es in St. Tropez vor allem um die Sonne, das Meer und den Sand. Ich mag den Club 55 – ein angenehmer, zentral gelegener Beach Club mit wunderbarem Personal, einem hervorragenden Service und einem Strandrestaurant, in dem man einfach köstlich essen kann. Sogar große Gruppen sind dort kein Problem. Allgemein gelten die Strände in der Baie de Pampelonne als die besten der Küste.

Am Abend sollte es der berühmte Club Les Caves du Roy im Hôtel Byblos sein. Er liegt zentral, hat eine fantastische Atmosphäre und der Anteil der Schönen und Interessanten ist überproportional hoch.

187

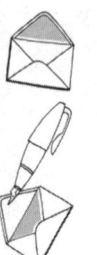

Ihr seht, die Gründe, warum ich diesen Ort liebe, liegen auf der Hand – die schicken Gäste, das unglaubliche Licht, das klare, warme, salzige Mittelmeer, der Duft von Lavendel, die Schönheit. Aber ich mag St. Tropez auch, weil es sich noch immer etwas von der alten Bohème bewahrt hat, von der Wildheit, dem Geheimnis und der Exotik. Ich komme hierher, um mich umgeben von dieser Schönheit zu entspannen, und ich rate euch, macht es wie ich, kommt hierher.

Liebe Grüße, Giorgio

1. Mai

Mayday mag das internationale Notrufsignal im Sprechfunk sein und der 1. Mai der Tag der Arbeit, aber er ist auch der Beginn des Wonnemonats Mai, und da wird getanzt. In heidnischen Zeiten – ein anderes Wort für »ewig lang her« – wurde der Maitag als der Frühlingsbeginn gefeiert. Doch blicken wir der Wahrheit ins Auge, wenn die Sonne bis jetzt noch nicht scheint, haben Sie allen Grund zu verzweifeln. Sie haben heute zwei Optionen (nein, nicht beim Wetter, der Fall ist hoffnungslos): Sie können heute entweder um den Maibaum tanzen (fördert die Fruchtbarkeit) oder Ihr Augenmerk auf einen schicken Event für Abendkleid und Smoking inklusive Blitzlichtgewitter richten: das Filmfestival in Cannes.

Was an diesem Tag sonst noch geschah:
1786 hatte Mozarts *Figaros Hochzeit* Premiere in Wien.
1869 eröffnete das *Folies Bergère* in Paris.
1941 hatte *Citizen Kane* Premiere in New York.

In diesem Monat geht es um Unterhaltung.

Was es in Cannes zu beachten gilt

Leute aus dem Filmgeschäft wissen, dass es praktisch jeden Monat irgendwo ein Festival gibt, man also genug Gelegenheit hat, seine Arbeit zu zeigen.

Januar: Sundance, Utah
Februar: Berlinale
Februar/März: Academy Awards, L.A.
April: Festival du Film de Paris
Mai: Tribeca, New York
Juni: Moskau
Juli: Colorado
August: Venedig
September: Toronto
Oktober: BFI (BAFTAs), London
Dezember: L'Age d'Or, Brüssel

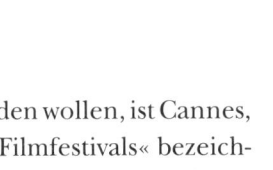

Das Festival, wo aber alle hin und gesehen werden wollen, ist Cannes, das der *Hollywood Reporter* als den »Opa aller Filmfestivals« bezeichnete. Wenn Sie mit Ihrem Jet in Nizza landen, ist es nur noch ein Katzensprung die Küste hinunter.

Eine kurze Geschichte des Filmfestivals in Cannes

Cannes richtet das Festival seit 1939 aus, als der Aufstieg des Faschismus in Italien das Mostra di Venezia (das damalige Filmfestival von Venedig) kreativ zu sehr knebelte. Richtig schlimm wurde es, als die Jury Jean Renoirs *La Grande Illusion* überging und den höchsten Preis, den *Coppa Mussolini,* an einen Nazi-Propagandafilm vergab, der von Mussolinis Sohn für Goebbels gedreht worden war. Damit war klar, dass bei der Preisvergabe die Politik die Oberhand über die Kunst gewonnen hatte – und *La Grande Illusion* als Antikriegsfilm leer ausgehen musste. Eine Gruppe von wichtigen Kritikern und Filmemachern beschloss, sich in einer so schwierigen Zeit nicht gängeln zu lassen und auf freie Rede und künstlerische Integrität zu setzen. Sie brachen die Zelte ab und auf an die sonnige Côte Azur.

Die wohlhabende Stadt Cannes war mehr als glücklich, den Gastgeber spielen und sich eines stetigen Stroms reicher Filmtypen und derer extravaganter Entourage aus Stars und Sternchen erfreuen zu dürfen. Und die Filmwelt ließ die Gondeln Trauer tragen, sagte Ciao zu politischen Preisverleihungen und stürzte sich auf Eimerchen und Schäufelchen in der Welt des Glitzers und der Casinos, die Hollywood so sehr liebt.

Renoirs Film gilt übrigens noch heute als Meisterwerk der Filmkunst, Mussolinis Film dagegen hinterließ keine Spuren.

Während es bei der Oscarverleihung einen kleinen golden Mann gibt, dreht sich in Cannes alles um eine exotische goldene Palme. Die Palme d'Or entstand nach einer Skizze des legendären Regisseurs Jean Cocteau. Die Pariser Goldschmiedin Suzanne Lazon entwarf danach die Palme, die 1954 zum ersten Mal verliehen wurde.

Das war nicht das einzige Ereignis in diesem Jahr, welches das Gesicht des Festivals veränderte. Bei einem Fototermin des Schauspielers Robert Mitchum drängte sich ein französisches Starlet, Simone Sylva, in den Vordergrund, und zum ersten Mal wurde der berühmt-berüchtigte Satz »Titten raus« gerufen – den die junge Sylva unverfroren befolgte. Der Film mag längst vergessen sein, aber die Methode, auf die Titelblätter zu kommen (indem man sich entblättert), ist eine wahre Kunstform geworden. Mr. Mitchums verdutztes Gesicht wurde festgehalten – er war der erste von vielen Männern, denen die Schau von einem nackten Busen gestohlen wurde.

Cannes wurde schnell ein Synonym für Sex und Skandale – nicht zuletzt dank einer mit einem Nichts von Bikini angetanen Bardot, die zur Freude der Fotografen ausgelassen auf dem Strand tollte.

Mädchen und Sonne (und dazu gute Filme und Partys) – wie sollte das nicht klappen?

Die Palme d'Or für den besten Film gilt inzwischen als einer der höchsten Preise der Filmindustrie und als einer der begehrtesten Filmpreise Europas, bisher hat ihn jedoch nur eine Frau erhalten, nämlich Jane Campion für ihren Film *Das Piano* (1993). 2006 gewann Penélope Cruz den Preis als beste Schauspielerin für ihre Rolle in dem spanischen Film *Volver*. Der Preis für die beste Schauspielerin muss natürlich an eine Frau gehen, doch der Preis für die Regie und die Produktion sind nicht an ein Geschlecht gebunden, hier wäre also noch genug Raum für eine weibliche Invasion. Also los, Ladys!

Location, location

Fangen wir ganz oben an – da, wo die Stars absteigen. Wahrscheinlich denken Sie bei Cannes an das Carlton Hotel an der Croisette, direkt am Kai, wo die Yachten der Reichen, Berühmten und Schönen anlegen. Dieses Hotel spielte selbst eine wichtige Rolle – in Elton Johns Videohit »I'm Still Standing« von 1983. Vor seiner Popkarriere hatte das Carlton schon einmal eine Hauptrolle: neben Cary Grant und Grace Kelly in Hitchcocks Klassiker *Über den Dächern von Nizza* – es ist und bleibt das Ritz der Riviera, die ultimative Adresse.

Grace-Land

Was Cannes betrifft, gibt es einen Namen, der alles überstrahlt. Grace Kelly (12. November 1929 – 14. September 1982) war, bevor sie Schauspielerin wurde, Model. Als Tochter eines Millionärs war sie das gute Leben zwar gewöhnt, aber sie kletterte die Leiter noch weiter hinauf, bis zu den gekrönten Häuptern.

Als die Presse sie während der Dreharbeiten zu *Mogambo* (1953) wegen ihrer Affäre mit der Kinolegende Clark Gable traktierte, machte sie mit der Bemerkung Furore: »Was sollte man sonst tun, wenn man allein mit Clark Gable in einem Zelt in Afrika ist?« Wo sie recht hat, hat sie recht. Der Film brachte Kelly eine Oscarnominierung für die beste weibliche Nebenrolle ein, doch kurz vor dem Ziel schnappte ihr Deborah Kerr das Kerlchen weg, für ihre Rolle in *Verdammt in alle Ewigkeit* – der Film mit der berühmten Kussszene zwischen ihr und Burt Lancaster, wo sie sich im Sand wälzen. Grace Kelly machte drei Filme mit Alfred Hitchcock: *Bei Anruf Mord, Das Fenster zum Hof* und die Juwelenraubstory *Über den Dächern von Nizza*. Sie wurde der Inbegriff von Hitchcocks kühler Blondine.

Kelly trat zweimal mit Bing Crosby vor die Kamera, mit dem sie ebenfalls ein Techtelmechtel gehabt haben soll.

Sie drehten *Ein Mädchen vom Lande,* für den sie 1954 einen Oscar bekam, und standen dann noch einmal, in ihrem letzten Film, vor der Kamera, in *Die oberen Zehntausend,* in dem sie das Duett »True Love« sangen, das ein Riesenhit wurde. Kelly war einer der größten Stars Hollywoods – A-List vom Scheitel bis zur Sohle, und auch ihre Preise, Rollen und Liebhaber waren A-List, darunter William Holden und Oleg Cassini, der Modeschöpfer, der Jackie Kennedys Kleidung entwarf. Doch trotz dieses schillernden Lebens verzichtete sie am Schluss auf die Schauspielerei und die Schauspieler – weil sie etwas noch Besseres gefunden hatte, etwas, womit nicht einmal das Kintopp mithalten konnte, einen echten, wahrhaftigen Traumprinzen.

Am 19. April 1956 wurde sie zur Fürstin Gracia Patricia von Monaco gekrönt, als sie den umwerfenden Rainier III., den Fürsten von Monaco, heiratete. Leider nahm das Märchen ein unerwartetes Ende, als sie 1982 bei einem Autounfall auf der kurvenreichen Küstenstraße starb.

Sie war der Inbegriff von königlichem Chic, eine fleischgewordene Cinderella. Sie ist unvergesslich – wie auch, sogar ein Kultaccessoire wurde nach ihr benannt.

Die Kelly Bag

Von dem französischen Luxuslederwarenhersteller Hermès nach Grace Kelly benannt, als Kelly 1956 mit dieser Tasche auf dem Cover des *Life*-Magazins abgebildet wurde. Dabei setzte sie die Tasche gar nicht als modisches Statement oder Statussymbol ein, sondern um damit die ersten Anzeichen ihrer Schwangerschaft zu vertuschen. Die Tasche wurde zwar bereits 1826 entworfen, aber sie passte so zu ihrem Look und wirkte so umwerfend chic auf diesem Cover, dass der Name hängen blieb und alle Frauen diese »Kelly Bag« wollten, um wenigstens einen Zipfel ihres Lifestyles zu erhaschen.

Die Kelly Bag ist und bleibt eine der beliebtesten und am meisten verkauften Handtaschen von Hermès. Die Warteliste ist lang, unter zwei Jahren geht gar nichts. Dabei beginnen die Preise bei 3200 Euro für einfache Ledertaschen … das tut weh. Wenigstens haben Sie Zeit, zu überlegen, welche Sie wollen, während Sie auf eine sparen – Teilzahlung geht nicht. Falls Sie Glück haben und das große Los ziehen, können Sie sich auch eine Tasche aus Stachelrochen- oder Krokodilleder leisten, die kosten zehnmal so viel. Aber diese Qualität … Männer verstehen einfach nicht, wie teuer es kommt, eine Lady zu sein.

Auch Jane Birkin wurde von Hermès unsterblich gemacht – 1981. Die Schauspielerin ergoss versehentlich den Inhalt ihrer zu kleinen Handtasche über den Accessoiredesigner von Hermès, der neben ihr im Flugzeug saß. Für diesen die Inspiration, eine Handtasche zu entwerfen, die groß genug für so viel Kleinkram ist. Damit war die Idee zu nach Stars benannten Accessoires geboren, allerdings bleiben diese beiden Taschen an Prestige und Luxus einzigartig. Vielleicht kommt es Sie billiger, bei Tiffany vorbeizuschauen.

2. Mai

1519 stirbt der große Leonardo da Vinci, laut Legende in den Armen seines letzten großen Mäzens, König Franz I. von Frankreich.

Leonardo wurde am 15. April 1452 unehelich geboren. Aus kleinen Verhältnissen stammend – sein Vater war ein 25-jähriger Notar, seine Mutter ein Bauernmädchen –, wurde er Künstler, Erfinder, Wissenschaftler, Architekt, Mathematiker; der ultimative Renaissancemensch und einer der aufregendsten Köpfe, die je gelebt haben.

Falls es einen Tag gibt, an dem man etwas erfinden sollte, dann heute. Was Da Vinci alles erfunden haben soll: die Schere, Stilettos, die Bombe, das Maschinengewehr, das Unterseeboot, das Flugzeug und den Hubschrauber.

Seine Bilder waren bekannt für ihren Realismus und blieben so berühmt wie der Künstler. *Das Abendmahl* spielt eine zentrale Rolle in der Verfilmung von Dan Browns Roman *Der Da Vinci Code – Sakrileg*, die am 17. Mai 2006 in Cannes Weltpremiere hatte. Der Film spielte allein am Eröffnungswochenende in den USA 224 Millionen Dollar ein.

Sein Lieblingsbild war die Mona Lisa, obwohl er es nie signierte. Allein zehn Jahre verbrachte er damit, den Mund zu malen. Es ist eines von *nur drei* Werken, die er behielt. Die rätselhaften Augen wurden Zeugen all seiner Erfindungen. Die Mona Lisa, ein winziges, auf Holz gepinseltes Ölbild von 76,8 auf 53 Zentimeter, hängt im Louvre in Paris und zieht täglich etwa 1500 Besucher an. Die wahre Identität diese Frau bleibt ein Geheimnis, obwohl sie das bekannteste Gesicht ihrer Zeit ist. Wahrscheinlich war sie die Frau eines Florentiner Geschäftsmanns aus dem 16. Jahrhundert namens Francesco del Giocondo und wurde respektvoll »Mona« genannt, was so viel heißt wie »Gnädige Frau«. Doch auch das behielt Da Vinci für sich – und wem ihre Augen folgten.

Wie man sich mit Podcasting im World Wide Web bemerkbar macht

Ein Podcast funktioniert ein bisschen, wie sich Musik auf den iPod zu laden. Im Grunde wird eine Audiodatei (inzwischen auch Videodateien), sei es eine Radiosendung, eine Liveshow oder eine Rede, aus dem Internet heruntergeladen. Ob Bands oder Bücher, Sie können sich dank Internet, iTunes und den vielen freundlichen Sendern Ihre eigene Audiothek anlegen und Ihre Lieblingsstücke – oder Ihre Lieblingsstellen daraus – so oft hören, wie Sie wollen. Mit Podcasts kreieren Sie den Soundtrack im Kopf.

Sie wissen nicht so recht? Es ist wirklich nicht so kompliziert, wie es klingt. Mit Podcasts können Sie das aufnehmen und spielen, was Sie hören wollen. Sie loggen sich ein und abonnieren, was Sie interessiert – Sie müssen nur entscheiden, was in und was out ist, in der Mode und in der Playlist.

Obwohl Apple den Ausdruck adoptierte, tauchte das Wort »podcast« zum ersten Mal am 12. Februar 2004 in der Zeitung *Guardian* auf. Und die ersten Podcasts gab es dann am 28. Juni 2005. Im Dezember war das Interesse so fulminant, dass das Wort ins Wörterbuch aufgenommen wurde.

Podcasts sind ein rasant wachsendes Medium, und Internetanbieter, Radiosender und Zeitschriften springen auf diesen Zug ebenso auf wie einzelne Autoren oder Musiker. 2010, so eine (konservative) Schätzung, werden 45 Millionen Menschen mindestens einmal ein Podcast gehört oder abonniert haben, manche Schätzungen gehen auch von 75 Millionen aus. Also los, seien Sie mutig und klicken Sie heute ein Podcast an. Bei MySpace und YouTube lief es genauso, ein paar Leute fangen damit an, und eh man sich's versieht, ist eine neue Bewegung entstanden. Bevor Sie »pod« sagen können, ist die nächste da. Laufen Sie dem Trend nicht hinterher.

Podcasten bedeutet, nie wieder darauf warten zu müssen, dass der Lieblingssong im Radio kommt. Nie wieder freitags zu Hause sitzen, um die Sendung zu sehen, ohne die man nicht leben kann. Lieber Gott, da draußen ist der Bär los, da kann man nicht ständig daheim rumsitzen, um bei den Soaps und den Songs auf dem Laufenden zu sein. Was kommt als Nächstes?

Ran an die Maus

Sind Sie bereit? Zunächst: Wollen Sie eine Audio- oder eine Videodatei herunterladen? Sehen Sie nach, ob Ihr Lieblingsradio- oder Fernsehsender Podcasts anbietet. Oder suchen Sie was zu Harry Potter? Alles kein Problem, sobald Sie Abonnent sind, brauchen Sie nur auf »aktualisieren« zu drücken, um sich das neueste Download zu holen.

Zeitgrenzen gibt es dabei nicht. Nur Ihre Festplatte setzt Ihnen Grenzen. Die Kosten? Kommt drauf an, manche Podcasts sind umsonst und andere … sind das Geld wert.

War nicht so schwer? Gut, wenn Sie Podcasts herunterladen können, kommt die nächste Stufe: die eigenen Podcasts draufladen.

Was das für einen Sinn hat? Weil Sie ins Filmgeschäft wollen oder mit Ihren technischen Fähigkeiten Eindruck schinden wollen!

Hier sind Sie Autor, Lektor und Chef in Personalunion – Sie bestimmen über Inhalt, Zitate, Interviews, Clips und die Effekte. Sobald der Inhalt steht, ist es ein Kinderspiel.

Zuerst richten Sie einen Account bei iTunes ein, sofern Sie nicht schon einen für Ihre iPod-Einkäufe haben. Räumen Sie genug Platz auf Ihrer Festplatte frei für die Podcasts, Brillanz braucht Megabytes, und Sie wollen ja keinen Stream starten, den Sie nicht zu Ende bringen. Entwerfen Sie ein Logo, das sich on-screen gut macht. Image ist alles. Stellen Sie sich das ein bisschen wie Geschenkeinpacken vor – Cyberstyle. *Et voilà.*

Sobald das erledigt ist, brauchen Sie nur noch einen Camcorderverrückten Anverwandten oder einen Verehrer, der sich darüber freut, Ihnen auf Schritt und Tritt zu folgen und jedes Soundbit aufzuzeichnen, das aus Ihrem Mund kommt. Den Blödsinn schneiden

Sie selbstverständlich raus und den Rest fassen Sie zu kurzweiligen 15 Minuten zusammen. (Nicht mehr, Madame Spielberg.) Schicken Sie diese an iTunes und nach etwa zwölf Stunden, in denen sie irgendwie technisch bearbeitet werden, passt alles – sie können runtergeladen werden.

Für Videos braucht man länger als für Audiodateien, Sie machen ja letztlich einen Kurzfilm, und das heißt, die Kosten sind höher – Sie brauchen einen Kameramann, dazu die Frisur, das Make-up, Stylisten und kompliziertere Programme und Geräte für die Bearbeitung, ganz zu schweigen von den Bildrechten blablaba – aber auch Hitchcock musste irgendwo anfangen. Also los, denken Sie an L'Oréal: »Sie sind es sich wert.« Öffnen Sie iTunes, klicken Sie iTunes Store an, gehen Sie auf Podcasts und schauen Sie sich an, was die anderen so machen. Wenn Sie dann selbst einen Film haben, so kurz wie Ihr Rock, können Sie diesen jedem zeigen, Handy genügt. Ist doch viel netter, als ständig diese dicken Mappen durch die Stadt zu schleppen.

Aber vergessen Sie bitte nicht, Ihr Video rechtlich als Ihr Eigentum zu schützen (Copyright!), bevor Sie es ins Netz stellen, sonst können es sich Hinz und Kunz herunterladen. Informieren Sie sich also lieber vorher über die Rechtslage.

Super-Ideen ins Netz zu werfen kann jede Menge unerwarteter und neuer Fans anziehen, ist also eine wunderbare PR-Methode für unsere modernen Zeiten. Podcasts unterhalten Sie und sind zugleich Ihre Zukunft: Kompilieren Sie sich Ihren eigenen Soundtrack und zeigen Sie, was Sie können. Auf geht's.

3. Mai

Margaret Mitchell gewinnt 1937 den Pulitzer-Preis für *Vom Winde verweht*, für ein Podcast ein definitiv zu langer Roman.

4. Mai

Al Capone findet sich 1932 im Zuchthaus von Atlanta wieder, und das ohne iPod. Der berühmte Gangster landete nicht wegen seiner gruseligen Verbrechen hinter Gittern, sondern wegen eines Steuervergehens. Verbrechen zahlt sich nie aus und Steuererklärungen sind weltweit die Pein.

6. Mai

1856 wird Sigmund Freud geboren. Er gilt als Vater der Psychoanalyse, Begründer der Theorie vom Unbewussten, Pionier des Kokains (als Mittel der medizinischen Behandlung) und befürwortete, dass man über seine Probleme spricht – woran Frauen seit jeher glauben.

7. Mai

1833 wird Johannes Brahms geboren und 1840 der Komponist Pjotr Tschaikowski. Machen Sie sich keinen Kopf, wenn Sie nicht wissen, wie man Letzteren schreibt, Hauptsache, Sie kennen die Musik.

Brahms ist ein wichtiger Vertreter der romantischen Musik, während Tschaikowski berühmt ist für seine Ballettmusik (*Der Nussknacker*, *Schwanensee*) und als Gastdirigent am 5. Mai 1891 bei der Eröffnung der Carnegie Hall in New York dirigierte. Tschaikowski komponierte auch die kanonendonnernde Ouvertüre 1812, bei welcher die russische Nationalhymne »Gott erhalte den Zaren« und die französische Marseillaise durchklingen. Diese Ouvertüre kommt nicht nur in dem Beatlesfilm *Help!* vor, sie spielt auch eine Hauptrolle in dem Film *V wie Vendetta* (2005). Laden Sie sich heute das Original herunter.

10. Mai

1508 begann Michelangelo an diesem Tag mit seinem Killerjob, dem Deckengemälde der Sixtinischen Kapelle in Rom. Er verbrachte dazu Jahre in Hängematten und auf Gerüsten und es heißt, noch viele Jahre später konnte Michelangelo etwas nur lesen, wenn er es über seinen Kopf hielt. Aber als das Meisterwerk Weihnachten 1541 enthüllt wurde, war offensichtlich, es war die Mühe wert gewesen. Er hatte seine Rivalen und sich selbst übertroffen. Es löste die Worte aus Dantes *Göttlicher Komödie* ein: »Die Toten scheinen tot und die Lebenden lebendig.« Heute zieht es täglich bis zu 19 000 Besucher an.

Tipp: Nehmen Sie in die Sixtinische Kapelle einen Spiegel und ein Fernglas mit.

Muttertag

Der Muttertag wird in Deutschland am zweiten Sonntag im Mai gefeiert. Diese Tradition kommt aus Amerika, wo sie 1914 begann. In Großbritannien dagegen wird der Muttertag seit dem 16. Jahrhundert am vierten Sonntag der Fastenzeit gefeiert. Doch Feste zu Ehren der Mutterschaft reichen zurück bis ins alte Griechenland, wo man Rhea feierte, Mutter der Götter und Titanin der Erde und der Fruchtbarkeit.

Der Muttertag wird inzwischen in 47 Ländern gefeiert, leider nicht überall am selben Tag – also überprüfen Sie, wo Ihre Mutter ist.

Der Muttertag ist ein guter Tag, um einen Kuchen zu backen, vielleicht den Lieblingskuchen Ihrer Mutter. Mit einem Blumenstrauß – aus dem Laden oder dem Garten (Ihrem, nicht dem Ihrer Mutter!) – und einer Karte zeigen Sie, dass sie Ihnen am Herzen liegt. *Meine liebe Rabenmutter,* die unglückliche Geschichte von Joan Crawfords Adoptivtochter Christina, ist als Geschenk weniger geeignet. Und: Verbringen Sie den Tag mit ihr!

Über die Kunst zu tanzen – von A (wie argentinischer Tango) bis Z (wie Zydeco)

Am 10. Mai 1899 wurde der möglicherweise größte Tänzer aller Zeiten geboren: Fred Astaire.

»Kann nicht spielen. Kann nicht singen. Schüttere Haare. Kann ein bisschen tanzen«, so fiel Astaires Leinwandtest bei RKO Pictures aus. Was wussten die schon? Zusammen mit Ginger Rogers war er die reinste Magie.

Das Duo erschien zum ersten Mal in *Carioca* auf der Leinwand. Die Chemie zwischen ihnen und ihr tänzerisches Genie führten zu weiteren neun Filmen.

»Dank Fred bekommt Ginger Klasse, und dank Ginger wirkt Fred sexy«, erklärte Katharine Hepburn.

Astaire, ein Perfektionist und Masochist, bestand darauf, dass seine Tanzroutinen in einer Einstellung aufgenommen wurden. Er meinte: »Entweder tanzt die Kamera oder ich.« Aber selbst die größten Talente müssen üben, Astaire tat das hinter verschlossenen Türen, vor denen ein Wachmann stand.

Einmal jedoch machte er eine Ausnahme.

Die junge 18-jährige Debbie Reynolds war kaputt und demoralisiert, als sie mit Gene Kelly *Singin' in the Rain* drehte.

»Ich war am Ende und saß heulend unter dem Flügel, als Fred Astaire vorbeikam und sagte: ›Wer sitzt denn da unter dem Flügel? Komm raus da und schau mir zu.‹«

Reynolds beschreibt, wie sie ihm wie hypnotisiert zusah, wie er seine »Schritte einübte und den Stock warf, rot im Gesicht und fluchend. Schließlich sah er zu mir und sagte: ›So geht das. Hast du das verstanden, ja?‹ Und genauso läuft das auch – man kann es nicht lernen, wenn man nicht schwitzt und arbeitet wie ein Hund.«

Das Abc der Tanzstile

Also ab in den Tanzkurz, schließlich wissen Sie jetzt, dass es vor allem auf Übung und Geduld ankommt. Schauen Sie nach, was Ihnen zusagt und zu Ihrer Garderobe passt:

Argentinischer Tango – sexy Sache aus dem Buenos Aires des 19. Jahrhunderts
Ballett – Tutus, Ballettschuhe und bonbonfarbene Märchenträume
Boléro – spanischer Tanz voll abrupter Drehungen
Cha-Cha-Cha – Gesellschaftstanz im Wechselschritt
Charleston – wilder, schneller Tanz aus den 20er-Jahren, bei dem die Beine nur so fliegen
Disco – John Travolta in *Nur Samstag Nacht*

Electric Boogie – Streetdance für die Kids

Fandango – tolles Wort und lebhaftes spanisches Gewirbel

Flamenco – Zigeunerinnen, Göttinnen und harte Disziplin

Foxtrott – eine von Freds Spezialitäten, ein langsamer, komplizierter Gesellschaftstanz

Gigue – barocker Trippelschwof (denken Sie an Jane Austen)

Hip-Hop – Breakdance und Body Popping auf den Straßen New Yorks

Irish Dancing – folkloristisches Gehüpfe und Gespringe, wahnsinnige Schrittabfolgen und wildes Armewerfen

Jazz – schwarze und weiße Rhythmen und noch so eine Spezialität von Fred oder Gene Kelly

Jive – improvisierter Swingtanz für Paare

Kathak – klassischer indischer Tanz

LeRoc – eine vereinfachte Version des Jive, die in den Achtzigern in Frankreich entstand. Le Rock and Roll, Baby.

Lindy-Hop – entstand im Harlem der Prohibitionszeit. Eine kraftvolle Fusion aus Swing und afrikanischen Tanzbewegungen

Mambo – noch so ein lateinamerikanischer Hüftwackler, und zwar der kubanische Salsa-Cocktail

Tanz um den Maibaum – man tanzt mit Bändern um den Baum

Merengue – sinnlicher Nationaltanz der Dominikanischen Republik

Moriskentanz – Taschentücher und Glocken schwenkende Männer, die herumhüpfen

Nightclub Two-Step (NC2S) – wurde in den Swinging Sixties vom King of Swing, Buddy Schwimmer, erfunden, die Schrittfolge ist »schnell-schnell-langsam«

Odissi – der früheste klassische Tanzstil aus Indien

Paso Doble – der Matador und der Stierkampf auf der Tanzfläche

Pole Dancing – aus dem Stripclub ins Fitnessstudio, geht auch ohne Partner

Polka – Volkstanz aus Böhmen, der im 2/4-Takt Mitte des 19. Jahrhunderts den Zug um die Welt antrat und bei heutigen Komponisten sehr beliebt ist

Quickstep – synkopierte Variante des Foxtrott und Charleston, perfekt mit einem Partner im Frack

Rumba – Mischung aus afrikanischen und kubanischen Schritten

Salsa – hüftwackelndes *Dirty Dancing* auf Lateinamerikanisch

Tango – *Der Duft der Frauen,* mit einer Rose zwischen den Zähnen

Stepptanz – Fred, Ginger, Gene … step, ball, change

Ukrainischer Tanz – schneller, energiegeladener Volkstanz

Wiener Walzer – Wange an Wange, so kam Ginger zu ihrem Spitznamen »Feathers«, als Fred beim Tanz ihre Feder schluckte

Walzer – entstand in Wien um 1780. Zum ersten Mal hielt man den Partner eng – wie schön kann Schwofen sein, wenn *er* wie Fred Astaire ist.

X-Schritt-Walzer – erhöhen Sie, wenn Sie die Grundschritte des Walzers beherrschen, Ihren X-Faktor und üben Sie kompliziertere Schrittfolgen.

YMCA – für den Hit der Village People aus dem Jahr 1978 wurde eine Tanzroutine erfunden. Die muss man können.

Zouk – karibischer Tanz, der sich aus der Merengue entwickelte. Gleichbedeutend mit »Party«.

Zydeco – das Gegenteil des Swing, eine langsame Sache aus Louisiana, die nicht so in die Beine geht

Wie man den Moonwalk à la Michael Jackson hinbekommt

Sie haben die Tanzschuhe an? Der berühmteste und auch der kniffligste Tanz ist der Moonwalk.

Tatsache ist, in High Heels geht das gar nicht – Sie brechen sich entweder den Hals oder den Absatz oder beides.

Für diesen Tanzschritt braucht man eine Menge Übung und Socken oder glatte Schuhe, am besten Schuhe mit einer Wildledersohle, die gut gleitet und nicht kleben bleibt. Auf einem Teppich oder einem alten Vorleger brauchen Sie den Schritt gar nicht erst zu versuchen, es sei denn, Sie hätten gern mehr Fussel am Fuß als ein Hobbit.

Die Moonwalk-Mode begann, als Michael Jackson auf die Bühne sprang und ihn 1983 in einer Fernsehsendung zum 25. Geburtstag von Motown aufführte. Jackson hatte gerade sein Album *Thriller* herausgebracht, und bei ihm sah das mit den Glitzersocken und dem einen Handschuh gut aus. Der erste Moonwalk begann nach drei Minuten und 47 Sekunden seiner Live-Aufführung von »Billie Jean« und trat drei Minuten und 49 Sekunden später eine Lawine los.

Seine Tanzschritte waren so beeindruckend, dass Fred Astaire und Gene Kelly Jackson danach anriefen, um »wow« zu sagen. Also sorgen Sie dafür, dass Sie den Moonwalk auch vorführen können, wenn Sie ihn beherrschen.

Lernen Sie die Schritte, indem Sie Jackson in Höchstform zusehen auf: *www.allmichaeljackson.com.* Richten Sie sich nach diesen einfachen Anweisungen.

1. Schritt Besorgen Sie sich Schuhe mit einer möglichst glatten Sohle. Sie können es auch anfangs in Socken probieren. *Siehe oben, die Wildledersohle – gleiten, nicht haften.*

2. Schritt Auch der Boden, auf dem Sie üben, sollte so glatt wie möglich sein. *Also kein Teppich, Vorleger, splitternde Holzböden oder Sand.*

Marmor ist ideal, aber hart, wenn man hinfällt. Fliesen sind problematisch: Sie könnten sich mit den Zehen bei den Fugen stoßen.

3. Schritt Stehen Sie, beide Füße nebeneinander, den linken Fuß etwas weiter vor dem rechten (die Zehen des rechten Fußes sollten sich etwa auf der Höhe der Mitte des linken Fußes befinden). *Okay, bis hierher ist das alles durchaus machbar, es klingt nur so verwirrend. Tief Luft holen: Ab jetzt wird's frustrierend. Schalten Sie die Musik aus und üben Sie ohne den schnellen Rhythmus, bei dem Sie nur durcheinanderkommen.*

4. Schritt Heben Sie jetzt den Absatz des rechten Fußes – Sie stehen also bei diesem Schritt auf dem Zehenballen des rechten Fußes. Der linke Fuß bleibt, wo er ist. (Achten Sie darauf, dass Sie ihn nicht bewegen.) *Einfach …*

5. Schritt Verlagern Sie, während Sie den Absatz des rechten Fußes senken, das Gewicht auf den rechten Fuß. Ziehen Sie nun den linken Fuß zurück, so dass die Zehen auf der Höhe des rechten Absatzes sind. Der linke Absatz muss dabei leicht über dem Boden schweben. Sie dürfen, wenn Sie den linken Fuß zurückziehen, kein Gewicht auf diesen verlagern, sonst gleitet er nicht über den Boden. *Konzentration.* Achten Sie darauf, dass Sie, während Sie den rechten Absatz (langsam) senken, den linken in derselben Geschwindigkeit bewegen. *Würg … lesen Sie das ein paar Mal durch. Und bitte keine Panik: Wenn Sie in High Heels laufen können, dann ist das hier ein Kinderspiel.*

6. Schritt Üben Sie die obigen Schritte, bis Sie diese im Schlaf können. *Okay, das heißt, der 5. Schritt ist entscheidend: Probieren wir's noch mal oder schauen wir ihm dabei zu.*

7. Schritt Wenn Sie das beherrschen, dann »kicken« Sie mit dem linken Fuß nach außen. Er berührt dabei zwar nicht den Boden, soll aber so aussehen, als ob. Ziehen Sie ihn eine Fußlänge weg von den Zehen des rechten Fußes. Kein Teil des linken Fußes soll höher sein als ein anderer Teil. *Sie können sich natürlich auch noch mal das verflixte Moonwalk-Video anschauen und zurück zu Schritt 5 gehen.*

8. Schritt Heben Sie, nachdem Sie den linken Fuß zurückgezogen haben und er sich wieder in der Ausgangsposition befindet, noch einmal den Absatz des rechten Fußes. Dabei muss das linke Bein am Knie abgewinkelt sein. Wiederholen Sie jetzt den 5. Schritt. *Oder bleiben Sie weiter beim 5. Schritt, bis Ihnen klar ist, was Sie da machen.* Üben Sie so lange, bis Sie den Tanzschritt verstanden haben und andere das auch finden. Und bis Sie sich wohl damit fühlen.

9. Schritt Sie beherrschen den Tanzschritt mit dem rechten Fuß? Dann versuchen Sie es mit dem linken. Heben Sie den linken Absatz und senken Sie den Fuß, während Sie den rechten Fuß nach hinten ziehen. Der linke Fuß bleibt dabei auf dem Boden. Kicken Sie mit dem rechten Fuß nach außen, heben Sie den linken Absatz und ziehen Sie den rechten Fuß zurück, während Sie den linken Absatz senken. *Oh Mann.*

Falls Sie es je über den 5. Schritt hinaus schaffen, können Sie das Ganze mit Musik probieren.

12. Mai

1812 wurde an diesem Tag Edward Lear geboren.

Die Eule und das Kätzchen fuhren zur See
In einem lindgrünen Nachen.
Mit Honig und Wein und so manchem Geldschein,
Versteckt zwischen all den feinen Sachen.

Er stammte aus einer Familie mit 21 Kindern in Upper Holloway, London. Wirklich! Es überrascht nicht, dass er mit 14 in die Welt geschickte wurde, um sich seinen Lebensunterhalt selbst zu verdienen, was er zunächst als Tierzeichner und später als Landschaftsmaler auch tat. Seine Fantasie aber ging darüber hinaus.

»Die Eule und das Kätzchen« ist wahrscheinlich sein bekanntestes Gedicht und wurde für die dreijährige Janet Symonds geschrieben, mit deren Familie er den Winter an der französischen Riviera verbrachte. Lear schrieb diese Verse zwischen dem 14. und dem 18. Dezember 1867, um Janet aufzuheitern, die krank im Bett lag.

Tragen Sie entweder eines seiner Nonsens-Gedichte vor (sie wurden von Hans Magnus Enzensberger und A. C. Artmann ins Deutsche übertragen) oder schreiben Sie selbst eine Nonsensliste – nicht den üblichen Unsinn, sondern besonderen Unsinn. So was wie zu viel Unsinn gibt es nicht ….

16. Mai

1770 heiratet Louis XVI. Marie-Antoinette. 1703 stirbt an diesem Tag der große Charles Perrault. Der große Perrault? Wer ist denn das?, fragen Sie sich womöglich. Sie kennen vielleicht nicht seinen Namen, aber sein Werk kennen Sie garantiert. Er war der Autor einiger der beliebtesten Märchen, den vergessen Sie ab jetzt garantiert nicht mehr. Seine Märchen sind in den englischsprachigen Ländern berühmt als *Tales of Mother Goose,* und auch in anderen Ländern sind *Cinderella, Der gestiefelte Kater* und *Dornröschen* ein Begriff.

Es war einmal …, mit diesem Satz fängt ein Märchen normalerweise an.

Wenn Ihr Märchen Sie in andere Länder führt, können Sie es mit folgenden klassischen Sätzen versuchen:

Englisch: *Once upon a time* … wortwörtlich so viel wie »Einmal in einer Zeit …« Üblicher Schlusssatz … *and they all lived happily ever after* …»und sie lebten alle glücklich bis in alle Ewigkeit«.

Französisch: Il était une fois … wortwörtlich so viel wie »Es war einmal …« Üblicher Schlusssatz …. *et se marièrent et eurent beaucoup d'enfants* …»und sie heirateten und bekamen viele Kinder«.

Irisch: *Fadó, fadó, fadó a bhí an (agus bhí rí in nGailllimh)* …»Vor langer, langer, langer Zeit war es (und da war ein König in Galway) …«

Italienisch: *C'era una volta* …»Es gab eine Zeit …«

Spanisch: *Había una vez* …»Es gab eine Zeit …« Üblicher Schlusssatz: … *Y vivieron felices y comièron perdices* …» und sie lebten glücklich und aßen Hühnchen«.

Natürlich kann man ein Buch auch ganz anders anfangen. Große erste Sätze sind zum Beispiel:

Die Bibel
»Im Anfang schuf Gott den Himmel und die Erde.«
Romeo und Julia von William Shakespeare
»Zwei Häuser waren – gleich an Würdigkeit – hier in Verona, wo die Handlung steckt.«
Peter Pan von J. M. Barrie
»Alle Kinder, außer einem, werden erwachsen.«
Eine Geschichte zweier Städte von Charles Dickens
»Es war die beste Zeit, es war die schlimmste Zeit.«
Die Verwandlung von Franz Kafka
»Als Gregor Samsa eines Morgens aus unruhigen Träumen erwachte, fand er sich in seinem Bett zu einem ungeheueren Ungeziefer verwandelt.«
1984 von George Orwell
»Es war ein klarer, kalter Tag im April, und die Uhren schlugen dreizehn.«

Zurück zu unserem Märchenerzähler und seiner Geschichte …

Charles Perrault entstammte einer Familie der französischen Bourgeoisie und studierte das Rechtswesen, um Staatsbeamter zu werden. Perrault veröffentlichte sein Werk *Contes de ma mère l'oye*, das im angloamerikanischen Sprachraum so beliebte *Tales of Mother Goose*, ursprünglich unter dem Namen seines Sohns, weil er den Spott seiner Kollegen fürchtete. Doch das Buch war ein durchschlagender Erfolg, und seine Versionen des *Gestiefelten Katers,* des *Däumlings,* der *Cinderella* und von *Die Schöne und das Biest* sind die definitiven Fassungen. Warum also länger zurückhaltend sein?, dachte sich Charles.

An Royalties (Tantiemen) bekam Perrault allerdings nichts zu sehen, abgesehen von den Königen, Königinnen, Prinzessinnen und Traumprinzen, über die er schrieb. Autoren bekamen keine Royalties, bis Frances Hodgson Burnett Krach schlug und das Urheberrecht für Autoren durchsetzte. Perrault hatte also, wie viele andere Künstler und Schriftsteller, keine Ahnung, was für einen Schatz er schuf. Deshalb braucht man einen guten Agenten, um glücklich zu leben bis ans Ende seiner Tage.

Die größten Bestseller aller Zeiten

Das Diamant-Sutra ist das erste gedruckte Buch – eine in China gefundene Kopie wurde auf das Jahr 868 datiert. Bei den späteren Kopien handelt es sich um wunderbar verzierte Abschriften von Mönchen. Erst 1436, mit der Erfindung des mechanischen Buchdrucks durch Johannes Gutenberg in Mainz, begann der Siegeszug des modernen Buchdrucks. Laut der letzten Ausgabe von Russell Ashs *The Top Ten of Everything* sind die fünf größten Bestseller aller Zeiten:

Die Bibel
Worte des Vorsitzenden Mao Tsetung
Die *Harry-Potter*-Reihe (Im Vergleich zu den anderen Hits hier ein

ziemlicher Neuling, der bis dato über 300 Millionen Kopien verkauf-
te und J. K. Rowling geschätzte 576 Millionen Dollar einbrachte.)
Der Herr der Ringe
Die Chroniken von Narnia

Natürlich ist es nicht ganz so einfach. Zum Beispiel gibt es 548 verschiedene Ausgaben von Mary Shelleys *Frankenstein,* von Jane Austens sechs Romanen sind 518 Ausgaben in Umlauf und von Charles
Dickens' *Große Erwartungen* 510 Versionen. Verlegern gefällt es, tote
Klassiker zu veröffentlichen, die sich garantiert verkaufen und für
die sie keine Urheberrechte zahlen müssen.

Ideen für Bücher gibt es wie Sand am Meer. Wäre es nicht an der
Zeit, ein Konzept zu entwerfen? In jedem steckt ein Buch, heißt
es, aber seien Sie gewarnt. Um Capote zu zitieren: »Schreiben ist
schwer und man bekommt eine Depression davon.« Oder es wächst
einem über den Kopf. Es ist Ihre Entscheidung.

Rebecca
von Daphne du Maurier

Warum

Lassen Sie doch die Möchtegern-Hepburns und -Hitchcocks mit ihren Ideen und Podcasts in Cannes hausieren gehen. Warum nehmen Sie nicht einen Roman und machen daraus einen Film?

Daphne du Mauriers Roman *Rebecca* war bereits ein internationaler Bestseller, als Alfred Hitchcock daraus 1940 einen unvergesslichen Film mit Laurence Olivier als Maxim de Winter und Joan Fontaine als seine neue Braut machte – und dafür den Oscar bekam. Hitchcock hielt sich an die Vorgaben des Romans, aber er füllte den Thriller mit Leben und die Leinwand mit Chic.

Wer

Dame Daphne du Maurier (13. Mai 1907–19. April 1989) kombinierte Spannung und Romantik, eine Art Mischung aus Brontë und Agatha Christie, wenn Sie wollen. Sie war die Tochter eines erfolgreichen Schauspielers und verbrachte eine sorgenfreie Kindheit, in der sich ihre Fantasie frei entfalten konnte. Der Erfolg ihres ersten Romans *Der Geist von Plyn* oder *Die Frauen von Plyn* brachte ihr 1931 nicht nur Ruhm, sondern auch die Aufmerksamkeit des schneidigen Majors Frederick Browning ein, in den sie sich verliebte und den sie heiratete (wie so oft übertraf auch hier die Wirklichkeit jeden Roman).

Rebecca schrieb du Maurier 1937, als ihr Mann in Ägypten stationiert war. Anders als andere Frauen schickte sie ihn nicht allein in die Ferne, sie packte einfach ihren Koffer und ging mit ihm. Ihre Kinder blieben bei der Nanny in Cornwall.

Ihre Beschreibungen und ihre starken Geschichten machten ihre Romane interessant für Hollywood. Sicher, dank *Rebecca* war sie berühmt geworden, aber ihre anderen Romane, darunter *Gasthaus Jamaika,*

211

1936, und *Die Bucht des Franzosen,* 1941, sind genauso spannend. Die Letzteren wurden auch verfilmt, so wie zwei ihrer Kurzgeschichten, *Die Vögel,* 1963, und *Wenn die Gondeln Trauer tragen,* 1973.

Die Story

Manderley, das geheimnisumwitterte Herrenhaus, in dem der Roman spielt, ist eine Mischung aus du Mauriers eigenem Haus in Cornwall, Menabilly, und dem großen Herrenhaus Milton in Peterborough, in dem sie als Kind lebte. Unvergessen die berühmten ersten Zeilen ihres Romans:

Letzte Nacht träumte ich, ich sei wieder in Manderley. Es war, als stünde ich an dem Eisentor, das zur Auffahrt führt; und es war, als wäre der Weg verschlossen. Dort war ein Vorhängeschloss und eine Eisenkette am Tor.

Rebecca erzählt die Geschichte von *Cinderella/Jane Eyre,* nur dass diese hier im England der 40er-Jahre angesiedelt ist.

Die Geschichte beginnt in Monte Carlo mit Mrs. Van Hopper und ihrer Begleiterin – einem schüchternen jungen Mädchen, das wir sofort in unser Herz schließen und das unsere namenlose Heldin wird. Van Hopper ist eine unangenehme, schrille Amerikanerin, die ganz entzückt ist, als sie erfährt, dass ein möglicher Heiratskandidat, Maxim de Winter, in ihrem Hotel abgestiegen ist. De Winter ist hier, um über den Tod seiner ersten Frau, Rebecca, hinwegzukommen, doch die auf den sozialen Aufstieg erpichte Mrs. Van Hopper lässt ihn einfach nicht in Ruhe, bis das Schicksal ein Erbarmen hat und sie sich eine Grippe einfängt. Sie ist ans Bett gefesselt, und ihre bezahlte Gesellschafterin kann mit de Winter allein Monte Carlo erkunden. Das unschuldige Mädchen ist von dem Takt und der Rücksichtnahme des reichen Witwers hin und weg. Ihn dagegen berührt die Hingabe des Mädchen, und als die Zeit gekommen ist, die Ferienfreundschaft zu beenden, erträgt er es nicht, ohne sie zu sein, will sie retten und macht ihr einen Heiratsantrag.

Aber die Flitterwochen enden abrupt, als sie nach Hause, nach Manderley in Cornwall, kommen, und hier beginnt die undurchschaubare Geschichte erst wirklich.

Der allgegenwärtige Schatten von de Winters erster Frau, Rebecca, droht jede Hoffnung auf Glück für seine zweite Frau zu ersticken. Um alles noch schlimmer zu machen, lässt Mrs. Danvers, die angsteinflößende Haushälterin, keinen Zweifel daran, dass die junge Frau der früheren Herrin von Manderley nicht das Wasser reichen kann. Rebecca scheint ihre namenlose Rivalin noch aus dem Grab zu terrorisieren, und je mehr sie das tut, desto hilfloser bemüht sich die junge Braut, Maxim zu beeindrucken. Du Maurier sagte, ursprünglich habe die Heldin keinen Namen gehabt, weil ihr keiner eingefallen sei. Dann habe sie jedoch gemerkt, dass dies auch verdeutliche, wie sehr Rebecca noch immer das Haus dominiert und wie unbedeutend sich die neue Herrin fühlt. Hassen Sie es nicht auch, wenn Ihnen der Name Ihres Gegenübers nicht einfällt oder – noch schlimmer – diesem der Ihre nicht?

Doch wird die neue Mrs. de Winter Maxim vor dem Geist seiner ersten Frau retten können? Kann die Liebe alles überwinden? Mit Sicherheit eine spannende Lektüre.

Der Abend

Bitten Sie in der Einladung um Kleidung im Stil der 40er-Jahre und decken Sie den Tisch zum Tee. Was hätte Rebecca gereicht? Welchen Tee, welche Marmelade zum Teekuchen, dem Gebäck oder den Brötchen? Wäre Mrs. Danvers damit einverstanden? Zum Finale könnten Sie sich Hitchcocks Klassiker ansehen oder die Fortsetzungen, Susan Hills *Rebeccas Vermächtnis* oder Sally Beaumans *Rebeccas Geheimnis,* diskutieren.

Weitere Filme, die als Buch begannen:

Die Geliebte des französischen Leutnants von John Fowles
Die Geisha von Arthur Golden
Vom Winde verweht von Margaret Mitchell
Marie Antoinette von Antonia Fraser
Harry Potter und der Stein der Weisen von J. K. Rowling

18. Mai

1846 wird Peter Carl Fabergé geboren. Auch wenn er die Eier, die seinen Namen tragen, nicht wirklich selbst gemacht hat, stammen der Entwurf und das Konzept von ihm. Die diffizile Goldschmiedearbeit selbst stammt von Michael Perchin und Henrik Wigström, beide Meister ihrer Zunft. Fabergé wurde von der russischen Zarenfamilie »entdeckt«. Der Zar war begeistert, weil er so das perfekte Ostergeschenk für sein Frau hatte: Statt ein langweiliges gefärbtes Hühnerei zu verschenken, bestellte er ein wunderschönes Ei aus Gold und Juwelen – nur Karat und keine Kalorien. So entstand auf kaiserlichen Auftrag hin 1884 das erste Fabergé-Ei und es wurde das traditionelle Ostergeschenk am Zarenhof. Als Alexander III. starb, setzte sein Sohn Nikolaus II., der der letzte Zar sein sollte, die Tradition fort. So kam die berühmteste Sammlung zustande. Diese Eier sind nicht nur historische Kunstwerke, sondern Symbole dieser vorrevolutionären Grandeur. Insgesamt wurden 56 Fabergé-Eier hergestellt, von denen bisher 45 ausfindig gemacht wurden. Die Queen und Kate Moss gehören zu den modernen Sammlern: *style and class.*

20. Mai

Der Mann, der die *Die Geburt der Venus* malte, Sandro Botticelli, wurde 1444 an diesem Tag in Florenz geboren. Alessandro di Mariano Filipepi verdankt seinen Spitznamen »Botticelli« seinem feisten Bruder Giovanni, der »Bottocello« genannt wurde, was so viel heißt wie »kleines Fass«. Egal, wie sie aussahen, der Name blieb hängen, und alle Brüder bekamen den Teletubby-Spitznamen.

Aber Botticelli war nur daran interessiert, die Schönheit einzufangen, und das Modell, das er für *Die Geburt der Venus* benutzte, war Simonetta Cattaneo Vespucci, das Supermodel ihrer Zeit. Als er sie malte, war sie erst 13. Sie war als »La Bella Simonetta« bekannt, und der fesche Adlige Giuliano di Piero de' Medici gab bei Botticelli ein Bild von ihr in Auftrag, das bei einem Turnier auf seiner Standarte fliegen sollte, um ihm Glück zu bringen und seine Liebe zu ihr zu zeigen. Sie wurde von jedem Dichter, Künstler und Schriftsteller ihrer Zeit gefeiert, starb aber tragischerweise neun Jahre später sehr jung.

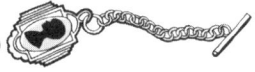 *Muse des Monats*

Audrey Hepburn

Audrey Hepburn ist mehr als bloß eine »Schauspielerin« – sie ist eine Ikone, eine Marke, eine Botschafterin. Ihre zerbrechliche Erscheinung, ihr königliches Auftreten und ihre Unschuld waren eine erfrischende Abwechslung nach all den Busenwundern auf der Kinoleinwand. Selbst wenn Sie sie nicht in *Frühstück bei Tiffany* sahen, wissen Sie, wie sie als Miss Golightly aussah. Trotz ihres Erfolgs als Hollywoodstar zeichnete es ihren Charakter aus, dass sie ihre Rolle als Mutter und ihre Arbeit für Wohltätigkeitsorganisationen erfüllender fand.

Hepburn gehört zu den neun Menschen, die alle wichtigen Preise im Showbusiness bekamen. Unter anderem erhielt sie einen Emmy, einen Grammy, einen Oscar und einen Tony, was sie aber vor allem anderen auszeichnete und zeitlos machte, waren ihr Stilgefühl und ihre schauspielerischen Fähigkeiten. Sie selbst sah das anders: »Mein Look ist leicht nachzumachen. Um wie Audrey Hepburn auszusehen, brauchen sich die Frauen nur die Haare aus dem Gesicht zu kämmen und sich eine große Sonnenbrille und ein ärmelloses Kleid zu kaufen.« Wenn es nur so einfach wäre.

215

Sehen Sie sich einen ihrer Filme an und lassen Sie sich von ihrer Anmut inspirieren. Ab ins Tanz- oder Fitnessstudio! Verwandeln Sie sich für Ihr nächstes Date wie die Hepburn in *My Fair Lady.* Oder begehen Sie eine gute Tat und polieren Sie Ihren Heiligenschein à la Hepburn. Warum schmeißen Sie keine LBD-Party (Little Black Dress, sprich »kleines Schwarzes«), um Geld für UNICEF zu sammeln (ihre Wohltätigkeitsorganisation), oder geben Sie ein Frühstück im Ballkleid! Echte Hepburnfans wissen, dass es würdigere Ziele gibt, als sich nach einem Diamanten von Tiffany zu verzehren – schließlich gibt es noch jede Menge andere Edelsteine und Geschenkmöglichkeiten.

Ihr Leben und ihre Zeit

Audrey Hepburn sagte immer, sie würde ihr Leben so zusammenfassen: »Ich wurde am 4. Mai 1929 geboren und starb drei Wochen später.« Das bedarf der Erklärung. Sie erblickte als Audrey Kathleen Ruston in Brüssel das Licht der Welt und fing sich als Neugeborene einen üblen Keuchhusten ein. Als ihr Herz stehen blieb, holte die Mutter ihre Tochter mit ein paar Klapsen auf den Hintern zurück ins Leben. Diese Mutter-Tochter-Beziehung sollte ein ganzes Leben lang sehr eng bleiben. Hepburn war das einzige Kind aus der Ehe zwischen dem englisch-irischen Bankier Joseph Victor Hepburn-Ruston und der holländischen Aristokratin Baroness Ella van Heemstra, die bereits zwei Söhne aus ihrer ersten Ehe hatte.

Sie besuchte Privatschulen in England und den Niederlanden und versuchte stets, den Wünschen ihrer ehrgeizigen Mutter gerecht zu werden. Dank des Internats in England blieben ihr die Streitereien ihrer Eltern erspart, die sich 1938 scheiden ließen. Nun widmete die Baroness ihre ganze Energie ihren Kindern – vor allem ihrer Tochter. Audrey sprach fließend Englisch, Französisch, Italienisch, Holländisch (Flämisch) und Spanisch, hatte aber schreckliches Heimweh.

Sie kam zurück nach Holland, als der Krieg ausbrach, und verlebte einen Großteil ihrer Kindheit unter der Besatzung der Nazis. In dieser Zeit nahm sie das Pseudonym Edda van Heemstra an, da ihre Mutter ihren englischen Namen zu riskant fand. Was ihre elfenhafte Figur anging – das war eine Folge des Krieges und der Unterernährung, unter der sie, wie so viele damals, litt. Die Geschichten von den Tulpenzwiebeln, die sie essen musste, sind etwas übertrieben – die Tulpen wurden zu Mehl zerrieben, das man zum Backen verwandte –, aber das hat doch was, dass diese Elfe sich von Blumenmehl ernährte. Tanzen half ihr über die Schrecken des Krieges hinweg, doch selbst das war nicht gefahrlos: Es heißt, sie habe in ihren Ballettschuhen Nachrichten zur Resistance geschmuggelt.

Nach Kriegsende kehrte Hepburn nach England zurück, wo sie ein Stipendium an einer Ballettschule erhielt. Weil sie jedoch zu groß war, um Primaballerina und die nächste Anna Pavlova zu werden, suchte sie nach einer anderen Möglichkeit, auf der Bühne zu brillieren. Mit ihrer Mutter als Anstandsdame an ihrer Seite trat sie in Revuen auf, arbeitete in Nachtclubs und gelegentlich als Model.

Richtig »entdeckt« wurde sie an der französischen Riviera, wo sie 1951 *Musik in Monte Carlo* drehte. Die legendäre französische Schriftstellerin Colette sah sie in der Lobby, als sich ihr Rollstuhl in den Kabeln der Filmcrew verhängte, und rief: »Das ist unsere Gigi!« Obwohl Hepburn keine richtige Schauspielausbildung besaß, bestand Colette darauf, dass sie die Gigi am Broadway spielte. Und bevor sie sich versah, stand sie in New York im Rampenlicht.

Die Show war ein Triumph, und sofort nach der letzten Aufführung wurde die Hepburn nach Rom geflogen, um mit Gregory Peck *Ein Herz und eine Krone* zu drehen. Gregory Peck, der übrigens ein enger Freund wurde, war von ihrer Präsenz und ihren Starqualitäten hingerissen und bestand (großzügigerweise) darauf, dass dieser Newcomer im Vorspann an seiner Seite genannt wurde. Er hatte recht. Der Film war ein durchschlagender Erfolg, und sie bekam den Oscar als beste weibliche Hauptdarstellerin.

Ihr nächster Film war *Sabrina*. Bevor die Dreharbeiten begannen, schickte das Studio seinen Star nach Paris, um ein paar französische Couturekleider für ihre »Verwandlung« im Film schneidern zu lassen. Diese Reise sollte ihr Leben verändern und sie auf der Leinwand unsterblich machen. In Paris eilte die Hepburn sofort zu dem jungen Designer Hubert de Givenchy, dessen Kleider sie schon immer hatte tragen wollen, die sie sich aber bisher nicht leisten konnte. Als man Givenchy

sagte, »Miss Hepburn« sei da, eilte er nach unten in der Erwartung, sein Idol kennenzulernen – Katharine Hepburn. Stattdessen traf er diese zerbrechliche, rehäugige Schönheit an, von der er noch nie gehört hatte. Sie nahm ihn sofort für sich ein und wurde seine Muse. Ihre Zusammenarbeit führte zu einem Oscar für Sabrinas Kostümdesign, und dieses »je ne sais quoi« war geboren, das Givenchy zur Topadresse für die glamourösesten Frauen machte. Givenchy kleidete sie bis zu ihrem Lebensende vor und hinter der Kamera ein. Die Operndiva Maria Callas gestand, sie versuche abzunehmen, um wie die Hepburn auszusehen. Es ist eben nicht einfach, eine Ikone zu sein.

Während der Dreharbeiten hatte sie trotz des Protests ihrer Mutter eine Affäre mit ihrem Kollegen William Holden. Aber Mami hätte sich nicht sorgen müssen, Hepburn beendete die Beziehung, als sie erfuhr, dass Holden keine Kinder zeugen konnte, da er sich die Samenleiter hatte durchtrennen lassen. Idiot.

Sie war ein Star, aber Single. Das war nicht gut, weshalb Gregory Peck sie 1954 Mel Ferrer vorstellte. Kurz darauf schickte Ferrer ihr ein Script, und sie standen zusammen in *Ondine* am Broadway auf der Bühne.

Das Jahr hatte es in sich. *Ondine* lief noch am Broadway, als sie den Oscar für *Ein Herz und eine Krone* und drei Tage später den Tony für die beste Bühnendarstellerin in *Ondine* bekam. »Wie soll ich diesen Preisen gerecht werden?«, fragte sie die Reporter. Aber nicht die Preise machten sie wirklich glücklich, sondern als Ferrer ihr einen Heiratsantrag machte, den sie gegen den Wunsch ihrer Mutter annahm.

Ihre Karriere erklomm einen Gipfel nach dem anderen, aber das, was sie sich am meisten wünschte – ein Kind –, blieb ihr verwehrt. Sie kehrte nach Paris zurück, um mit Fred Astaire, einem ihrer Idole, in *Ein süßer Fratz* zu tanzen. Sie drehte einen Film nach dem anderen, und als sie während der Dreharbeiten zu *Geschichte einer Nonne* merkte, dass sie schwanger war, lehnte sie sämtliche weiteren Angebote ab, um sich auf das zu konzentrieren, was ihr am wichtigsten war. Am 17. Juli 1960 wurde ihr Sohn Sean Hepburn Ferrer geboren.

Nach einem Jahr Babypause ließ sie sich überreden, wieder vor die Kamera zu treten und die Rolle zu spielen, »für die sie geboren war«. Der Autor Truman Capote wehrte sich zwar gegen sie, da er sich Marilyn

Monroe für die Rolle wünschte, aber Hepburn gab Holly Golightly ihr Gesicht. *Frühstück bei Tiffany* trug ihr die vierte Oscarnominierung ein und gilt als der eleganteste Film des letzten Jahrhunderts. (Lesen Sie auf S. 443 im *Lesefutter* des Monats November mehr über den Roman nach, nach dem dieser Film gedreht wurde.)

Auf *Frühstück bei Tiffany* folgten einige Flops, bis sie schließlich in *My Fair Lady* als Eliza Doolittle einen genialen Partner fand – nicht in Rex Harrison, dem männlichen Hauptdarsteller, sondern in dem englischen Kostümbildner Cecil Beaton. Er war bezaubert von ihr: »Sie verkörpert den Zeitgeist.« Ihre Schönheit war unumstritten, dennoch brachte ihr die Rolle einige Kritik ein, als ihre Singstimme von Marni Nixon synchronisiert werden musste. Außerdem hatte es einen großen Konkurrenzkampf um die Rolle gegeben, den eine gewisse Julie Andrews verlor, obwohl sie die Doolittle am Broadway spielte. In den Zeiten vor *Mary Poppins* und *Sound of Music (Meine Lieder – meine Träume)* galt sie nicht als »Zugpferd«. Doch das war nicht die Schuld der Hepburn. Und sobald sie vor die Kamera trat, schien die Rolle wie für sie gemacht (Synchronisation hin oder her).

Obwohl ihr Mann sie gedrängt hatte, wieder vor die Kamera zu treten, litt die Ehe unter ihrem Erfolg. Ferrer hatte Affären und genug davon, im Schatten seiner Frau zu stehen. Am 5. Dezember 1968 ließen sich die beiden scheiden, und kaum einen Monat später heiratete sie Dr. Andrea Dotti, einen italienischen Psychiater, den sie auf einer Kreuzfahrt kennengelernt hatte. Vier Monate später war sie schwanger. Ihr Sohn Luca wurde am 8. Februar 1970 geboren. Leider war Dotti ein weiterer Frauenheld, der sie betrog. Sie ließ sich jedoch erst 1982 scheiden, weil sie ihren Söhnen eine Familie bieten wollte.

Ihre zweite Scheidung ging während der Dreharbeiten zu *Sie haben alle gelacht* über die Bühne. Bald danach lernte sie den Schauspieler Robert Wolder kennen, der wie sie holländische Wurzeln hatte. Er war Witwer, sie alleinerziehende Mutter. Er blieb bis zu ihrem Tod an ihrer Seite, auch wenn sie nie heirateten.

1987 übernahm sie die Rolle, die sie für ihre wichtigste hielt – die einer Sonderbotschafterin für UNICEF. Ein Sache, die ihr am Herzen lag, da die Nahrungsmittel und Kleidung, die ihr – wie so vielen anderen im

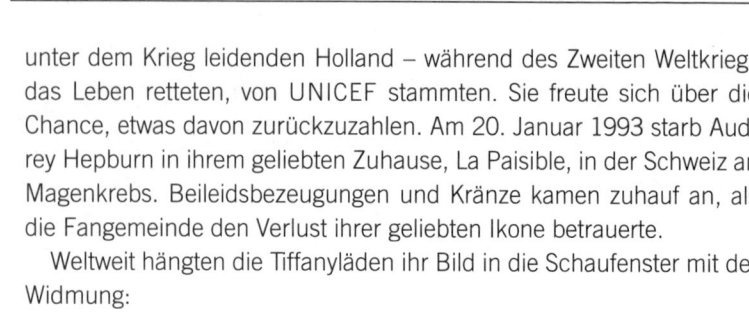

unter dem Krieg leidenden Holland – während des Zweiten Weltkriegs das Leben retteten, von UNICEF stammten. Sie freute sich über die Chance, etwas davon zurückzuzahlen. Am 20. Januar 1993 starb Audrey Hepburn in ihrem geliebten Zuhause, La Paisible, in der Schweiz an Magenkrebs. Beileidsbezeugungen und Kränze kamen zuhauf an, als die Fangemeinde den Verlust ihrer geliebten Ikone betrauerte.

Weltweit hängten die Tiffanyläden ihr Bild in die Schaufenster mit der Widmung:

Audrey Hepburn
1929–93
Our Huckleberry Friend

Audreys Ansichten

»Man assoziiert mich mit einer Zeit, in der die Filme nett waren, die Frauen in den Filmen hübsche Kleider trugen und man schöne Musik hörte. Ich freue mich immer, wenn mir jemand schreibt: ›Es ging mir dreckig und ich ging ins Kino, um einen Ihrer Filme zu sehen. Das hat mir so geholfen.‹«

»Ich wurde mit einem ausgeprägten Liebesbedürfnis geboren und einem ungeheuren Bedürfnis, Liebe zu geben.«

»Ich habe irgendwo die Definition gehört: ›Glück besteht aus Gesundheit und einem kurzen Gedächtnis!‹ Schade, dass sie nicht von mir stammt, denn sie ist sehr wahr.«

»Als Kind brachte man mir bei, dass es sich nicht gehört, die Aufmerksamkeit auf sich zu lenken, und man niemals eine Show abziehen darf … Mit beidem habe ich mir meinen Lebensunterhalt verdient.«

»Schöne Augen bekommt man, wenn man in anderen nur das Gute sucht; einen schönen Mund, wenn man nur freundliche Worte spricht, und eine schöne Haltung, wenn man immer weiß, dass man nie alleine ist.«

25. Mai

1895 wurde Oscar Wilde wegen grober Unzucht zu zwei Jahren Zuchthaus verurteilt. Wildes erste große Liebe, Florence Ann Lemon Balcombe, gab ihm den Laufpass – zugunsten ihrer Kinderliebe Abraham Stoker (der später als Bram Stoker, Autor von *Dracula,* berühmt werden sollte). Wilde zog von Dublin nach London und vergrub sich in seiner Arbeit. Eine Vernunftehe mit Constance Lloyd half ihm wohl, das Gesicht zu wahren und die Gerüchteküche zu beruhigen, aber er gab die *Woman's World* heraus, trug Samt und lila Handschuhe, einen mit einem Edelstein besetzten Gehstock und eine grün gefärbte Stoffblume im Knopfloch. Er schrieb *Das Bildnis des Dorian Gray,* dessen Hauptfigur, ein junger Mann, davon überzeugt ist, dass Schönheit alles rechtfertigt. Es hätte also jedem klar sein müssen. Was es offensichtlich nicht war.

Erst die Beziehung zu dem 15 Jahre jüngeren, wunderschönen, aber verzogenen Fratz Lord Alfred Bruce Douglas (»Bosie«) führte zu einem Skandal (und Wildes Niedergang). Wilde und der Marquis of Queensberry, Bosies Vater, führten ein sehr öffentliches Rededuell über die Beziehung der beiden, das zum Prozess des Jahrhunderts führte.

»Wilde wünschte sich verzehrende Leidenschaft«, meinte sein Biograf Richard Ellmann dazu. »Er bekam sie und wurde davon verzehrt.« Also aufgepasst, was Sie sich wünschen.

Wilde schadete sich selbst, er konnte der Versuchung nicht widerstehen. Auf die Frage bei seinem Prozess, ob er einen Zeugen geküsst habe, antwortete Wilde: »Liebe Güte, nein, das war ein ausgesprochen hässlicher Junge.« Es wurde nur schlimmer, als er auf die Frage, ob er je einen Mann bewundert habe, antwortete: »Ich habe noch nie jemanden bewundert außer mich selbst.« Stop it.

Doch Wilde opferte sich, um Bosie zu schützen. Liebe macht blind – und manchmal verrückt. Wildes Frau und Kinder wollten nichts mehr mit ihm zu tun haben, änderten ihren Namen und zogen nach Amsterdam. Er war pleite und saß sechs Monate in Wandsworth ein und den Rest seiner Zuchthausstrafe in Reading Gaol ab. Wie er selbst beklagte: »Alles, was beliebt ist, ist falsch.« Das mag so sein, aber macht es das nicht umso reizvoller?

Sehen Sie sich den Film *Oscar Wilde* (1997) an, in dem Stephen Fry den Autor spielt und Jude Law seinen Liebhaber. Oder lesen Sie eines seiner vielen Bücher oder Stücke wie *Ernst sein ist alles* beziehungsweise *Bunbury oder die Bedeutung, Ernst zu sein.*

30. Mai

1431 wird Johanna von Orleans auf dem Scheiterhaufen verbrannt. Würden Sie für Ihre Überzeugung in den Tod gehen? Ein heldenhafter Abschluss für diesen Monat.

Ballerinas

Tanzen bietet noch mehr Vorteile als eine gute Figur und Biegsamkeit – man bekommt die besten Schuhe. Letztlich ist Tanzen die älteste Kunstform und das Werkzeug, das man dafür braucht, sind Schuhe (Steppschuhe, Tangoschuhe, Jazzschuhe und überhaupt jede Menge hübsche neue Schuhe!). Ballettschuhe gibt es aus Leder oder Satin, mit Spitze oder ohne – das hängt ganz davon ab, ob es Ihnen ums Tanzen oder lediglich ums Posieren geht. Mit einer Ledersohle können Ballerinas zu Caprihosen und einer Sonnenbrille im Stil der Sechziger à la Hepburn, Bardot und Fonteyn auf der Straße getragen werden.

Das Wort »Ballett« tauchte zum ersten Mal 1415 auf. Den *ballet de court* brachte Katherina von Medici, die 1533 Heinrich II. heiratete, an den französischen Hof. Doch die erste Ballettaufführung in Paris fand erst 1581 statt (und dauerte unglaubliche fünf Stunden). Ballerinas waren die ideale Fußbekleidung, um die Nacht durchzutanzen. Bei all dem hysterischen Kopfschmuck, den Perücken und Röcken war der zierliche Schuh perfekt, um zu tanzen und fröhlich zu sein – und welche andere Gelegenheit bot sich den jungen Mädels damals schon, um Spaß zu haben? Tanzen stand auf der Liste der gesellschaftlichen Großereignisse ganz oben, in einem Zeitalter strenger Moral und hinreißender Umgangsformen bot es die Möglichkeit, sich mit Fremden und, was noch aufregender war, mit Mitgliedern des anderen Geschlechts zu treffen und herumzuwirbeln. Und das blieb so, bis die Französische Revolution den Exzessen des Adels (und diesem selbst) den Garaus machte.

Im 19. Jahrhundert wurde der Ballerina romantischer und der Spitzenschuh erhielt seine Spitze. Vom Profitanzschuh der *Belle époque* bis 1957, als der Ballerina als die perfekte Kombination zur Caprihose entdeckt wurde, bis zu den Ballettschuhmachern in London – Frederick Freed, Gamba, Anello & Davide – heißt es nun Platz einnehmen und Plié, meine Lieben.

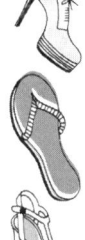

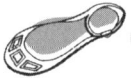

Juni

»Musik und Rhythmus finden ihren Weg zu den
geheimsten Plätzen der Seele.«

Plato

Manolo Blahnik aus Istanbul

Schon der Name des Flughafens zieht einen in den Bann: Atatürk, nach dem ersten Präsidenten des Landes, dem Gründer der Republik. Ich sehe sein Bild, während ich das exquisiteste Quittengebäck meines Lebens genieße. Er sieht beeindruckend aus in diesem Anzug, dem Hut und dem Seidentuch, und schon bin ich versucht, meinen Kurzurlaub darauf zu verwenden, auf den Spuren Atatürks zu wandeln – zu sehen, wo er arbeitete, lebte, aß. Aber es gibt so vieles zu sehen in Istanbul, dass Atatürk schnell in den Hintergrund tritt, während sich Geister aus Byzanz und Konstantinopel in den Vordergrund drängen. Welche Pracht!

Istanbul ist eine große Stadt. Riesig. Laut. Hektisch. Verrückt. Hier in einen Verkehrsstau zu geraten grenzt an einen Albtraum. Die Leute planen bei Einladungen Verspätungen mit ein. Eine Galerieeröffnung findet wegen des Verkehrs eine halbe Stunde später statt. Mein Termin wird wegen des Verkehrs 40 Minuten nach hinten verlegt. Gibt es hier keine Pause?

Die gibt es sehr wohl. Das Geheimnis besteht darin, sich nicht darum zu kümmern und sich in einem der vielen architektonischen Juwele der Stadt zu verlieren: Justinians Hagia Sophia, welche die Skyline der Stadt dominiert. Noch nie habe ich ein so wunderschönes Licht gesehen wie beim Betreten dieses Gebäudes. Oder der Topkapi – die einstige Residenz des Sultans, die von Mehmed II. gebaut wurde. Wunderwerke, wohin man sieht.

Es hört nicht auf: die Moschee Süleyman des Prächtigen, die Rüstem-Paşa-Moschee, die etwas versteckt liegt und die unglaublichsten Farben hat, die ich je sah; die Gärten des Beylerbeyi-Palastes … Sogar mein Hotel, ein ehemaliges Gefängnis, das ideal zwischen Hagia Sophia und der Blauen Moschee liegt, ist vollkommen.

Und inmitten all dieser Herrlichkeit der Bosporus, gesäumt von Yalıs, den Sommerhäusern aus Holz der reichen Türken – der die Stadt in einen europäischen und einen asiatischen Teil trennt. Der Fluss, den Jason und seine Argonauten überquerten, ist heute genauso lebenswichtig für die Stadt, wie er es während ihrer ganzen Geschichte war. Fähren pendeln hin und her und transportieren Tausende von Touristen, die zum Chaos in dieser Stadt beitragen. Und ich sitze auf einer Terrasse, trinke frischen Pfefferminztee und führe ein weiteres, nach Rosen duftendes Stück Lokum zu meinem Mund.

Liebe Grüße,
Manolo

1. Juni

Im Jahr 1967 wird *Sgt. Pepper's Lonely Hearts Club Band* veröffentlicht, das achte Album der Beatles und laut vieler Musikliebhaber »das einflussreichste Album aller Zeiten«. Es wurde in 129 Tagen aufgenommen. Eine so lange Zeit im Studio konnte sich die Band auch nur deshalb leisten, weil sie inzwischen die größte Band auf dem Planeten war und gerade ihre Welttour hinter sich hatte.

John Lennon hatte für einen Sturm im Wasserglas gesorgt, als er im Jahr zuvor – am 5. August 1966 – bemerkte, die Beatles seien »größer als Jesus«, aber dieses Album erwies sich als ein wahres Evangelium neuer Ideen – von den neuesten Tricks der Studiotechnik (die wir hier mal weglassen) bis hin zu den instrumentellen Arrangements des »fünften Beatles« George Martin, der auch Sitar- und Orchesterklänge einsetzte. Ganz zu schweigen vom Coverdesign. *Sgt. Pepper* war in jeder Hinsicht wegweisend.

Das Cover, für das *Sgt. Pepper* den Grammy bekam, stammt von dem Art Director Robert Fraser und wurde (unter den wachsamen Augen Paul McCartneys) von dem Pop Artist Peter Blake entworfen. Fraser war ein bunter Hund in der Kunstwelt, unter anderem arbeitete er zu dieser Zeit auch als Blakes Agent. Dieses Netzwerk aus Freunden schuf in den 60er-Jahren eines der bekanntesten Cover des Jahrhunderts (nachdem Fraser den Jungs dankenswerterweise ausgeredet hatte, den Auftrag an ein Hippiekollektiv namens Fool zu vergeben, was tatsächlich eine Narretei gewesen wäre).

Peter Blake (geboren am 25. Juni 1932) studierte an der Gravesend School of Art und am Royal College of Art, die Künstler Bridget Riley und Frank Auerbach waren Studienkollegen. Blake gilt als einer wichtigsten britischen Pop-Art-Vertreter. Dieses zum Kult gewordene Cover zementierte nicht nur seinen Erfolg, sondern brachte die Pop Art auch ins Bewusstsein eines weiteren Publikums, als es Andy Warhol mit seiner Band Velvet Underground gelang, die nicht den Bekanntheitsgrad der Beatles hatte.

Außerdem entwarf Blake das Cover für:

Do They Know It's Christmas von Band Aid und

Stanley Road von Paul Weller.

Und er entwarf das Cover für Ian Durys Tribute-Album *Brand New Boots and Panties,* da er am Royal College Durys Tutor gewesen war.

Die Besetzung

Blakes Albumcoverdesign trägt den einfachen Titel »People We Like« (»Leute, die wir mögen«) und zeigt eine Collage der Beatles in ihren psychedelischen Anzügen, wie sie sich winkend von den unschuldigen Topfschnitten ihrer Jugendzeit verabschieden und die hedonistischen Experimente begrüßen – musikalisch wie designtechnisch. Die Band ist umgeben von den ausgeschnittenen Fotos ihrer Helden, Freunde und Vorbilder, die alle sofort zu erkennen sind: Stan Laurel und Oliver Hardy, Marlene Dietrich und Bob Dylan, Sigmund Freud, Oscar Wilde, Karl Marx plus frühere Bandmitglieder (der verstorbene Stuart Sutcliffe und ihr erster Drummer Pete Best).

Mae West verweigerte anfangs ihre Zustimmung, weil sie meinte, unter einsamen Herzen habe sie nichts zu suchen. Andererseits, geht uns das nicht allen so, Mae? Nachdem die Fab Four jedoch persönlich anfragten, gab die blonde Sexbombe nach.

Blake und seine Frau klebten die Collage in den letzten zwei Märzwochen 1967 zusammen, und das Coverfoto wurde am 30. März 1967 geschossen. Das gesamte Cover kostete 2868 britische Pfund und ein paar Zerquetschte, hundertmal so viel, wie man damals im Schnitt für ein Cover löhnte.

Neben dem *Lonely-Hearts*-Album setzen die Wings 1973 mit *Live and Let Die* den musikalischen Ton für diesen Monat Juni – richtig, der Bond-Titelsong, den die Guns N'Roses 1994 coverten. Und 1968 brachten Simon und Garfunkel in Amerika »Mrs. Robinson« heraus, das sich drei Wochen auf Platz eins hielt. Der Regisseur Mike Nichols war so besessen von der Musik des Duos, dass er die beiden während der Dreharbeiten zu *Die Reifeprüfung* bat, drei Songs für den Film zu schreiben, aber da sie gerade tourten, hatten sie nur Zeit für einen Song. Aber wie hätten sie »Mrs. Robinson« toppen können? Der Song war nach der älteren, von Anne Bancroft gespielten Frau benannt, welche die von Dustin Hoffman gespielte Figur verführt. Also nichts wie her mit einem Toyboy oder diesem Song.

2. Juni

Marquis de Sade, der berühmt-berüchtigte Schriftsteller, wird 1740 geboren. Mit seinen brisanten, nichts unausgesprochen lassenden Romanen erschütterte er Frankreich. Napoleon Bonaparte ließ ihn wegen Gotteslästerung einsperren, eine milde Umschreibung für den Inhalt der obszönen Romane *Juliette* und *Justine*. Um es mal so auszudrücken: der Ausdruck *Sadismus* wurde von seinem Namen abgeleitet.

Er ließ sich nicht beirren: »Tötet mich oder nehmt mich, wie ich bin, denn ich werde mich nicht ändern«, schrieb der Marquis de Sade in seinem Testament, und dabei wollen wir es belassen, obwohl er noch heute für viele eine Quelle der Inspiration ist, unter anderem auch für John Gallianos Couture Show für Dior im Januar 2006.

 *Lesefutter*

Die schwarze Violine
von Maxence Fermine

Warum

Bei dieser Liebesgeschichte ist die Musik Aphrodisiakum und Giftkelch zugleich. Eher eine Novelle als Roman, fängt Fermine darin die Magie und das Gefühl der Musik ein. Er komponiert eine melancholische Melodie über eine unerwiderte Liebe und das Glück, seine Stimme zu finden. Der Solist ist natürlich eine schwarze Violine.

Wer

Über Fermine selbst ist nicht viel bekannt. Er wurde 1968 in Albertville in Frankreich geboren und wuchs in Grenoble auf, von wo er nach Paris zog, um sein Studium zu beenden. Nach einigen Jahren in Afrika und Tunesien lebt er heute in Savoyen, Frankreich. In seinem Werk spielen Farben eine wichtige Rolle. In *Schnee* erzählt er die Geschichte eines japanischen Dichters, der, von einem Haiku inspiriert, die Liebe sucht, und in *Honig* geht es um einen Maler, der an van Gogh erinnert und der besessen ist von einem Mädchen mit honigfarbener Haut.

Fermines Stil ist ein poetischer Bewusstseinsstrom, der zugleich witzig und pointiert ist. In den Geschichten geht es um Zufälle und deren Folgen, und jede hat eine Moral.

Die Story

Die Geschichte fängt mit dem fünfjährigen Johannes Karelsky an, der einen Zigeuner auf der Straße Geige spielen hört. Die Musik berührt ihn so tief, dass er sofort weiß, dass auch er ein Geiger ist. Er nimmt Unterricht und, ja doch, ist unglaublich begabt. Bald bereist er mit seiner Mutter ganz Europa und wird überall bewundert. Die Reisen sind jedoch zu anstrengend für seine Mutter, sie stirbt. Er hört auf zu reisen und gerät in Vergessenheit. Mit Unterrichten bringt er sich mehr schlecht als recht durch.

Dann, im Frühjahr 1796, wird Karelsky in den Militärdienst berufen. Die arme Seele ist glücklich, für Napoleon zu kämpfen und seinem Leben ohne Musik zu entfliehen. Er wird verwundet und hört, als er im Sterben liegt, eine Frau singen. Ihre Stimme ist so rein und schön, dass sie seine Seele berührt und ihn rettet. Nicht nur das Leben, auch die Musik hat ihn wieder. Karelsky will die mysteriöse Melodie festhalten, zum ersten Mal seit Jahren holt er wieder seine Violine hervor und spielt. Doch die süßen, klagenden Töne sind zu viel für die anderen Soldaten, sie erinnern sie zu sehr an ihr früheres Leben. Als er aufwacht, ist sein Instrument zerstört, und es gibt keine Musik mehr.

Ein Jahr später marschiert die Armee in Venedig ein, wieder führt ihn das Schicksal zur Musik. Karelsky wird bei dem einsamen Erasmus einquartiert, einem älteren Geigenbauer, der sein Handwerk noch bei dem Sohn des genialen Stradivari erlernt hatte. Erasmus kennt in seinem Leben drei Leidenschaften: das Schachspiel, eine alte Flasche Grappa und seine schwarze Violine. Vorsichtig erzählen sie sich ihre Lebensgeschichte, während die schwarze Violine unheilvoll über ihnen an der Wand hängt.

Schließlich macht sich Karelsky daran, die Oper zu schreiben, die er immer mit sich herumtrug, doch ein seltsamer Geist treibt in dem Haus sein Unwesen. Jedes Mal, wenn er an seiner Arbeit sitzt, findet er die Seiten am nächsten Morgen leer vor. Dafür gibt es keine logische Erklärung, doch er hat die schwarze Violine im Verdacht.

Endlich beschließt Erasmus, sich Karelsky anzuvertrauen. Er erzählt ihm von seiner Jugend, seiner Lehrzeit, von der Stimme, die ihn in seinen Träumen verfolgte, und der einzigen Frau, die er je liebte. Er erzählt von seinem Versuch, ihr Herz zu gewinnen, und was es mit der schwarzen Violine auf sich hat. Konnte Erasmus das Herz seiner Geliebten gewinnen? Baute er die perfekte Violine, und welche Mächte waren dabei im Spiel? Und wichtiger noch: Ist Karelsky stark genug, den Zauber zu brechen? Wird die Musik oder der Mensch triumphieren?

Der Abend

Live-Musik wäre hübsch, um die Diskussion einzuleiten. Gehen Sie mit der Gruppe in ein Konzert und hören Sie sich ein Violinquartett an. Gibt es ein Konzert oder ein Festival, das passt? Köpfen Sie anschließen eine Flasche Grappa und erzählen Sie sich Geschichten über verflossene Lieben. Dieses Buch eignet sich wunderbar für ein Lagerfeuer oder als Pausenfüller in der Oper.

Als Alternative bietet sich an:

Verwandte Stimmen von Vikram Seth

Melodie der Stille von Rose Tremain

Faithfull von Marianne Faithfull

Jimi Hendrix – Hinter den Spiegeln: Die offizielle Biografie von Charles R. Cross

Light my fire: Bekenntnisse eines Groupies von Pamela Des Barres

3. Juni

1976 konnte sich die Band Queen für ihre »Bohemian Rhapsody« eine goldene Schallplatte an die Wand nageln.

»Bohemian Rhapsody« ist die einzige Single Großbritanniens, die es an Weihnachten zweimal an die Spitze der Charts schaffte, das erste Mal bei ihrer Veröffentlichung 1975 und das zweite Mal 1991, als sie nach Mercurys Tod erneut veröffentlicht wurde.

Der 1975 für das Album *A Night at the Opera* aufgenommene Song war anders als alles, was man je zuvor – oder danach – hörte. Jaulende Gitarren und sich überschlagende Chorpassagen kennzeichnen »Freds Thing«, so der ursprüngliche Name. Listig, wie er war, gab Mercury seinem Kumpel, dem nicht weniger schrillen Radio-DJ Kenny Everett, eine Kopie mit der Bemerkung: »Den Song kannst du nicht spielen, der ist zu lang, er ist nur für dich.« Ein psychologischer Trick mit durchschlagendem Erfolg. Anschließend veröffentlichten sie die Single mit einem in nur vier Stunden gedrehten Promotion Video, damit die Band touren und zugleich in *Top of the Pops* erscheinen konnte. Nach Mercurys Tod und der durchgeknallten Interpretation in dem Film *Wayne's World* (1992) brachte die Band das Video mit zusätzlichem Material von anderen eigenwilligen Videos und Touraufnahmen erneut heraus. Das Video und der Song sind Kultklassiker, die man einfach haben muss.

Könnten Sie es besser machen? (In nur vier Stunden?)
Versuchen Sie es ruhig, aber das hier bleibt eines der besten Popvideos aller Zeiten.
In einer Umfrage von 2006 wurden folgende Videos als die größten Popvideos genannt:

1. Michael Jackson: *Thriller*
2. Peter Gabriel: *Sledgehammer*

3. A-ha: *Take on Me*
4. Queen: *Bohemian Rhapsody*
5. Madonna: *Like a Prayer*
6. Robbie Williams: *Rock DJ*
7. Michael Jackson: *Billie Jean*
8. The Verve: *Bittersweet Symphony*
9. Madonna: *Vogue*
10. Nirvana: *Smells Like Teen Spirit*

Über die Kunst, am Polterabend Spaß zu haben

Die Hochzeitssaison ist in vollem Gang, und daher werden Sie sicher auf den einen oder anderen Polterabend eingeladen – vielleicht gehen Sie ja auch auf Ihren eigenen. Die komplette Liste für die Hochzeitsplanung finden Sie auf Seite 266, im Abschnitt »Wie man ihn nicht mehr von der Angel lässt ...« Es ist inzwischen Brauch, die letzten Tage des Single-Daseins mit einem Polterabend zu feiern. In den angelsächsischen Ländern feiert man dabei strikt nach Geschlechtern getrennt, die Mädels haben ihre *hen night,* also ihre Hennennacht, in der sie mit weißen T-Shirts zum Männerautogramm-Sammeln, mit rosa Flügeln und Teufelshörnern und manchmal sogar speziellen »Kiss-me-Quick«-Hüten durch die Straßen ziehen. Nicht nur die Küsshüte könnte man gut weglassen ...

Der Ursprung dieser Hennennächte ist so wirr wie der Kopf am Morgen danach, es heißt, der Brauch stamme aus Holland, wo ein Vater seiner Tochter nicht gestatten wollte, einen armen Hutmacher zu heiraten. Doch die beiden hatten Glück, ihr Dorf glaubte an die Liebe, und alle Freunde rückten mit Geschenken an, welche die Partie in einem nicht mehr ganz so miserablen Licht erscheinen ließen.

Die Geschenke bei den heutigen Hennennächten sind nicht ganz so angenehm – eher Richtung Handschellen und obszöne Unterwäsche –, die Geschirrtücher und Gläser gibt's dann bei der Hochzeit.

Ob Sie nun den kontinentalen Polterabend oder die angelsächsische *hen night* bevorzugen, für beide gilt: Sie können ganz schön ins Geld gehen und sollten nicht am Abend vor der Hochzeit stattfinden. Nicht dass der Bräutigam durch Abwesenheit glänzt und die Braut damit überfordert ist, sich an die Namen ihrer Verwandten zu erinnern.

So weit, so klar – ach ja, hier auf der Insel ist es der letzte Schrei, die Braut bei der Hennennacht zum Star zu machen, sie in einer Stretchlimo abzuholen, in ein Studio zu kutschieren und dort einen Song aufnehmen zu lassen, während die übrigen Hennen als Backgroundchor agieren. Beliebte Songs sind Britneys »Hit Me Baby One More Time« oder Cyndi Laupers »Girls Just Wanna Have Fun«. Dafür braucht man – außer Alkohol – eine Hair- und Make-up-Stylistin, eine Choreographin und eine Kamerafrau. Und die DVD kann man sich dann noch jahrelang anschauen, vielleicht sollte man sie dem Zukünftigen aber besser erst nach der Trauung zeigen ...

Wie man auf allen Festen eine gute Figur macht

Das Jahr hat vier Jahreszeiten, doch nur eine davon ist wirklich wichtig für die Mädels, die gesellschaftlich nach oben wollen. Das ist für uns hier auf der Insel »*the Season*« – und die harte Arbeit sollte im Juni zum angestrebten Heiratsantrag führen. Die Bibel der heiratswütigen Britin ist *Debrett's*. Interessiert? Gehen Sie auf *www.debretts.co.uk* und klicken Sie auf »Social Season«, wenn Sie sich ausreichend britisch und schickimicki fühlen.

Aber die Season ist nicht nur etwas für Schickimicki-Typen – sie bringt jedem etwas, der sich für Kultur interessiert, sich seine Neugier bewahrt hat und offen ist für Inspirationen.

Es gibt genug Bücher, die einem mehr über die Regeln guten Benehmens und die Etikette erklären, als man wissen will, und man sollte sie eigentlich nur lesen, wenn man wissen möchte, wie viele davon man brechen kann. Zusammenfassend lässt sich sagen, solange Sie keinen Buckel machen, gerade stehen, den Kopf hoch und die Schultern zurück halten und nicht vergessen, die Brust rauszudrücken und den Bauch einzuziehen, ist es gut. Die Mädels, die wirklich drauf aus sind, sich einen Mann mit Platinkarte zu angeln, nennt man im Lande Debrett's »Debs«.

Die Kurzform für Debütantin, ein Wort aus dem Französischen, das sich am besten mit »die Anfängerin« übersetzen lässt. Was es ziemlich genau trifft – ursprünglich nannte man die jungen Ladys aus der Aristokratie oder den oberen Gesellschaftsschichten so, die in die Gesellschaft eingeführt wurden (um einen Mann an Land zu ziehen). Wenn das Leben nur so wäre wie die netteren Stellen von *My Fair Lady,* aber richtig, auch Eliza musste hart an sich arbeiten und die seltsamsten und ältesten Regeln befolgen, zum Beispiel Federn tragen, bevor sie bei Hofe vorgestellt wurde (ein Fächer aus Straußenfedern hilft dabei übrigens wunderbar). Bei Hofe vorgestellt zu werden war der Traum einer jeden Debütantin, doch Königin Elisabeth II. schaffte 1958 diese Zeremonie ab, sie fand es zu altmodisch. Und ohne Ihre Majestät ist das ganze Debütantinnenbrimborium einfach nicht dasselbe, was immer die Mädels behaupten.

Also, wie gesagt, der Opernball in Wien oder die Festspiele in Bayreuth beziehungsweise Salzburg sind natürlich ein Muss für jede aufstrebende Platinkartenmann-Anglerin. Und dann gibt es noch Wimbledon (Tennis), Segelregatten und Treibjagden. Museumsbesuche kommen ebenfalls gut. Nichts wie los, schmeißt euch in eure besten Klamotten und lasst die Champagnerkorken knallen. Mögen die Paparazzi kommen!

5. Juni

1968 wird auf den Beinahe-Präsidenten der USA, Senator Bobby Kennedy, ein Attentat verübt. Er stirbt am Morgen des 6. Juni.

Dieses Attentat, fünf Jahre nachdem sein älterer Bruder erschossen wurde, schockierte die Welt, vor allem, da auch dieser Anschlag zufällig von einer Kamera eingefangen wurde. Es inspirierte Emilio Estevez 2006 zu dem Film *Bobby* mit Anthony Hopkins, Demi Moore, Sharon Stone, Lindsay Lohan und Martin Sheen. Der Film beobachtet verschiedene Figuren im Ambassador Hotel am Tag des Attentats und zeigt, wie diese von RFKs Tod verändert werden. 2006, bei seiner Premiere auf dem Filmfestival von Venedig, erhielt dieser Film eine sieben Minuten lange *standing ovation*.

»Nur wer es wagt, großartig zu scheitern, kann Großes erreichen«, sagte Robert Kennedy. Er wurde Justizminister, als sein älterer Bruder, JFK, Präsident war. Mit seinen bewegenden Reden, seinem ausgeprägten Familiensinn und seinem Charisma schaffte er es aus dem Senat zum Kandidaten, nachdem er nicht mehr im Schatten seines Bruders stand. Er galt als Amerikas große Hoffnung und zitierte George Bernard Shaw: »Ihr aber seht und sagt: Warum? Aber ich träume und sage: Warum nicht?« Sein Bruder Edward verwandte dieses Zitat bei der Trauerrede, um Werk und Leben von Amerikas Beinahe-Präsidenten zu beschreiben.

Über die Kunst, die Musik zu lieben

Lassen Sie sich kein »X« für ein »U« vormachen, so ein Auftritt vor einer Jury ist nicht »easy«, egal, ob Großbritannien nach dem X-Factor oder Deutschland den Superstar sucht.

Fragen Sie sich vor allem: Bin ich musikalisch? Ehrlich? Und dann: Bin ich talentiert? Was ist mein Stil? Mein Sound? Was inspiriert mich? Sammeln Sie eine Gruppe ebenso Verrückter um sich und üben Sie. Perfektionieren Sie Ihren Stil, Ihren Sound und Ihren Bühnenauftritt. Autogramme geben kommt später. Alles passt, und Sie bringen mit Anstand ein paar Songs über die Bühne? Dann kommt der Probeauftritt vor einem wohlgesinnten Publikum (normalerweise Freunde und Verwandte). Die sollten natürlich – im positiven Sinne – voreingenommen sein, aber dennoch ehrlich genug, Sie davon abzuhalten, einen Narren aus sich zu machen. Falls Sie nicht vor Lampenfieber tot umfallen, sind Sie bereit für die nächste Phase. Das heißt, vor einem öffentlichen Publikum aufzutreten, das vielleicht sogar dafür bezahlt, Sie zu sehen. Aber behalten Sie bitte noch eine Weile Ihren Brotjob!

Die Checkliste fürs Durchstarten in die Charts sieht von Fall zu Fall anders aus, aber ohne Harmonie auf und hinter der Bühne geht nichts. Sie brauchen gute Songs und einen Sound, der sich vom Üblichen abhebt. Vor allem aber brauchen Sie Entschlossenheit und eine dicke Haut – und einen Manager oder eine Mama. Um sie zu den Gigs zu fahren und sich um die Fans und den ganzen komplizierten Kleinkram zu kümmern, für den Rockstars selten einen Sinn haben, als da wären Geld, Verträge, Rechte. Stark.

Sie sind echt gut? Nehmen Sie ein Demo auf und verschaffen Sie sich damit Gehör bei A&R-Leuten von Plattenfirmen oder bei einer Radiosendung, wo man offene Ohren hat für noch nicht veröffentlichte Musik. MySpace.com bietet Tausenden von Newcomern eine Plattform. Jede Band ohne Vertrag, die eine Zugabe wert ist, wäre dämlich, keine Seite bei MySpace zu haben, auf der sich mögliche Groupies ihre neuesten Tracks anhören und herunterladen können. Bestechung geht in Ordnung. Laden Sie die Leute auf einen Drink oder ein Essen ein. Und lassen Sie ruhig eine Bemerkung fallen wie: »Ich wünsch mir nur eins zu Weihnachten: die Nummer eins in den Charts zu sein.« Glauben Sie, Sie können das in sechs Monaten schaffen? Sie brauchen nur einen Ansatz, der Sie von der grauen Masse abhebt.

Ella Fitzgerald

»The First Lady of Song«, »Lady Ella« gilt weithin als eine der einfluss-reichsten Jazzsängerinnen des letzten Jahrhunderts. Fitzgerald hatte einen unglaublichen Stimmumfang von drei Oktaven, eine perfekte Phrasierung und eine musikalische Anpassungsfähigkeit, wie man sie bis dahin nicht gehört hatte. Vor allem aber brachte sie einem breiten Publikum die verschiedenen Stilarten des Jazz näher, die gerade im Entstehen waren. Singen war für sie mühelos, für ihre Zuhörer war ihr »Sound« elegant und unverkennbar. »Mir war nicht klar, wie gut unsere Songs waren, bis Ella sie sang«, meinte der Songschreiber Ira Gershwin.

Klar, nach einem guten Gespräch bei einer guten Flasche Wein mit einem geduldigen Freund, der sich die Zeit nimmt, genau herauszufinden, was genau Sie in den Wahnsinn treibt, sieht die Welt wieder besser aus. Aber Sie können es auch mit Singen probieren. Vincente Minnelli meinte: »Sie möchten singen lernen? Hören Sie Ella Fitzgerald zu.« Nur schade, dass Sie nicht garantieren können, so gut wie sie zu sein. Tief einatmen, machen Sie Ihre Brust weit, brüllen Sie nicht los und zählen Sie nicht bis zehn, sondern schnappen Sie sich ein Mikro und legen Sie Ihr ganzes Herz und Ihre Seele in einen Song. Sicher, die Chancen stehen gering, dass Sie mit Ihrer faszinierenden, melancholischen Stimme die Welt aus den Angeln heben, aber dafür fühlen Sie sich hinterher besser, und die Gefahr, sich zu verletzen, ist hier wesentlich geringer, als wenn Sie das Problem mit Kickboxen oder Karateschlägen loszuwerden versuchen. Ach ja, und verteilen Sie Ohrstöpsel an Ihre Nachbarn! Wenn Sie das Gefühl haben, das Badezimmer reicht nicht mehr, Sie brauchen einen Lehrer, dann los, suchen Sie sich einen. Falls jedoch Ihr Publikum noch immer diese Stöpsel in den Ohren hat, sollten Sie das als sanften Hinweis verstehen und sich lieber einen Song von Ella anhören. Vielleicht ihren millionenfach verkauften Hit von 1944, »I'm Making Believe«, oder ihre historischen Scat-Sachen – wie die Bepop-Version von »Lady Be Good« aus dem Jahr 1947. Suchen Sie in Songbooks nach den Liedern, die Sie ohnehin alle kennen – »Summertime« zum Beispiel wär perfekt für Juni.

Ihr Leben und ihre Zeit

Ella Fitzgerald wurde am 25. April 1917 in Newport News, Virginia, geboren. Ihre Eltern trennten sich kurz nach ihrer Geburt, sie passten einfach nicht zusammen, und das war's. Sie wurde von ihrer Mutter, Temperance, in Yonkers, New York, aufgezogen. Ein paar Jahre später zogen die beiden mit dem Freund der Mutter, Joseph da Silva, zusammen, und als 1923 ihre Halbschwester Frances geboren wurde, war die Familie komplett. Obwohl das Geld knapp war – Joe arbeitete auf dem Bau und manchmal als Chauffeur und ihre Mutter in einer Wäscherei –, kam die kleine Familie über die Runden.

Mit dem Glück war es jedoch 1932 vorbei, ihre Mutter kam bei einem Verkehrsunfall ums Leben. Ella zog zu ihrer Tante, und nur kurze Zeit später starb der todunglückliche Joe an einem Herzschlag. Also zog auch ihre kleine Schwester Frances zur Tante. Ella hasste ihre neue Umgebung – sie war unglücklich und in der Schule ging's steil bergab. Sie geriet auf die schiefe Bahn und landete schließlich mit 15 in einer Besserungsanstalt. Amerika befand sich in der Depression, es sah düster aus. Aber Ella war eine Kämpfernatur – also riss sie aus und schlug sich alleine durch. Später spendete sie große Summen für Jugendorganisationen, die sich um benachteiligte Kinder kümmern. Andere sollten einen besseren Start ins Leben haben als sie.

Sie war schüchtern und unglücklich mit ihrem Aussehen, aber sie brauchte Geld. Also bewarb sie sich bei einem Talentwettbewerb. Und so kam es am 21. November 1934 (wenn auch zufällig) in der Apollo Theater Amateur Night zu ihrem ersten Gesangsauftritt. Sie wollte eigentlich tanzen, doch nach dem Auftritt der Edwards Sisters, die ihrer Beschreibung nach die »tanzigsten Schwestern weit und breit« waren, überlegte sie es sich in letzter Minute anders. Außerdem zitterten ihr, als sie auf die Bühne trat, die Beine zu sehr, als dass sie hätte tanzen können. Sie bat die Band, ein Lieblingslied ihrer Mutter zu spielen, Hoagy Carmichaels »Judy«, mit dem Connee Boswell einen Hit gelandet hatte. Das Publikum war so begeistert, dass sie als Zugabe »The Object of My Affection« sang ... Manchmal genügt ein Wink des Schicksals. Ab dem Augenblick, als sie auf der Bühne stand, war sie nicht mehr schüchtern und verlegen, und Tanzen war kein Thema mehr. Wen kümmerte es,

dass sie nicht in Größe 38 passte? Sie hatte ihre Berufung gefunden und war absolut faszinierend. Sie hatte es geschafft – und richtig, es endete wie im Märchen, sie gewann den Wettbewerb.

An diesem Abend spielte Benny Carter das Saxophon, ihre Stimme haute ihn um. Er stellte sie jedem vor, den er kannte. Und Ella? Sie bewarb sich bei jedem Talentwettbewerb – sie fand das Drumherum toll, und wenn sie dafür Geld bekam, umso besser. Bald räumte sie bei allen Wettbewerben ab und im Januar 1935 erhielt sie die Gelegenheit, mit der Tiny Bradshaw Band im Harlem Opera House aufzutreten. Der Bandleader (Chick Webb) hatte zwar gerade einen Sänger engagiert, aber er gab ihr eine Chance – wenn es ihr gelänge, die Typen von der Yale University zu beeindrucken, dann könne sie eine Woche bleiben. An diesem Abend sicherte sich Ella Fitzgerald ein wöchentliches Salär von 12,50 Dollar. Sie war auf dem richtigen Weg.

1936 nahm sie ihre erste Platte auf, »Love and Kisses«. Der Swing entwickelte sich zum Bepop, und Ella improvisierte mit ihrer Stimme wie mit einem Saxophon und machte »Scat Singing« zu ihrem Markenzeichen. 1938, da war sie erst 21, nahm sie »A-Tisket, A-Tasket« auf, ursprünglich ein Kinderlied, heute ein Jazz-Pop-Crossover-Superhit. Sie landete einen Platz-eins-Hit und blieb 17 Wochen in den Charts. Ella war ein Star.

Das Tief folgte auf dem Fuß – am 16. Juni 1939 starb ihr Mentor und Bandleader Chick Webb. Sie war inzwischen so populär, dass die Band, die sie entdeckt hatte, nun nach ihr benannt wurde.

Inmitten dieses Trubels und Ruhmes versuchte sie etwas Boden unter die Füße zu bekommen und heiratete einen Dockarbeiter, Benny Kornegay. Leider ein Missgriff, Kornegay war ein Gauner und Drogendealer. Als sie ihm auf die Schliche kam, wurde die kurze Ehe annulliert. Auch Ellas andere Beziehung, die mit ihrer Band, war nicht von langer Dauer. Sie wollte lieber singen, als die Verantwortung für eine Band tragen.

1941 entschied sie sich für eine Solokarriere und dafür, als Gast mit großen Bands zu singen, statt sich an eine fest zu binden. »Ellas musikalisches Können ist unglaublich. Mit ihr zu spielen ist, als spiele man mit einem ganzen Orchester«, schwärmte der Jazzschlagzeuger Ed Thigpen. »Ellas Stimme wird zum schönsten und flexibelsten Instrument des

Orchesters«, meinte der Musiker Arthur Fiedler. »Ob Mann, Frau oder Kind, Ella ist die Größte von allen«, stellte Bing Crosby fest. Obwohl sie jeden Abend über die Liebe sang, wagte sich Ella erst 1946 erneut vor den Traualtar. Bei einer Tour mit Dizzy Gillespie verliebte sie sich in den Bassisten Ray Brown Jr.

Durch ihren Mann lernte sie den Jazzimpresario Norman Granz kennen, dessen »Jazz at the Philharmonic«-Tour sie sich anschloss. Sie arbeitete mit Louis Armstrong und erschien regelmäßig in den Fernsehshows von Ed Sullivan, Frank Sinatra, Bing Crosby, Nat King Cole und Dean Martin. Noch nie hatte sie so viel gearbeitet, doch darunter litt ihr Familienleben. 1952 ließen Ray und Ella sich scheiden, und ihr Adoptivsohn, Ray Jr., kam traurigerweise stets nur an zweiter Stelle – nach ihrer Arbeit.

Nicht nur die Unvereinbarkeit des Starruhms und des wirklichen Lebens machte ihr zu schaffen, ihr saß noch ein anderer Stachel im Fleisch. Ella musste sich mit der hässlichen Wirklichkeit der Rassendiskriminierung und der Benachteiligung der Frauen auseinandersetzen. Sie war eine schwarze Frau – in einer (engstirnigen) Welt weißer Männer. Einmal wurden sie und Dizzie Gillespie mit seiner Band unter einem Vorwand festgenommen und auf die Polizeiwache gebracht, wo dieselben Polizisten, die sie nur aufgrund ihrer Hautfarbe festhielten, »die Frechheit besaßen, sie um ein Autogramm zu bitten«. Ekelhaft. Nicht jeder hatte solche Vorurteile. »Marilyn Monroe habe ich viel zu verdanken«, erzählte sie. Die Sexbombe, die ein großer Fan von ihr war, bestand darauf, dass der schicke Nachtclub Mocambo sie engagierte. Der erklärte sich erst dazu bereit, als Marilyn Monroe erklärte, sie würde jeden Abend an einem Tisch in der ersten Reihe sitzen, an dem Fitzgerald auf der Bühne stehe. Ella war die erste Schwarze, die hier auftrat – und der Club war prompt ausverkauft. »[Die Monroe] war eine ungewöhnliche Frau – sie war ihrer Zeit etwas voraus. Und sie wusste es nicht.«

In den 60er- und 70er-Jahren füllte Ella rund um die Welt die Hallen. 1974 spielte sie gemeinsam mit Count Basie und Frank Sinatra zwei Wochen vor ausverkauftem Haus in New York. »Man kann einen Abend gar nicht besser anfangen als mit diesem Mädchen. Es geht nicht besser«, schwärmte Sinatra.

Im September 1986, sie war 69, wurde sie am Herzen operiert. Es stellte sich heraus, dass Diabetes die Ursache für das Nachlassen ihres Augenlichts war. Trotz der Bitten ihrer Familie und ihrer Freunde, doch kürzer zu treten, sang die Fitzgerald weiter. Anfang der 90er-Jahre hatte sie über 200 Alben aufgenommen und 1991 gab sie in der Carnegie Hall in New York ihr Abschiedskonzert.

Ihre Stimme blieb zwar immer dieselbe, doch ihre Gesundheit verschlechterte sich rapide. Gegen Ende ihres Lebens war sie blind und musste sich beide Beine unter dem Knie amputieren lassen.

Sie starb am 15. Juni 1996 in ihrem Haus in Beverly Hills. Doch grübeln Sie nicht zu viel über ihr Ende nach, hören Sie lieber ihre Musik!

Was Ella uns zu sagen hat

»Wichtig ist nicht, woher man kommt. Was zählt, ist, wohin man geht.«

»Ich hab alles gestohlen, was ich hörte. Am meisten habe ich vom Saxophon gestohlen.«

»Geben Sie nicht auf, versuchen Sie das zu tun, was Sie wirklich wollen. Ich glaube, wenn man etwas mit Liebe und Begeisterung macht, dann kann man gar nicht untergehen.«

»Nur eins ist besser als Singen – noch mehr Singen.«

Eine weitere Kultfigur unter den Jazzsängerinnen ist Billie Holiday, die Janis Joplin und Nina Simone inspirierte. Ihre Lebensgeschichte wurde 1972 in *Lady Sings the Blues* mit Diana Ross verfilmt, welche die Hauptfigur spielte und sang, was ihr eine Oscarnominierung einbrachte. Billie Holliday inspirierte U2 zu ihrem 1988er Hit »Angel of Harlem«. Diana Ross und die Supremes, die Band, bei der ihre Karriere begann, waren die Inspiration zu *Dreamgirls* (2007) mit Beyoncé Knowles und Jessica Hudson (die bei *Pop Idol,* der amerikanischen Version von *Deutschland sucht den Superstar,* durchgefallen war und dann den Oscar bekam).

7. Juni

1937 stirbt die erste aller blonden Sexbomben, Jean Harlow, an einer Gallenblaseninfektion. Sie war erst 26 Jahre alt.

Sie stand nur kurz im Rampenlicht, doch ihr Magnetismus und ihre Präsenz vor der Kamera sind heute noch spürbar. Vom ersten Augenblick an, als sie die Leinwand in *Höllenflieger* zum Knistern brachte, bis zu ihrer Rolle in *Vor Blondinen wird gewarnt* gelang es ihr, ihr Publikum mit der Rolle des bösen Mädchens, die sie vor und hinter der Kamera gab, in Bann zu halten. Ihre Affäre mit Clark Gable und ihr schauspielerisches Können sicherten ihr unsterblichen Ruhm. Ihr letzter Film mit ihm, *Saratoga*, musste mit einem Double zu Ende gedreht werden, da sie vor Abschluss der Dreharbeiten starb – makaber, aber die Kinokassen klingelten.

8. Juni

Nancy »these boots were made for walking« Sinatra erblickt 1940 das Licht der Welt. Gönnen Sie Ihren Füßen doch heute eine Pediküre oder einen Tag in superbequemen Schuhen.

9. Juni

Der Komponist Cole Porter wird 1891 geboren. Zu Porters Hits gehören »I've Got You Under My Skin«, »Kiss Me Kate« und »Night and Day«. Definitiv eine Idee für Ihren nächsten Auftritt.

Es gibt zwei Filme über sein Leben: *Tag und Nacht denk' ich an Dich,* 1946, mit Cary Grant als Porter, und *De-Lovely – Die Cole Porter Story,* 2004, in dem Kevin Kline die Hauptfigur spielt. Nur in Letzterem kommt auch sein recht schillerndes Privatleben vor.

10. Juni

Judy Garland erblickt 1922 das Licht der Welt. *Born a Star,* um auf einen ihrer Filmtitel anzuspielen. Als Garland bei MGM unterschrieb, war sie erst 13. Insgesamt drehte sie 43 Filme. Ihr berühmtester Song war ihre Interpretation von Harold Arlens »Somewhere Over the Rainbow«, der vom American Film Institute zum Song des Jahrhunderts gekürt wurde. Sie sang ihn in *Der Zauberer von Oz,* einem der ersten großen Technicolor-Filme. Aber was wirklich allem anderen die Schau stahl, waren ihre rubinroten Glitzerschuhe. Die paillettenbesetzten Seidenschuhe mit den Schleifen und mit weißem Ziegenleder gefüttert hatten Größe 36 und sahen am besten aus, als sie die Fersen mit den Worten zusammenschlug: *»There's no place like home.«* (Zu Hause ist es doch am schönsten.)

1970 wurde ein Paar dieser Schuhe für die Rekordsumme von 15 000 Dollar verkauft. Es stellte sich heraus, dass es ein Paar von sieben war, die für diesen Film gemacht wurden. Im Originalbuch, das L. Frank Baum 1900 schrieb, waren die Schuhe nicht rot, sondern silbern. Aber die roten Schuhe aus der Filmversion von 1939 sind – nach Cinderellas Glasschuhen – die bekanntesten Schuhe der Filmgeschichte. Sie waren auch das Glanzstück im Judy-Garland-Museum in Minnesota, aus dem sie am 28. August 2005 gestohlen wurden. Die Versicherungssumme betrug eine Million Dollar.

Was man bei der Farbe Rot beachten sollte

Mit roten Schuhen verbindet man traditionellerweise ein wildes Partygirl, was natürlich auf Dorothy aus dem Zauberer von Oz überhaupt nicht zutrifft – dagegen sprechen schon die niedrigen Absätze und die Pailletten. Rote Lippen, rote Nägel, rote Schuhe – wie geht man damit um? Für rote Schuhe scheint man Mut zu brauchen.

Es gibt noch ein Paar berühmte rote Schuhe, die aus dem Ballettfilm *Die roten Schuhe,* 1948. Der Film erzählt die Geschichte der flammendroten Vicky (gespielt von Moira Shearer), die sich in das prestigeträchtige Ballett Lermontov tanzt, das von dem wilden und zugleich liebenswürdigen Boris Lermontov (gespielt von Anton Walbrook) geleitet wird. Sie verliebt sich in den jungen Komponisten der Company und muss sich zwischen der Liebe zu ihm und ihrer Liebe zum Ballett entscheiden. Ein bisschen wie *Das Phantom der Oper,* nur dass Walbrook nicht hässlich, sondern launisch ist, und es hier um Ballett und nicht um die Oper geht.

Natürlich entscheidet sie sich für die Liebe, und deshalb wird *Die roten Schuhe,* das Ballett, das für sie geschrieben wurde, abgesetzt. Doch die Verlockung ist zu groß, und ein paar Monate später überzeugt Lermontov sie, es noch einmal zu tanzen. Ihr Mann ist wütend und stellt sie erneut vor die Entscheidung – er oder das Ballett. Dieses Mal wählt sie das Ballett, aber im letzten Augenblick ändert sie ihre Meinung und kehrt zu ihrem Mann zurück. Genau wie in dem Andersen-Märchen, auf dem dieser Film basiert, sind es die Tanzschuhe, die den Takt vorgeben, dem die Tänzerin folgen muss.

Schuhe können einen ganz schön in Schwierigkeiten bringen.

Kate Bush machte 1993 einen Song über diese Geschichte, der sich weltweit drei Millionen Mal verkaufte, so dass dieses Märchen Einzug in die Popkultur hielt.

12. Juni

Anne Frank beginnt 1942, Tagebuch zu schreiben.

13. Juni

1967 hat der Film *Man lebt nur zweimal* in den USA Premiere – der zwölfte Roman in Ian Flemings James-Bond-Serie und der fünfte, der verfilmt wurde. Das Drehbuch dazu schrieb Roald Dahl, den Bond spielt Sean Connery.

Inzwischen gibt es 21 Bondfilme, welche die Affären und Abenteuer des britischen Geheimagenten 007 schildern, die zweitprofitabelste Filmreihe aller Zeiten (nach *Star Wars*).

Die Wiedererkennbarkeit verdankt die Reihe neben der Titelfigur Bond auch der Titelmelodie. Das »James Bond Theme« wurde von Monty Morton geschrieben und vom John-Barry-Orchester gespielt. Darüber hinaus hat jeder Film seine eigene Titelmelodie, die traditionsgemäß von einem populären Star geschrieben und gesungen wird.

Die Verbindung von Film und Musik, die bei Bondfilmen nicht nur die Kinokassen klingeln lässt, sondern auch vordere Plätze in den Singlecharts bringt, ist ein wesentlicher Bestandteil ihrer Erfolge.

Zu den bekanntesten Bondtitelmelodien gehören:
Tom Jones, »Thunderball«, 1965
Carly Simon, »Nobody Does It Better«, 1977
Duran Duran, »A View to a Kill«, 1985
A-ha, »The Living Daylights«, 1987

Tina Turner, »Golden Eye«, 1995
Madonna, »Die Another Day«, 2002

Doch die Königin ist und bleibt Shirley Bassey, die drei Bondtitel-melodien sang: »Goldfinger« 1964, »Diamonds Are Forever« 1971 und »Moonraker« 1979.

17. Juni

Der russische Komponist und Pianist Igor F. Strawinski wird 1882 geboren. Strawinski war einer der einflussreichsten Komponisten seiner Zeit und komponierte für Sergei Diaghilews *Ballets Russes*. Während seiner Pariser Zeit arbeitete er mit Picasso und Jean Cocteau zusammen und hatte eine Affäre mit Coco Chanel. Seine berühmtesten Werke sind *Der Feuervogel* und *Le sacre du printemps*.

18. Juni

1935 wird die Marke Rolls-Royce eingetragen. Es sollte die Kultmarke für die wirklich Reichen werden.

Einen Rolls-Royce besaßen unter anderem Fred Astaire, Brian Jones, Elton John und Lady Penelope.

22. Juni

1877 wird der Doughnut erfunden.

Woher die ursprünglichen Zutaten stammen, bleibt wohl für immer im Dunst der Vergangenheit verborgen, aber Captain Hanson Gregory gilt als der Mann, der ihn nach Amerika brachte. Während eines schrecklichen Sturms spießte Gregory den Doughnut auf seinem Steuerrad auf, um beide Hände für den Sturm frei zu haben. So vermied er einen Schiffbruch und erfand den Doughnut mit dem typischen Loch in der Mitte, wofür ihm Homer Simpson in alle Ewigkeit dankbar sein dürfte.

24. Juni

Heute ist die Sommersonnwende, der längste Tag des Jahres. Solche Tage gibt es im Jahr – und im Leben – öfters, doch der hier trägt den offiziellen Titel. Ab heute geht's bergab, die Sonne scheint immer kürzer.

Die Sommersonnwende kann man verschieden feiern. Wie wäre es, wenn Sie dazu mit Ihrer Jurte und Ihren Räucherstäbchen nach Stonehenge fahren und wie die Heiden feiern, mit den Druiden tanzen und den Feen spielen?

Ein Sommernachtstraum

Ein Sommernachtstraum wurde um 1595/96 geschrieben und ist damit eine von Shakespeares frühesten Komödien. Es heißt, sie wurde zur Unterhaltung für eine echte Hochzeit geschrieben – damals hatten sie halt noch keine DJs.

In dem Stück werden die verwickelten Beziehungen der Charaktere wiedergegeben, wobei es vor allem um unerwiderte Liebe geht, um Eselsohren und den Schalk der Feen. Es gibt zwei Paare: Hermia und Lysander und Helena und Demetrius. Hermia liebt Lysander, soll aber Demetrius heiraten, in den Helena verliebt ist. Die Dinge werden noch weiter dadurch kompliziert, dass sie in das Reich der Feen geraten, in dem sich der Feenkönig und seine Königin, Oberon und Titania, streiten.

Das ganze Durcheinander entsteht, weil sich die sturköpfige Hermia weigert, jemanden zu heiraten, den sie nicht liebt, und ausreißt, um nicht in ein Kloster geschickt zu werden. Helena versucht, Demetrius für sich zu gewinnen, doch als sie ihm von der geplanten Flucht erzählt, geht der Schuss nach hinten los und er läuft Hermia – dem Objekt seiner unerwiderten Liebe – hinterher. Oberon sieht, wie die arme Helena verzweifelt ihrem Mann zu Gefallen zu sein versucht, und schickt seinen Pagen Puck. Dieser soll etwas Liebe-auf-den-ersten-Blick-Pulver über die vier stäuben, um ihr zu helfen. Das Problem ist nur, dass sie beim Aufwachen die Falschen sehen. Chaos. Inzwischen wacht Titania auf, die ebenfalls Pucks Liebesmedizin erhalten hat. Ihr Gatte erlaubt sich den Scherz, dass sie als erstes Zettel (englisch: Bottom) sieht, einen Schauspieler, der einen Eselskopf trägt, und in den sie sich daher verliebt.

Wie Shakespeare, oder eigentlich Oberon, die liebeskranke Gruppe aus ihrem Unglück befreit, sieht man sich am besten in einer Freilichtaufführung an diesem magischen Datum an, wenn der Überlieferung nach die Geister auf der Erde wandeln.

Die berühmteste Freiluftbühne ist im Regent's Park in London. Sie wurde 1932 eröffnet.

Wo können Sie das Stück sehen? Oder brauen Sie sich lieber selbst einen Zaubertrank? Passen Sie dabei aber auf, dass der richtige Junge das richtige Mädchen bekommt!

Wie man ein traumhaftes Mittsommernachts-Picknick zaubert

Von Michael Howells, Set Designer

Suchen Sie sich eine verzauberte Insel ... Sie wollen das doch richtig machen, oder? Am besten wäre eine Insel in einem wunderschönen See in Shropshire oder Hertfordshire, kein Allerweltsplatz, sondern ein sehr englisches, ländliches und magisches Örtchen. Hängen Sie chinesische Laternen in die Bäume und leuchten Sie die Wege aus. Die Perfektionisten können Glühwürmchen importieren, für die anderen tun es auch Teelichter und Kerzen, um die Bühne zu bereiten. Ihre Gäste müssen mit dem Boot dorthin rudern – oder sich von gut aussehenden Ruderern hinrudern lassen –, und vielleicht treffen Sie dann Nymphen oder Elfen, denn in dieser Nacht wandeln die Feen unter uns. Und machen Sie sich bitte keinen Kopf wegen des Regens. Das ist nicht erlaubt. Allerdings wäre ein Plan B nicht schlecht – wie wär's mit Schirmen oder Pagoden, nur für den Fall?

Sie haben keine Insel? Schaffen Sie sich mit Teppichen und alten Stoffresten Ihr eigenes Reich. Behelfen Sie sich mit Hängematten, Kissen und Zelten, und zaubern Sie eine Stimmung, wie sie auf Titanias Festen herrscht. So wichtig die Bühne für das Fest ist, vergessen Sie darüber nicht das Essen – auch hier soll der Geist zu spüren sein, mit dem Sie Ihre Gäste verzaubern wollen. Streuen Sie Veilchenblüten in den Salat und verwenden Sie Blütenblätter und Blumen nicht nur für die Dekoration, sondern auch als Teil des Menüs. Reichen Sie Holunderwasser, Champagner rosé und Rosen neben delikat belegten Brötchen, Gelees und Feenspeisen. Halten Sie das Essen einfach, das erleichtert Transport, Kochen und Servieren. Was das Geschirr und das Besteck angeht – am besten fahren Sie mit einer Mischung aus Fundstücken vom Flohmarkt. Altes Porzellan ist so viel charmanter als Papierteller, auch wenn man es abwaschen muss. Schauen Sie einfach, was am besten zu Ihrem Fest passt, wenn Sie mit Ihren Trouvaillen, mit Blumen, Häppchen und Kissen den Boden für Ihre Gäste und einen zauberhaften Abend bereiten.

26. Juni

1977 tritt der King – Elvis Presley – zum letzten Mal auf. 1975 lässt sich Cher von Sonny Bono scheiden: Schluss mit »I've Got You Baby«.

Über die Kunst, bei Festivals unter freiem Himmel nicht im Schlamm zu versinken

Festivals sind der Rock-'n'-roll-Way, den Sommer zu verbringen. Was Music Festivals angeht, ist in Großbritannien Glastonbury »echt groß«. Groß in jeder Hinsicht – das Gelände ist so riesig wie die Liste der auftretenden Bands. Sie wollen da hin? Ernsthaft? Dann sollten Sie Ihre Tickets kaufen, sobald sie auf den Markt kommen, also im März/April. Denn die Karten für dieses Festival sind schneller ausverkauft, als Sie »Schlamm« sagen können.

Das erste Festival dort fand 1970 statt, nur zwei Tage nach dem Tod von Jimi Hendrix – er wäre als Kassenmagnet ideal gewesen. So musste Marc Bolan die Lücke füllen, und 1500 Leute kamen. Heute ist das eine andere Geschichte und ein anderes Größenverhältnis, aber der ursprüngliche Geist ist noch immer zu spüren.

Ein Festival besucht man am besten in einer Gruppe – und mit Gruppe meine ich andere Festivalbesucher und nicht die auftretenden Bands. Klären Sie das vor dem Kauf der Tickets und kaufen Sie diese dann gleich für alle (nein, nicht weil Sie so bessere Plätze für Ihr Zelt bekommen, sondern weil Sie jemanden haben, der Ihnen Ihr Zelt trägt).

Glastonbury brüstet sich mit über 2000 Auftritten. (Und dabei sind die informellen Auftritte noch gar nicht mitgerechnet, also Performances wie: »Wie baut man ein Zelt auf?«, »Wer hat die Zeltspannleine geklaut?« und die Nummer 1: »Gehst du mit mir aufs

Klo, ich hab Angst?«) Es gibt über 38 Bühnen, die sich auf über 280 Hektar verteilen, die von einem 14 Kilometer langen Zaun abgesperrt sind. Straßen, geschweige denn Taxis, gibt es hier nicht, also heißt es Wanderschuhe einpacken. Und verlaufen Sie sich nicht, man braucht so schon Stunden, um das Gelände zu umrunden.

Warum tun Sie sich das an, Miss Bitte-nur-Trockenreinigung? Auf einem Festival ist alles live und direkt vor Ihnen. Statt die Radiosender zu wechseln, gehen Sie einfach von Bühne zu Bühne. So wie jeder einen anderen Klamottengeschmack hat, sind auch die Musikgeschmäcker sehr, sehr verschieden. Packen Sie also eine bunte Mischung aus T-Shirts und Leuten ein. Musik ist persönlicher, intimer als Klamotten – mit problematischen Farbkombinationen kann man leben, aber Dissonanzen und Technogedröhn können richtig wehtun. Wie auch immer – auf dem Gelände sind so viele Leute unterwegs, dass Sie wahrscheinlich die Freunde, mit denen Sie gekommen sind, gar nicht mehr finden. Seien Sie ein Schmetterling, flattern Sie von Zelt zu Zelt und von Bühne zu Bühne und lernen Sie neue Freunde und Bands kennen, mit denen Sie die Zuhausegebliebenen beeindrucken können.

Spielen Sie Ihre Karten richtig, vielleicht inspirieren Sie einen Rockgott zu einem Song. Und hoffentlich taucht ein Kavalier auf, am besten die Komplettausführung mit Taschenlampe, der nur zu gern Ihre Zeltspannleinen überprüft, die zu einer wahren Todesfalle werden können, wenn die Lichter ausgehen. Und wenn sonst schon nichts los ist, werden Sie auf alle Fälle wieder Ihre Bequemlichkeit zu Hause zu schätzen wissen.

Beweisen Sie Herz

Liebe liegt in der Luft – und das hat nichts mit der Musik, dem Geist des Festivals und so weiter zu tun. Bei Glastonbury geht es neben der Musik auch immer um die gute Sache. Michael Eavis, der dieses Festival tatsächlich ins Leben rief, spendet stets einen Teil des Gewinns für einen guten Zweck. Vor allem unterstützt er Oxfam,

Greenpeace und Water Aid. Und eine Spende geht immer an die nahe gelegene Stadt Pilton, deren Einwohner während dieser Invasion einiges aushalten müssen.

Was ziehe ich an?

Die große Frage ist natürlich, welche Bands man sich tatsächlich ansehen soll. Die weitaus schwierigere aber, was man anziehen soll. Kate Moss brachte die Weste wieder in Mode, als sie 2005 in Glastonbury rumlief. Andererseits kann sie tragen, was sie will, sie sieht immer gut aus (so unfair das auch ist). Wahrscheinlich sogar in einer Mülltüte. Dieser Kultfigur kann niemand das Wasser reichen. Wie soll man in einer Regenjacke und Gummistiefeln modisch brillieren?

Überlegen Sie sich zuvor, wo Ihre Schmerzgrenze liegt. Schauen Sie sich Julian Temples Dokumentarfilm *Glastonbury* an, zu Hause, auf Ihrem Sofa. Damit Sie eine Vorstellung davon bekommen, was Sie erwartet.

Ziehen Sie nicht los, um sich völlig neu einzukleiden. Und packen Sie auch nicht sämtliche Lieblingssachen ein – die Couturekleider, die Vintageklamotten und all die anderen Kostbarkeiten. Lassen Sie Augenmaß walten. Wenn Sie wie wild Klamotten packen, können Sie am Ende das Zelt nicht verlassen, weil Sie Angst haben, diese könnten geklaut werden. Die Devise lautet: alles, was billig und fröhlich ist und was Sie leichten Herzens wegwerfen können.

Die Chic-Liste
Bikini (die Hoffnung stirbt zuletzt)
Regenjacke (seien Sie realistisch und auf das Schlimmste gefasst)
Westen (sind klein und leicht zu packen)
abgeschnittene Jeans/Röcke (beinfreundlich und schneller zu trocknen)
Pulli (es wird kalt, wenn die Sonne weg ist, und Sie sind in *England*, außerdem lässt sich so ein Pulli gut als Kopfkissen verwenden)

Jeans (siehe oben – und Sie brauchen ja was »Ziviles« für die Anreise)

T-Shirts (das Wetter könnte ja doch schön sein; allerdings gibt
es jede Menge T-Shirts auf dem Festival zu kaufen, und vielleicht
möchten Sie für eine Band dort Werbung machen. Oder tragen Sie
lieber ein T-Shirt Marke Eigenbau?)

Make-up-Beutel (aber bitte auf das Minimum beschränken: Lippen-
balsam, Mascara, die Basics)

Flip-Flops

Turnschuhe (passen auch zum Travellook)

Gummistiefel von Hunter (das sind die besten und *ein* Designerla-
bel sollte drin sein)

Zahnbürste

Taschenspiegel (damit Sie wissen, wie Sie aussehen)

Pflaster und Schmerzmittel (seien wir realistisch)

Wie viel Unterwäsche, Schuhe etc. Sie mitnehmen, liegt natürlich
bei Ihnen, aber bitte so wenig wie möglich und möglichst Sachen,
die Sie wegwerfen können. Sie müssen alles schleppen und Trolleys
bleiben im Schlamm und im Gras stecken. Und auch wenn die Liebe überall ist, ist es nun mal schwierig, Wertgegenstände in einem
Zelt aufzubewahren. Lassen Sie Diamanten, Erbstücke und Manolos
(schluchz) zu Hause. 280 Hektar nach einer verlorenen Kontaktlin-
se abzusuchen ist übel, aber nach einem verlorenen Diamanten ist
ebenso ärgerlich wie aussichtslos.

Die zwei heißesten Accessoires wären damit Gummistiefel (siehe
Seite 183) und ein Backstageausweis.

Sosehr Sie gerne umwerfend aussehen würden, Sie haben letztlich mehr davon, sich warm und trocken zu fühlen. Ein New Look
für die Modebewussten unter uns, machen Sie sich damit vertraut,
er ist es wert. Sauber? Vergessen Sie es. Entschädigen Sie sich mit
einem langen, langen heißen Bad, wenn Sie wieder zu Hause sind.

Denken Sie beim Packen daran, dass Sie in einem Zelt hausen, und vergessen Sie das Toilettenpapier nicht. So was wie Room Service gibt es hier nicht – nehmen Sie mit, was Sie fürs Überleben brauchen. Ein aufgeladenes Handy, Taschenlampen, Zündhölzer und eine ordentliche Packung Humor verstehen sich von selbst.

Planen Sie Ihr Gepäck mit militärischer Präzision, von der Sonnenbrille bis zum Schlafsack. Nehmen Sie keine Parfümflakons mit, sondern diese kleinen Pröbchen. Auch antiseptische Tücher und Feuchttücher machen das Leben etwas erträglicher. Socken sind ein Muss, den Föhn und den Lockenstab können Sie zu Hause lassen, die funktionieren nicht ohne Strom.

Rockprinzessin

Rock-Chic ist Ihr Ding? Dann ist Patti Boyd Ihre Muse. Sie war das Supermodel ihrer Zeit und arbeitete für Ossie Clark und Mary Quant. Außerdem war sie Fotografin und die Inspiration für zwei der größten Hits des 20. Jahrhunderts.

George Harrison von den Beatles war verrückt nach ihr, nachdem er sie in dem Beatlesfilm *A Hard Day's Night* gesehen hatte, in dem sie (Jahre vor Britney) ein ungezogenes Schulmädchen spielte. Sie kamen zusammen, heirateten, und er schrieb »Something« für sie, das Frank Sinatra als den größten Love Song bezeichnete, der je geschrieben wurde. Boyd verzauberte auch Mick Jagger und John Lennon, die ebenfalls – vergeblich – versuchten, bei ihr zu landen.

Als ihr Harrisons Frauengeschichten das Herz gebrochen hatten, verließ Boyd ihren Rockgott. Endlich hatten Eric Claptons jahrelange Bemühungen Erfolg und er gewann ihr Herz. Er hatte sogar ein Lied über seine unerwiderte Liebe geschrieben, »Layla«. Und später schrieb er »You Look Wonderful Tonight« über sein Date mit ihr bei der jährlichen Buddy-Holly-Party der McCartneys am 7. September 1976. Das Kleid muss wirklich toll gewesen sein. Ein Kompliment, das ein Hitklassiker wurde.

Boyd ließ sich 1977 von Harrison, von Clapton im Juni 1988 scheiden. Mit jedem ihrer beiden Männer war sie elf Jahre verheiratet.

Sie schwor, nie wieder zu heiraten. (Was ist Ihnen lieber – der bessere Mann oder der bessere Song? Und was hat *Ihr* Freund in letzter Zeit für Sie geschrieben?)

Wie man sein T-Shirt der Gelegenheit entsprechend aufpeppt

Von Amanda Harlech, Fashionmuse

Wahrscheinlich fahren Sie im Regen mit einem Parka besser als mit einem T-Shirt — aber wenn die Sonne scheinen sollte, würde ich mir mein eigenes T-Shirt basteln, mit einem Slogan in Richtung »Drop Beats not Bombs«. Reißen Sie schon mal die Ärmel und den Kragen ab und schreiben Sie Ihren Slogan mit einem dicken Marker auf das Hemd – die Platzierung ist entscheidend. Ich hatte ein altes Verbier-T-Shirt mit einem Berg, der sich in glühendem Schaum auf einem Bügeleisen verwandelt hatte, und über den schneebedeckten Gipfel schrieb ich Tinker Bell (die von Peter Pan, nicht die von Paris Hilton). Die böse Fee – perfekt.

Panos, einer der größten Stylisten der Welt, verwendet Sicherheitsnadeln – und zwar jede Menge Sicherheitsnadeln – auf einem schwarzen, zerrissenen T-Shirt (es darf kein neues schwarzes T-Shirt sein, sondern muss vom vielen Waschen praktisch grau sein).

Mit Geduld und Spucke bekommen Sie einen Kettenpanzerlook hin – und mit etwas schwarzer Spitze an der Schulter oder über der Brust sieht es noch verwegener aus. Nähen Sie mit groben Stichen (am besten mit einem roten Faden, damit es wie Blut aussieht!) Überreste eines altmodischen Seidenkorsetts an Ihr T-Shirt, zum Beispiel über das Dekolleté, sieht romantisch aus.

Und natürlich kann Ihnen Ihr Freund bei der Sache helfen – bitten Sie ihn doch, »You are mine« mit Fingerfarben darauf zu schreiben. Vor allem aber: Versuchen Sie möglichst originell, witzig und unberechenbar zu sein.

 *Fußnote*

Keilabsätze

Was genau ist der Unterschied zwischen einem Keilabsatz und einer Plateausohle? Keiner, würden wohl viele sagen. Die Trägerin kennt ihn sehr wohl: Der eine hievt einen in die eine, der andere in die andere Richtung. Alles klar? Ein Keilabsatz ist wesentlich zierlicher als die Plateausohle und hebt eigentlich nur die Ferse an. Der Vorteil gegenüber dem Stiletto besteht darin, dass man wesentlich mehr Standfläche hat. In einem Keilabsatz kann man den ganzen Tag auf den Beinen sein. Um mit einem Bild zu sprechen: In einem Keilabsatz hat man das Gefühl, auf einem Stück Käse zu laufen, und in einem Stiletto hat man das Gefühl, auf einer Salzstange zu balancieren.

Der Keilabsatz wurde 1936 von Salvatore Ferragamo erfunden. Als die brasilianische Sexbombe Carmen Miranda Hollywood in Aufruhr versetzte, tat sie dies in glitzernden Keilabsätzen. Miranda war keine 1,60 groß, aber im Melodrama überragte sie alle. 1955 nahm sie »I Like to Be Tall« auf – in 20 Zentimeter hohen Keilabsätzen. Keilabsätze gelten als verführerischer als Plateausohlen, da dabei die Kurven der Trägerin besser zur Geltung kommen. Als die ersten Keilabsätze entstanden, waren Holz und Leder noch rationiert und man brauchte eine Alternative. Ferragamo kam auf die Idee, gewachsten Kork zu verwenden. Und ein Leichtgewicht war geboren, aber wer möchte schon Backsteine an den Füßen haben? In den Siebzigern brachte die Firma Kork-Ease eine ganze Kollektion mit Korksohlen heraus, die Espadrilleweber dazu inspirierte, kleine Kissen in die Absätze zu arbeiten. So schwer die Attraktivität eines High Heels zu schlagen ist, ein Keilabsatz kommt ihm am nächsten und trägt sich wesentlich einfacher. Darin kann man sogar diffizilere Oberflächen wie Kopfsteinpflaster, Gras (festival-tastisch!) und Gitter überstehen – er sollte daher in keinem Schuhschrank fehlen!

Juli

»Liebende finden sich nicht einfach so,
sie sind schon immer miteinander verbunden.«
Mevlana Jalaluddin Rumi

Ich wünschte,
ihr wärt hier

Matthew Williamson aus Indien

Ich schreibe euch hier von meinem Hausboot in Kerala und schaue dabei hinaus aufs Wasser! Es ist so entspannend hier und die Massagen sind herrlich.

Bevor ich nach Kerala kam, arbeitete ich in Delhi. Von Old Delhi nahm ich ein Taxi nach Rajasthan und machte im Neemrana Fort Palace Zwischenstopp. Ein unglaublicher Ort. Ein altes, langsam zerfallendes Fort auf einem Hügel und unten ein winziges Dorf. Die Räume sind »schön verzweifelt« und absolut inspirierend. Wenn ich aus meinem Bogenfenster sah, um den Sonnenuntergang zu beobachten, konnte ich die Gesänge aus dem Dorf hören und die Papageien um das Fort fliegen sehen.

Mein Lieblingsplatz in Indien ist Udaipur in Rajasthan – die perfekte Kombination aus dem pittoresken, dem romantischen und dem geheimnisvollen Indien, die dieses Land zu einer so einzigartigen Erfahrung macht. Der Besuch des Lake Palace dort lohnt sich übrigens wirklich.

Und schaut euch bitte Jodhpur an. Die Gemüse-Thalis in dem Dachrestaurant des Haveli Inn sind wahrscheinlich die besten in ganz Indien.

Ach ja, vergesst nicht, etwas von diesem hübschen Silberschmuck und diesen wunderbaren, herrlich gemusterten und federleichten Stoffen zu kaufen.

Liebe Grüße, Matthew

2. Juli

1929 wird Imelda Marcos, die berühmteste Schuhsammlerin und ehemalige First Lady der Philippinen, geboren.

»Ich hatte nicht 3000 Paar Schuhe, ich hatte 1060«, erklärte sie 1987. Es ist nicht bekannt, wie viele Paare noch hinzukamen. »Ich wurde pompös geboren«, meinte sie. »Man wird meinen Namen eines Tages ins Wörterbuch aufnehmen. *Imeldamatisch* wird so viel bedeuten wie pompöse Extravaganz.« Ein Wort, das Sie in dem Monat im Hinterkopf behalten sollten, in dem die meisten eine Hochzeit planen.

Über die Kunst, sich einen Ring an den Finger stecken zu lassen

Im Englischen sagt man »they are tying the knot«, wenn zwei sich trauen. Der Ausdruck kommt aus dem Schwedischen, wo vor langer Zeit des Lesens und Schreibens unkundige Seeleute und Soldaten ihrem Schatz als Heiratsantrag ein Stück Seil schickten. Das Seil wurde mit zwei kunstvollen Knoten darin verschickt. Wenn die zwei Knoten miteinander verschlungen zurückgeschickt wurden, hieß das »ja«. Die Sprache der Knoten verstand jeder. Falls die Maid es jedoch vorzog, dass man ihr mit Blumen und Gedichten den Hof machte, war sie wohl nicht mit einem Stück Seil zu gewinnen. (Der einzige Knoten, den sie binden würde, wäre wohl der Henkersknoten, und den sollte jeder Knotenmann als äußerst schlechtes Zeichen verstehen.)

Zum Glück bleibt die Zeit nicht stehen und heute wird eine Verlobung durch einen Ring an der linken Hand symbolisiert. 1856 genügte ein Blick auf eine unbehandschuhte Hand und man wusste alles, was man wissen wollte. Ein mit »Liebestelegramm« überschrie-

bener Artikel in der ersten Ausgabe des englischen Nachschlage-
werks *Enquire Within* für Fragen des Haushalts (vom Kuchenrezept
bis zur Etikette) erklärte:

Wenn ein Gentleman eine Ehefrau wünscht, trägt er einen Ring am
Zeigefinger der linken Hand. Ist er verlobt, so trägt er ihn am Mittelfinger, ist er verheiratet, am Ringfinger; und am kleinen Finger,
wenn er nie zu heiraten wünscht.

Wenn eine Lady nicht verlobt ist, trägt sie einen Diamantring am
Zeigefinger. Ist sie verlobt, trägt sie diesen am Mittelfinger; ist sie
verheiratet, am Ringfinger. Wenn sie ledig sterben möchte, trägt sie
ihn am kleinen Finger.

Sie haben das Gefühl, der Heiratsantrag stehe kurz bevor? Dann
können Sie das Thema ja mal ansprechen. Sie haben folgende Möglichkeiten:

1. Sie wählen den Ring gemeinsam aus (und können so Ihren Geschmack + seine Kreditkarte + Ihren Finger aufeinander abstimmen).
2. Sie lassen sich ein wunderschönes und wertvolles Erbstück anstecken (falls es nicht wunderschön und wertvoll ist, können
   Sie ja noch immer so tun, als passe das gute Stück nicht, und zu
   Option 1 zurückkehren).

Natürlich möchten Sie nicht als Luder rüberkommen, aber genauso wenig möchten Sie einen Ring, der Ihnen nicht wirklich gefällt.
Schließlich haben Sie vor, diesen Ring bis ans Ende Ihrer Tage zu
tragen. Also informieren Sie sich, bevor Sie zuschlagen!

Wie man ihn nicht mehr von der Angel lässt

Sobald die Freudentränen getrocknet sind und die Glückwunschwelle abebbt, dürfen Sie keine Minute verlieren.

Sie müssen ihn überzeugen, dass Sie:
einen Termin festsetzen,
ein Lokal festlegen,
eine Gästeliste erstellen,
Einladungen hinausschicken,
das Kleid aussuchen/bestellen/entwerfen müssen.

Weiß er denn, worauf er sich da einlässt? Und wichtiger noch – wissen Sie es?

Eine weiße Hochzeit ist ein aufwendiges Unterfangen, für das Sie sechs Monate Planungszeit veranschlagen müssen – also gehen Sie von einer Verlobungszeit von mindestens einem halben Jahr aus. Eine Verlobung im November ist ideal für eine Sommerhochzeit – es sei denn, Sie leiden unter Heuschnupfen, dann wäre vielleicht eine andere Jahreszeit besser geeignet.

Überlegen Sie, wie viel Zeit Sie brauchen, bis Sie vor den Altar treten – soll es ein Sprint, ein Marathon oder ein gemütlicher Spaziergang werden?

Ach ja, und bevor Sie für Ihre große Liebe Ihre Unabhängigkeit und Ihr eigenes Bankkonto aufgeben, wäre eine Bestandsaufnahme nicht schlecht. Klären Sie, was Ihnen und was ihm gehört. Das ist erwachsen, und jetzt ist die Zeit, sich erwachsen zu verhalten und die Karten offen auf den Tisch zu legen. Reden Sie nicht nur über Blumen und einen Himmel voller Geigen, sondern auch über die Zukunft und über Geld. (Sorry.) Möchten Sie Hausfrau und Mutter sein? Geht Ihnen die Familie über alles, wünschen Sie sich ein Haus voller Kinder und ist Ihnen Luxus nicht so wichtig? Verdienen

Sie das Geld oder führen Sie den Haushalt? Liebe Güte, wird ganz schön erwachsen hier. Vielleicht braucht man keinen Ehevertrag, und ich will Ihnen ja keine kalte Dusche verpassen, aber denken Sie einfach an die Szene mit dem Wagenrad-Tisch in dem Film *Harry und Sally*. Klären Sie jetzt, wem was gehört: die Hypothek, die Katze, das Geld auf dem Konto etc. Zu diesem Zeitpunkt lässt sich alles noch problemlos klären und zuordnen. Und wer weiß, vielleicht ist eine kalte Dusche für diejenigen nicht schlecht, die nur aufs Geld aus sind? Vorsicht ist besser als Nachsicht …

Überlegen Sie es sich jetzt, auch wenn Sie lieber an Verlobungsringe und das Brautkleid denken und so unglaublich verliebt – und entgegenkommend – sind, dass die Vorstellung einer Scheidung lächerlich erscheint. Und hoffentlich brauchen Sie nie wieder einen Blick auf diesen Ehevertrag zu werfen. Ein bisschen erinnert das Ganze an ein Testament – es mag langweilig sein, aber im Fall des Falles erspart es allen Beteiligten eine Menge Ärger.

Aber nun wieder zurück zum angenehmeren Teil. Heutzutage sind Verlobungspartys populärer als förmliche Anzeigen in der Zeitung. Die Bekanntgabe ist per E-Mail und Telefon ein Klacks.

Bevor Sie jedoch der Welt die frohe Botschaft verkünden, sollten Sie sich ungefähr darüber klar werden, wann und wo die Hochzeit stattfinden soll. Es ist eine allgemein anerkannte Wahrheit, dass Sie ab dem Augenblick Ihrer Verlobung zum Gegenstand neugieriger Fragen werden. Vor allem interessiert:

Steht das Datum schon fest?

Kann ich den Ring sehen? (Es versteht sich von selbst, dass in dieser Lebensphase eine regelmäßige Maniküre unerlässlich ist.)

Warten Sie nicht zu lange mit der Hochzeit, wenn Sie ein Kleid gefunden haben. Es ist einfach zu schwierig, dem Zukünftigen das Kleid nicht zu zeigen.

Was immer Sie lesen – die einzig wahre und richtige Methode der Hochzeitsplanung gibt es nicht. Etwas gesunder Menschenverstand genügt in der Regel – wenn Sie in einem Heißluftballon oder auf einem Musikfestival heiraten wollen, brauchen Sie jemanden, der Sie dort traut. Ob Sie sich die große weiße Hochzeit in der Kirche wünschen oder von einer Trauung auf einer tropischen Insel träumen – jetzt ist der Zeitpunkt gekommen, diese Träume in die Tat umzusetzen, die in Ihnen – bewusst oder unbewusst – schlummerten, seit Sie zum ersten Mal Barbie und Ken einander den Ringe anstecken ließen. Besprechen Sie die Planung mit Ihrem Herzallerliebsten – die Ihrer gemeinsamen Hochzeit, nicht die von Ken und Barbie.

Wollen Sie so viele Leute wie möglich einladen oder hätten Sie es lieber im kleinen, intimen Kreis? Wollen Sie auf dem Pferderücken heiraten, im Elvis-Look oder im Baiser-Look der Bräute aus *Vier Hochzeiten und ein Todesfall?* Hier ist die Liste, passen Sie sie an Ihre Wünsche an.

Entscheidungen

Sobald Sie das Okay Ihrer Familien haben – oder diese zumindest Bescheid wissen –, geht's an die Detailplanung. (Sie hätten gerne möglichst viele Brautjungfern, so wie es in England und Amerika der Brauch ist? Bedenken Sie dabei: Für die Kleider der Brautjungfern kommt die Braut auf!)

Nehmen Sie zu Ihrem zuständigen Standesamt und/oder Ihrem Geistlichen Kontakt auf. Besprechen Sie Datum und Ort. Besprechen Sie Ort und Datum mit Ihren Eltern. (Es ist *Ihre* Hochzeit, aber stoßen Sie Ihre Angehörigen nicht völlig vor den Kopf, auch Ihre Eltern haben Träume.) Wollen Sie eine religiöse Zeremonie? Legen Sie Zeit und Ort fest. Und warten Sie damit nicht zu lange, der Papierkrieg kann ungeahnte Ausmaße annehmen.

Achten Sie darauf, dass der Ort, an dem Sie feiern, nicht zu weit vom Ort der Trauung entfernt ist. Nicht dass Ihnen die Gäste auf dem Weg abhanden kommen.

Der Kostenfaktor

Hören Sie sich um, bevor Sie den Caterer/DJ/die Band/den Fotografen/den Videomenschen buchen. Fragen Sie Freunde, ob Sie Ihnen jemanden empfehlen können, und informieren Sie sich in der Presse und online. Sie hätten gerne einen Profi an Ihrer Seite, wie Jennifer Lopez in *Wedding Planner – verliebt, verlobt, verplant?* (Hoffentlich ist diese dann nicht so schön wie Jennifer Lopez, die in dem Film den Bräutigam bekommt!) Vergessen Sie nicht, der Sommer ist die Hochsaison für Hochzeiten, die besten Lokalitäten sind also auf Monate, manchmal Jahre hinaus ausgebucht und häufig auch teurer als zu anderen Jahreszeiten. Greifen Sie nur dann auf Freunde und Verwandte zurück, wenn Sie *sicher* wissen, dass diese gute Arbeit leisten. Sonst kostet Sie das mehr an Nerven, als Sie an Geld sparen.

Setzen Sie sich mit Eltern und Schwiegereltern zusammen. (Die sich hoffentlich bereits kennen und gut miteinander können.) Besprechen Sie Größe und Stil der Hochzeit. Stellen Sie eine Gästeliste auf – und einigen Sie sich, wie viele der Verwandten, die Sie eigentlich gar nicht kennen, wirklich kommen müssen. Vergessen Sie nicht: Das hier ist *Ihre* Hochzeit. Wenn die Sache zu sehr ausartet, können Sie mit Ihrem Zukünftigen noch immer durchbrennen – machen Sie einfach das, was Ihnen gefällt.

»Kostenplanung« und »großer Tag« passen natürlich nicht so recht zusammen, aber seien Sie gewarnt. Behalten Sie beim Aufstellen der Gästeliste die Kosten fürs Catering im Auge. Bei dieser Besprechung geht es auch darum, zu klären, wie viel oder wie wenig die beiderseitigen Eltern zur Hochzeit beitragen wollen.

Das ist der größte Tag im Leben eines Mädchens. Auch wenn bei Ihrer Hochzeit keine Paparazzi Schlange stehen, stehen Sie im Zentrum der Aufmerksamkeit. Also zum Teufel mit den Kosten (so weit es geht)! Lassen Sie's krachen, aber werden Sie nicht zu Brautzilla.

Keine Panik Dot Com

Einige Webseiten (wie www.confetti.de oder www.hochzeitsplaner. de) sind von *unschätzbarem Wert* für Bräute und Hochzeitsgäste und können geradezu süchtig machen.

Die Kosten lassen sich einigermaßen kontrollieren, wenn man die Gästeliste eindampft, Hochzeit und Flitterwochen kombiniert oder sich ein Kleid von der Stange kauft statt ein Couturekleid aus fein gesponnenem Gold.

Die Kostenplanung

Entscheidend: VDB = Vater der Braut

Bringen Sie VDB etwas Starkes zu trinken, bevor Sie das Thema anschneiden, schließlich soll er (traditionsgemäß) dafür zahlen. Die Preise sind natürlich immer Verhandlungssache und es gibt viele Sparmöglichkeiten. Schauen Sie Ihren Schrank durch, bevor Sie losziehen und neu einkaufen. Vielleicht können Sie ja das eine oder andere anziehen oder für die Flitterwochen einpacken. Oder auf das eine oder andere an Ihrem großen Tag verzichten? Wäre es möglich, dass Ihr Bruder fotografiert? Können Sie Ihre engsten Freundinnen überreden, nichts zu essen? Könnten sich einige Ihrer Tanten dazu breitschlagen lassen, fürs Buffet zu sorgen, wenn Sie im Gegenzug einen netten DVD-Abend mit Häppchen organisieren? Ach ja, und warum verbringen Sie Ihre Hochzeitsnacht nicht einfach im Zelt?

Finden Sie übertrieben? Seien Sie trotzdem vernünftig. Wenn Sie einen berühmten Fotografen kennen, ist jetzt der Augenblick gekommen, ihn anzurufen und zu fragen, ob er an diesem Tag Zeit hat und mehr als nur ein Gast sein will. Wenn Sie einen Koch kennen, dann fragen Sie ihn, ob er Erfahrung mit Familienfeiern hat (und statt eines Hochzeitsgeschenks das Catering für Ihre Hochzeit übernimmt). Und so weiter. DJs, Designer, Floristen, Chauffeure, Bedienungen, Kontakte, Kontakte, Kontakte. Letztlich kommt es doch nur auf die Braut und den Bräutigam an. Wie viele Extras brauchen Sie wirklich?

Die Must-haves	Wer zahlt
Verlobungsring	Bräutigam
Eheringe	Bräutigam
Brautkleid	Braut
Schuhe	Braut
Schleier/Accessoires	VDB
Frisur (und Probefrisur)	Braut
Make-up (und Probe-Make-up)	Braut
Lingerie	Braut
Anzug des Bräutigams	Bräutigam
Ausstattung der Brautjungfern	Braut
Diverse Gebühren	Bräutigam
Einladungskarten, Druckkosten	VDB
Blumen	Bräutigam
Kirche	VDB
Orgelspieler	VDB
Chor	VDB
Empfang	VDB
Essen	VDB
Getränke	VDB
Die Hochzeitstorte	VDB
Band/DJ	VDB
Fotograf	VDB
Profivideo	VDB
Fahrten	VDB
Hotel für die Hochzeitsnacht	Bräutigam
Flitterwochen	Bräutigam
Das Glück bis ans Ende ihrer Tage	Das glückliche Paar

Das Brautkleid

Das allein ist schon eine *Megakrise,* also lesen Sie bitte im entsprechenden Abschnitt auf Seite 281 (Wie man das richtige Brautkleid auszuwählt) nach. Für ein maßgeschneidertes Kleid müssen Sie vier bis sechs Monate veranschlagen, planen Sie das ein, damit Ihr Cinderellakleid in aller Ruhe Gestalt annehmen kann. Möchten Sie ein weißes Kleid oder etwas, das besser zu Ihnen, der Lokalität, Ihrem Leben oder Ihrem Zukünftigen passt? Rüschen und Romantik sind gut und schön, aber wenn Sie nur standesamtlich heiraten, kommen Sie vielleicht mit einem Cocktailkleid leichter durch die Drehtür.

Sie wissen nicht, was Sie anziehen sollen? Machen Sie sich kundig! Besuchen Sie eine Brautmodenshow (in London wäre die *Designer Wedding Show* zu empfehlen – Einzelheiten finden Sie unter *www.designerweddingshow.co.uk*). Sie müssen ja nicht gleich die Kreditkarte zücken, aber vielleicht bringt Sie die eine oder andere Idee weiter. Und manchmal hilft es schon, wenn man herausfindet, was man *nicht* will. Gehen Sie mit einem Freund/einer Freundin, aber keinesfalls mit dem Bräutigam – a) er soll Sie nicht zuvor in dem Kleid sehen; und b) Brautmodengeschäfte und -shows jagen ihm nur einen Heidenschreck ein. Die Therapiestunden, die das kostet …

Halten wir's mit der Tradition, nach dem Kleid kommt:

Der Anzug

Die Männer *glauben* gerne, sie hätten das im Griff, aber die Frauen sollten nichtsdestotrotz ein Auge drauf haben. Er will einen Cut tragen? Bitte ausleihen! Und achten Sie darauf, dass Bräutigam, Väter und Trauzeugen ihre Anzüge aufeinander abstimmen.

Die Ringe

Walisisches Gold ist so knapp, dass es selbst in Großbritannien nur die Royals tragen dürfen. Kein Problem, es gibt ja noch anderes

Gold. Was immer Sie wählen – Gold, Weißgold, Platin oder Silber –, die Ringe sollten zueinanderpassen. Der Hochzeitsring symbolisiert den ewigen Kreislauf. (Zwei Hälften ergeben ein Ganzes.) Im alten Ägypten und in Rom glaubte man, eine Vene führe vom Ringfinger direkt ins Herz, deshalb trägt man den Ehering an diesem Finger. Und wenn Sie den ihren tragen, sollte er auch den seinen tragen. Ach ja, passen Sie auf, dass der Trauzeuge die Ringe nicht vergisst oder verliert. Der Gag hat einen solchen Bart.

Die Blumen

Dazu gehören Brautstrauß, die Blumen für die Blumenmädchen und Knopflöcher und der Kirchenschmuck. Warten Sie damit nicht bis zum letzten Tag vor der Hochzeit.

Die Einladungskarten

Drücken Sie ihnen ruhig Ihren Stempel auf. Wie wär's, wenn Sie für Ihren Entwurf auf das Cover Ihres Lieblingsbuchs oder Ihrer Lieblings-CD zurückgriffen? Das ließe sich mit einem Foto von Ihnen beiden kombinieren. Aber bitte schicken Sie die Einladungen mindestens sechs bis acht Wochen vor dem Hochzeitstermin raus. Richten Sie für die Antworten eine E-Mail-Adresse ein. Und wer per Post antwortet, freut sich sicher über eine beigelegte frankierte Antwortpostkarte. So eine Karte dient auch der Erinnerung, dass um Antwort gebeten wird. Ausnahmen werden nicht gemacht – wer nicht antwortet, für den gibt es in der Sitzordnung keinen Platz. Die Caterer müssen schließlich kalkulieren können.

Falls Sie bei einer Hochzeit eingeladen sind und trotz des U.A.w.g. nicht antworten, sollten Sie sich schämen – das schadet Ihrem Karma und wird sich rächen, wenn die Reihe an Ihnen ist. Und verschwenden Sie auch nie nur einen Gedanken daran, noch einen Gast mitzubringen, den das Brautpaar nicht abgesegnet hat. Dasselbe gilt für Babys. Die Windeln und Fläschchen könnten die Caterer dann doch überfordern.

Der Ablauf

Ein gedrucktes Programm ist eine schöne Erinnerung und hält sich besser als ein Stück Hochzeitstorte.

Möchten Sie einen Hochzeitszug? Wer führt Sie zum Altar (oder halten Sie nichts von dieser angloamerikanischen Sitte)? Wer soll bei der Trauung dabei sein – Freunde, Familie oder Leute, die zufällig vorbeikommen? Denken Sie über die Trauungszeremonie nach (das ist wichtig!), den Tausch der Ringe, die Unterschrift im Standesamt – hätten Sie es gerne mit oder ohne Musik, mit oder ohne Kerze? Und der Kuss – ein Hauch auf die Wange oder ein richtiges Geknutsche? Und wo soll die Trauung stattfinden? Drinnen oder draußen? Zu Hause oder im Ausland? Oder frei schwebend?

Der Transport

Organisieren Sie den Transport nicht nur fürs Brautpaar, sondern auch für die Gäste. (So ein Minibus hat einfach was.) Und vergessen Sie nicht das Auto, mit dem das glückliche Paar am Abend verschwindet – das ist wahrlich nicht die Nacht, in der man auf den Lumpensammlerbus warten will.

Die Hochzeit findet im Ausland statt? Dann ist nichts dagegen einzuwenden, wenn die Gäste, welche die Mühe auf sich nehmen möchten, für die Anreise und ihre Unterkunft selbst aufkommen. Versuchen Sie bei der Organisation Gruppentarife zu bekommen, damit es Ihre Gäste nicht ganz so teuer zu stehen kommt, und versorgen Sie sie mit Anreise- und Hotelempfehlungen sowie Tipps, die ihnen weiterhelfen.

Wo immer Ihre Liebesinsel sich befindet, das Brautpaar muss nur dann die Kosten für die Anreise übernehmen, wenn es das wirklich will und vor Kurzem im Lotto gewonnen hat. Wenn Sie zu einer sehr kleinen Hochzeitsgesellschaft oder der Hochzeit eines sehr, sehr reichen Super-Promis eingeladen sind, kann es Ihnen passieren, dass Sie zu einem Privatjet entführt und an einen geheimen Ort geflogen werden.

Selbst wenn die Hochzeit nicht im Ausland stattfindet, gilt es einiges zu bedenken. Auch eine Kapelle auf dem Land kann ganz schön abgelegen sein (die Hochzeit findet traditionellerweise im Heimatort der Braut statt), daher sollte das Paar Hotels oder Pensionen am Ort empfehlen, damit die Nachtschwärmer nicht zu weit ins Bett haben. Das Brautpaar sollte versuchen, die Kosten für die Gäste möglichst niedrig zu halten – dann kommen mehr Gäste und Sie bekommen auch mehr und schönere Geschenke. Denn ein glücklicher Gast ist ein großzügiger Gast.

Die Flitterwochen

Buchen Sie die Flitterwochen und lassen Sie ihm keine Geizanwandlungen durchgehen (siehe »Über die Kunst, die Flitterwochen zu genießen«, Seite 298).

Alle obigen Fragen sind gelöst? Das Kleid passt und die Frisur ebenso? Und Sie sind sich sicher, ob Sie Ihren Namen behalten wollen oder nicht? Dann sind Sie auch bereit, »Ja« zu sagen.

Der große Gatsby
von F. Scott Fitzgerald

Warum

Mit dem Sommerurlaub und den Sommerhochzeiten vor der Tür brauchen Sie nicht allzu viel Ermutigung, um in romantischen Träumen zu schwelgen. Brauchen Sie das überhaupt je? Das hier ist der Monat, um über Liebesangelegenheiten zu lesen, alte Lieben aufzuwärmen oder neue zu finden.

Wer

Francis Scott Key Fitzgerald (24. September 1896–21. Dezember 1940) war ein umwerfend aussehender Amerikaner, der mit seinen Romanen die Jazzära der Prohibitionszeit perfekt einfing und diesen dekadenten Lebensstil genau beschrieb.

Er stammte aus einer reichen Familie in St. Paul, Minnesota, und schrieb seinen ersten Roman während des Ersten Weltkriegs als Soldat der US-Armee. Glücklicherweise endete der Krieg vor seinem ersten Kampfeinsatz. Unglücklicherweise wurde sein erster Roman, *The Romantic Egotist,* von den Verlagen abgelehnt. Doch er hatte die Zeit nicht völlig verschwendet, denn während seiner Ausbildung im Camp Sheridan lernte er Zelda Sayre kennen, die als das schönste Mädchen in Montgomery, Alabama, galt. Sie war eine bezaubernde Blondine mit makelloser Haut und faszinierenden dunklen Augen. Die beiden verlobten sich, und Fitzgerald überarbeitete den Roman und versah ihn mit einem neuen Titel – *Diesseits vom Paradies.* Der Roman wurde im März 1920 veröffentlicht. Eine Woche später heirateten Fitzgerald und Zelda.

Die Fitzgeralds galten als New Yorks goldenes Paar. Sie lebten abwechselnd in Amerika und Europa. Ihr einziges Kind, eine Tochter, Frances »Scottie« Fitzgerald, wurde am 21. Oktober 1921 geboren. »Manchmal weiß ich nicht, ob Zelda und ich wirkliche Menschen oder Figuren aus einem meiner Romane sind«, bemerkte er einmal.

1922 wurde *Die Schönen und Verdammten* veröffentlicht, 1925 folgte *Der große Gatsby* und 1934 *Zärtlich ist die Nacht.* Zelda war seine Muse, aber ihre verrückte, sprunghafte Art wurde später als schizophren diagnostiziert, eine Geschichte, die in *Zärtlich ist die Nacht* gespiegelt wird. Leider verschlimmerte sich ihre Krankheit, und das Paar entwickelte sich auseinander. Schließlich kam es zur Scheidung. Sie behauptete, er habe Seiten aus ihrem Tagebuch für seine Romane verwendet. 1932 veröffentlichte sie selbst einen autobiografischen Roman, *Darf ich um den Walzer bitten?.* Sie schrieb den Roman angeblich in sechs Nächten zwischen Anfällen geistiger Verwirrung und gibt darin ihre Sicht der Geschichte wieder, die in *Zärtlich ist die Nacht* erzählt wird. 1948 kam Zelda auf tragische Weise ums Leben, als ein Brand in der Anstalt ausbrach, in der sie untergebracht war. Obwohl sie Zeit ihres Lebens im Schatten ihres Mannes stand, schrieb William Luce ein Stück über sie: *The Last Flapper.*

Was immer in seinem Privatleben vorging, Fitzgerald wurde von Hollywood mit offenen Armen aufgenommen. Er verkaufte die Filmrechte zu seinen Büchern, schrieb Kurzgeschichten und arbeitete für MGM an Drehbüchern, darunter auch an einigen Szenen für *Vom Winde verweht.* Fitzgerald hörte nicht auf zu schreiben und machte Schulden, um seinen Lebensstil zu finanzieren. Gegen Ende seines Lebens zog er mit seiner Geliebten, Sheilah Graham, zusammen und schrieb 17 Kurzgeschichten unter dem Pseudonym Pat Hobby. 1940 hatte er zwei Herzanfälle, wovon sich der zweite als tödlich erwies. Sein letztes Werk, *The Love of the Last Tycoon,* blieb unvollendet.

Die Story

Über manche Kerle kommt man schwer hinweg und andere gehen einem einfach nicht aus dem Kopf. Jay Gatsby zum Beispiel – ein reicher, umwerfender Junggeselle, der es liebt, wilde Partys zu schmeißen. Keine Chance.

Als Nick Carraway, ein New Yorker Rentenhändler, seinen neuen Nachbarn näher kennenlernt, findet er, Gatsby fehle es an nichts. Doch Gatsby ist unglücklich verliebt, beziehungsweise ist noch immer nicht hinweg über eine unglückliche Liebe: Daisy Buchanan.

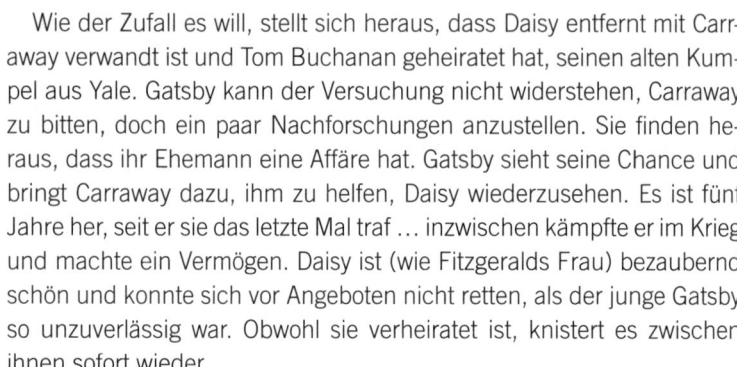

Wie der Zufall es will, stellt sich heraus, dass Daisy entfernt mit Carraway verwandt ist und Tom Buchanan geheiratet hat, seinen alten Kumpel aus Yale. Gatsby kann der Versuchung nicht widerstehen, Carraway zu bitten, doch ein paar Nachforschungen anzustellen. Sie finden heraus, dass ihr Ehemann eine Affäre hat. Gatsby sieht seine Chance und bringt Carraway dazu, ihm zu helfen, Daisy wiederzusehen. Es ist fünf Jahre her, seit er sie das letzte Mal traf … inzwischen kämpfte er im Krieg und machte ein Vermögen. Daisy ist (wie Fitzgeralds Frau) bezaubernd schön und konnte sich vor Angeboten nicht retten, als der junge Gatsby so unzuverlässig war. Obwohl sie verheiratet ist, knistert es zwischen ihnen sofort wieder.

Es kommt, wie es kommen muss, aber liebt sie Gatsby oder ihren untreuen Mann? Sie glaubt, dass sie beide liebt. Ein Problem. Es kommt zu einer Konfrontation, einer Flucht und entsprechenden Konsequenzen, als die dekadente Jazzära um sie herum sich ihrem Ende zuneigt.

Der Abend

Wie wär's mit einem Gartenfest im Stil der Zwanziger? Sehen Sie sich die Verfilmung mit Robert Redford als Gatsby und Mia Farrow als Daisy an, um sich Anregungen zu holen. Warum lernen Sie nicht Charleston tanzen, Poker oder Flohhüpfen, bevor Sie sich in eine Debatte über das Für und Wider alter Lieben stürzen?

Alternative Lektüren für lange Sommernächte:

Eine dieser schwülstigen Schmonzetten, zum Beispiel von Jilly Cooper oder Joanna Trollope.

Was zwischen die Zähne: ein Klassiker wie *Jahrmarkt der Eitelkeit* von William Makepeace Thackeray.

Die weibliche Psyche und deren Sehnsüchte werden in Romanen wie *Die Blütezeit der Miss Jean Brodie* von Muriel Spark oder *Besessen* von Antonia S. Byatt erforscht.

Romane wie Tracy Quans *Nancy Chan: Das Tagebuch der Nancy Chan* oder Pauline Réages *Die Geschichte der O* stellen die Überholspur aus einem anderen Blickwinkel dar. Inhaltlich gesehen bieten sie genug, um alten Damen die lila Haare zu Berge stehen zu lassen.

4. Juli

In den USA feiert man den Independence Day. 1776 wurde an diesem Tag die von Thomas Jefferson geschriebene Unabhängigkeitserklärung unterzeichnet. Dieses Datum markiert damit die Lösung der Amerikaner von der Britischen Herrschaft.

Während die Amerikaner die Schlacht gegen englische Steuern und die Freiheit gewannen, heirateten am selben Tag 1999 David und Victoria Beckham. Puh, hören denn diese Hochzeiten nie auf? Wahrscheinlich nicht, aber am selben Tag erfand außerdem 1862 Lewis Carroll die Geschichte von *Alice im Wunderland* für Alice P. Liddell, die ihn bat, diese aufzuschreiben.

Wie man mit Haute Couture umgeht

Anfang Juli trifft sich die Crème der Modewelt in Paris, um die Modenschauen der Haute Couture zu sehen (die zweimal im Jahr stattfinden). Bei den Haute-Couture-Schauen im Januar drängt sich die Hollywood-Elite, um für ihren Auftritt bei der Verleihung der Oscars und der Golden Globes einzukaufen, aber die Haute-Couture-Schauen im Juli sind himmlisch, um sich inspirieren zu lassen. Ideal, wenn Sie nach einem Brautkleid suchen. Selbst wenn es heißt: »Nur anschauen, nicht anfassen.«

Künstler gehen in Galerien, Kochfreaks in Restaurants und Modeverrückte besuchen die Modenschauen – und wenn es nur virtuell auf *www.vogue.de* ist.

Eine kurze Geschichte der Haute Couture

Der Vater des modernen Haute-Couture-Systems samt der Schauen – der Location und dem ganzen Heckmeck – war ein in Paris lebender Engländer, Charles Frederick Worth (13. Oktober 1825–10. März 1895). *Quelle horreur!*

Worth war zunächst Buchhalter, bevor er seine eigene Boutique eröffnete und sich die Kaiserinnen Eugénie von Frankreich und Elisabeth von Österreich als Kundinnen angelte.

Er ließ als Erster seine Mode von Mannequins vorführen, statt sie an Puppen oder mit Zeichnungen zu präsentieren. Er war auf dem Gebiet der Modenschau ein Pionier und machte sich als erster Modeschöpfer einen »Namen«. Ach ja, auch wenn wir es bereits erwähnten, er war Engländer – wenn also Paris wieder einmal den Anspruch auf den Titel der Modehauptstadt der Welt erhebt, einfach dran denken: Die Engländer sind immer für eine Idee gut. Siehe John Galliano bei Dior und *plus ça change.*

Worth revolutionierte nicht nur die Art und Weise, Mode zu präsentieren, 1868 gründete er auch das *Chambre Syndicate de la Haute Couture.* Klingt bombastisch und bezweckte, das Kopieren von Haute-Couture-Entwürfen zu unterbinden. (Genau, auch das gab es schon in der guten alten Zeit.) Diese Organisation arbeitet seither am Schutz der Pariser Modehäuser, plant die Modenschauen und entscheidet, wer an den Modewochen – *prêt-à-porter* (Mode von der Stange) und Haute Couture – teilnehmen darf (und wer nicht).

1946 nahmen bei den Haute-Couture-Schauen 106 Modehäuser teil, 2006 waren noch sechs große Namen übrig, davon nur drei aus der großen Zeit der Pariser Haute Couture: Chanel, Dior und Givenchy (eigentlich kam Givenchy erst später hinzu). Das soll nicht heißen, dass die Modekunst ausstirbt, nein – nur die Regeln sind sehr streng. Um als Couture-Haus zu gelten:

- Muss der Modeschöpfer jede Saison eine Kollektion mit 50 Originalkleidern für den Abend und den Tag entwerfen.
- Muss er ein Atelier/eine Werkstatt mit mindestens 20 Beschäftigten haben.

Es gibt kleinere Designer, die aber nicht als Couturier bezeichnet werden.

Worths System funktionierte wunderbar, bis Yves Saint Laurent alles durcheinanderwirbelte und die Mode revolutionierte. Mehr über die Rive-Gauche-Rebellion erfahren Sie auf Seite 311 in seiner Biografie, unter dem 1. August.

Wie man das richtige Brautkleid auswählt

Das Brautkleid ist das wichtigste Kleid Ihres Lebens – wenn Sie also den richtigen Kerl gefunden und den Tag festgelegt haben, können Sie sich voll auf die größte »Was-soll-ich-anziehen«-Krise Ihres Lebens konzentrieren. Fühlen Sie sich nicht unter Druck gesetzt, aber aller Augen ruhen auf Ihnen.

Probieren Sie die diversen Stile, Schnitte und Designer durch, bis Sie sich sicher sind, das richtige Kleid gefunden zu haben. Wie bei so vielen Dingen wissen Sie das in dem Moment, in dem Sie es sehen.

Ob Empire-Stil oder Baiserwolke, Satin oder Pailletten oder der weiße Brautkleid-Stil (der auf die Zeit Königin Victorias zurückgeht), für was Sie sich auch entscheiden, an diesem Tag müssen Sie fantastisch aussehen.

Bei der Farbe ist man heute nicht allzu gebunden – obwohl Königin Victoria sich für Weiß entschied, zu ihrer Zeit galt Blau als Symbol der Reinheit –, nur Schwarz gilt allgemein als unpassend. Weiß gilt als Symbol der Reinheit und (jungfräulichen) Unschuld. Und es muss ja kein Kleid sein – Pamela Anderson kam mit einem Bikini wunderbar zurecht. Sie müssen sich nicht verbiegen, um der Tradition Genüge zu tun. Bevor Sie aber allzu sehr über die Stränge schlagen, sollten Sie sich vielleicht noch einmal dieses Kindergedicht durchlesen:

Die Braut trägt Weiß –
Klug gefreit.
Die Braut trägt Grün –
Sie schämt sich wegen ihm.
Die Braut trägt Grau –
In die Ferne zieht's die Frau.
Die Braut trägt Rot –
Und wünscht sich bald, sie wär tot.
Die Braut trägt Blau –
In Liebe vertrau.
Die Braut trägt Gelb –
Der Bräutigam kein Held.
Die Braut trägt Schwarz –
Das bereut sie hart.
Die Braut trägt Rosé –
Leiden tut weh.

Die großen Namen der Brautkleider-Designer werden angeführt von Vera Wang (Jennifer Aniston trug eins von ihr, als sie Brad heiratete), gefolgt von Jenny Packham, Amanda Wakeley und Collette Dinnigan.

Schauen Sie sich um unter *www.morgandavieslondon.co.uk* oder *www.le-spose-di-gio.it* und lassen Sie sich inspirieren. Browns Bride *(www.brownsfashion.com)* empfiehlt Monique Lhuillier (Britney Spears), John Galliano (Sofia Coppola), Rochas und Alaïa. Viele führende Designer arbeiten exklusiv für Browns und – Sie.

Schauen Sie sich nicht nur auf diesen Websites um, sondern auch in Kaufhäusern und Brautmodeläden.

Ein Tipp: Werfen Sie auch einen Blick in die Abendmodeabteilungen, Vintage-Boutiquen und sehen Sie sich bei eBay und im Schlussverkauf um.

Gehen Sie shoppen

Man kann sich nicht früh genug Gedanken darüber machen, wie man an seinem großen Tag aussehen möchte – manche fangen mit vier damit an, manche ein paar Jahre später. Ob Haute Couture oder ein Kleid von der Stange – Ihr Brautkleid ist da draußen, Sie müssen es nur finden. (Keine Panik, das richtige Kleid zu finden ist einfacher als den richtigen Mann.) Probieren geht über Studieren. Und außerdem: Wann sonst haben Sie Gelegenheit, eine solche Kreation zu tragen? Aber achten Sie bitte auf gute Unterwäsche, die Verkäuferinnen helfen Ihnen beim Anziehen, und Sie wollen doch nicht in einem ausgeleierten grauen BH oder einem grellen Neonslip dastehen. Denken Sie an traditionellen Tüll oder schlanke Seide? Unschuldige Maid oder verführerische Nymphe?

Sie haben ein Bootcamp für Bräute gebucht oder planen eine Crashdiät? Dann sollten Sie das bei der Kleiderwahl miteinbeziehen. Aber versuchen Sie bitte nicht das Unmögliche und verlieren Sie nicht die Pfunde, in die er sich verliebte. Wenn eine blasse, kurvenreiche Brünette wie verrückt abnimmt, sich im Fitnessstudio fit strampelt und im Sonnenstudio grillt, um als klapperdürre Blondine vor den Altar zu treten, wird der Bräutigam mit Recht fragen: »Wer bist du?« … und die Flucht ergreifen. Natürlich soll er Sie nicht vor dem großen Tag im Brautkleid sehen, aber geben Sie dem Kerl doch eine Chance – kommen Sie so, dass er Sie erkennt.

8. Juli

1839 wird der reichste Mann der Welt, John Davison Rockefeller, geboren.

Der Industriemagnat und Philantroph war so berühmt, dass sein Name zum Synonym für Reichtum wurde. Rockefeller spielte eine Schlüsselrolle beim Aufbau der amerikanischen Ölindustrie – ein J. R. Ewing aus dem wirklichen Leben – und wurde auf 200 Millionen Dollar geschätzt, spendete aber stets mindestens zehn Prozent seines Gewinns der Kirche. Außerdem musste er vier Töchtern die Hochzeit ausrichten.

12. Juli

Um 100 v. Chr. wurde Julius Cäsar, quasi der erste Kaiser des römischen Reichs (daher der Name), geboren. Doch nicht durch seine Regierungskunst wurde er unsterblich, sondern durch seine Liebesaffäre mit der exotischen Herrscherin Ägyptens.

Kleopatra

Bevor Sie nach dem Eyeliner greifen und »Walk Like an Egyptian« von den Bangles auflegen, eine Frage: Was wissen Sie von Kleopatra, außer dass sie bezaubernde Augen und eine hübsche Nase hatte und in Eselsmilch badete? Nun, sie hat nicht nur zwei der größten Herrscher Roms verführt, sie war auch selbst eine mächtige Herrscherin und bleibt eine der weiblichen Ikonen der Geschichte. Sie beweist, dass man klug *und* schön sein kann und dass die Welt nur den Männern gehört, wenn man sie ihnen lässt.

Sie war intelligent und feminin, Femme fatale und Pharaonin – Kleopatra hatte alles und das v. Chr. Der Philosoph Cicero schrieb: »Ihr Charakter war ausgesprochen faszinierend.« Sie bekam immer, was sie wollte, und sie wusste, wie man das Geschäftliche mit dem Vergnügen verbindet. Sie war eine Feministin, lange bevor das Wort überhaupt existierte, verband Kinder und Karriere und trug einen Namen, dessen Klang allein schon verführte.

Ihr Ehrgeiz: die Welt zu beherrschen.

Das Ergebnis: ewiger Ruhm.

Zu ihrer Zeit wurde sie als Königin und Schönheit verehrt. 1600 Jahre später sprach man noch immer über sie, und ihre Liebesaffären wurden für die Ewigkeit bewahrt, zuerst von Shakespeare in *Antonius und Kleopatra* und später von George Bernard Shaw in *Cäsar and Kleopatra*. Die berühmtesten Schauspielerinnen standen Schlange, um sie zu spielen, darunter Sarah Bernhardt, Claudette Colbert, Vivien Leigh und, unvergessen, Elizabeth Taylor.

Ihr Leben und ihre Zeit

Sie wurde um 69 v. Chr. in Alexandria geboren und bestieg nach dem Tod ihres Vaters, Ptolemäus Auletes, als Kleopatra VII. den ägyptischen Thron. Berenike IV. war günstigerweise nach einem Streit mit Daddy geköpft worden und Kleopatra VI. war gestorben, damit hatte sich das Problem mit den älteren Schwestern erledigt. Anders als in anderen Königshäusern ging hier die Krone nicht automatisch auf den männ-

lichen Erben über – sie hatte zwei jüngere Brüder –, sondern an den Liebling des Pharaos. Und Kleopatra bedeutet auch so viel wie »Ruhm des Vaters«. Ihr voller Name, Kleopatra Thea Philopator, bedeutet »die von ihrem Vater geliebte Göttin Kleopatra« – Papas Liebling, in der Tat. Laut ägyptischem Gesetz brauchte sie jedoch einen Mann an der Seite. Um dieser Förmlichkeit Genüge zu tun, heiratete sie ihren zwölfjährigen Bruder, Ptolemäus XIII. Damit hatte sie ziemlich freie Hand und konnte nach Lust und Laune schalten und walten – und ihr Antlitz auf die Münzen des Landes prägen.

Doch ihr kleiner Bruder/Gemahl wollte mithilfe des Römers Pompejus lieber selber regieren, weshalb Kleopatra etwas die Ellbogen einsetzen musste. Eines unterschied sie von den anderen Herrschern ihrer Dynastie: Sie war aufrichtig am Wohlergehen ihrer Untertanen interessiert und war auch die Erste aus ihrer Familie, die Ägyptisch lernte und sprach – neben acht anderen Fremdsprachen, darunter, ungewöhnlich für die Zeit, nicht Latein. Sie war unglaublich gebildet und plante das Kanal- und Wassersystem für Alexandria, auch wenn die Literatur und Legendenbildung ihren Leistungen bei Weitem nicht so viel Aufmerksamkeit schenkt wie ihren Eroberungen im Schlafzimmer. Man kann auf mehr als einem Gebiet gut sein.

Am 28. September 48 v. Chr. wurde ihr Gegner Pompejus ermordet, aber kaum war dieses Problem gelöst, tauchte das nächste auf – in Gestalt Cäsars, der vier Tage später in Alexandria ankam. Der römische Kaiser erklärte sich zum Herrscher und die 3200 Legionäre und 800 berittenen Soldaten, die er dabeihatte, sahen das auch so. Puh. Sah nicht gut aus für Kleo. Ihr Bruder Ptolemäus XIII. floh, wurde aber gefangen genommen. Kleopatra schenkte man keine Beachtung – sie kochte vor Wut. Entschlossen, sich eine Audienz bei Cäsar zu verschaffen, schmuggelte sie sich, in einen Teppich gerollt, in seine Privatgemächer. Und ließ sich als Geschenk ausrollen. Was für ein Auftritt. Am nächsten Morgen, als die Geschwister Cäsar kennenlernen sollten, hatte sie schon alles gebongt. Ptolemäus stürmte hinaus und wurde erneut gefangen genommen. Cäsar war entzückt über diese Entwicklung: Der Bruder war schwach, und da war dieses exotische Nymphchen, das er glaubte, als Marionette auf den Thron setzen zu können. Weit gefehlt, falsche Königin. Kleopatra war vielleicht seine Geliebte, aber sie war keine Marionette. Die Interessen ihres Landes waren ihr wichtig.

Nun folgte die Mutter aller Geschwisterkriege – der Alexandrinische Krieg. Ptolemäus setzte sich an die Spitze eines Heers und kesselte Cäsar in Alexandria ein. Kleopatras jüngere Schwester, Arsinoë, floh zu Achillas und seinen Mannen und kämpfte gegen Cäsar. Kleopatra hielt sich an Cäsar, um für sich selbst zu kämpfen. Arsinoë wurde ermordet und Ptolemäus XIII. ertrank im Nil. Am Schluss war Kleopatra Alleinherrscherin über Ägypten. Das feierte sie mit einer Hochzeit. Der Bräutigam war ihr überlebender kleiner Bruder, Ptolemäus XIV. Die Flitterwochen verbrachte sie mit ihrem Geliebten, Cäsar, auf einer zweimonatigen Nilkreuzfahrt. Ihr Sohn und Erbe, Cäsarion (Ptolemäus Cäsar), wurde am 23. Juni 47 v. Chr. geboren.

Im Juli 46 v. Chr. kehrte Cäsar nach Rom zurück, wohin ihm seine ägyptische Königin ein paar Monate später nachfolgte. Aber sie kam bei den konservativen römischen Republikanern nicht so gut an, vor allem als sie begann, sich als ihre neue Isis (die ägyptische Göttin der Magie und des Lebens) zu bezeichnen. Man munkelte, Cäsar wolle sie heiraten. Zum Teufel mit diesen kleinlichen Bigamiefragen und dem römischen Gesetz, das die Ehe mit Fremden verbot. Aber das »Glück bis ans Ende ihrer Tage« war ihnen nicht beschieden. An den Iden des März, im Jahre 44 v. Chr., wurde Cäsar, Kleopatras intellektueller Seelenverwandter, ermordet. Sie floh mit ihrem Sohn.

Wieder zu Hause, hatte sie mit Männern abgeschlossen und ließ ihren Brudergemahl Ptolemäus XIV. ermorden. Statt seiner wurde nun ihr vierjähriger Sohn Regent an ihrer Seite. Das Land, in das sie zurückkehrte, litt unter Krankheiten, Hungersnöten und Missernten. In Rom herrschte politisches Chaos, da die Nachfolger um Cäsars Reich und Krone stritten. Kleopatra beschloss, die vier Legionen, die Cäsar in Ägypten gelassen hatte, dazu zu nutzen, ihrem Sohn Cäsars Nachfolge zu sichern. Leider verlor sie den Kampf. Antonius, Octavian und Lepidus siegten, um sich darauf sofort untereinander zu streiten. Kleopatra wartete ab und suchte sich dann einen neuen Verbündeten, den sie verführte.

In Tarsus angelte sie sich den römischen Politiker und General Marcus Antonius, schließlich war er einer von Cäsars vertrauenswürdigsten

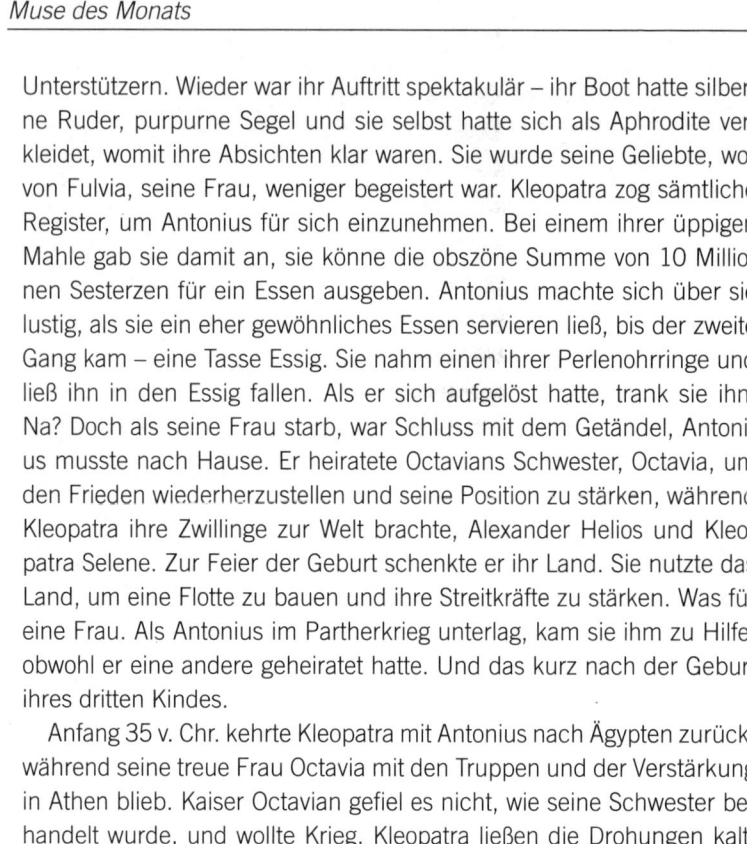

Unterstützern. Wieder war ihr Auftritt spektakulär – ihr Boot hatte silberne Ruder, purpurne Segel und sie selbst hatte sich als Aphrodite verkleidet, womit ihre Absichten klar waren. Sie wurde seine Geliebte, wovon Fulvia, seine Frau, weniger begeistert war. Kleopatra zog sämtliche Register, um Antonius für sich einzunehmen. Bei einem ihrer üppigen Mahle gab sie damit an, sie könne die obszöne Summe von 10 Millionen Sesterzen für ein Essen ausgeben. Antonius machte sich über sie lustig, als sie ein eher gewöhnliches Essen servieren ließ, bis der zweite Gang kam – eine Tasse Essig. Sie nahm einen ihrer Perlenohrringe und ließ ihn in den Essig fallen. Als er sich aufgelöst hatte, trank sie ihn. Na? Doch als seine Frau starb, war Schluss mit dem Getändel, Antonius musste nach Hause. Er heiratete Octavians Schwester, Octavia, um den Frieden wiederherzustellen und seine Position zu stärken, während Kleopatra ihre Zwillinge zur Welt brachte, Alexander Helios und Kleopatra Selene. Zur Feier der Geburt schenkte er ihr Land. Sie nutzte das Land, um eine Flotte zu bauen und ihre Streitkräfte zu stärken. Was für eine Frau. Als Antonius im Partherkrieg unterlag, kam sie ihm zu Hilfe, obwohl er eine andere geheiratet hatte. Und das kurz nach der Geburt ihres dritten Kindes.

Anfang 35 v. Chr. kehrte Kleopatra mit Antonius nach Ägypten zurück, während seine treue Frau Octavia mit den Truppen und der Verstärkung in Athen blieb. Kaiser Octavian gefiel es nicht, wie seine Schwester behandelt wurde, und wollte Krieg. Kleopatra ließen die Drohungen kalt, sie konzentrierte sich auf den Aufbau und den politischen Frieden in Ägypten. Sie war wirklich die neue Isis und Antonius der neue Dionysos. Die beiden zogen wie zwei gekrönte Gottheiten durch die Straßen. Was konnte sich eine Femme fatale, Mutter und Königin mehr wünschen? Es schien, als sei ihr Traum, Herrscherin der Welt zu werden, Wirklichkeit geworden. Antonius ließ sich scheiden, und 31 v. Chr. sah sich die westliche Welt gezwungen, Kleopatra anzuerkennen.

Das war verständlicherweise zu viel für seine Ex Octavia. Sie erklärte Kleopatra den Krieg. Im wahrsten Sinn des Wortes. Am 2. September 31. v. Chr. besiegte die Flotte Octavians Antonius in Actium, Griechenland. Als er auf dem Weg zurück zu Kleopatra erfuhr, dass seine Königin tot sei, beging er Selbstmord. Doch Kleopatra war nicht tot – als sie allerdings vom Tod ihres Geliebten und dem Sieg Kaiser Octavians erfuhr und dieser sich weigerte, mit ihr zu verhandeln, wählte sie den Freitod. Sie sammelte ihre Diener um sich und probierte, welches Gift das effektivste und schmerzloseste war.

Kleopatra starb am 12. August 30 v. Chr. Sie war 39 Jahre alt, als ihr in einem Korb mit Feigen eine Schlange gebracht wurde. Mit ihr starben die ägyptische Monarchie und die Dynastie der Ptolemäer, doch nicht die Faszination, die sie auszulösen vermochte. In Ägypten glaubte man, der Tod durch einen Schlangenbiss mache einen unsterblich, bei Kleopatra hat es geklappt. »In unserm Mund und Blick war Ewigkeit.« *Antonius und Cleopatra*, I. Akt, 3. Szene.

1963 nahm Elizabeth Taylor die Rolle der *Cleopatra* im gleichnamigen Film an. Sie war die erste Schauspielerin, die eine Million Dollar bekam, damals die höchstbezahlte Schauspielerin der Welt. »Ich kann mich gar nicht mehr so gut an *Cleopatra* erinnern«, räumte sie später ein. »Da war drum herum so viel los.« Wie wahr. Die wirkliche Kleopatra wäre von einem Budget von 40 Millionen Dollar (das die 20th Century Fox in den Ruin trieb) und der Affäre mit Richard Burton (Antonius) begeistert gewesen. Taylor meinte: »Ich werde von meiner Leidenschaft beherrscht …« Das hat Kleopatra sicherlich genauso gesehen.

Kleopatras Weisheiten

»Ihr wisst, uns Größte trifft so oft Verdacht.«

»Geschwindigkeit wird nie so sehr bewundert als von Saumseligen.«

»Meine Ehr ergab sich nicht,
Nein, ward geraubt.«

»Narr! Siehst du noch immer nicht, dass ich dich hätte schon hundertmal vergiften können; wäre es mir möglich, ohne dich zu leben!?«

»Über mich wird niemand triumphieren.«

13. Juli

1985 findet im Wembley-Stadion in London, im JFK-Stadion in Philadelphia, in Moskau und in Sydney das Live-Aid-Konzert statt. Ziel: »Feed the World«. Es wurde von Bob Geldof und Midge Ure organisiert und war das größte mit Satellitenübertragungen verbundene Konzert aller Zeiten: Es wurde weltweit von 1,5 Milliarden Menschen gesehen. Der Spendenerlös von etwa 200 Millionen Euro kam den Hungernden in Äthiopien zugute. Was haben Sie in letzter Zeit Gutes getan? Wäre es nicht an der Zeit, an andere zu denken? Machen Sie einen Unterschied!

14. Juli

An diesem Tag stürmten die Pariser 1789 die Bastille und damit begann die Französische Revolution. Frankreich war so gut wie bankrott, die Adligen hatten zu sehr geprasst und das politische System war zu korrupt. Die Bauern hungerten, die Mittelschicht war machtlos und die Monarchie war völlig realitätsfremd.

Am 16. Juli erkannten König Ludwig XVI. und seine Frau Marie-Antoinette den Ernst der Lage und flohen nach Versailles. Der König hatte seine absolute Macht eingebüßt, und obwohl nur sieben Gefangene aus der Bastille befreit wurden, betrachtete man dies als Symbol der Freiheit. Die Trikolore stand für die drei Ideale der Republik: *liberté, égalité* und *fraternité* (Freiheit, Gleichheit, Brüderlichkeit). Die Revolution bedeutete das Ende der Monarchie und führte 1792 zur (ersten) Republik.

Schlecht weg kam die Königin Marie-Antoinette. Sie wurde verleumdet, obwohl sie völlig unschuldig war, sie war nur ein Bauer in

den politischen Ränken ihrer Zeit – wenn auch ein juwelenbehäng-
ter und sehr gut angezogener Bauer.

Um eines klarzustellen, sie sagte nie: »Sollen sie doch Kuchen
essen«, wie man ihr andichtet. Ihre Biografin, die Historikerin Antonia Fraser, erklärte, der Satz stamme von Maria-Theresia, der Frau
von Ludwig XIV., und sei die Bemerkung einer hartherzigen und
dummen Person, was Marie-Antoinette nicht war. »Kuchen« ist auch
falsch übersetzt. Ursprünglich hieß es, die Armen sollten Brioches
essen, die wesentlich nahrhafter als Kuchen sind.

Marie-Antoinette war dekadent, frivol und genoss ein Leben im
Luxus – sie *war* die Königin von Frankreich –, aber man sollte ihr
nicht vorwerfen, mit diesem Satz die Französische Revolution ausgelöst zu haben. Da wir schon dabei sind, die Verleumdungskam-
pagnen gegen sie aufzuklären: Auch die großen Tassen von Sèvres
sind nicht nach ihren Brüsten geformt. Noch so eine Ausgeburt
lebhafter Fantasie.

Lesen Sie Antonia Frasers Buch oder sehen Sie Sofia Coppolas
Film *Marie-Antoinette* (2006) an, um eine Vorstellung von ihrem
Charakter zu bekommen. Und vergessen Sie nicht ihr größtes Ge-
schenk an Frankreich: das Croissant.

Über die Kunst, sich beschenken zu lassen

Jetzt, da Sie und der VDB wissen, wie viel Sie für diesen Tag hin-
blättern müssen, flattern verständlicherweise die Nerven. Das ist
nicht nur ein wichtiger Schritt, es ist vor allem ein sehr, sehr teurer
Schritt.

Während Ihr hochzeitsfreier Alltag nun also praktisch aus trocke-
nem Brot besteht, weil Sie sparen müssen, dürfen Sie andererseits
mit dem Jackpot rechnen – der Hochzeitsliste.

Verschicken Sie doch diese zusammen mit der Einladung zu Ihrer Hochzeitsfeier. Selbst wenn das Brautpaar bereits cine Wohnung

teilt, kaufen die Hochzeitsgäste gerne etwas für das Zuhause. Wenn Sie zu den Eingeladenen gehören, kaufen Sie den beiden aber bitte *nie* einfach irgendwas, sondern fragen Sie sie zuvor, was sie sich wünschen oder brauchen – nach der Hochzeitsfeier sind sie pleite, sie sind drauf angewiesen.

Liebe Gäste, seid nicht geizig – vergesst nicht, was immer ihr ausgebt, die beiden geben mehr aus.

Liebes Brautpaar, legt im Kaufhaus eurer Wahl eine Hochzeitsliste aus, bevor ihr riskiert, 500 Bratpfannen zu bekommen oder 500-mal gefragt zu werden, ob ihr den Topf von Le Creuset wollt. Geht durch den Laden und sucht euch das Porzellanservice, das Besteck, die Bettwäsche für euer Eheleben aus. Achtet bei der Zusammenstellung der Liste darauf, dass für jeden Geldbeutel etwas dabei ist – von DVDs über Zuckerschalen bis hin zu dem Traum von Flachbildfernsehgerät. (Das sich wahrscheinlich niemand leisten kann – aber man wird wohl noch hoffen dürfen!) Bitten Sie Ihre Gäste, etwas aus der Liste zu wählen, statt Sie zu überraschen – was natürlich nie alle tun werden.

Erkundigen Sie sich nach einem Kaufhaus, das Hochzeitslisten auflegt. Wo Kreditkarten akzeptiert werden, sollte das kein Problem sein. Auch über das Internet lassen sich Hochzeitslisten auflegen, sogar *amazon.de* mischt hier mit. Das Internet bietet den Vorteil, es Ihren großzügigen Gästen so bequem wie möglich zu machen, Sie zu beschenken.

Das Paar wird auf dem Laufenden gehalten, was wer kauft, und bekommt alles zu einem passenden Termin nach der Hochzeit und/oder nach den Flitterwochen geliefert. Außerdem wird so vermieden, dass zu viele Bratpfannen und Zuckerschalen gekauft werden.

Über die Kunst, Ja zu sagen

Sie wollen Ihren Leuten eine Freude machen und sich eine traditionelle Hochzeitsfeier gönnen? Dann machen Sie sich mal kundig. In der Kirche sitzt die Familie der Braut traditionellerweise auf der linken und die des Bräutigams auf der rechten Seite. Es gibt später noch genug Zeit, sich gegenseitig kennenzulernen, also halten Sie sich zu diesem Zeitpunkt an die Regeln.

Während in England der Bräutigam am Altar auf die Braut wartet, die von ihrem Vater nach vorne geführt wird, schreitet das Brautpaar auf dem Kontinent nach der Begrüßung gemeinsam zum Altar. Allerdings lassen sich auch hier immer mehr Bräute von ihrem Vater, Onkel, Bruder oder einem anderen Verwandten oder Freund zum Altar führen. Elizabeth Hurley bat 2007 Elton John um diesen Gefallen. Nur eins ist unmöglich: Wie unabhängig sie auch sein mag, allein kann die Braut nicht zum Altar schreiten – selbst Tracy Lord brauchte in *Die oberen Zehntausend* jemanden, auf den sie sich stützen konnte.

Die Top-Melodien für den Weg zum Altar

5. Verdis »Triumphmarsch« aus *Aida*
4. Händels »Die Ankunft der Königin von Saba«
3. Abbas »I Do, I Do, I Do, I Do«
2. Van Morrisons »Have I Told You Lately«
und natürlich die Nummer eins –
Wagners »Brautmarsch« (genau, der aus den Filmen, wenn es heißt: »Here comes the bride«)

Oder wie wär's mit Mozarts Hochzeitsmarsch aus *Die Hochzeit des Figaro,* Pachelbels Kanon in D-Dur oder etwas Zeitgemäßerem – schließlich ist ja auch das Brautpaar von heute – wie Norah Jones' »Come Away with Me«, Etta James' »At Last«, Nat King Coles »Unforgettable« oder einem Lied, das Sie beide lieben und das für die

293

Gelegenheit passt. Außer Sie möchten sich das Lied für den Braut-tanz aufheben ...

Das Hochzeitsgelöbnis

Sie können sich getreu an den Text halten oder das Gelöbnis etwas anpassen. Den entscheidenden Satz kennt jeder, aber die Details lassen sich variieren. Mrs. Beckham ließ zum Beispiel den Teil mit dem »Gehorchen« weg. Das Hochzeitsversprechen ist der zentrale, magische Teil. Versuchen Sie in Worte zu fassen, warum Sie sich binden.

Okay – nachdem das geschafft ist, ist es Zeit zu feiern, mit Anspra-chen, Champagner, Tanz – in Ihrem weißen Traumkleid. Es ist der Showstopper und die Wahrscheinlichkeit ist gering, dass Sie es je wieder tragen. Also los!

21. Juli

Neil Armstrong und Edwin Aldrin betreten 1969 als erste Menschen den Mond. Beim Verlassen der Apollo 11 sprach Armstrong den be-rühmten Satz; »Das ist ein kleiner Schritt für einen Menschen, aber ein großer Sprung für die Menschheit.«

1899 wird Ernest Hemingway, Schriftsteller, Nobel- und Pulitzer-Preisträger, geboren.

Er erklärte, bei seinem ersten Job beim *Kansas City Star* habe er gelernt, kurze Sätze und kurze Absätze zu schreiben, sich über-haupt kurz zu halten, und immer positiv, nie negativ zu schreiben. Das blieb sein Stil.

Er kämpfte als Soldat im Ersten Weltkrieg und wurde am 8. Juli 1918 bei dem Versuch, einen italienischen Soldaten zu retten, verwundet (wofür er vom italienischen Staat die silberne Tapferkeitsmedaille verliehen bekam). Im Krankenhaus, wo er sich von seinen Verletzungen erholte, lernte er die Rotkreuzschwester Agnes von Kurowsky kennen. Der Roman *In einem anderen Land* handelt von dieser Liebe. 1996 verfilmte Richard Attenborough die wirkliche Liebesgeschichte mit Sandra Bullock und Chris O'Donnell (*In Love and War*).

26. Juli

1856 wird der irische Schriftsteller George Bernard Shaw in Dublin geboren. Er schrieb unter anderem *Pygmalion*. Bei der Uraufführung am 1. April 1914 spielte Mrs. Patrick Campbell unter seiner Regie die Eliza Doolittle. Das Stück wurde als *My Fair Lady* mit Audrey Hepburn in der Hauptrolle verfilmt und ist die Vorlage für *Rita will es endlich wissen* mit Julie Walters in der Hauptrolle.

»Moden sind eigentlich nur eingeführte Epidemien«, sagte Shaw. »Ich zitiere mich häufig selbst. Das würzt die Konversation.« Lesen Sie das Stück, leihen Sie sich die DVD aus oder seien Sie heute eine Lady.

29. Juli

Da wir gerade bei Hochzeiten und errötenden Bräuten sind – kaum eine Hochzeit war schöner als die am 29. Juli 1981, als sich Lady Diana und der Prince von Wales das Jawort gaben. »Es war, als sehe man einem wunderschönen Schmetterling zu, der aus seinem Kokon schlüpft«, meinte Elizabeth Emanuel, die Dianas Brautkleid entwarf.

Diana Frances Spencer wurde am 1. Juli 1961 geboren und sollte eine der meistfotografierten und berühmtesten Frauen der Welt werden – das Kleid, das sie bei dieser Gelegenheit trug, konnte daher nur spektakulär sein. »Sie war wie eine Stummfilmdiva, die mit ihren Kleidern sprach«, sagte Galliano. Bei 3500 eingeladenen Gästen und 750 Millionen Zuschauern weltweit wollte sie natürlich keinen Fehler machen. Etwa 600 000 Zuschauer säumten die Straßen, um zu sehen, wie sie mit ihrem Vater in einer Glaskutsche vom Clarence House zur St. Paul's Cathedral fuhr. Ihr elfenbeinfarbenes Spitzenkleid aus Taft hatte eine knapp acht Meter lange Schleppe.

Wie man bei der Hochzeit richtig feiert

Sobald die Zeremonie vorbei und klar ist, dass sich die Angst und die strategische Planung gelohnt haben, dürfen Sie sich endlich entspannen.

Es ist ja schon ein Grund zum Feiern, dass Sie beide aufgetaucht sind – nicht nur der Bräutigam kann vor einer Hochzeit kalte Füße bekommen. Vergessen Sie nicht, Sie machen das, weil Sie sich lieben und weil Sie es wollen. Sie geben nicht Ihre Freiheit auf – das ist nur eine neue Phase für Sie als Team oder Paar.

Was auf den Tisch kommt

Auch wenn es das Brautpaar weniger interessiert, für die Gäste steht es zu diesem Zeitpunkt an oberster Stelle: Was gibt es zu essen? Lassen Sie Champagner und Knabbereien reichen, während das Brautpaar zum Fotografieren verschwindet. (Machen Sie das am besten, solange Sie noch nüchtern sind und keine Rotweinflecken auf dem weißen Kleid haben.)

Machen Sie einen Sitzplan. Mischen Sie Verwandte und Freunde so, dass es zu keinen Zänkereien kommt. Gewöhnlich sitzen die beiden Elternpaare und das Brautpaar am Brauttisch, im Fall von Familienzwist, Spannungen, Scheidungen und andere Streitigkeiten ist es vielleicht ratsamer, die Betroffenen an verschiedene Tische zu verteilen. Zur Förderung der Harmonie.

Zwischen dem ersten Trinkspruch und bevor alle über ihr Essen herfallen, kommen die Ansprachen. (Wenn Ihre Gäste allzu verhungert wirken, können Sie mit den Ansprachen auch bis nach dem Essen warten.) Die Braut braucht sich keine Sorgen zu machen, sie ist fein raus. Anders der Bräutigam, vor allem der britische Bräutigam.

Die Ansprachen

Die erste Rede hält normalerweise der Vater der Braut (oder wer auch immer sie zum Altar geführt hat). Er stellt die Braut der Familie des Bräutigams vor und heißt diesen in der Familie der Braut willkommen. Natürlich spickt er seine Rede mit reizenden Anekdoten. Darauf wird angestoßen.

Tipp: Es ist ratsam, nicht mit dem Auto zu einer Hochzeit zu kommen, bei mehreren Trinksprüchen kommt einiges an Promille zusammen. Und passen kann man schlecht – wer weiß, ob das kein Unglück bringt.

Wenn es ganz traditionell britisch weitergeht, ist als Nächstes der Bräutigam mit einer Rede dran. Er dankt der Familie der Braut, den Gästen und der Braut, weil sie ihn heiratet – und Prost.

Und jetzt könnte auch die Braut eine Rede halten, um sich bei allen zu bedanken, die ihr geholfen haben, und ein paar nette Worte für den Bräutigam finden. Falls Sie einen Briten heiraten: Halten Sie Ihre Rede, bevor der Trauzeuge des Bräutigams mit seiner Rede loslegt. Sie könnten es sonst bereuen: *Wie oft warst du verheiratet? Und wie war das mit der Blondine beim Pole-Dancing?*

Denn jetzt kommt – in Großbritannien – dessen Rede, und die hat es in sich. Es geht darum, den Bräutigam auf möglichst liebevolle Weise möglichst dumm aussehen zu lassen. Und wenn das vorüber ist, wird wieder angestoßen (und allen fällt ein Stein vom Herzen).

Spätestens jetzt kann gefuttert werden – ob es ein Büffet gibt oder ein gesetztes Essen, bleibt Ihnen überlassen. In beiden Fällen müssen Sie aber wissen, mit wie vielen Gästen Sie rechnen können, und deshalb ist es wichtig, dass Ihnen die Gäste Bescheid geben, ob sie kommen. Übrigens: Ein Büffet hat den Vorteil, dass auch heikle Esser oder Allergiker satt werden.

Wann Sie die Torte anschneiden, liegt bei Ihnen. Und ob Sie eine Obsttorte, eine Schokoladentorte oder eine Sahnetorte wählen und wie viele Stockwerke diese hat, richtet sich ebenfalls ganz nach Ihren Vorlieben und denen des Bräutigams. Und nach Ihrem Budget.

Über die Kunst, die Flitterwochen zu genießen

Wenn das junge Brautpaar die Hochzeit überlebt und bis in die Morgenstunden durchgefeiert hat, hat es sich seine Flitterwochen wahrlich verdient. Sogar Brautzilla braucht einen Erholungsurlaub, bevor die Realität sie wieder einholt. Dafür kommt in der Regel der Bräutigam auf, also ein Grund mehr, ihn zu genießen.

Bei Flitterwochen denkt man an exotische, einsame weiße Sandstrände, Gondeln in Venedig oder ein Fünfsternehotel in Paris. Wenn Sie sich jedoch beim Bergsteigen, Campen, einem Grand-Slam-Turnier oder einem Festival kennenlernten, wäre es vielleicht auch nett, dorthin zurückzukehren, wo alles begann. Oder sich auf ein neues Abenteuer einzulassen.

Sparen Sie nicht bei den Flitterwochen. Die Forschung zeigt, dass junge Brautpaare es im Nachhinein am meisten bereuen, an dieser Ecke geknausert zu haben. Ersparen Sie sich diesen Fehler – laden Sie lieber ein paar Verwandte weniger ein, die Sie nicht kennen. Aufgepasst: Es ist zwar nett, wenn Ihr Zukünftiger Sie überraschen möchte, aber bitten Sie ihn um ein paar Hinweise – und lassen auch Sie den ein oder anderen Tipp fallen. Schließlich müssen Sie wissen, was Sie einpacken müssen. Wer will schon mit einem Bikini auf der Skipiste in sein Eheleben starten? Auch wenn das den Flitterfaktor des Urlaubs sicherlich erhöht.

Eine kurze Geschichte

Vergessen Sie den ganzen Unsinn, den der von Hugh Grant gespielte Charles in *Vier Hochzeiten und ein Todesfall* von sich gibt. (Männer lassen sich allerhand einfallen, um bei den Frauen Eindruck zu schinden.)

Auch die Brüder Grimm irrten sich. Der Begriff stammt wahrscheinlich nicht von den Flittern der Brauthaube, sondern von dem althochdeutschen *filtarazan* (»liebkosen«) und dem mittelhochdeutschen *gevlitter* (»heimliches Lachen«) beziehungsweise *vlittern* (»kichern, flüstern, kosen«).

Ist ja auch netter.

Was man sich zu den Hochzeitstagen schenkt

Sie haben ein Jahr geschafft? Das ist ein Grund zum Feiern. Das erste Jahr ist das schwerste Jahr.

Also, was schenkt man sich? Ein Ehepaar sollte nicht nur eine Karte und einen Kuss austauschen, sondern jeden Hochzeitstag mit einem Geschenk feiern.

Hoch-zeits-tag	Traditionelles Geschenk	Modernes Geschenk
1.	Papier	Uhren, Plastik, Goldschmuck
2.	Baumwolle	Porzellan, Baumwolle, Kattun, Granatschmuck
3.	Leder	Kristall, Glas, Perlen
4.	Obst, Blumen	Elektrogeräte, Wäsche, Seide, Nylon, blauer Topas
5.	Holz	Tafelsilber, Saphir
6.	Zucker, Eisen	Holz, Süßigkeiten, Amethyst
7.	Wolle, Kupfer, Messing	Schreibtischgarnitur, Onyx
8.	Bronze, Keramik	Elektrogeräte, Wäsche, Spitzen, Turmalinschmuck
9.	Keramik, Weide	Leder, Lapislazulischmuck
10.	Blech, Aluminium	Diamantschmuck
11.	Stahl	Mode, Türkisschmuck
12.	Seide, Leinen	Perlen, Jade
13.	Spitze	Spitzenverzierte Textilien, Pelze, Citrinschmuck
14.	Elfenbein	Elfenbein, Gold-, Opalschmuck
15.	Kristall	Kristallglas, Armbanduhren, Rubinschmuck
16.		Silberschalen, Peridotschmuck
17.		Möbel, Armbanduhren
18.		Porzellan, Katzenaugenschmuck
19.		Bronze, Aquamarinschmuck
20.	Porzellan	Platin-, Smaragdschmuck
21.		Messing, Nickel
22.		Kupfer
23.		Silberteller
24.		Musikinstrumente

25.	Silber	Silber
26.		Originalgemälde
27.		Skulptur
28.		Orchideen
29.		Neue Möbel
30.	Perlen	Diamantschmuck
31.		Wanduhren
32.		Ein Auto
33.		Amethystschmuck
34.		Opalschmuck
35.	Korallen, Jade	Jadeschmuck
36.		Feines Porzellan
37.		Alabaster
38.		Beryll-, Turmalinschmuck
39.		Spitzen
40.	Rubin	Rubin-, Granatschmuck
41.		Land
42.		Immobilie
43.		Reise
44.		Lebensmittel (sexy)
45.	Saphir	Saphir
46.		Ein Gedicht
47.		Bücher
48.		Eine Brille
49.		Etwas Luxuriöses
50.	Gold	Gold
55.	Smaragd	Smaragd-, Türkisschmuck
60.	Diamant	Gold-, Diamantschmuck
75.	Platin	Diamant-, Goldschmuck
80.		Diamanten, Perlen
85.		Diamant-, Saphirschmuck
90.		Diamant-, Smaragdschmuck
95.		Diamant-, Rubinschmuck
100.		Zehn-Karat-Diamant

30. Juli

1818 wird Emily Brontë, die Autorin von *Sturmhöhe,* geboren. In ihrem einzigen Roman erzählt sie die Geschichte von Cathy und Heathcliff – den Liebenden, die nicht miteinander und nicht ohne einander leben können.

Catherine Earnshaw, mögest du keine Ruhe finden, solange ich lebe! Du hast behauptet, ich hätte dich getötet – nun dann verfolge mich, wie die Ermordeten ihre Mörder verfolgen. Ich *weiß,* dass Geister auf Erden gewandelt *sind.* Sei immer bei mir, nimm irgendeine Gestalt an, nur *lass* mich nicht *allein* in diesem Abgrund zurück, in dem ich dich nicht finden kann! Ich kann nicht leben ohne mein Leben! Ich kann nicht leben ohne meine Seele!

So spricht Heathcliff – gruslig! Laurence Olivier spielte ihn beeindruckend in der Verfilmung von 1939. Die Rolle trug ihm eine Oscarnominierung für die beste männliche Hauptrolle ein. Was hat Ihr Heathcliff in letzter Zeit so gesagt?

»Selbst wenn er sie mit all der Kraft lieben würde, zu der diese jämmerliche Kreatur fähig ist, könnte er ihr in 80 Jahren nicht so viel Liebe schenken wie ich an einem Tag.« Los, Heathcliff. Schauen Sie sich heute den Film an oder lesen Sie das Buch. Prüfen Sie, ob Ihre bessere Hälfte Ihnen so zugetan – und hoffentlich nicht ganz so besessen – ist.

Über die Kunst, in der Ehe stilvoll zu scheitern

Nicht alle Ehen wurden im Himmel geschlossen – und die Statistik beharrt darauf, dass die Hälfte aller Ehen mit einer Scheidung endet. Traurig, aber wahr.

Sogar Las Vegas hat seine 24-Stunden-Blitzhochzeitskapellen zurückgefahren, um die Scheidungskosten niedriger zu halten. Heiraten Sie der Liebe, nicht des Fusels wegen. Tequila Slammer sind nicht ungefährlich – aber eine überstürzte Heirat ist folgenreicher als ein Kater, denken Sie an Britney Spears oder Ross und Rachel in *Friends.*

Wenn Sie aus einer Alkohollaune heraus heirateten, haben Sie beide Schuld. In den Scheidungspapieren heißt das dann »unüberbrückbare Gegensätze«.

70 Prozent der Scheidungen werden von den Frauen eingereicht: 27 Prozent aufgrund außerehelicher Affären, sechs Prozent, weil der Partner ein Workaholic ist.

Scheidungen gehören zu den traumatischsten Erfahrungen im Leben – außer man ist so raffiniert wie Ivana Trump, die aus der Tragödie einen Triumph machte. In einer der in den Medien am meisten kommentierten Scheidungen der 80er-Jahre erhielt sie von dem Tycoon Donald Trump eine Abfindung von 20 Millionen Dollar.

Ivana Trump, einst Model und Skifan, die ihre Pudel mit einer Limousine zum Hundesalon chauffieren ließ, erkannte, dass sie nun selbst Geld verdienen musste. Sie machte ihren Namen zur Marke, gründete Produktlinien für Mode und Schmuck und schrieb Romane – *Frei, um zu lieben* und *Leben für die Liebe* – sowie Ratgeber *The Best Is Yet to Come: Coping with Divorce* und *Enjoying Life Again* – alles Bestseller.

Ms. Trump hatte sogar einen Kurzauftritt in *Der Club der Teufelinnen* mit dem Satz: »Ich gebe Ihnen einen Rat: Nur nicht verbittert sein, Ladys, sondern raffgierig.« Welch weiser Rat.

Prinzessin Diana und Prince Charles ließen sich am 20. Dezember 1995 scheiden. Zu seiner zweiten Hochzeit mit Camilla Parker Bowles lud Prince Charles nur 30 Gäste ein.

Pantoffeln

Als der Pantoffel in die Welt trat, verband man ihn nicht wie heute mit der im Schaukelstuhl strickenden Omi – ein Imageverlust, der ihm zweifelsohne zu schaffen machte. Pantoffeln waren das genaue Gegenteil des praktischen Schuhwerks, sie waren so kapriziös, so dünn besohlt, so elegant, dass sie nur eine Nacht hielten. Sie zeugten vom Reichtum und Stil der Trägerin, die sich dieses Nichts von Schuhwerk leisten konnte, das kaum den Fuß bedeckte, geschweige denn sonst einen Zweck erfüllte. Schuhe, die so erlesen waren, dass sie das Boudoir nicht verließen – iih. Wie kam es denn dazu? Im alten Rom ließen Frauen sich draußen nicht ohne ihre *socci* blicken. Kaiserin Josephine soll 521 Paare besessen haben, und Marie-Antoinette hatte eine Dienerin, deren ausschließliche Aufgabe es war, sich um ihre Pantoffelsammlung zu kümmern. Der Romanautor Gustave Flaubert seufzte: »Ich werfe einen Blick auf deine Pantoffeln, ich liebe sie so sehr, wie ich dich liebe …« Aber irgendwie ging's bergab mit den Pantoffeln, was kess war, wurde muffig. Die Slipper, die heute dem Ideal noch am nächsten kommen, sind die weichen Satinschuhe, die am ehesten zum Brautkleid getragen werden. Brautschuhe sind wie Brautkleider dafür gedacht, nur einmal getragen zu werden. Früher gab es auch mancherorts den Brauch, dass der Brautvater dem Bräutigam einen Schuh seiner Tochter gab, als Symbol, dass dieser nun die Verantwortung hatte. Das ist natürlich mehr als altmodisch, und wer würde schon einen seiner Manolos weggeben? Für die Madame von heute, die es zu Hause gern warm und stilvoll hat, kommt nur der Marabou Mule *à la* Marilyn Monroe und Betty bo-bo-bedo Boop in Betracht (sofern Teppich und Balancegefühl dies gestatten). Nachdem das geklärt ist: Wenn man allein zu Haus ist, Garbo, haben diese flauschigen Dinger und eine Tasse Kakao schon etwas Verführerisches.

August

»Ich habe nicht die Hälfte von dem erzählt,
was ich gesehen habe.«
Marco Polo

Christian Louboutin aus Ägypten

Ich finde, das ist eine großartige Zivilisation – ich meine, die Leute sind supernett, und wohin man blickt, ist es unfassbar schön. Das Land ist unglaublich – diese Architektur der Pharaonen und die Geschichte und die Kultur, Vergangenheit und Gegenwart. Der Fantasie sind keine Grenzen gesetzt. Ich bin jedes Mal aufs Neue überrascht, und jedes Mal ist es besser.

Zum ersten Mal besuchte ich Ägypten mit 15 Jahren – die klassische Tour mit Pharaonen, Kairo, Luxor, den Pyramiden und den großen Tempeln, dem Epizentrum von allem. Ich denke, für Franzosen ist es ganz normal, nach Ägypten zu reisen, da wir im Geschichtsunterricht so viel darüber hören – wahrscheinlich will jeder kleine Franzose irgendwann mal nach Ägypten. Ich fliege inzwischen alle zwei Monate hierher und verbringe ein paar Wochen in meinem Haus. Es ist so ruhig und so anregend, dass ich alle meine Schuhe hier zeichne. Ich mag es, dass ich die Gegend kenne und nicht jedes Mal die Touristennummer abziehen und mich sorgen muss, ich könnte was verpassen. Schließlich weiß ich ja, ich komme wieder und kann mir immer noch alles ansehen.

Ich fühl mich absolut entspannt hier. Mein Haus verdankt seinen Stil dem ägyptischen Architekten Olivier Sednaoui. Er richtete es auf den Schatten und den abwesenden Schatten hin aus und setzte auf Rundungen. Ich bin hier nicht weit weg vom Tempel Medinet Habu bei Luxor. Von meinem Haus aus kann ich den heiligen Berg von Theben auf der einen Seite sehen und eine grüne Oase auf der anderen. In den letzten sieben Jahren hatte ich eine grüne Palme als Weihnachtsbaum.

Es gibt so vieles zu sehen, zu besichtigen, um ein Gefühl für den Reichtum dieser Gegend zu bekommen – kommt einfach hierher und schaut es euch an. Es ist eine witzige Zivilisation – witzig und interessant.

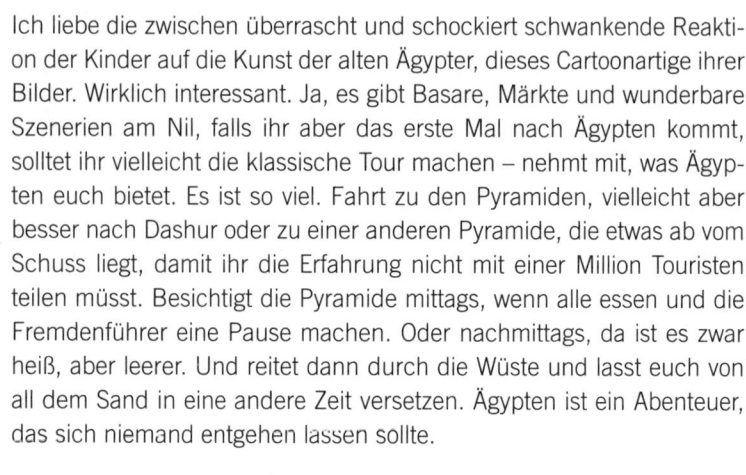

Ich liebe die zwischen überrascht und schockiert schwankende Reaktion der Kinder auf die Kunst der alten Ägypter, dieses Cartoonartige ihrer Bilder. Wirklich interessant. Ja, es gibt Basare, Märkte und wunderbare Szenerien am Nil, falls ihr aber das erste Mal nach Ägypten kommt, solltet ihr vielleicht die klassische Tour machen – nehmt mit, was Ägypten euch bietet. Es ist so viel. Fahrt zu den Pyramiden, vielleicht aber besser nach Dashur oder zu einer anderen Pyramide, die etwas ab vom Schuss liegt, damit ihr die Erfahrung nicht mit einer Million Touristen teilen müsst. Besichtigt die Pyramide mittags, wenn alle essen und die Fremdenführer eine Pause machen. Oder nachmittags, da ist es zwar heiß, aber leerer. Und reitet dann durch die Wüste und lasst euch von all dem Sand in eine andere Zeit versetzen. Ägypten ist ein Abenteuer, das sich niemand entgehen lassen sollte.

Alles Liebe, Christian

1. August

1976 lässt Elizabeth Taylor sich zum zweiten Mal von Richard Burton schciden. Es war die sechste ihrer acht Ehen. Aber lassen Sie sich deshalb nicht von einem Urlaubsflirt abhalten …

Außerdem ist das der Geburtstag des Modeschöpfers Yves Saint Laurent. Schüchtern, aber unglaublich talentiert, machte er sich schnell nicht nur in Paris, sondern weltweit einen Namen. Mit 21 wurde er Art Director bei Dior, als der Chef des Hauses unerwartet starb. Er sicherte das Überleben und verjüngte die Marke. Bei Ausbruch des Algerienkrieges wurde er aus dem geborgenen Leben eines Couturiers gerissen und in die Armee eingezogen, was zu einem Nervenzusammenbruch führte. Nachdem er sich wieder erholt hatte und mit Pierre Bergé, der nicht nur sein Geschäftspartner, sondern auch der Fels in der Brandung für ihn war, nach Paris zurückkehrte, gründeten die beiden 1961 ein eigenes Label. Yves Saint Laurent wurde mit seiner Rive-Gauche-Kollektion, die Avantgardemode von der Stange bot, zum Synonym für die Befreiung der Frauen von den Fesseln der Couture-Salons.

Er traf sich in Marrakesch mit den Reichen und Berühmten, und zu seinen Musen zählten unter anderem Catherine Deneuve, Betty Catroux und Loulou de la Falaise. Viele seiner Looks wurden Kult, darunter *Le Smoking*, der Hosenanzug für die Frau – denken Sie nur an das Outfit, das Mick und Bianca Jagger zu ihrer Hochzeit trugen. Er ließ sich eher von der Kunst inspirieren, von Afrika, dem Ballet Russes und der Straße als von den Salons. Gleichzeitig brachte er seine eigene Duft- und Kosmetiklinie auf den Markt. Das Geschäft lief blendend, kein Wunder, dass die Gucci Group es 1999 kaufte. Wie wär's heute mit einem Spritzer Opium, Champagne oder Jazz – alles Düfte von Yves Saint Laurent. Oder lesen Sie über ihn:

Yves Saint Laurent: Die Biografie von Alice Rawsthorn
Yves Saint Laurent: Style von Pierre Bergé

Yves Saint Laurent – wichtige Daten

1936 Yves Mathieu Saint Laurent wird am 1. August in Oran, Algerien, geboren.

1953 YSL gewinnt einen Preis im Wettbewerb des International Wool Secretariat – Karl Lagerfeld gewann ebenfalls einen Preis.

1955 Der Herausgeber der französischen *Vogue*, Michel de Brunhoff, stellt ihn Christian Dior vor.

1957 Wird nach Diors Tod Art Director.

1958 Stellt die Trapezlinie für Dior vor. Lernt Pierre Bergé kennen.

1960 In seiner Beatnik-Kollektion für Dior zeigt er eine schwarze

Bikerjacke aus Krokodilleder mit einem Nerzkragen. Er wird in die französische Armee eingezogen und erleidet einen Nervenzusammenbruch. Marc Bohan wird Art Director bei Dior.

1961 Gründet mit Bergé das Couturehaus Yves Saint Laurent.

1965 Bringt seine Mondrian-Kleider mit den abstrakten geometrischen Mustern auf den Laufsteg, für die Bilder des Künstlers Pate standen.

1966 Entwirft den ersten Smoking für Frauen. Die Boutique Rive Gauche mit Mode von der Stange wird am linken Ufer der Seine in Paris eröffnet.

1967 Entwirft eine afrikanische Kollektion mit Perlen und Spitzen. Zum ersten Mal sind *Out of Africa* und die Safari auf dem Laufsteg zu sehen. Er entwirft die Kostüme für Catherine Deneuve in *Belle de Jour,* und sie wird eine enge Freundin und Vertraute.

1971 Der schöne YSL posiert selbst nackt für den Fotografen Jeanloup Sieff, um für seine neue Männerduftlinie zu werben.

1974 Das Couturehaus zieht in das Haus Nummer 5 in der Avenue Marceau.

1977 Sein Duft Opium kommt auf den Markt.

1983 bekommt Yves Saint Laurent als erster lebender Modedesigner seine eigene Show im Metropolitan Museum in New York.

1989 YSL geht an die Börse und ist 500 Millionen Dollar wert.

1996 YSL wird 60.

1998 YSL »zieht sich zurück« und übergibt den Prêt-à-porter-Bereich an Albert Elbaz.

1999 François Pinault kauft YSL für eine Milliarde Dollar und verkauft es an die Gucci Group. Ein Teil des berühmten Couturehauses wird geschlossen, man will sich vollkommen auf den Prêt-à-porter-Bereich konzentrieren.

2000 Tom Ford entwirft seine erste Kollektion für YSL. Das YSL-Archiv in Paris wird gegründet.

2002 Am 23. Januar feiert YSL das 40-jährige Bestehen seines Couturehauses mit einer spektakulären Retrospektive seiner großen

Entwürfe. Seine größten Musen kommen dazu ins Centre Pompidou, und ganz Paris kommt zum Erliegen.

2008 Am 1. Juni stirbt Yves Saint Laurent in seiner Pariser Wohnung mit 71 Jahren.

Bergé und Saint Laurent ließen sich bei keiner der Prêt-à-porter-Schauen blicken, solange Tom Ford verantwortlich zeichnete. Saint Laurent zog sich immer mehr zurück. Die beiden tauchten bei Hedi Slimanes Debut auf, als er seine neue Männerlinie für Dior vorstellte. Und Bergé saß wieder in der ersten Reihe bei den YSL-Schauen, als Stefano Pilati 2004 Ford ablöste – ein Zeichen höchster Anerkennung.

Es geht ab in die Sonne? Packen Sie sich zu Ihrer Sonnenbrille ein passendes Buch ein. Ob Sie Dior tragen oder Chanel, für jedes Accessoire gibt es ein passendes Werk. Probieren Sie's mit:

Dior von Marie-France Pochna
Coco Chanel. Ein Leben von Edmonde Charles-Roux
Galliano. Romantisch, Realistisch, Revolutionär von Colin McDowell
Die Guccis von Sara Gay Forden

3. August

So wie Sie jetzt in den Sommerurlaub aufbrechen sollten, so stach Christoph Kolumbus 1492 in See.

Christoph Kolumbus gilt als der berühmteste Entdecker der Geschichte – als Visionär, als Nationalheld – und als ziemlich skrupelloser und gieriger Imperialist.

Er wurde 1451 in Genua geboren und wuchs am Mittelmeer auf.

Sein Traum war, zur See zu fahren und die Welt zu sehen. Anders als bei anderen Jungs war es bei ihm mehr als Träumerei – er war entschlossen, diesen Traum Wirklichkeit werden zu lassen. Mit 25 Jahren fuhr er zum ersten Mal zur See, und die Reise endete in einer Katastrophe. Bei einem Piratenangriff ging er über Bord und klammerte sich an ein Stück Holz. So hatte er sich sein großes Abenteuer nicht vorgestellt ... Doch Kolumbus ließ sich nicht abschrecken. Zurück in Genua eröffnete er einen Laden und verkaufte Bücher und Landkarten. Nachdem er Marco Polo gelesen hatte, war er besessen von der Idee, nach Indien zu segeln, doch nicht auf dem bekannten Seeweg, sondern auf der bisher noch nicht kartografierten Westroute – bei diesem Plan hatte er nur keinen neuen Kontinent auf der Rechnung.

Niemand war wild darauf, ihm die Schiffe und das Geld zu geben, die er für seine Reise brauchte. Schließlich glaubte man noch immer, die Welt sei flach. War er verrückt? Wer wollte Gefahr laufen, mit einer Flotte über den Rand der Welt zu stürzen? Schließlich gingen König Ferdinand und Königin Isabella von Spanien das Risiko ein und finanzierten das Abenteuer – dafür sollten sie im Gegenzug an Land- oder Schatzfunden beteiligt werden.

Kolumbus stach mit drei Schiffen in See – der *Niña* und der *Pinta,* von denen jede eine Crew von 18 Mann an Bord hatte, und der *Santa Maria,* die mit einer Crew von 52 Abenteurern besetzt war. 71 Tage sahen sie kein Land. Und da beschweren Sie sich bei Langstreckenflügen.

Der Matrose Juan Rodriguez Bermejo sah als Erster Land, am 12. Oktober 1492, um zwei Uhr morgens. Die Crew dankte Gott.

Kolumbus taufte die Insel San Salvador, aber er war mit seinen Leuten nicht an einer indischen Insel angelandet, wie sie glaubten, das hier waren die westindischen Inseln (das heißt, die andere Seite der Welt), um genau zu sein, die Bahamas. Kolumbus hatte die Neue Welt entdeckt – er war zufällig über dieses Plätzchen namens Amerika gestolpert.

Kolumbus entdeckte noch Kuba, bevor er im Triumph nach Spanien zurückkehrte. Bei der zweiten Reise war er mutiger und gieriger und segelte über die Kanarischen Inseln und Dominica (Dominikanische Republik), die Jungferninseln und Puerto Rico nach Kuba. Seine dritte Reise brachte ihn zu den Kapverden, Tobago, nach Südamerika und Grenada, von dem er annahm, es müsse irgendwie unter China sein – was eine birnenförmige Welt voraussetzte. (Schon ein sehr merkwürdiges Kartenverständnis für einen Navigator.) Bei seiner vierten und letzten Reise versuchte er erneut die Passage nach Indien und China zu finden und erkundet dazu die mittelamerikanische Küste zwischen Honduras und Kolumbien. Aber bevor Sie neidisch werden: Hier wurden Kolumbus und Co. von einem heftigen Sturm überrascht, den nur wenige überlebten und nach dem sie ein Jahr lang als Schiffbrüchige auf Jamaika bleiben mussten.

In Amerika feiert man den Columbus Day am 12. Oktober – dem Tag, an dem er in der Neuen Welt landete.

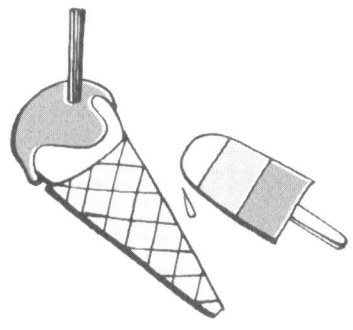

Die Welt sehen
mit Heidi Klums Augen

Wir arbeiten alle hart und das Leben ist ungemein hektisch. Deshalb finde ich es superwichtig, dass man sich Zeit nimmt, um sich zu erholen, um mit Freunden und der Familie zusammen zu sein und um einfach mal wegzukommen! Mit am liebsten fahre ich in unser Ferienhaus in Mexiko. Es ist absolut schön dort – und wir machen nichts als essen, schwimmen, rumhängen und uns erholen, das ist himmlisch! Und weil wir dort geheiratet haben, ist der Ort für mich natürlich mit wunderbaren Erinnerungen verbunden.

Ich reise wahnsinnig gerne – es tut dem Kopf gut, Neues zu sehen, das einem (zunächst) vielleicht seltsam oder schwierig erscheint. Ich möchte immer mehr über mich selbst herausfinden, und das geht nur, wenn ich meinen Verstand (und meine Sinne) Neuem aussetze. Ich beschäftige mich gerne mit fremden Kulturen – die Welt kann so neu und einladend sein. Ich war in meinem Leben an so vielen atemberaubenden Orten, denen wahrlich »keine Postkarte gerecht wird«. Aber diese romantischen, wunderschönen und faszinierenden Fleckchen sind und bleiben meine Favoriten:

Malaysia – für einen *Sports-Illustrated*-Fototermin musste ich mit nicht mehr an als einem Bikini ohne Sattel auf einem Elefanten reiten. (Was mir niemand gesagt hat: Elefanten sind fast so stachelig wie Stachelschweine).

Ägypten – vor den Pyramiden staunen – echt unglaublich!

Bali – als ich nach Bali flog, erwartete ich leere weiße Strände, Sarongs und Flip-Flops. Das gibt es alles auf Bali, aber es gibt noch viel, viel mehr. Ich konnte gar nicht fassen, wie wunderschön und vielfältig dieses Land ist: die üppigen terrassierten Reisfelder, von denen der Nebel aufsteigt, die Paläste und Vulkane, die Tempel und die Dörfer. Man riecht das Paradies, wenn man aus dem Flugzeug steigt.

Südtirol – als ich ein Kind war, machte meine Familie jeden Winter in Südtirol Urlaub, und ich denke, es gibt nichts Schöneres, als inmitten dieser Berggiganten in einem Schneegestöber festzustecken – man kann nicht Ski fahren, man kann nicht raus, man ist so hoch in den Bergen, dass man nur Schokolade trinken und den riesigen Schneeflocken dabei zusehen kann, wie sie alles zudecken.

Paris – ist glamourös und romantisch. Wunderschön, wenn diese herrlichen gelben Kalksteingebäude in der Sonne leuchten. Ich liebe es, in Cafés zu sitzen, einen *café crème* zu trinken und dabei die schicken Damen zu beobachten, die vorbeispazieren, oder in einer Seitenstraße eine kleine *pâtisserie* oder Boutique zu entdecken. Die Geschäfte an den großen Boulevards sind so elegant wie nirgends sonst, aber ich werde auch immer auf einem der gigantischen alten Flohmärkte weiter draußen fündig.

Die afrikanische Savanne – ich war schon oft auf einer Safari, in Kenia und in Tansania – und es ist immer wieder ein überwältigendes Erlebnis, vor allem die natürliche Musik: Vor dem Zelt hört man nachts die Flusspferde Gras fressen, die lachenden Hyänen, die herumschleichenden Löwen. Diese Vielfalt ist schier surreal – ich sah Büffel, Elefanten, Giraffen, Krokodile, Gazellen, eine Gepardin mit fünf Jungen und einmal sogar zwölf Löwen, die ein Zebra fraßen, ein blutiges Schauspiel. Ein Rat, den ich am Grumeti River zu schätzen gelernt habe: Man sollte tunlichst vermeiden, zwischen ein Flusspferd und den Fluss zu geraten.

Hongkong – in der Stadt ist noch immer die britische Eleganz zu spüren – die schicken alten Hotels mit ihrem Service – doch wirklich fes-

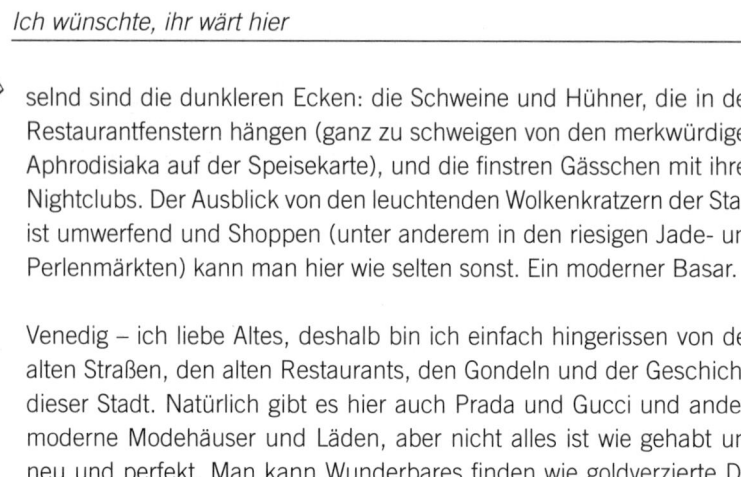

selnd sind die dunkleren Ecken: die Schweine und Hühner, die in den Restaurantfenstern hängen (ganz zu schweigen von den merkwürdigen Aphrodisiaka auf der Speisekarte), und die finstren Gässchen mit ihren Nightclubs. Der Ausblick von den leuchtenden Wolkenkratzern der Stadt ist umwerfend und Shoppen (unter anderem in den riesigen Jade- und Perlenmärkten) kann man hier wie selten sonst. Ein moderner Basar.

Venedig – ich liebe Altes, deshalb bin ich einfach hingerissen von den alten Straßen, den alten Restaurants, den Gondeln und der Geschichte dieser Stadt. Natürlich gibt es hier auch Prada und Gucci und andere moderne Modehäuser und Läden, aber nicht alles ist wie gehabt und neu und perfekt. Man kann Wunderbares finden wie goldverzierte Dogenpaläste, Fresken, Kirchen, Meisterwerke und Antiquitätenläden.

Die mongolische Steppe – dort gibt es nichts. Keine Autos, keine Abgase, kein Hintergrundrauschen, nichts von dem Tand unserer Zivilisation. Und nirgends passt das Wort Tand besser als hier. Hier scheint nichts davon wichtig zu sein – weder wie man aussieht noch welche Marken man trägt. Die Menschen könnten nicht freundlicher sein, und wenn man euch in eine Jurte einlädt – nutzt die Gelegenheit.

Tokio – es ist so sauber, so schick und raffiniert. Die Detailbesessenheit der Japaner ist eine Inspiration – vom elegant angerichteten Essen bis zum beheizten Toilettensitz. Ich konnte gar nicht aufhören, die verrückten Outfits und Hairstyles der fashionbewussten Kids zu bewundern. Und die wunderschönen Holztempel und Paläste sind einfach unglaublich.

New York – ist auf der ganzen Welt einzigartig. Kein anderer Ort ist so verrückt, hat so schmutzige Straßen, die sich plötzlich auf riesige, silberne Bürotürme hin öffnen, Straßen mit europäisch wirkende Cafés und Shops wie in SoHo, die wieder so anders sind als die breiten, eleganten Boulevards der Upper East Side. Von den gelben Taxis und den Rund-um-die-Uhr-Möglichkeiten bis hin zu der Schmelztiegelbevölkerung und New Yorks brachialer, effektiver Energie. Das ist meine Stadt, mein Zuhause. Hier fühle ich mich im Moment daheim. Jeder Ort auf der Welt hat etwas, das mich so fesselt, dass ich immer wieder zurückkommen möchte.

Und noch ein paar Reisetipps:

- Seit mehr als zehn Jahren verreise ich nirgendwohin ohne diesen Reisebegleiter: meinen Samsonite-Hartschalenkoffer, der über und über mit Stickern aus der ganzen Welt beklebt ist.
- PACKT NICHT WIE VERRÜCKT. Oft hört man, man solle sich ein Lieblingskissen oder Kerzen von zu Hause mitnehmen, um es sich im Hotelzimmer gemütlicher zu machen. Ich gehöre da zu den Minimalisten. Versucht nicht, euren ganzen Hausrat mitzuschleppen, da könntet ihr ja gleich zu Hause bleiben. Für einen einwöchigen Trip packe ich zwei Outfits ein – ein kleines Schwarzes und eine Jeans, vielleicht noch eine Jeansjacke (die man auch wunderbar zu dem kleinen Schwarzen tragen kann). Damit kommt man wunderbar zurecht, egal ob's feiner oder casual zugeht. Dann stopfe ich natürlich immer eine große Handtasche in den Koffer, Schuhe, die man zu beidem tragen kann, und einen Umhang, der auch zu allem passt.
- Beim Make-up beschränke ich mich aufs Nötigste und verzichte auf die Farben: Gloss, Lippenstift, Concealer, Sonnenschutz und Mascara.
- Vergesst bloß nicht die diversen Adapter für die diversen Steckdosen!
- Ich lasse immer etwas Platz im Koffer für Einkäufe … oder ich packe dafür eine leere Tasche oder einen Rucksack ein. (Wenn ich wirklich viele Klamotten kaufe und keinen Platz mehr habe, ziehe ich einfach möglichst viel übereinander an.) Die Kombi von einem Koffer, der jeden Moment aufplatzt, und einem finster dreinschauenden Zollbeamten ist nämlich nicht gerade angenehm.

Liebe Grüße, Heidi

Wie man sich einen reisefesten Magen zulegt

Bei Last-Minute-Deals steigt die Spannung. Egal, ob geplant oder nicht geplant, das kann das Abenteuer oder Schnäppchen Ihres Lebens werden. Regeln Sie den Urlaub mit dem Arbeitgeber und setzen Sie die Segel. Im Internet werden Sie sicher fündig.

Hat Sie ein Buch, ein Bild, eine Postkarte oder Columbus zu dieser Reise ins Unbekannte inspiriert? Egal, Sie brauchen einen Pass und einen reisefesten Magen.

Man weiß nie, wer Probleme bekommt und wer nicht – vielleicht war ja sogar Columbus seekrank. Falls Sie aber schon früher Probleme hatten, sollten Sie sich schon mal Tabletten besorgen und fette oder stark gewürzte Gerichte, Alkohol und Äpfel meiden – Ingwer könnte Ihre Rettung sein.

Seekrankheit gehört zum Segeln, das liegt am mehr oder weniger sanften Geschaukel durch die Wellen. Das Wort »Yacht« kommt vom holländischen *jacht,* was so viel bedeutet wie »sich heftig übergeben«. Was hoffentlich nicht der Fall sein wird.

Man wird see- oder reisekrank, wenn die Umgebung in Bewegung ist. Schwindel, Kopfweh und Übelkeit sind die Folge. Das ist ein bisschen wie Flugangst – sobald das Gehirn einem sagt, man habe keine Kontrolle, könne nicht aussteigen und es gäbe keinen Grund für die seltsamen Geräusche, das Geruckel und die sauerstoffarme Luft, setzt die Panik ein.

Bleiben Sie ruhig. Das ist leichter gesagt als getan. Auf einem Schiff halten Sie sich am besten an einem ruhigen Punkt vorne auf oder schließen – wenn es zu turbulent wird – einfach die Augen. Schlimmstenfalls legen Sie sich mit dem Rücken nach unten auf den Boden. Oder Sie machen das genaue Gegenteil – bleiben in Bewegung, immer in Bewegung, was auf einer Fähre einfacher ist als in einem kleinen Boot. Probieren Sie doch, nach vorne zum Steuerrad zu gehen. Auch wenn das nicht gerade die Nerven der anderen beruhigt. Bei einem Sturm ist das nicht ratsam, da bleiben Sie am besten unter Deck und überlassen das Steuer den Experten.

Unglücklicherweise gibt es nur eine Methode, um herauszufinden, ob man seekrank wird oder nicht. Und dazu muss man aufs Wasser. Aber seien Sie getröstet, wenn Sie Ihre Reiseprobleme bereits kennen: Mehrere Wege führen nach London. Wenn Sie Angst vor dem Kanal haben, können Sie immer noch den Eurostar nehmen. Sie haben schreckliche Angst vorm Fliegen? Müssen Sie diese Reise machen? Oder gibt es eine Alternative, bei der Sie nicht ganz so lange fliegen müssen? Nein? Okay, es gibt Kurse und CDs gegen Flugangst, und vielleicht hilft Ihnen ja schon die statistische Gewissheit, dass Fliegen noch immer die sicherste Art zu reisen ist. Probieren Sie es erst mit einem Kurzflug, bevor Sie die Welt umrunden. Oder fragen Sie bei der Fluglinie, bei der Sie Ihren Flug buchen möchten, nach einem Kurs.

Gegen Seekrankheit nehmen Sie Tabletten. Die helfen. Außerdem: Gehen Sie nicht mit vollem Magen an Bord. Das macht es im Falle eines Falles leichter.

Lassen Sie sich nicht die Freude am Abenteuer verderben und trösten Sie sich mit den Fortschritten, die seit den Tagen von Christoph Columbus gemacht wurden – und er machte den Trip dreimal.

Sie interessieren sich für Kuba? Oder möchten Ihren inneren Columbus ausleben? Auf nach Havanna! Dazu müssen Sie nicht mal seetüchtig sein, ein paar gute Filme müssten reichen, um den Flug zu überstehen. Die karibische Insel ist, nachdem Columbus sie entdeckt hatte, zum Mekka für Schriftsteller (Hemingway), Gangster auf der Flucht (Al Capone), Revolutionäre und den einen oder anderen Hurrikan geworden. Ramón Grau, Ernesto »Che« Guevara und natürlich Fidel Castro, der von 1959 bis zum Februar 2008 Präsident war, haben das Land entscheidend geprägt. Freuen Sie sich bei Ihrem Besuch auf das alte Havanna und Cadillacs, Nightclubs aus den Fünfzigern und den Karneval. Oder lehnen Sie sich einfach zurück und lassen Sie die Welt an sich vorbeigleiten, während Sie sich eine Zigarre rollen und einen Mojito bestellen.

Über die Kunst, einen Mojito zu zaubern

Der Mojito ist der älteste kubanische Cocktail. Hinein gehören Pfefferminze, Rum, Zucker (traditionellerweise brauner Rohrzucker), Limette und Soda. Die Süße des Zuckers verdeckt den Alkohol, aber da der Name sich von dem afrikanischen Wort »mojo« herleitet, das so viel wie »Zauber« bedeutet (Mojito = »kleiner Zauber«), bestehen wohl kaum Zweifel, was er anrichten kann.

Zutaten:
12 frische Pfefferminzblätter
2 Esslöffel Sirup (aus einem Teil Zucker und einem Teil Wasser)
30 ml leichter Rum
eine halbe Limette in Scheiben
ein Schuss Soda
Eis

Zubereitung:
Zerdrücken Sie die Pfefferminzblätter und die Limettenscheiben (bitte nur frische Zutaten verwenden), den Sirup, das Eis und den Rum dazugeben, gut schütteln und servieren. Oder suchen Sie einfach den Blick des Barkeepers und bestellen Sie sich einen …

Die Droge Ihrer Wahl ist eher Tequila und Sie lieben Ponchos in wilden Farben? Dann auf nach Mexiko, der Heimat von Frida Kahlo.

Frida Kahlo

Kahlos blaues Haus schmiegt sich in eine ruhige Straße in Mexico Citys Coyoacán-Viertel. In diesem Haus wurde sie geboren, hier lebte, arbeitete und starb sie. Es wurde so bewahrt, wie sie es verließ, als lebendige Erinnerung an sie. Im August das ultimative Pilgerziel für jeden Kahlo-Fan.

Revolutionär, romantisch, roh und ohne falsche Scham – Frida Kahlos ungewöhnliche Porträts sind Ausdruck ihres Lebens und der Politik ihrer Zeit. Ihr wichtigstes Thema war sie selbst (sie malte insgesamt 52 Selbstporträts). Sie überlebte eine ausgesprochen dysfunktionale Ehe und wurde eine Kultfigur des Feminismus. Sie drückte sich durch ihre Kunst aus. Ein wichtiges Detail von Fridas Selbstporträts sind die großartigen Augenbrauen, die sich in der Mitte treffen, und die farbenprächtige Kleidung. Lassen Sie sich von Frida inspirieren und finden Sie heraus, wer Sie sind. Feiern Sie, was Sie einzigartig macht, und versuchen Sie nicht, Ihren Charakter zu glätten. Ziehen Sie sich so an, wie es Ihnen gefällt, und vergessen Sie nicht, dass Schönheit viel mit Überzeugung zu tun hat und nichts mit einem Illustriertencover. Sie könnten auch einen Margarita kippen und eine Wand kobaltblau streichen. Oder rot, richtig rot.

Sie schaffen es nicht nach Mexiko in die Casa Azul? Dann leihen Sie sich doch den Film aus (*Frida,* 2002), der nach Hayden Herreras Frida-Kahlo-Biografie gedreht wurde. Koproduzentin des Films war eine andere starke mexikanische Frau, Salma Hayek, die in dem Film die Rolle spielte, für die sie geboren wurde (und die ihr eine Oscarnominierung einbrachte).

Ihr Leben und ihre Zeit

Magdalena Carmen Frida Kahlo y Caldéron wurde am 6. Juli 1907 in Coyoacán geboren. Sie kürzte ihren Namen nicht nur auf Frida ab, sondern bestand auch immer darauf, sie sei 1910 geboren worden. Nicht aus Eitelkeit – es ging ihr nicht darum, sich jünger zu machen –, sondern weil sie ihr Geburtsdatum mit dem Jahr der mexikanischen Revolution verknüpfen wollte, die eine 31-jährige Diktatur beendete.

Ihr Vater war ungarisch-jüdischer Abstammung und wanderte mit 19 von Deutschland nach Mexiko aus. Ihre Mutter war spanischer und indianischer Abstammung. Dieser Kulturenmix ist Frida anzusehen.

Es war für beide Eltern die zweite Ehe – die erste Frau ihres Vaters war im Kindbett gestorben und die erste Liebe ihrer Mutter hatte Selbstmord begangen –, aber es war nicht gerade eine glückliche Verbindung. Frida war die dritte von vier Töchtern und stand ihrem Vater besonders nah. Dieser, ein bedeutender Fotograf und Hobbymaler, erkannte und förderte das künstlerische Talent seiner Tochter.

Mit sechs Jahren erkrankte Frida an Kinderlähmung, weshalb sie hinkte. Obwohl sie kränklich war, hatte sie einen ausgeprägten Überlebenswillen, und sie besuchte ab 1922 die beste Schule Mexikos. Doch drei Jahre später stieß eine Trambahn mit einem Bus zusammen, in dem sie saß. Sie war sehr schwer verletzt (überspringen Sie das, wenn Sie schwache Nerven haben) – die Wirbelsäule, das Schlüsselbein, mehrere Rippen, das Becken und das Bein waren gebrochen, die Schulter war ausgerenkt, der rechte Fuß zermalmt, und dazu – falls Sie noch immer nicht ohnmächtig sind – bohrte sich auch noch eine Eisenstange durch ihren Bauch und ihre Gebärmutter.

Kein Wunder, dass sie nach diesem Unfall die Nase voll hatte von Krankenhäusern und ihren Plan, Medizin zu studieren, aufgab. Als Folge ihrer Verletzungen musste sie immer wieder für längere Zeit das Bett hüten, was durch die Staffelei neben dem Bett etwas erträglicher wurde. Verständlich, dass die meisten ihrer bekannten Bilder Selbstporträts sind. »Ich male Selbstporträts, weil ich so viel allein bin [und] weil ich mich selbst am besten kenne«, sagte sie. Die Porträts beziehen sich direkt auf ihre Verletzungen. In einem sieht man ihr Gesicht auf dem von Pfeilen durchbohrten Körper eines Rehs. Sie wurde als Surrealistin bezeichnet, was sie aber so nicht gelten ließ: »Ich malte nur meine eigene Realität.«

1928 fiel sie dem gefeierten Wandbildermaler Diego Rivera auf. Sie war Mitglied der von ihm gegründeten kommunistischen Partei und bewunderte schon lange sein Werk. Ihre Mutter sah die Beziehung skeptisch und beschrieb das Paar als »Elefant und Reh« – er war 20 Jahre älter, 1,85 Meter groß und wog 140 Kilo, während sie nur 1,60 Meter groß und 45 Kilo schwer war. Aber Gegensätze ziehen sich ja bekanntlich an ... Es knisterte zwischen den beiden, und er ließ sich scheiden. Es dauerte kein Jahr und Frida war Ehefrau Nummer drei. Obwohl Riveras Arzt meinte, er sei »für die Monogamie nicht geeignet«. Warum haben große Frauen in der Liebe oft so ein Pech?

Die Beziehung der beiden war stürmisch, und als er anfing, Affären zu haben, hatte sie auch welche. Sie war offen bisexuell und hatte unter anderem ein Verhältnis mit Josephine Baker. Ihre Affären mit Frauen störten Rivera nicht, bei Männern dagegen war er wahnsinnig eifersüchtig. Frida hasste alle seine Affären und die, in die er sie getrieben hatte. Besonders wütend wurde sie, als Rivera sie mit ihrer Schwester betrog. »Ich erlitt zwei Unfälle in meinem Leben«, meinte sie. »Bei dem einen wurde ich von einer Trambahn überfahren – der andere ist Diego.«

Während ihr Mann internationalen Ruhm genoss, arbeitete Frida anfangs ruhig im Hintergrund. Doch als sie den Schmerz über ihre gescheiterte Ehe und mehrere Fehlgeburten auf die Leinwand brachte, begannen die Kritiker sie ernst zu nehmen. 1932 bewies sie mit dem Bild über ihre Fehlgeburt in Detroit, dass sie eine wahre Künstlerin war. Ihr Ruhm sollte später den ihres Mannes überstrahlen.

1939 ließen sie sich scheiden. Um dann 1940 wieder zu heiraten. Ahrg ... manche Leute wissen nicht, wann sie aufhören sollen. Sie nannte ihn »mein Kind, mein Geliebter, mein Universum«. Die Beziehung war so zerstörerisch wie süchtig machend. Doch trotz ihrer Streitereien waren sie immer verbunden durch ihre Kunst und ihre gegenseitige Bewunderung. Inferno und Ekstase, im wahrsten Sinn des Wortes.

Später freundete sich das Paar mit dem politischen Asylanten Leon Trotzki an, der auf der Flucht vor Stalins Totalitarismus nach Mexiko kam. Trotski und Kahlo hatten eine kurze Affäre, die endete, als er (mit seiner Frau) auszog. Er wurde später ermordet. (Was aber nichts mit seiner Frau zu tun hatte.) Bei der Affäre handelte es sich offensichtlich um nichts Ernstes, denn später pries sie Stalin und bezeichnete Mao als »große Hoffnung des Sozialismus«. Politiker und Macht haben offensichtlich eine starke aphrodisische Wirkung.

Obwohl sie ständig Schmerzen hatte, liebte Frida Kahlo Partys und trank und rauchte. Sie drückte ihre Persönlichkeit und ihre Verbundenheit mit ihrem Land aus, indem sie die Landestracht trug. Dazu flocht sie sich die Haare häufig zu Zöpfen und legte sich diese, mit Blumen verziert, um den Kopf. Sie war ihr eigenes Kunstwerk.

1953 – 54 wurde sie endlich mit einer Einzelausstellung geehrt (in Mexiko, die einzige zu ihren Lebzeiten). Die wollte sie keinesfalls verpassen, also ließ sie sich mit dem Krankenwagen hinfahren und zu einem reich geschmückten Himmelbett tragen, von dem aus sie ihren großen Triumph genoss. Ein Kritiker schrieb: »Es ist unmöglich, Leben und Werk dieser einzigartigen Person auseinanderzuhalten. Ihre Bilder sind ihre Biografie.«

1954 wurde ihr, um Wundbrand zu verhindern, der rechte Unterschenkel amputiert. Doch Kahlo wäre nicht die Kahlo gewesen, hätte sie nicht gelernt, mit ihrer Prothese zu tanzen. Die Freude sollte nicht lange währen. Ihr letzter öffentlicher Auftritt war während einer kommunistischen Demonstration. In ihrem letzten Tagesbucheintrag schrieb sie: »Ich hoffe, das Ende ist erfreulich – und ich hoffe, ich komme nie mehr zurück – Frida.« Sie hatte genug. Am 13. Juli 1954 starb sie im Schlaf an einer Lungenembolie. Einige vermuten, es war Selbstmord.

Was Frida sagte:

»Meine Bilder enthalten die Botschaft des Schmerzes … Ohne Malen wäre mein Leben nicht vollkommen … Ich glaube, Arbeit ist das Beste.«

»Ich wusste gar nicht, dass ich Surrealistin bin, bis André Breton nach Mexiko kam und es mir sagte.«

»Ich lasse euch mein Bild hier, damit ihr die Tage und Nächte, die ich weg bin, nicht ohne mich seid.«

»Ich kann Diego nicht als meinen Mann bezeichnen, denn dieser Ausdruck ist, auf ihn angewendet, nur absurd. Er war niemandes Mann und wird es auch nie sein.«

Wie man selbst zum Künstler wird

Würden Sie gern mit Ihrer inneren Frida Kontakt aufnehmen? Warum nutzen Sie Ihren Urlaub nicht dazu, malen zu lernen? Italien vereinbart aufs Wunderbarste Galerien, Essen und Kunstkurse – als befände man sich in einem *Zimmer mit Aussicht*. Vielleicht finden Sie ja was Passendes im Netz?

Gehen Sie nicht ohne Skizzenbuch außer Haus. DIN A5 ist klein und unauffällig und damit perfekt. Die Menschen sind nun einmal neugierig und können nicht anders, als Ihnen über die Schulter sehen. Seien Sie also anfangs diskret, bis Sie wissen, wo's langgeht.

Fangen Sie mit Bleistift an, denn:

a) Kohle/Pastell macht Dreck.

b) Wer schleppt schon gerne ständig einen Malkasten mit sich rum?

c) Einen Bleistift haben Sie ohnehin.

Sie wollen sich ja nicht für Ihre Malutensilien in Unkosten stürzen, solange Sie nicht wissen, ob das nur eine vorübergehende Laune ist und ob Sie überhaupt Talent haben.

Bleistifte sind gut für die Details – Gebäude, Menschen, Landschaften –, aber für Letztere brauchen Sie einen weicheren Bleistift. Es gibt Bleistifte nämlich in verschiedenen Härtegraden, die Bleimine kann H (hart) sein oder B (weich), HB ist die goldene Mitte. Je weicher der Bleistift, desto besser kann man schattieren, das heißt, desto tiefer und plastischer wirkt die Zeichnung. Versuchen Sie es doch für den Anfang mit einem Foto oder dem Blick aus dem Fenster. Das ist einfacher als ein großes Landschaftsbild, und Sie müssen sich nicht mit schlechtem Wetter und wechselnden Lichtverhältnissen rumschlagen.

Es reizt Sie, Menschen zu zeichnen? Schauen Sie sich Ihr Modell erst an, bevor Sie loslegen. Sie tun sich leichter mit Leuten, die sich so wenig bewegen wie eine Statue. Vielleicht entdecken Sie am Strand oder auf einer Bank jemanden, der eingeschlafen ist oder sich in einem Tagtraum verliert. Anfangs fahren Sie besser mit unbekannten Modellen, bei denen Sie nicht den Druck haben, irgendeine Ähnlichkeit einzufangen oder diesen die Zeichnung zeigen zu müssen. Leute zu zeichnen macht Ihnen Spaß? Und das mit den Halbnackten am Strand klappt schon ganz gut? Dann gehen Sie doch in einen Zeichenkurs und malen Sie die ganz Nackten. Toulouse Lautrec hing mit seinem Zeichenblock im Moulin Rouge und den Bordellen rum. Zumindest war das seine Ausrede.

Klappt doch nicht so gut? Dann geben Sie eine Frida Kahlo und setzen sich neben den Spiegel. Obstschalen haben sich auch bewährt.

Die Komposition des Meisterwerks

Schauen Sie im Internet zum Beispiel auf *www.zeichnen-lernen.net* nach, wenn Sie konkrete Tipps suchen. Aber immer dran denken: Beim Zeichnen gibt es kein Richtig und kein Falsch – wenn Sie aber die Queen porträtieren wollen, sollte das Ergebnis ihr etwas ähnlich sehen oder als Interpretation erkennbar sein.

David Hockneys Porträt von *Mr. and Mrs. Clark and Percy* ist das beliebteste Postkartenmotiv in der Tate Gallery. Es zeigt seine Freunde, Ossie Clark, den Modedesigner aus den 60er-Jahren, mit seiner damaligen Frau, der Stoffdesignerin Celia Birtwell, und ihre Katze. Hockney war Trauzeuge der beiden und komponierte sein Bild nach der berühmten *Arnolfini-Hochzeit* Jan van Eycks und William Hogarths *A Rake's Progress*. In Hockneys Porträt stehen die Lilien für Reinheit und Mariä Verkündigung, was gut passte, da Birtwell zu diesem Zeitpunkt schwanger war. Die Katze auf Clarks Schoß steht für Untreue und Neid. (Clark war schwul und führte ein wildes Leben mit vielen Affären – die Ehe ging 1974 auseinander.) Die Katze auf dem Bild ist übrigens gar nicht Percy, sondern eine andere Katze der Clarks, aber Hockney fand, Percy klinge besser.

Manche lernen zeichnen, indem sie eine Unmenge Skizzen anfertigen, wobei jede Skizze nur 30 Sekunden dauern darf. Dadurch wird das Auge geschult und die Hand lernt zu koordinieren (ist zumindest der Plan dahinter). Sie möchten das ausprobieren? Dann lassen Sie das Gesicht – Augen, Nase, Mund – weg, bis Sie die Gestalt ordentlich aufs Papier bringen. Zeichnen Sie die ganze Silhouette, ohne abzusetzen.

Fangen Sie mit dem Umriss des Kopfes an, anschließend kommt der Oberkörper. Zeichnen Sie ihn im richtigen Winkel, dann die Taille – Arme und Beine kommen später. Und knifflige Details wie Finger, Gesichtszüge und Kleidung erst viel später.

Landschaften sind mit dem Bleistift schwieriger, vor allem wenn Sie von Ihrem Fenster auf Hügel und Täler blicken. Mit etwas Farbe (Wasserfarben oder Ölkreide) wird's leichter.

Lassen Sie nicht den Kopf hängen, wenn der Durchbruch auf sich warten lässt. Auch das Genie van Goghs wurde erst nach seinem Tod erkannt. Und 1959 stand in der *Reynold's News* zu lesen: »Das ist keine Kunst – das ist ein schlechter Witz.« Gemeint war Jackson Pollock. Was würden sie wohl über die heutigen Kandidaten für den Turner Prize schreiben?

Lassen Sie sich inspirieren

Solange das Wetter so schön ist, könnten Sie sich von den Impressionisten, den Fauvisten oder Präraphaeliten verführen lassen. Gehen Sie nach draußen und sehen Sie zu, dass Sie mehrere Eisen in Ihrem künstlerischen Feuer haben. Monet sagte über seinen Garten: »Ich bin hingerissen.« Also, raus mit den Wasserfarben – oder dem Rasenmäher.

Ihre Topfpflanzen haben auch schon bessere Zeiten erlebt, und der Rasen ist eher braun als saftig grün? Dann nichts wie auf zu Monets Garten in Giverny, Frankreich (*www.giverny.org*), der seiner Meinung nach der Himmel auf Erden war. »Mein ganzes Geld fließt in den Garten«, sagte er. Der Garten ist auch ein häufiges Sujet in seinen Bildern. Impressionistische Bilder sehen aus der Nähe gesehen aus wie eine Ansammlung von Flecken, aus der Ferne betrachtet, werden daraus aber Wasserlilien, Landschaften oder Brücken. Lassen Sie sich von der Jahreszeit, dem Ausblick und dem Stil inspirieren.

Sie verbringen den Sommer in England? Dann lohnt sich ein Trip nach Charleston (*www.charleston.org.uk*), wo der Bloomsbury-Kreis zu Hause war. Charleston war der Landsitz von Vanessa Bell (Virginia Woolfs Schwester) und Duncan Grant, in den sie alle Schriftsteller und Intellektuellen aus dem Bloomsbury-Kreis (Virginia und Leonard Woolf, E. M. Forster und Clive Bell) einluden.

Das Haus selbst ist bereits ein Kunstwerk. Pate standen italienische Fresken und die Postimpressionisten. Auf jeder Oberfläche tanzen Muster und Farben. Ob Türen oder Scheuerleisten, Schränke oder Fensterrahmen, selbst die häufig vernachlässigten Ecken sind in den zarten Tönen des Bloomsbury-Kreises verziert – Art Deco, wohin man blickt. Und über den Garten haben wir noch gar nicht gesprochen.

Neben den Wandgemälden und Mosaiken der Bloomsbury-Künstler hängen Bilder von Renoir, Pissarro und Delacroix an den Wänden, Geschenke der Besucher.

Besuchen Sie Charleston und lassen Sie sich vom Geist dieser Zeit anwehen. Geht nicht? Dann lesen Sie eins der Bücher aus dem Bloomsbury-Umfeld wie *Ein eigenes Zimmer* von Virginia Woolf. Damit auch bei Ihnen zu Hause der Wind der Bohème weht.

Nehmen Sie sich, wenn die Liebe zur Kunst Sie überkommt, das Bettgestell vor oder möbeln Sie die Haustür auf oder – falls Ihnen das zu kühn ist (beziehungsweise das Haus, in dem Sie den Pinsel schwingen, Ihnen nicht gehört) – schnappen Sie sich einen Stuhl vom Flohmarkt zum Üben. Stühle, Tische, Tabletts, Vasen und Lampenständer haben den Vorteil, dass man sie im Freien verschönern kann – das macht wesentlich weniger Dreck, und man ist auch noch an der frischen Luft. Bei Türen, Wänden und Böden muss man drinnen arbeiten, und wenn die Kunst ein Fehler war, lässt sich das drinnen weniger leicht verbergen. Also klären Sie zuvor, ob man Sie lässt, Picasso.

4. August

1792 wird Percy Bysshe Shelley geboren, ein englischer Dichter der Romantik. Seine erste Frau, Harriet Westbrook, beging Selbstmord, als sie von seiner Affäre mit Mary Godwin erfuhr, die er später heiratete. Sie ist die Mary Shelley, die *Frankenstein* schrieb.

6. August

1928 wird der Popkünstler Andy Warhol geboren. Eines seiner berühmtesten Sujets, Marilyn Monroe (siehe Seite 131), wurde am 5. August 1962 tot aufgefunden.

»Im August '62 fing ich mit Siebdruck an. Ich wollte etwas Stärkeres, mehr so eine Fließbandwirkung. Beim Siebdruck kann man ein Foto nehmen, es vergrößern, mit Kleber auf Seide übertragen und dann Tinte darüberrollen. Die Tinte geht durch die Seide durch, aber nicht durch den Kleber. Es war supereinfach, schnell und zufällig … Als Marilyn Monroe dann starb, kam mir die Idee, Siebdrucke von ihrem wunderschönen Gesicht zu machen – die ersten Marilyns.«

Das Monroe-Portfolio besteht aus zehn fluoreszierenden Drucken und gilt als eines der wichtigsten Pop-Kunstwerke. 1998 wurde die *Orange Marilyn* für mehr als 17,3 Millionen verkauft, das war fünfmal mehr als der geschätzte Preis und eine Rekordsumme für einen Warhol. Etwas zu viel für Ihren Geldbeutel? Eine Dose Campbell's-Suppe, ein anderes berühmtes Warhol-Sujet, ist für jeden Geldbeutel erschwinglich.

Von Warhol stammt das Versprechen, jeder bekäme seine 15 Minuten Ruhm. Er bekam weit mehr als 15 Minuten. Er war so prominent wie seine Sujets – und dazu gehörten Elvis, John Wayne und Jacqueline Kennedy Onassis.

Wo lässt sich Andy Warhol erleben? Eine Möglichkeit ist das Andy Warhol Museum in Pittsburgh, Pennsylvania. Und wenn das nicht geht, können Sie immer noch losziehen und feiern. Das Studio 54 mag verschwunden sein, aber das Duo hinter diesem berühmt-berüchtigten Nightclub, Steve Rubell und Ian Schrager, blieb rührig und steckt hinter dem Konzept der Boutique-Hotels. 1984 eröffneten sie das Morgans in New York.

Werfen Sie sich in den Edie-Sedgwick-Look – einfach schauen, was Siena Miller in *Factory Girl* trägt – und nehmen Sie in der Bar eines der hippen Schrager-Hotels Platz: 40 Bond, Gramercy Park, das Royalton und das Paramount in New York oder St Martin's Lane oder das Sanderson in London. Näheres erfahren Sie unter *www. ianschragercompany.com*.

Und wenn das alles nichts für Sie ist, können Sie sich immer noch eine Ausgabe von *Interview* kaufen, der Zeitschrift, die Warhol gründete.

7. August

1876 wird Mata Hari geboren. Lesen Sie eine Biografie über das wildbewegte Leben dieser Tänzerin oder üben Sie eine Varieténummer ein. (Siehe Seite 141 unter »13. März«.)

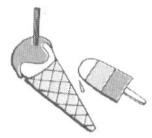

Über die Kunst des Postkartenschreibens

Ja, das sollte eigentlich kein Problem darstellen. Aber heute, wo es in jeder Stadt ein Internetcafé gibt, werden immer weniger Postkarten geschrieben. Warum eigentlich? Nichts ist netter, als eine Postkarte von einem weit entfernten Ort zu bekommen.

Drum schreiben Sie, während Sie mit Schlangen (auch im übertragenen Sinn) kämpfen, auf Flohmärkten schachern oder am Strand unter dem Sternenhimmel schlafen, eine Postkarte nach Hause und erzählen Sie von Ihren Abenteuern.

1. Lassen Sie Ihr kleines schwarzes Notizbuch zu Hause. Das Risiko, es am Strand auf den Bahamas zu verlieren, ist zu groß. Die Adressen und Telefonnummern – und Ihr gesellschaftliches Leben – wieder auf den Stand zu bringen könnte echt taff werden. Schreiben Sie sich die entsprechenden Adressen lieber raus oder merken Sie sie sich.

2. Kaufen Sie die Briefmarken gleich mit der Postkarte. Versuchen Sie einen Briefkasten zu finden. Die Postkarten auf dem Flughafen einzuwerfen gilt nicht.
   Lernen Sie den Satz, den Sie für diese Aktion brauchen.
   Französisch: *Est-ce que je peux acheter des timbres à l'Allemagne, s'il vous plaît?*
   Englisch: *Can I please buy stamps to Germany?*
   Italienisch*: Vorrei comprare francobolli per l'Alemania?*
   Spanisch: *Puedo comprar estampillas para Alemania, por favor?*

3. Wählen Sie eine Postkarte, auf der man sieht, wo Sie sind. Eine Postkarte mit blauem Himmel, langen Stränden und Superaussicht. »Schön, wenn du auch hier wärst« bedeutet eigentlich: »Wetten, du wärst am liebsten auch hier?« Verkaufen Sie den Urlaub als Hit.

4. Auf Postkarten hat man wenig Platz zum Schreiben. Fassen Sie sich kurz, schreiben Sie zum Beispiel: Sonne. Tiefseetauchen. Hotel zum Kringeln. Latin Lover vorhanden. Der Platz reicht nicht für die ganze Geschichte – heben Sie sich diese Anekdote für einen Plausch auf, wenn Sie wieder zu Hause sind.

Eine Postkarte ist wie ein Filmtrailer – machen Sie sie neugierig, damit sie alle kommen und sich die 900 Fotos und die halbstündige DVD-Präsentation ansehen.

8. August

1960 springt »Itsy Bitsy Teeny Weeny Yellow Polka-Dot Bikini« an die Spitze der Charts. Der Bikini feierte 2006 seinen 50. Geburtstag. Nicht dass es bei seinem Debüt im Pariser Piscine Molitor viel zu enthüllen gegeben hätte. Geburtshelfer waren der französische Ingenieur Louis Réard und der Modeschöpfer Jacques Heim. Der Bikini schlug ein wie eine Bombe, er war perfekt für die Ganzkörperbräune, ohne dass dabei allzu sehr gegen den sittlichen Anstand verstoßen wurde – was natürlich sehr von der jeweiligen Trägerin abhängt.

Wie man es schafft, die Sonne zu genießen

»Nur Verrückte und Engländer gehen mittags in die Sonne«, meinte Noël Coward – aber macht es nicht mehr Spaß, sich in einem Berg Sand zu suhlen, als sich von einem Berg überfälliger Rechnungen oder Deadlines den letzten Nerv rauben zu lassen?

Nutzen Sie, wenn die Sonne rauskommt, die Gunst der Stunde und bauen Sie eine Sandburg oder schwimmen Sie im Meer. Das ist kein Planschbecken, gehen Sie weiter rein, bis zu den Knien – fröstel, zur Taille, schauen Sie sich um, aller Augen sind auf Sie gerichtet, jetzt bleibt Ihnen gar nichts anderes übrig als – reinzuspringen.

Sandburgen zu bauen erfordert weniger Mut. Und was für die einen ein Hobby ist, ist für andere Kunst. Machen Sie doch beim World Sand Sculpture Festival mit (Näheres finden Sie unter *www.wssa.info*). Wenn Sie ein Sandburgenfestival in Deutschland suchen, werden Sie unter *www.sandworld.de* fündig. Für begeisterte Sandburgenbauer gibt es außerdem *www.sandcastlecentral.com*.

Für Sandburgen gibt es keine Regeln, allerdings sollten Sie Ihre Burg nicht zu weit weg vom Meer bauen – wenn der Sand zu trocken ist, geht nichts mehr – und auch nicht zu nahe am Meer, schließlich soll Ihr Werk nicht gleich wieder von der nächsten Flut zerstört werden. Muscheln und Tang sorgen für das gewisse Etwas, und vergessen Sie nicht den Burggraben, der Ihre Burg vor Eindringlingen wie Krabben und ähnlichem Getier schützt. *Your home is your castle,* und so soll's bleiben. Sie wollen gar keine Sandburg bauen? Dann schreiben Sie wenigstens Ihren Namen in den Sand. Oder üben Sie Handabdruck und Unterschrift.

11. August

1956 stirbt der Künstler Jackson Pollock, ein Schützling Peggy Guggenheims (siehe Seite 415), und am 12. August 1988 stirbt Jean-Michel Basquiat, der Graffiti-Künstler aus Warhols Kreis, an einer Überdosis. Schauen Sie sich ihre Werke an oder die Filme, die ihr Leben erzählen – oder lesen Sie stattdessen etwas über eine Künstlerin.

Lesefutter

Die Malerin
von Susan Vreeland

Warum

Dieses Buch handelt von Ehrgeiz und Ungemach und erzählt die wahre Geschichte einer großen Künstlerin der Renaissance.

Wer

Susan Vreeland war, bevor sie zu schreiben anfing, in San Diego Lehrerin. Als sie sich wegen eines Lymphoms einer Chemotherapie unterziehen musste, suchte sie Zuflucht in der Kunst. Sie beschloss, »die Augen und Gedanken mit Schönem zu füllen«, über Büchern zu brüten und sich in der Malerei zu verlieren, von Monet über Michelangelo bis zu Vermeer.

Vermeer fesselte sie, und sie begann die Geschichte des Mädchens in seinen Bildern aufzuschreiben, wie sie sie sich vorstellte. Daraus wurde der Bestseller *Mädchen in Hyazinthblau*. Beim nächsten Künstler, über den sie stolperte, handelte es sich um eine Frau – Artemisia Gentileschi. Dass deren Geschichte bislang noch niemand erzählt hatte, konnte Vreeland nicht fassen. Vreeland glaubt, dass das Schreiben ihr half, ihre Krebserkrankung zu überleben.

Die Story

Artemisia Gentileschi (8. Juli 1593–1653) ist eine real existierende Heldin, deren Werk bis heute überdauert. Sie war die Tochter eines bekannten italienischen Barockmalers, Orazio Gentileschi, und die erste Frau, die in die prestigeträchtige *Accademia dell'Arte* in Florenz aufgenommen wurde.

Artemisia musste viele Hindernisse überwinden. Mit 17 wurde sie von einem Mitarbeiter ihres Vaters vergewaltigt und musste einen öffentlichen Prozess und Demütigungen über sich ergehen lassen, bevor dessen Schuld bewiesen wurde. Sie hatte auch weiterhin kein Glück mit Männern. Für die meisten Männer dachte sie zu modern, und schließlich heiratete sie einen Frauenhelden und Grobian. Obwohl ihr Privatleben weniger als rosig war, entwickelte sie sich als Künstlerin weiter und wurde sogar von dem großen Cosimo de' Medici unterstützt. Aber reichte ihr Talent aus, die Nachteile zu überwinden, die sie als Frau hatte?

Die Geschichte erzählt von den schwierigen Beziehungen zwischen Tochter und Vater, Ehemann und Frau und Mutter und Tochter und von ihrem ständigen Kampf, sich als Künstlerin durchzusetzen.

Der Abend

Warum laden Sie Ihre Gruppe nicht zu einer Vernissage zu sich nach Hause ein? Zeigen Sie Ihren Freunden Ihr neuestes Kunstwerk oder wie Sie Ihr Zuhause à la Bloomsbury verschönert haben. Sie könnten auch ein paar Staffeleien aufstellen und einen spontanen Malabend veranstalten. Das klingt in Ihren Ohren schrecklich? Weichen Sie in eine Galerie aus, viele Galerien und Museen haben fantastische Cafés – auf diese Weise könnten Sie sich an der Kunst dieser Zeit sattsehen, bevor Sie sich am Kuchen satt essen. Der authentischste Ort für Ihr Treffen wäre natürlich das Babington's in Rom. (Wäre das nicht ein wunderbarer Grund für einen Trip nach Rom?) Es liegt am Fuß der Spanischen Treppe, also nicht weit davon entfernt, wo Artemisia lebte und arbeitete.

Alternative Kunstwelten wären:

Mädchen in Hyazinthblau von Susan Vreeland
Erzählungen um Matisse von A. S. Byatt
Das Zeichen der Venus von Sarah Dunant

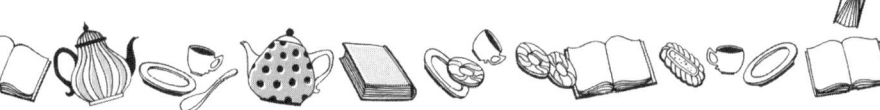

13. August

1899 wird Alfred Hitchcock geboren, einer der einflussreichsten Filmregisseure und -produzenten.

Hitchcocks Karriere erstreckte sich über sechs Jahrzehnte, von der Stummfilmzeit bis hin zu Farbfilmen. Und in all seinen Filmen ging es um Angst, Fantasie und Schrecken – obwohl er sich ironischerweise nie mit seiner eigenen Angst auseinandersetzte. Vergessen Sie *Psycho,* er hatte Angst vor Eiern.

Hitchcock war der Meister des Unerwarteten, nur eines hatten alle Filme gemeinsam, darauf gierten die Zuschauer geradezu – einen Mini-Auftritt des Regisseurs. Ob er in einen Bus einstieg, in einem Hof stand oder auf einem Foto zu sehen war, er ließ selten einen Film aus.

Hier einige seiner Filme: *Psycho,* 1960; *Über den Dächern von Nizza,* 1955; *Berüchtigt,* 1946, und natürlich *Rebecca,* 1940 (siehe Lesefutter Seite 211). Seine Lieblingsblondinen waren Ingrid Bergman, Joan Fontaine und Grace Kelly (siehe »Grace-Land«, Seite 191).

Sie mögen Hitchcock nicht besonders, haben *Grease* ein paar Mal zu oft gesehen und waren bereits mit Cliff Richard im *Summer Holiday?* Dann gäbe es da noch einen britischen Regisseur, der zwar nicht so erfolgreich ist wie Hitchcock, aber dennoch wunderbar für die nachmittägliche Filmsiesta um diese Jahreszeit. Ken Russells *Boy Friend* macht richtig Lust auf einen Sommerflirt. Sein Musical von 1971, das in den 20er-Jahren spielt und in dem Twiggy in der Rolle des armen reichen Mädchens Polly Browne zu sehen ist – mit einem Haarschnitt von Vidal Sassoon und Mode à la Biby –, gewann zwei Golden Globes.

Lernen Sie die Schritte zu »Sur la Page«, machen Sie Urlaub am Meer oder sehen Sie nach, ob Sandy Wilsons Originalversion des Musicals *Boy Friend* in einem Freilichtkino zu sehen ist.

Eine Urlaubsromanze wäre die ideale Ablenkung, während Sie

auf Prüfungsergebnisse warten oder sich auf die traditionelle, Lichtschutzfaktor-gesicherte Weise bräunen. Aber seien Sie gewarnt – die Erfolgsstory von Danny und Sandy ist eher die Ausnahme. Die Bräune hält womöglich länger.

Warum schlagen Sie sich mit Kinkerlitzchen wie Sand in den Schuhen herum? Machen Sie sich lieber Gedanken über die Umwelt.

Über die Kunst, umweltbewusst zu leben

Von Anya Hindmarsh, Accessoiredesignerin

Ich bin wahrlich keine Vorzeigegrüne, aber wie jeder versuche auch ich, unserem Planeten etwas mehr Respekt entgegenzubringen, ohne deshalb gleich in Sack und Asche zu gehen. Ehrlich gesagt habe ich es eher immer ein bisschen krachen lassen. Ich habe ein großes Auto, weil ich fünf Kinder habe. Und ich fliege viel, weil es aus beruflichen Gründen nicht anders geht. Allerdings bin ich um einiges umweltbewusster geworden, seit ich an der 2007 gestarteten Kampagne »I'm Not a Plastic Bag« arbeite. Dieses Projekt hat mir wirklich die Augen geöffnet dafür, was wir an Abfall verursachen. Ich finde, Mode kann das Verhalten der Menschen maßgeblich beeinflussen, und genau darum ging es mir bei diesem Projekt. Man muss herausfinden, wie man helfen kann, wie man etwas verändern kann, und ich wollte die Menschen dazu bringen, darüber nachzudenken, was sie tun. Ich wollte, dass es Mode wird, keine Plastiktüten zu verwenden. Deshalb kreierte ich diese Alternative. Natürlich wird diese Tasche nicht allein das Problem lösen, aber ich hoffe, dass das Problem dadurch mehr Leuten bewusst wird. Es geht doch darum, den Abfall zu reduzieren, das heißt, die Dinge nicht sofort wegzuwerfen, sondern öfters zu verwenden und zu recyclen. Schon Wahnsinn, wie oft man »Nein, danke« zu Plastiktüten sagen kann, wenn man eine solche wiederverwendbare Tasche dabeihat.

Was Recycling und Umweltbewusstsein angeht, bin ich, ehrlich gesagt, noch ein Neuling und ständig am Lernen. Ich glaube, dass jeder seinen Teil beitragen kann und dass man mit vielen kleinen alltäglichen Dingen sehr viel erreichen kann. Ich kann mich noch erinnern, als ich mich mit Babyöl eincremte, bevor ich mich in die Sonne legte. Heute gehe ich nicht mehr in die Sonne ohne Sonnenschutzfaktor 30 (zumindest in der ersten Urlaubswoche). Und wenn ich bei meiner Waschmaschine eine höhere Temperatur als 30 Grad wähle, habe ich genauso ein schlechtes Gewissen, als wenn ich nach sechs Uhr Kohlenhydrate esse! Finden Sie heraus, was Sie tun können, und fangen Sie heute an!

Kennen Sie dieses schreckliche Gefühl, wenn Sie auf dem Weg ins Restaurant sind und Sie plötzlich die Panik packt, ob Sie auch das Bügeleisen ausgeschaltet haben (obwohl Sie das zwei Mal überprüften, bevor Sie das Haus verließen)? Ich hab jetzt eine neue Phobie – ich muss ständig nachschauen, ob ich das Licht ausgeschaltet und meinen Fernseher auch nicht auf Standby laufen habe. Kleine Dinge – große Wirkung! Ich treibe meine Familie schon in den Wahnsinn, weil ich ständig alles ausschalte, wenn ich den Raum verlasse. Aber für mich ist das so wichtig wie gute Manieren.

Wir müssen alle unseren Kopf zum Wohl der Umwelt einsetzen. Letzte Weihnachten ließ ich als Geschenk für jedes Mitglied meines Teams und meiner Lieferanten einen Baum zu einem Wald hier pflanzen. Ich hoffe, dass wir eines Tages darunter picknicken können. Bäume sind fantastisch, wenn man drüber nachdenkt – sie nehmen Kohlendioxid auf, das wir nicht mögen, und geben uns dafür Sauerstoff. Wow! Die Natur ist genial … kümmern wir uns um sie, damit wir uns weiter an ihren Wundern erfreuen können.

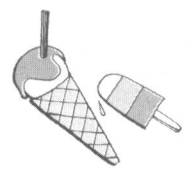

16. August

1977 stirbt die Rock-'n'-roll-Legende Elvis Presley. Pilgern Sie nach Graceland, der Sechs-Hektar-Ranch des Kings – ein Erinnerungsschrein für den King, seine Musik und die »blue suede shoes«.

London ist Ihnen lieber? Der Buckingham-Palast öffnet bis September seine Tore für die Öffentlichkeit (*www.royal.gov.uk*), auch wenn die Königin nicht anwesend ist. Entscheiden Sie, welche Seite des großen Teichs und welche königliche Hoheit Sie mehr interessiert.

17. August

1893 wird Mae West geboren. Eine der ersten und kontroversesten Sexbomben der Filmindustrie. Die Monroe und Madonna haben dieser Frau einiges zu verdanken – einen Drink oder ein, zwei Diamanten. Wie die West es ausdrückte: »Ich zerbreche mir nie den Kopf wegen irgendwelcher Diäten. Die einzigen »carrots«, die mich interessieren, sind die in den Diamanten.«

»Meine Güte, was für hübsche Diamanten«, ruft die Garderobiere in *Night After Night.*

»Güte hatte damit nichts zu tun, meine Liebe«, gibt Wests Figur zurück, und das wurde auch der Titel ihrer Autobiografie (*Goodness Had Nothing to Do with It,* 1959, überarbeitet 1970). Wie formulierte sie so unübertroffen: »Ich war einmal Schneewittchen, aber ich bin davon abgekommen.«

Problem mit dem Urlaubsflirt? Denken Sie an die weisen Worte Mae Wests:

341

»Ein Mann kann noch so klein, kugelrund und glatzköpfig sein, wenn er Feuer hat, hat er Glück bei den Frauen.«

»Ein Mann hat 100 Dollar, und wenn Sie gehen, hat er noch zwei Dollar. Das ist Subtraktion.«

»Ein harter Mann ist ein guter Fund.«

»Ich mag zwei Arten von Männern, die von hier und die von auswärts.«

»Heiraten Sie ihn nicht, um ihn zu erziehen – dafür gibt es die Anstalten für Schwererziehbare.«

»Guter Sex ist wie gutes Bridge. Wenn Sie keinen guten Partner haben, sind Sie auf sich selbst angewiesen.«

»Ich umgebe mich nur mit Jasagern. Wer braucht Neinsager?«

»Man lebt nur einmal, aber wenn man's richtig macht, dann reicht das auch.«

19. August

Während die Jungs sich noch immer wegducken, wird eine weitere temperamentvolle Frau geboren. 1883 erblickt Coco Chanel das Licht der Welt. Tragen Sie ihr zu Ehren heute am Strand weite Hosen und Perlen oder Chanels Parfüm No. 5 (siehe Muse des Monats Februar, Seite 97).

22. August

Mitten im Hochsommer des Jahres 1862 wird der impressionistische Komponist Claude Debussy geboren. Zu den berühmtesten Werken oder »Vertonungen« gehören *La Mer, Children's Corner Suite* und *Clair de Lune* – Letzteres ist besonders beliebt bei Film und Fernsehen. Im Buch *Casino Royale* nimmt sich James Bond jeden Tag Zeit, es zu spielen, während die von Al Pacino und Michelle Pfeiffer gespielten *Frankie und Johnny* sich beim schönsten Lied der Welt ineinander verlieben. Sind Sie auch dem Zauber dieses Lieds verfallen?

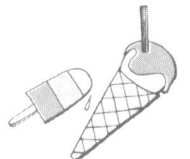

23. August

1912 wird Gene Kelly geboren. Obwohl Astaire und Rogers das ultimative Tanzpaar bleiben, war Kelly ebenfalls ein Virtuose, vor allem beim Steppen. Machen Sie einen Tanzkurs, Salsa, Rumba oder Flamenco, und wirbeln Sie die Sommerpartys ordentlich auf. Lernen Sie die Welt auf dem Tanzboden kennen.

Kelly legte sein Debüt in *Ein Amerikaner in Paris* hin und tanzte und sang sich natürlich endgültig mit *Singin' in the Rain* in den Olymp.

Übrigens hatte Kelly, als die berühmte Szene im Regen gedreht wurde, 39,5 Grad Fieber, und der Regen war auch nicht Regen, sondern klebrige Milch. Weil man die im Film besser sieht.

Die Szene wurde unzählige Male imitiert und Kelly selbst tanzte noch einmal im Regen, als er bereits im Grab lag – dank den Wundern moderner Technik in einem Werbeclip für Volkswagen. Die Aufnahmen wurden neu geschnitten und mit einem Backbeat als Soundtrack hinterlegt. Der Set wurde für ein Streetdancer-Trio nachgebaut, das durch die Schrittfolgen tanzte. Für die Nahaufnahmen erhielten die Tänzer durch eine Überblendungstechnik Kellys Gesicht.

Debbie Reynolds gestand später, dass die Dreharbeiten zu diesem Film und die Geburt ihrer Tochter das Schlimmste waren, was sie in ihrem Leben durchmachte. Netterweise verlor sie dabei kein Wort darüber, dass Elizabeth Taylor mit ihrem Mann, Eddie Fisher, durchbrannte, kurz nachdem sie ihre Tochter, Carrie »Prinzessin Leia« Fisher, geboren hatte.

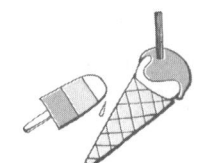

24. August

1847 beendet die Brontë-Schwester Charlotte ihren Roman *Jane Eyre,* das erfolgreichste Werk der drei Schwestern. 1847 war schriftstellerisch gesehen überhaupt ein sehr erfolgreiches Jahr für die ganze Familie. Sie fanden nicht nur für *Jane Eyre* (Charlotte) einen Verleger, sondern auch für *Sturmhöhe* (Emily) und *Agnes Grey* (Anne), drei Bücher, die Sie bis nächstes Jahr um diese Zeit gelesen haben sollten.

25. August

79 n. Chr. glaubten einige, das Ende der Welt sei gekommen. Was nicht der Fall war, für Pompeji allerdings traf es zu.

Pompeji war eine römische Stadt zwischen Neapel und Sorrento. Es lag am Fuße des Vulkans Vesuv, der als erloschen galt. Das sollte sich jedoch an diesem Tag als Irrtum erweisen. Beim Ausbruch des Vesuvs ergossen sich Asche und Lava über die Stadt, und zwar so schnell, dass 2000 Menschen starben und die wenigsten mit dem Leben davonkamen. Innerhalb von 19 Stunden war die Stadt verschwunden.

»Man hörte die Frauen jammern, die Kinder weinen und die Männer schreien«, schrieb Plinius der Jüngere, dessen Onkel, der ebenfalls Plinius hieß und ein neugieriger Schreiber war, zurück in die Stadt lief, um mit eigenen Augen zu sehen, was dort passierte. (Er ward nicht mehr gesehen.)

1594 wurden die ersten Überreste von Pompeji entdeckt, aber erst 1748 beschlossen die Archäologen, die versunkene Stadt unter den drei Metern Vulkanasche auszugraben. Es stellte sich heraus, dass Pompeji völlig erhalten war – wie Dornröschen.

Pompeji ist heute eine Touristenattraktion. Man bekommt dort ein Gefühl dafür, wie eine römische Stadt aussah, von den Mosaikeingängen mit der Warnung *Cave Canem* (Hütet euch vor dem Hund) bis zum Keramikgeschirr. Es gibt sogar gespenstische Gipsabdrücke von Menschen und Spuren der Kleidung aus der Zeit.

Ihnen steht der Sinn eher nach England? Besuchen Sie Lyme Regis in Dorset, an der Südküste Englands, das berühmt ist für seine Fossilien und seine Hafenmauer, die eine wichtige Rolle spielt in *Die Geliebte des französischen Leutnants*. Wandern Sie dort auf den Spuren Mary Annings, die wie viele Besucher die Strände nach Fossilienfunden absuchte. Sie lebte Anfang des 19. Jahrhunderts und war das einzige von vier Geschwistern, das einen Blitzschlag überlebte (ziemlich Harry Potter, oder?). Sie fing an, alles Mögliche zu sammeln, darunter auch Fossilien, um ihrer verwitweten Mutter zu helfen. Bei ihren Wanderungen fand sie einige sehr wichtige Fossilienstücke, die sich heute in Museen auf der ganzen Welt befinden. »She sells seashells on the seashore« – mit dem Zungenbrecher, den jedes englische Kind kennt, soll Mary Anning gemeint sein.

Übrigens hört man das Meeresrauschen in einer Muschel nicht, weil dieses Geräusch darin gefangen wurde, sondern weil in einer Muschel verschiedene Frequenzen schwingen, also Umweltgeräusche verstärkt werden. Das funktioniert genauso, wenn Sie sich ein Glas oder eine Tasse ans Ohr halten. Bleiben Sie trotzdem bei der alten Meeresrauschentheorie – sie ist einfach schöner. Schnappen Sie sich einen Eimer und eine Schaufel und schauen Sie, was Sie am Strand finden. Oder kaufen Sie sich ein Fossil im Andenkenladen, bevor Sie sich einen Cream Tea, also Tee mit einem Scone, Clotted Cream und Erdbeermarmelade, genehmigen.

Während des letzten Augustwochenendes wird der Notting Hill Carnival in London gefeiert.

Das erste Mal fand er 1964 statt, als die Familien, die aus Westindien nach London gekommen waren, ihre Kultur mit karibischer Begeisterung feierten. Steel Bands und Umzugswagen und Party rund um die Uhr – auch wenn das Wetter nicht passt – bringen tropische Farben und Klänge auf die Straße.

25. August

1964 kam Walt Disneys *Mary Poppins* in die Kinos, und damit sei daran erinnert, dass die Urlaubszeit zu Ende geht und die Schule, die Uni, die Arbeit und der Alltag rufen. Sehen wir den letzten Karnevalswagen in Notting Hill als Zeichen dafür, dass wieder eine Jahreszeit vorübergeht.

Fußnote

Flip-Flops

Reden wir über den ersten Schuh – nicht Ihren ersten Babyschuh –, sondern den ersten Schuh der Geschichte, die Sandale. Die gibt es seit Menschengedenken, sie lässt sich zurückführen bis in die Zeit, als die Chinesen ihr Schuhwerk upgradeten und sich nicht mehr nur Felle um die Füße wickelten. Die Römer verzierten die ihren sogar mit Edelsteinen, die Chinesen kamen auf die Idee mit der verstärkten Sohle, und die Ägypter führten den Zehenriemen ein – schon vor Christi Geburt waren Schuhe Statussymbole und einfach sexy. Aphrodite, die griechische Göttin der Liebe, wurde nackt bis auf ihre Sandalen dargestellt. Was könnte schöner sein?

Springen wir von den Franziskanern zum Flip-Flop und den billigen Plastikdingern, mit denen es sich so nett in die Sonne trippeln lässt. Das Design wurde von der japanischen Zori-Sandale abgekupfert und war schon in den 1930er-Jahren die angesagte Fußbekleidung auf Neuseelands Stränden. Flip-Flops sind flach und fersenfrei, also ideal, um den Sand abzuschütteln, und dennoch ein Schutz vor den Kieseln und Muscheln. Man muss sich nur noch an den Riemen zwischen dem großen Zeh und dem zweiten Zeh gewöhnen.

1957 ließ sich Maurice Yock in Auckland, Neuseeland, die Flip-Flops patentieren, die bis heute bei den Beach Beautys dieser Welt ein beliebtes Accessoire sind. Außerdem sind Flip-Flops die billigsten Schuhe auf dem Markt – auch wenn die riesige Version, auf denen Mini-Miss Kylie Minogue 2000 ins Olympiastadion von Sydney ritt, vielleicht nicht ganz so billig war. Durch den Aufstieg der brasilianischen Marke Havaiana wurden Flip-Flops wieder ein Fashion Statement – und Pediküre ein Pflichtprogramm. Sie können diesen Riemen zwischen den Zehen absolut nicht ausstehen, sondern nur Sand und Meer? Packen Sie sich stattdessen ein paar Badeschuhe, Sandalen, Espadrilles oder Birkenstocks ein.

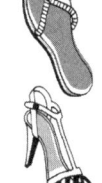

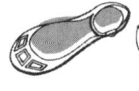

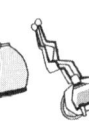

September

»Macht ist ein starkes Aphrodisiakum.«
Henry Kissinger

Ich wünschte,
ihr wärt hier

Stephen Jones aus Tokio

Es ist wunderbar hier. Tokio ist noch immer die faszinierendste Stadt der Welt und inspiriert mich noch genauso wie vor 20 Jahren, als ich das erste Mal hier war. Und auch heute ist das Viertel Harajuku mein heißer Tipp für alle, die sich für Tokios Mode und Design interessieren. (Bittet einfach den Türsteher eures Hotels, eurem Taxifahrer zu erklären, wo's hingehen soll. Die Japaner kennen keine Hausnummern und Straßenbezeichnungen wie wir.) Hier findet man die japanischen Modegrößen: Comme des Garçons, Issey Miyake und Yohji Yamamoto neben neuen Namen wie Undercover oder Designerläden wie Loveless.

Die ganzen Kathedralen der internationalen Mode in der Omotesando (der angesagtesten Modestraße Harajukus) würde ich links liegen lassen und stattdessen die engen Gässchen dahinter erforschen, wo ultra-stylishe Passanten mindestens so interessant sind wie die diversen winzigen Boutiquen, in denen es fantastische T-Shirts, Jeans, verrückte Accessoires und die Mode der besten Avantgarde-Designer Japans und weltweit zu kaufen gibt. Andererseits – was interessiert mich Mode? Worauf ich total abfahre, das ist Kiddyland, *der* Spielzeugladen Japans. Hier findet man auf sieben Stockwerken Ninja-Geisha-Manga-Barbie-Rama in Neonfarben und dazu im Hintergrund Technomusik und Lichtampeln. Meine Lieblingsabteilung ist die Schreibwarenabteilung, in der man Federmäppchen in Form von Essiggurken bekommt und Stifte, die aufleuchten, wenn man schreibt (oder für Dior zeichnet). Ein anderer Lieblingsladen von mir ist Tokyo Hands. Er liegt im Viertel Shibuya (15 Minuten zu Fuß, dabei bekommt man noch jede Menge ausgeflippter Fashionistas zu sehen). Im Tokyo Hands gibt es Farben, Plastik, Gummi, Glitter, Stoff, Seidenblumen, Holz und Glühlampen zu kaufen, praktisch alles außer einem Hut von Stephen Jones. Falls ich nur für einen Tag nach Tokio komme (was es gegeben hat), verzichte ich lieber auf einen Restaurantbesuch als auf einen Besuch bei Tokyo Hands.

351

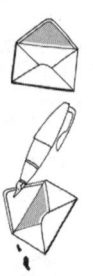

Das ist das Tolle an Tokio – man braucht keinen Führer und keinen Zeitplan, nicht mal eine feste Meinung, man muss nur die Augen aufhalten, und die kreativen Säfte schießen, und wie!

Alles Liebe, Stephen

P. S.: Allerdings sollte man unbedingt eine Kreditkarte dabeihaben (mit einem vernünftigen Kreditrahmen!).

1. September

1985 wurde das Wrack der Titanic gefunden, 73 Jahre, nachdem sie gesunken war.

Wie man einen Job bekommt

Sie möchten einen bestimmten Job, eine Beförderung oder in einem Verkaufsgespräch den Sieg davontragen? Dann sorgen Sie dafür, dass Sie Ihre Mitwerber überstrahlen.

Das Auftreten allein genügt nicht, auch der Lebenslauf muss passen. Aus dem perfekten Lebenslauf erfährt man, was Sie bisher geleistet haben und was Sie anstreben. Und das auf einer – maximal zwei – Seiten.

Worauf es ankommt

So etwas wie einen Musterlebenslauf gibt es nicht – Sie müssen Ihren Lebenslauf auf die jeweilige Situation hin maßschneidern. *Maßschneidern,* nicht lügen. Updaten Sie zwischendurch Ihren Lebenslauf. Auch wenn Sie nicht nach einem neuen Job suchen, wäre die eine oder andere neue Errungenschaft schön.

Der Lebenslauf sollte die wichtigsten Fakten enthalten, Ausbildung, Abschlüsse und bisherige Arbeitserfahrung. Heben Sie Ihre Glanzpunkte hervor, davon gibt es ja einige, schließlich sind Sie fantastisch. Aber denken Sie an die Konkurrenz. Halten Sie den Lebenslauf kurz und prägnant, so kommen Ihre Leistungen am besten zur Geltung. Der erste Eindruck ist auch hier, wie so oft, der entscheidende.

Es gibt zwei Lebenslaufgrundtypen:

Der chronologische Lebenslauf ist der häufigste/üblichste. Hier werden Bildungsabschlüsse und Beschäftigungsverhältnisse chronologisch aufgeführt. Ist Ihre Aufstellung auf dem neuesten Stand und sind die aufgeführten Punkte relevant? Heben Sie die Fähigkeiten hervor, die Sie für die jeweilige Stelle prädestinieren.

Beim funktionellen Lebenslauf stehen die Leistungen während eines Beschäftigungsverhältnisses im Mittelpunkt. Damit Sie sich nicht wegen der Jobbezeichnung unter Wert verkaufen. »Fashion Assistent« zum Beispiel kann alles bedeuten von Kaffeeköchin über Chefbüglerin bis hin zu Stylistin, Lektorin, Interviewerin, Therapeutin oder einfach Mädchen für alles. In einem funktionellen Lebenslauf können Sie das genauer ausführen – aber nicht vergessen, es soll ein funktioneller und kein fiktiver Lebenslauf werden.

Das Anschreiben

Der Lebenslauf ist nur die halbe Miete – Sie können ihn nicht einfach in einem Umschlag abschicken und auf das Beste hoffen. Ein Lebenslauf oder eine Bewerbung braucht immer ein Anschreiben. Darin bringen Sie auf einer Seite auf den Punkt, warum Sie die Idealbesetzung sind. Inzwischen ist es üblich, dass man ein Bewerbungsformular erhält, das man ausgefüllt zurückschicken soll. Kopieren Sie in diesem Fall das Formular unbedingt, bevor Sie loslegen. Üben Sie, bevor Sie mit Ihrem Kuli über das Original herfallen. Das hat zudem den Vorteil, dass Sie sich Ihr Probeformular vor dem Bewerbungsgespräch noch einmal durchlesen können.

Reden Sie nicht um den heißen Brei herum. Schreiben Sie klar und deutlich:

- für welchen Job Sie sich bewerben;
- unter welcher Adresse/E-Mail-Adresse/Telefonnummer Sie zu erreichen sind;
- dass sich der Lebenslauf im Anhang befindet;
- dass Sie hoffen, bald von ihnen zu hören.

Drucken Sie den Brief auf normales weißes Papier und unterschreiben Sie unten, genau wie übrigens den Lebenslauf (und keine Küsschen, egal, wie gerne Sie den Job hätten). Ihr farbiges, parfümiertes Briefpapier heben Sie für andere Gelegenheiten auf, damit es keine Missverständnisse gibt. Halten Sie Ihr Anschreiben einfach und klar – und machen Sie keine Rechtschreibfehler.

Über die Kunst, ein Geschäft zu führen

Von Mrs. Joan Burstein,
Gründerin des Modeimperiums Browns

Mein Mann und ich gründeten Browns 1970. Wir waren eine der ersten Boutiquen in London, die mehrere Marken anboten. Wir wollten Namen und Labels mischen und neue Modevariationen finden. Ich weiß noch, wir gehörten zu den ersten Eigentümern von Läden, die wirklich reisten, um einzukaufen. Wir flogen nach Italien, Paris, Tokio, überallhin, um neue Marken für Browns zu finden.

Das ist heute nicht anders. Wir sind sogar noch mehr unterwegs, weil die Konkurrenz viel größer ist. Doch heute suchen wir nach individuellen Sachen. Sie müssen originell sein, attraktiv und faszinierend zugleich – verrückt und schön. Das hängt sehr mit dem jeweiligen Designer zusammen, ich glaube, es muss aus seinem Inneren kommen. Für mich ist wichtig, dass die Idee einzigartig ist. Darauf kommt es in jedem Geschäft an, nicht nur in der Mode. Man muss nach Originalität und Qualität Ausschau halten. Damit meine ich nicht nur die Verarbeitung, sondern die Designidee, die dahintersteckt. Ich liebe Dinge, die liebevoll verarbeitet sind, bei denen man die hineingeflossene Zeit und Sorgfalt spürt. Es geht nicht darum, wie ein Geschäft organisiert ist, ob die Büroräume und das Atelier schick sind, die Ideen und das Talent dahinter sind entscheidend. Keine Bange, Sie müssen nicht bereits am Anfang das gesamte Konzept entwickelt haben. Ein junges Label oder eine junge Firma braucht Energie und Zuspruch, um auf die Beine zu kommen. Daher ist es wunderbar, dass die großen Kaufhäuser den jungen Designern so unter die Arme greifen.

Natürlich muss die Lieferung klappen, aber genauso wichtig ist es, neue Talente zu fördern. Bis ein junger Designer etwas fester im Sattel sitzt, muss man auch mal ein Auge zudrücken, wenn die Organisation nicht ganz optimal ist.

1984 sah ich John Gallianos Abschlussshow an der Modeschule – ein einmaliges Erlebnis, das ich nie vergessen werde. Die Aufregung im Raum war mit Händen zu greifen. Das hier war so anders, so originell, so voller Selbstvertrauen, und es verkaufte sich in null Komma nix. Wir stellten seine Kollektion sofort bei Browns ins Schaufenster. John war eine Ausnahme; diese Magie gibt es nicht jede Saison, aber wenn man einmal auf so eine Ausnahmeerscheinung gestoßen ist, sucht man weiter danach, in der Hoffnung, noch einmal dieses Gefühl zu erleben. Ich bedaure nur, dass ich nicht ein Stück aus der Kollektion für mich behalten habe.

Eine Kollektion sollte man sich ohne vorgefasste Meinung im Kopf ansehen – das gilt für Einkäufer wie für Kunden. Doch der Einkäufer muss natürlich immer an seine Kunden denken. Für wen kauft man ein, was mögen die Kunden? Man muss seine Kunden verstehen und ihre Bedürfnisse kennen. Das gilt für jedes Geschäft. Kleidung ist die Sprache der Mode, aber Einfühlungsvermögen ist in jedem Geschäft ausschlaggebend. Der Browns-Kunde interessiert sich für Mode, schätzt sorgfältige Verarbeitung und lässt sich gerne überraschen und inspirieren. Zugleich zeichnet er sich durch eine große Markentreue aus. Als Einkäufer darf man nie vergessen, für wen man einkauft, was dem Kunden passt und was zu ihm passt. Man will, dass die richtigen Leute die richtigen Stücke, das richtige Design tragen! Letztlich soll Mode dem Träger Selbstvertrauen vermitteln, seinen Charakter zeigen und ihn gut aussehen lassen. Ich möchte die Kleidung finden, die den Leuten das Gefühl gibt, die Welt liege ihnen zu Füßen. Daher besuche ich mit meinem Team jede Modehauptstadt, um alles zu sehen und die Kleidung zu finden, von der man sich »angesprochen« fühlt – so verrückt das auch klingt. Man muss lernen, seinem Bauchgefühl zu vertrauen, das vermutlich mit der Erfahrung wächst. Aber ich mache den Leuten immer Mut, sich auch auf das Unerwartete einzulassen und sich auf neues Terrain vorzuwagen. Das gilt fürs Leben, fürs Geschäft und für die Mode!

Wie man sein eigenes Geschäft gründet

September ist der Zeitpunkt, an dem Sie aufhören sollten, davon zu träumen, Ihr eigener Chef zu sein. Machen Sie endlich Nägel mit Köpfen!

Sorgen Sie, bevor Sie Ihr eigenes Geschäft gründen, für Ordnung auf dem Schreibtisch und im Kopf. Entsorgen Sie den Krempel und das Chaos und finden Sie heraus, was Sie schon immer tun wollten – und überlegen Sie dann, was Sie zurückhält. Was lässt Sie morgens aus dem Bett federn? Was finden Sie spannend? Was ist Ihre Leidenschaft? Worin sind Sie gut? Richtig gut? Fantastisch gut?

Finden Sie heraus, was Sie antreibt – die Welt zu retten oder Ihre erste Million zu machen? Notieren Sie Einfälle, Stimmungen. Nach einiger Zeit werden Sie feststellen, was davon trägt. Haben Sie keine Scheu, Neues aufzuschreiben – aber seien Sie hart: Wenn etwas nicht passt oder Sie sich nicht sicher sind, dann raus damit. Wenn Sie selbst nicht daran glauben, wie wollen Sie es dann verkaufen?

Überlegen Sie, wie Sie vorgehen wollen. Klären Sie die finanzielle Seite. Wofür Sie wie viel Geld brauchen. Woher Sie Ihr Anfangskapital bekommen. Ist der Bankberater von der Geschäftsidee angetan? Können Sie private Investoren ins Boot holen?

Wenn Sie Ihre Geschäftsidee formuliert (und falls es sich um eine fantastische Erfindung handelt: patentiert) haben, heißt es: reden. Networken, Darling, also ran an die Kontakte, zuhören, lernen. Lassen Sie sich einen pfiffigen Namen einfallen und Ihre Idee Wirklichkeit werden. Es gibt noch jede Menge Räder zu erfinden und Kuchen, von denen auch Sie ein Stück abbekommen können.

Sie wollen wissen, wie andere es geschafft haben? Lesen Sie Anita Roddicks *Die Body-Shop-Story: die Vision einer außergewöhnlichen Unternehmerin* oder Richard Bransons *Business ist wie Rock 'n' Roll: die Autobiografie des Virgin-Gründers*. Darin erfahren Sie, wie er es vom Markthändler zum Millionär schaffte.

 *Lesefutter*

Farm der Tiere
von George Orwell

Warum

Achten Sie bei einer Geschäftsgründung darauf, dass der Ehrgeiz nicht zu Realitätsverlust führt. In *Farm der Tiere* erfährt man, wie eine Utopie zum Albtraum wird, wenn die Egos größer als die Ideale sind. Was macht die Macht aus Schweinen? Und was macht sie aus Ihnen?

Wer

Eric Blair (25. Juni 1903–21. Januar 1950) wurde in Motihari in Bengalen, dem heutigen Bangladesch, geboren, wo sein Vater für die Opiumabteilung des Civil Service arbeitete. Er kehrte mit seiner Mutter nach England zurück, als er ein Jahr alt war, und erklärte später, er sei in der »unteren oberen Mittelschicht« aufgewachsen. Nachdem er die Schule in Eton beendet hatte, trat er in die Indian Imperial Police in Burma ein, reichte aber 1928 seinen Rücktritt ein und kehrte nach England zurück. Die Erfahrung hatte ihn zu einem Gegner des Imperialismus gemacht.

1933 nahm er den Autorennamen an, unter dem wir ihn kennen – George nach dem heiligen Georg und nach George V., dem damaligen Monarchen seines geliebten Englands, und Orwell nach dem Fluss Orwell, der durch sein geliebtes Suffolk fließt. Doch mit der Schreiberei ließen sich die Rechnungen nicht bezahlen. Eine Schilderung seiner Verarmung findet sich in *Erledigt in Paris und London*.

Er kämpfte im Spanischen Bürgerkrieg, wo er verletzt wurde. Und schrieb Kritiken für den *New English Weekly,* bis er 1943 Literaturchef der *Tribune* wurde. Gleichzeitig war er Kriegskorrespondent des *Observer.* Die *Newsweek* nannte ihn den »besten Journalisten seiner Zeit und führenden Architekten des englischen Essay seit Hazlitt«. Doch nicht seiner journalistischen Essays wegen erinnert man sich an ihn, sondern seiner Romane wegen.

1944 beendete er *Die Farm der Tiere,* seine stalinfeindliche Allegorie, in der er die Tiere eines Bauernhofs benutzte, um die Funktionsweise der totalitären Sowjetunion darzustellen. Das Buch war ein durchschlagender Erfolg, und zum ersten Mal war er sämtliche Geldsorgen los. Orwells nächster Roman, *1984,* wurde 1949 veröffentlicht und nicht 1948, wie er gehofft hatte (was sich im Titel spiegelt). Das Buch entstand in einer schwierigen Phase seines Lebens, kurz nachdem seine Frau auf dem OP-Tisch gestorben war und während es ihm selbst gesundheitlich immer schlechter ging.

In dem Buch sagte er voraus, in welche Richtung sich seiner Meinung nach die Welt zu entwickeln drohte. Viele Begriffe, die er darin prägte, gingen später in den Sprachgebrauch über wie »Kalter Krieg« und »Big Brother«. Mit 46 Jahren starb er an Tuberkulose, ohne zu ahnen, welchen Einfluss sein prophetisches Buch haben sollte.

Die Story

Sie können die *Farm der Tiere* als Tierfabel oder als politische Allegorie lesen. Old Major, das preisgekrönte Schwein der Farm, ist ein Sozialist wie Lenin und möchte seine Vision einer auf Gleichheit basierenden Gemeinschaft ohne die Tyrannei der Menschen in die Tat umsetzen. Mit seinem Charisma und seinen rhetorischen Fähigkeiten kann er die Tiere von seiner Idee einer neuen Welt überzeugen. (*1984* wird ja auch häufig mit Aldous Huxleys *Schöne neue Welt* verglichen.) Auf der Farm findet eine Revolution statt, und die Farm der Tiere entsteht.

Anfangs läuft alles bestens. Das Zusammenleben ist harmonisch, so wie Thomas More es sich in seinem *Utopia* erträumte und Karl Marx es in *Das Kapital* entwarf. Nur dass dieser Staat von Tieren, nicht von Menschen geleitet wird.

Nur drei Tage nach dem Coup stirbt Old Major. Die Führung übernehmen zwei Schweine, die Doppelspitze Snowball (Trotzki nachempfunden), der für Bildung ist und den Tieren beibringt, zu lesen und eigenständig zu denken, und der herrische Napoleon (Stalin nachempfunden), dem es um Macht geht. Napoleon hetzt die Hunde auf Snowball (im wortwörtlichen Sinn) und reißt die Herrschaft an sich. Der neue totalitaristische Staat hat mit den Idealen Old Majors nichts mehr gemein.

Sind die Tiere nun besser dran als mit Farmer Jones? Die Verhältnisse werden immer schwieriger …

Die Schweine lernen, wie die Menschen zu gehen und sich zu kleiden, und Napoleon, den es mehr nach Macht denn nach Aufklärung und Harmonie verlangt, will sich mit den Menschen verbünden. Während eines Pokerspiels mit Farmer Pilkington (Orwells Hitler) erkennen die Tiere, dass kein Unterschied mehr besteht zwischen den Menschen und dem, was aus ihnen selbst geworden ist. Selbst das loyale Pferd Boxer, dessen Motto in noch härterer Arbeit besteht, wird betrogen.

Orwell erklärt in dem Roman seine Sicht der Revolution und seine sozialistischen Ideale. Mit dieser Allegorie konnte er das sagen, was die Politiker nicht zu sagen wagten. Im Vorwort zur ukrainischen Ausgabe von 1947 erklärte er, was ihn zu seinem Roman inspiriert hatte: »Ich sah einen kleinen Jungen … der auf einem schmalen Weg ein riesiges Zugpferd entlangtrieb und jedes Mal auf das Pferd einschlug, wenn es umkehren wollte. Mir kam der Gedanke, dass wir keine Macht mehr über diese Tiere hätten und sie nicht mehr ausbeuten könnten, wenn diese sich ihrer Stärke bewusst wären. Und dass die Ausbeutung der Tiere durch die Menschen sehr viel mit der Ausbeutung des Proletariats durch die Reichen gemein hat.«

Ironischerweise wurde sein Vorwort in England zensiert, und er musste bis zum Ende des Krieges um die Veröffentlichung seines Romans kämpfen.

Der Abend

Ein Besuch auf dem Bauernhof und knietief im Schlamm zu waten kommt natürlich nicht in die Tüte – ein Schlammbad oder eine Schlammmaske schon eher. Warum gehen Sie nicht mit Ihren Freunden auf ein paar Stunden ins Kosmetikstudio oder in einen Wellnessschuppen und diskutieren über dieses Buch, während Sie sich rundum verwöhnen lassen? Enthüllen Sie Ihren Fünfjahresplan während dieser Generalüberholung. Reden Sie über berufliche Pläne und vereinbaren Sie, ab jetzt bestimmt, aber mit Stil aufzutreten.

Treffen Sie sich in dem angesagten Restaurant, der hippen neuen Bar und genießen Sie das Leben der Schönen und Reichen – werfen

Sie einen Blick in Ihr Utopia und reichen Sie Champagner und Trüffel, während sich Geist, Körper und Seele erholen.

Alternative Gesellschaftsvisionen:
Utopia von Thomas More
Das verlorene Paradies von John Milton
Herr der Fliegen von William Golding

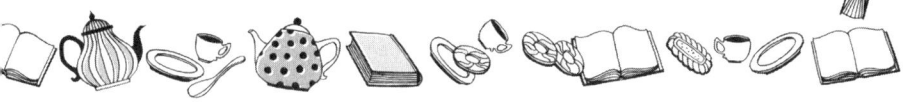

7. September

1936 wird der Sänger/Songwriter Charles Hardin (Buddy) Holly geboren. Und ohne Buddy Holly kein Rock 'n' Roll. Zu seinen Hits gehören »That'll Be the Day« und »Peggy Sue«. Sein Einfluss auf andere Musiker, darunter die Beatles, war immens. Die Beatles nannten sich übrigens als Hommage an Buddys Band, den *Crickets* (Grillen), *Beatles*, also Käfer. Und auf einer der Buddy-Holly-Partys, die McCartney jährlich an diesem Tag abhielt, kam Eric Clapton die Idee zu seinem Song über seine Freundin »You Look Wonderful Tonight«. (Die ganze Geschichte können Sie auf Seite 257 unter »Rockprinzessin« nachlesen.) McCartney verehrte Buddy Holly so sehr, dass er die Rechte an dessen Songs kaufte.

Doch am 2. Februar 1959 fuhr das Schicksal der Musik in die Parade, und die Geschichte nahm einen anderen Verlauf.

Ein Flug nach Fargo, North Dakota, war kurz nach dem Start zu Ende, das Flugzeug stürzte ab. Drei der größten Rock-'n'-Roll-Stars verloren dabei ihr Leben: Buddy Holly, Ritchie »La Bamba« Valens und Big Bopper J. P. Richardson. 1971 sang Don McLean in seiner Ballade »American Pie«, dies sei der Tag gewesen, an dem die Musik starb – *this was the day the music died.*

9. September

1941 wird Otis Redding geboren, eine weitere Musiklegende. Auch er starb bei einem Flugzeugunglück. Er war erst 26 Jahre alt. Sein posthumer Hit »(Sittin' on) the Dock of the Bay« sollte sein erster Nummer-eins-Hit werden und sein erster Song, der sich über eine Million Mal verkaufte. Laden Sie sich seine Hits heute herunter.

10. September

1890 wird die Italienerin Elsa Schiaparelli geboren. Sie war Modeschöpferin und zugleich eine surrealistische Künstlerin, welche die Welt der Haute Couture mit scharfen Schnitten und noch schärferem Witz aufzumischen wusste.

Schiaparellis Karriere begann in Amerika, wo sie als Drehbuchschreiberin und Übersetzerin arbeitete, bevor sie in den 20er-Jahren nach Paris zog und ihr eigenes Modehaus eröffnete. Mit ihrem schockierenden Pink und ihren Schuhhüten wurde sie, nach Coco Chanel (siehe Seite 97), eine der führenden Modeschöpferinnen der 20er- und 30er-Jahre.

Was Schiaparelli von ihren Kollegen unterschied, war die Art, wie sie Mode und Kunst kombinierte. Sie arbeitete mit Salvador Dalí, der einige Stoffmuster für sie entwarf, darunter auch das berühmte Hummermuster. Das Seidenkleid mit dem Hummer wurde von Wallis Simpson getragen. Schiaparelli führte auch das Schulterpolster ein, Bettjäckchen aus Pelz und mit Glitzersteinen verzierte Lingerie. Sie zog Daisy Fellowes und Zsa Zsa Gabor in *Moulin Rouge* an und Mae West – deren Torso sie zu der Flasche für ihren Verkaufsschlager, das Parfüm Shocking, inspirierte.

Elizabeth Arden

Wer im Notfall etwas Stärkung braucht, greift heutzutage oft zum Lippenstift. Je kräftiger die Farbe, umso besser. Falls auch zu Ihren geheimen Waffen ein roter Lippenstift, ein Hauch Mascara und Puder gehören oder falls Sie schon mal den Kosmetiksalon mit dem Gefühl verlassen haben, unbesiegbar zu sein, dann stoßen Sie auf Elizabeth Arden an, auf ihre Eight Hour Cream, ihren Lippenstift und all ihre Zaubermittelchen.

Anfang des letzten Jahrhunderts wurde Make-up nur auf der Bühne oder von Prostituierten getragen. Heute schminkt sich der Großteil des schönen Geschlechts, um noch schöner zu sein. Dieser Imagewandel des Make-ups ist durchaus ein PR-Coup, und die zwei Frauen, die ihn zuwege brachten, sind Elizabeth Arden und Helena Rubinstein. Sie konnten sich nicht riechen – gegen die beiden waren Bette Davis und Joan Crawford die reinsten Busenfreundinnen.

In einer Zeit, in der Frauen gerade mal das Stimmrecht erhalten hatten, war Elizabeth Arden eine Vorreiterin. Sie war ein Workaholic, ein global agierender Tycoon und die reichste Self-made-Frau Amerikas. Als sie geboren wurde, verfügten weniger als 16 Prozent der amerikanischen Haushalte über elektrischen Strom, und wer mehr als seinen Knöchel enthüllte, sorgte für einen Skandal. Als sie starb, kannte nicht nur jeder ihren Namen, sondern die meisten Frauen befolgten ihre Schönheitstipps.

Wie Coco Chanel es so treffend auf den Punkt brachte: »Es gibt nur eine Mademoiselle auf der Welt, und das bin ich; nur eine Madame, und das ist die Rubinstein; und nur eine Miss, und das ist die Arden.« Nur schade, dass die drei es nicht ertrugen, im selben Raum zu sein.

Gönnen Sie sich doch ein Verwöhnprogramm, während Sie Ihr Geschäftsimperium planen. Nehmen Sie sich einen Abend frei und lackieren Sie sich die Zehennägel. Werden Sie kreativ und mixen Sie sich statt eines leckeren Nachtischs eine Bio-Gesichtspackung, damit Sie von innen und außen strahlen. Sie ziehen Bewährtes vor? Wie wär's mit Ardens *Eight Hour Cream,* dem Geheimtipp der Stars?

Ihr Leben und ihre Zeit

Eine Lady sollte mit ihrem Alter diskret umgehen – vor allem, wenn ihr Geschäft die Schönheit ist. Daher ist das genaue Geburtsdatum Florence Nightingale Grahams umstritten. Man geht davon aus, dass sie am 31. Dezember 1878 in Woodbridge bei Toronto als Tochter des Schotten William Graham und Susan Pearce Todd aus Cornwall geboren wurde. Als sie sechs war, starb ihre Mutter, und ihr Vater, ein Gärtner, musste die Kinder alleine aufziehen. Dieses sanfte Kind, das Angst vor dem Dunklen und vor dem Alleinsein hatte, wuchs zu einem der größten Exportschlager Amerikas heran. Bei ihrem Schulabschluss träumte sie davon, »das reichste Fräulein der Welt zu werden«. Und das wurde sie. Es zahlt sich aus, groß zu denken.

Sie eiferte ihrer Namenspatronin nach und wurde Krankenschwester, ihre wahre Leidenschaft aber galt Pferden, Blumen und vor allem der Perfektion – sie musste nur herausfinden, wie sie daraus eine lukrative Karriere basteln konnte. Als Krankenschwester kam ihr die Idee, aus Haut- und Verbrennungssalben Schönheitsprodukte zu machen. Sie begann zu Hause zu experimentieren, was nicht sofort von Erfolg gekrönt war. Ganz im Gegenteil, die Nachbarn mussten einiges erdulden und argwöhnten, die Grahams seien a) die schlimmsten Köche der Stadt oder b) so verarmt, dass sie Verdorbenes essen müssten.

1908 zog sie nach New York, um ihr Glück zu machen, und begann in dem berühmten Salon Eleanor Adair zu arbeiten. Bald erkundigten sich die Kunden »nach dem netten kanadischen Mädchen«. Nachdem sie neben ihrer medizinischen Ausbildung nun auch Erfahrungen bei Schönheitsbehandlungen gesammelt hatte, hielt sie die Zeit für die Fabrikation ihrer eigenen Produkte für gekommen. Sie fragte bei mehreren Kosmetikfirmen an, ob sie ihre leichte und pflegende Gesichtscreme herstellen könnten. A. Fabian Swanson war der einzige Chemiker, der dazu in der Lage war. Zusammen perfektionierten sie die Produkte, die das Kernstück von Ardens Kosmetikserie werden sollten. Ihre Suche nach der Creme, die ewige Jugend und Schönheit versprach, hatte begonnen.

Nach einer kurzen Partnerschaft mit Elizabeth Hubbard machte sie sich selbstständig. Sie lieh sich 6000 Dollar von ihrem Bruder und versprach ihm, ihm die Summe in einem Jahr zurückzuzahlen. (Er bekam das Geld nach sechs Monaten.) Sie nannte sich in Elizabeth Arden um. Später erzählte sie, den Namen Elizabeth habe sie nicht von ihrer früheren Geschäftspartnerin, sondern aus dem Buch *Elizabeth und ihr Garten* von Elizabeth von Arnim, und Arden habe sie nach Tennysons Gedicht »Enoch Arden« gewählt. Die Marke und die Unternehmerin Elizabeth Arden waren geboren, und schon bald prangte der Name über dem Eingang ihres Salons. Die Tür war rot gestrichen – wie eine Ampel, damit die Leute stehen blieben und neugierig wurden.

1912 schrieb die *Vogue,* ein Hauch Farbe könne die Reize einer Frau betonen. Das musste man keiner Frau zweimal sagen. Ab jetzt war Schminken für den Tagesgebrauch erlaubt und Make-up boomte. Arden hatte rasch eine Palette diverser Rouge-Töne im Angebot. Zwei Jahre später ging Elizabeth Arden nach Paris, um jeden einzelnen Salon persönlich zu testen. (Das wär doch ein Job.) 1917 eröffnete sie selbst einen Salon in Paris, den ihre Schwester Gladys führte. Hier in Paris traf Arden zum ersten Mal auf den Namen Helena Rubinstein – ihre Nemesis. Während Arden den Atlantik in die eine Richtung überquerte, überquerte ihn Rubinstein in die andere. 1914 brachte sie ihre Marke hier auf den Markt.

Auf ihrer Heimreise lernte Arden den Bankier Thomas J. Lewis näher kennen. Er hatte in der Vergangenheit ihre Bitte um ein Bankdarlehen abgelehnt, aber inzwischen war sie eine wohlhabende und erfolgreiche Geschäftsfrau, und man kam sich näher. Geheiratet wurde im Jahr darauf.

Zu Hause blühte das Geschäft – alle Frauen wollten Arden. Weil ja nicht alle Frauen in ihren Salon kommen konnten, brachte Arden ihre Produkte in die gehobenen Läden, was der Marke nicht schadete und der Kosmetikindustrie zu einem ungeahnten Aufschwung verhalf.

Im folgenden Jahr, 1918, bekam sie durch all ihre Einkünfte und Gewinne Schwierigkeiten mit dem Finanzamt, und obwohl sie geschworen hatte, sich bei ihren Finanzen nie auf einen Mann zu verlassen, stellte sie einen vertrauenswürdigen Mann ein, der sich um die Buchhaltung kümmerte: ihren Ehemann. 1919 bestellte Harrods bei ihr, zwei Jahre später schickte sie ihren Mann nach London, um dort eine Elizabeth-Arden-Fabrik aufzubauen.

Vor allem konnte Arden sich auf sich selbst verlassen – sie kannte ihre Produkte in- und auswendig, war eine PR-Revolutionärin und geschickt im Formulieren. Immer wieder schickte sie ihre Werbeleute nach Hause und schrieb die Texte selbst. Sie erfand auch die Lifestyle-Promotion. 1929 eröffnete sie den ersten Fitnesssalon über einem ihrer Kosmetiksalons, wo sie einen Vorläufer von Aerobic propagierte. Sie war die lebende Werbung für ihre Produkte – sie musste gut aussehen.

In den 30er-Jahren waren drei amerikanische Namen in jedem Winkel der Welt ein Begriff: Singer-Nähmaschinen, Coca-Cola und Elizabeth Arden. Sie ließ sich weder vom Börsencrash, der Depression noch dem Krieg unterkriegen, was immer die Welt erschütterte, die Frauen wollten »das Gesicht wahren«. 1932 führte sie farbiges Augenmake-up ein. Eine echte Revolution, denn bis dahin bestand Make-up aus Hell- und Dunkelschattierungen. Die Make-up-Tasche platzte aus allen Nähten.

Aber auch ihr gelang nicht alles – hinter dem makellosen Gesicht und den unzähligen roten Türen wurde ihre Ehe ein Opfer ihrer Arbeitsbelastung. 1933 entdeckte sie, dass Lewis eine Affäre mit einer ihrer Angestellten hatte. Nach 15 Jahren Ehe ließ Elizabeth Arden sich scheiden. Sie hatten keine Kinder, aber eine Firma. Und deren Umsatz war von 200000 Dollar auf fünf Millionen Dollar jährlich angeschwollen. Lewis bekam 100 Dollar Abfindung – ja, Sie haben richtig gelesen – und ein fünfjähriges Verbot, in der Kosmetikindustrie zu arbeiten. Was für ein Scheidungsanwalt.

Ein Großteil ihres Erfolgs lässt sich auf ihr Geschick zurückführen, sich an den Zeitgeist anzupassen und die entsprechenden Trends zu kreieren. Während des Krieges erkannte sie, dass die Frauen trotz Rationierung und Not schön sein wollten, und entwickelte Montezuma Red, einen Lippenstift, der perfekt auf die Uniform der weiblichen Reserve der amerikanischen Marine-Infanterie abgestimmt war.

Arden war eine Kunstmäzenin. Ihre Wohnung in der Fifth Avenue hing voller Chagalls und Georgia O'Keeffes. Doch ihre große Leidenschaft waren Rennpferde. Auf dem Höhepunkt des Arden-Imperiums, mit über 100 Salons und 300 Produkten, konnte sie sich ihren Kindheitstraum erfüllen. Dabei bewies sie, dass Geld Geld anzieht – selbst mit ihren Pferden, Rennställen und Jockeys verdiente sie ein Vermögen.

Arden fand Pferde schöner als Menschen und ließ ihre Pferde mit ihrer Eight Hour Cream massieren. Das *Time*-Magazin setzte sie am 6. Mai 1946 aufs Titelblatt, um ihren Erfolg in der Kosmetikindustrie und bei den Pferderennen zu feiern. Doch im selben Monat traf sie ein vernichtender Schlag – ihre Rennställe brannten ab. Sie ließ sich auch diesmal nicht unterkriegen, 1947 gewann Jet Pilot, eines der überlebenden Pferde, das Kentucky Derby. Wieder hatte sie etwas erreicht, was noch keine Frau vor ihr geschafft hatte.

In den Nachkriegsjahren erweiterte Elizabeth Arden ihr Imperium. Die Mode kam hinzu, und damit war ihr Konzern endgültig ein Lifestyle-Konzern. Während ihre Kundinnen in Handtücher gewickelt und in Gesichtsmasken gepackt waren, führten ihnen Models die Mode des Hauses vor – was einen weitaus höheren Unterhaltungswert hatte als ein Stapel alter Zeitschriften. Einer der Designer, der für sie arbeitete, war der junge Oscar de la Renta.

Ardens Fan, die Duchess of Windsor, ließ sich 1953 sogar »überreden«, eine ihrer Kreationen bei einer Gala zu tragen. Wofür Elizabeth Arden sich erkenntlich zeigte.

1965 waren die aktuellen Gesichter bei Arden unter Vertrag: Jean Shrimpton, Lauren Hutton, Candice Bergen und Veruschka. Elizabeth Arden war mit ihren Produkten weltberühmt.

Am 18. Oktober 1966 starb Elizabeth Arden, sie wurde in Sleepy Hollow, New York, beerdigt. Sie hatte ihr Privatleben für die Karriere geopfert und die Frauen schöner gemacht. Statt Kindern hinterließ sie 17 Firmen, 40 Salons weltweit und niemanden, um in ihre Fußstapfen zu treten. 1971 kaufte Eli Lilly das Imperium, 1987 übernahm es Fabergé und 1989 schließlich Unilever. 2002 wurde die Oscarpreisträgerin Catherine Zeta-Jones das »Gesicht« und damit die Botschafterin des Hauses. Bei ihr ist Ardens Geheimnis ewiger Jugend in guten Händen.

Ardens Weisheiten

»Schön zu sein ist das Geburtsrecht jeder Frau.«

»Bei Frauen habe ich ein gutes Händchen, aber bei Männern hatte ich nie Glück.«

»Alter interessiert mich nicht. Leute, die mir sagen, wie alt sie sind, finde ich dumm. Man ist so alt, wie man sich fühlt.«

»Es gibt nur eine Elizabeth wie mich, und das ist die Queen.«

»Vergessen Sie eine Kleinigkeit nicht, meine Liebe. Das hier ist mein Geschäft. Sie arbeiten nur hier.«

»Behandeln Sie ein Pferd wie eine Frau und eine Frau wie ein Pferd.«

»Ich möchte nur Menschen um mich haben, denen das Unmögliche gelingt.«

Wie man sich mit Allerweltszutaten die perfekte Gesichtsmaske zusammenrührt

Warum nehmen Sie nicht ein paar Zutaten für eine selbst gemachte Gesichtsmaske mit, wenn Sie das nächste Mal auf Ihren High Heels durch den Supermarkt gleiten? Verschaffen Sie sich einen strahlenden Teint und Komplimente sowie einen guten Grund, den Schneebesen zu schwingen – wunderbar, falls Sie zu arm oder zu kaputt sind, um sich in einen Kosmetiksalon zu schleppen. Alles, was Sie brauchen, ist ein Mixer, eine Schüssel und ein Schloss an der Tür.

Hier ein paar Zutaten für hausgemachte Gesichtsmasken:

Honig – ein Antioxidans für die Haut, das ihr hilft, die Feuchtigkeit zu bewahren.
Avocado – vollgepackt mit Proteinen.
Gurke – wunderbar adstringierend, verkleinert die Poren. Gekühlte Scheiben helfen Schwellungen reduzieren und lassen dunkle Au-

genringe schneller verschwinden, als man »Touche Éclat« sagen kann.

Bananen – herrlich für Haut und Haar. Früher schmierten sich die Filmstars angeblich reife Bananen über den Büstenhalter, um die hängenden Kokosnüsse aufzurichten.

AUFGEPASST: Falls Sie auf eine dieser Zutaten allergisch sind oder Ihre Haut sehr empfindlich ist, ist beim ersten Versuch Vorsicht angesagt. Der Abend vor einem Vorstellungsgespräch oder einer wichtigen Einladung ist vielleicht nicht ganz der geeignete Zeitpunkt.

Für normale Haut

Gegen Falten und große Poren hilft Gemüse. Sie hassen Gemüse? Sie müssen es ja nicht essen, mixen Sie 50 Gramm Kohl und etwas Wasser. Tragen Sie diese Paste direkt aufs Gesicht auf – mit den Fingern oder einem Pinsel. Trocknen lassen (auch wenn's etwas riecht), mit Wasser abwaschen und zur Erholung gibt's eine Portion Parfüm.

Falls Ihnen die Sache mit dem Kohl zu weit geht – was verständlich ist –, können Sie auch ein Ei aufschlagen und auf die Haut auftragen. Machen Sie das lieber im Bad, das geht nicht ohne größere Kleckereien ab. Deshalb auch die Haare nach hinten binden! Wenn das Ei getrocknet ist, können Sie es abwaschen. Aber lecken Sie sich nicht über die Lippen, eine Salmonellenvergiftung schadet dem Aussehen.

Heben Sie sich, wenn Sie wieder einen Apfel essen (was man ohnehin täglich tun sollte), die Schale auf. Im Mixer zerkleinert, ergibt diese einen wunderbaren Cleanser.

Eine Alternative ist ein Eiswürfel, reiben Sie sich damit über die Haut – und die Poren werden klein und kleiner (kennt man ja aus *9 ½ Wochen* …).

Für fettige Haut

Mixen Sie eine halbe Gurke und tragen Sie die Paste auf, während Sie den Rest schnabulieren. Lassen Sie die Paste trocknen, bevor Sie sie abwaschen. Danach fühlt sich die Haut straff und erfrischt an.

Für trockene Haut

Zerdrücken Sie eine sehr reife Banane – Sie wissen schon, so eine mit braunen Flecken, die man nicht mehr essen mag, die aber zu schade ist, um sie wegzuwerfen. Geben Sie einen Teelöffel Honig dazu und schlagen Sie das Ganze zu einem Brei. Iii. Der kommt jetzt aufs Gesicht. Trocknen lassen und abwaschen. Ihre Haut fühlt sich feucht und straff an.

Gegen Pickel

Okay, die Eine-Million-Dollar-Frage – wie verhindert man einen Pickel? Kein Stress, keine Schadstoffe und Wasser, Wasser, Wasser und noch mehr fades Wasser. So heißt es immer, aber was kann man tun, wenn der Pickel schon da ist? (Außer sich vorzunehmen, das Haus nur bei Dunkelheit zu verlassen?)

Werden Sie diese ekligen schwarzen Mitesser los, damit diese keinen Schaden anrichten. Allerdings sind einige Mittelchen zu heftig für empfindliche Haut.

Rühren Sie sich Ihr Zaubermittel selbst an – mit etwas Backpulver und der gleichen Menge Wasser. Verteilen Sie die Paste in kreisförmigen Bewegungen über das Gesicht. Damit werden Sie die abgestorbenen Hautschüppchen los und die oben erwähnten Plagegeister auch.

Oder drücken Sie eine halbe Zitrone aus (die andere Hälfte drücken Sie in heißes Wasser – ein wunderbarer Drink zur Entschlackung des Verdauungssystems) und gießen Sie den Saft – so entsetzlich das auch klingt – in eine Tasse frisch abgekochte Milch. Denken Sie nicht darüber nach. Verlassen Sie das Zimmer (in dem das Gebräu steht) und lassen Sie dieses abkühlen, tragen Sie es dann auf Ihre Gesichtshaut auf.

Wenn Sie ein Pickel nervt und Sie keinen Profi wie Elizabeth Arden haben, um Ihnen zu helfen, können Sie es damit versuchen:

a) Mit einem Schnitz Zitrone über das Gesicht rubbeln und den Saft über Nacht trocknen lassen. Die Problemstelle sollte austrocknen und die Haut wieder weich sein und strahlen.

b) Etwas Zahnpasta auf die Problemstelle auftragen und trocknen lassen.

c) Heulen.

d) Fluchen.

e) Aufessen, was von den Experimenten übrig ist.

13. September

1916 wird der Schriftsteller Roald Dahl geboren. Wie viele Schriftsteller dachte auch Dahl, dass die Sache mit dem Schreiben nicht einfach würde. »Wer Schriftsteller wird, ist ein Narr, der nur durch die Freiheit entschädigt wird.«

Er schrieb (unter anderem) *The Gremlins,* 1943; *James und der Riesenpfirsich,* 1961; *Charlie und die Schokolodenfabrik,* 1964; *Der fantastische Mister Fox,* 1970; *Die Zwicks stehen Kopf,* 1980; *Sophiechen und der Riese,* 1982; *Hexen hexen,* 1983, und *Matilda,* 1988.

Er schrieb außerdem die Drehbücher für *Man lebt nur zweimal,* 1967; *Chitty Chitty Bang Bang,* 1968; *Das Haus der Schatten,* 1971, und *Charlie und die Schokoladenfabrik,* 1971.

Roald Dahl meinte: »Heute gelangt man in wenigen Stunden an jeden Ort der Welt, und nichts ist mehr fantastisch.« Warum reisen Sie nicht in eines seiner Länder?

15. September

1890 wird die englische Schriftstellerin Agatha Christie geboren. Bis heute wurden zwei Milliarden ihrer Bücher verkauft. Sie wurden in über 100 Sprachen übersetzt. Agatha Christie schrieb Krimis, und selbst wenn Sie noch kein Buch von ihr gelesen haben, müssen Sie schon die eine oder andere Verfilmung im Fernsehen oder Kino gesehen haben. Denn sie ist beinahe so bekannt wie Shakespeare. *Rule Britannia.*

»Die beste Zeit, um über ein Buch nachzudenken, ist beim Geschirrspülen«, bemerkte Christie. In Anbetracht der Unmengen Bücher, die sie schrieb, muss ihr Haushalt makellos gewesen sein. Also falls Sie mal Hilfe im Haushalt brauchen, wär das doch ein Köder.

Hollywood riss sich darum, ihre Romane zu verfilmen, und Christies Detektive, Hercule Poirot und Miss Marple, wurden von vielen Gesichtern verkörpert. Doch Christie zog ihre Bücher vor. Am liebsten mochte sie *Das krumme Haus* und *Tödlicher Irrtum oder Feuerprobe der Unschuld,* also setzen Sie die beiden schon mal auf Ihre Bibliotheksliste. Und dazu noch eine DVD von *Mord im Orientexpress.* Oder loggen Sie sich bei *www.orient-express.com* ein und buchen Sie eine Reise im Original. Sie könnten natürlich auch bei Ihrem nächsten Englandtrip das ihr gewidmete Museum in Torquay (*www.torquay-museum.org*) besuchen oder sich im St Martin's Theatre in London eine Vorführung von *The Mousetrap (Die Mausefalle)* anschauen – es ist die am längsten laufende Bühnenproduktion der Welt und das am häufigsten aufgeführte Theaterstück weltweit. Laut Vertrag darf das Stück erst sechs Monate nach Absetzen dieser Produktion verfilmt werden – der Film wird also noch eine Weile auf sich warten lassen.

16. September

1924 wird die amerikanische Schauspielerin Lauren Bacall geboren. Na ja, das stimmt nicht ganz – geboren wurde Betty Joan Perske, der Name Lauren Bacall kam erst später, so wie ihr Hüftschwung, und *voilà* – eine Sirene war geboren. Schauspielerin wurde sie eher zufällig, als Howard Hawks' Frau sie auf dem Cover von *Harper's Bazaar* entdeckte. Hawks war einer der größten Produzenten und ihm gefiel, was er sah. Er gab ihr eine Rolle in seinem Film *Haben und Nichthaben*. Sie war eine Sensation. Als Bogart sie kennenlernte, sagte er zu ihr: »Ich hab deine Probeaufnahmen gesehen, ich glaube, wir beide werden viel Spaß miteinander haben.« »Ich hatte ja keine Ahnung …«, lachte Bacall.

Es knisterte auf der Leinwand und bei den Dreharbeiten. 1945 wurde geheiratet.

Sie spielte unter anderem in *Wie angelt man sich einen Millionär?* (mit der Monroe), *Gangster in Key Largo* und in *Tote schlafen fest* (wieder mit Bogart). Sie hatten einen Gastauftritt in *Two Guys from Milwaukee,* in dem einer der beiden *Guys* in einem Flugzeug zu seiner Überraschung den Star sieht und fragt: »Sind Sie nicht Lauren Bacall?«, bevor er sich neben sie setzt, um kurz darauf von Bogart verscheucht zu werden.

Über die Kunst, beim Vorstellungsgespräch zu bestehen

Sie haben schon in der Öffentlichkeit gesprochen – sei es ein Trinkspruch bei einer Hochzeit, eine Rede bei einer Veranstaltung oder die Vorstellung Ihrer Dissertation gewesen – und finden, ein Vorstellungsgespräch mit nur einem Gegenüber sei ein Kinderspiel und nichts, worüber man sich aufregen müsse? Sie irren sich. Dieses

Mal haben Sie es mit einem weitaus kritischeren Publikum zu tun und einem, das nüchtern ist.

Ein Vorstellungsgespräch ist eine legale Form der Folter und soll überprüfen, ob Sie flexibel sind und schnell reagieren. Wenn Sie wirklich Pech haben, müssen Sie vielleicht bei einem Rollenspiel mitmachen.

Die Dauer eines Vorstellungsgesprächs variiert. Doch es ist nicht der Punkt, wie lange Sie vor der Spanischen Inquisition stehen, sondern ob und wie Sie überleben.

Möglicherweise probieren Ihre Gegenüber es beim Vorstellungsgespräch mit der »Guter Bulle/Böser Bulle«-Masche – das heißt einer der beiden gibt den netten Gesprächspartner, der andere den harten; einer ist einfühlsam und lieb, der andere pampig und abwertend. Wie sehr wollen Sie diesen Job? Wie gut ist Ihr Auftritt? Holen Sie tief Luft und zählen Sie leise bis zehn. Lassen Sie sich nicht reizen – darauf legen die es an. Cool bleiben, Haltung bewahren und sich nicht unterkriegen lassen lautet die Devise. Jetzt zahlt sich Ihre Vorbereitung aus, das ist die Waffe der Wahl. Wenn Sie den Job nicht kriegen, sehen Sie die Jungs nie wieder – und wenn Sie ihn kriegen, wissen die beiden, dass mit Ihnen nicht zu spaßen ist.

Informieren Sie sich vor dem Vorstellungsgespräch über den Job, für den Sie sich bewerben. Der Abend davor ist ideal, um die Recherche noch mal durchzusehen, weniger ideal ist es, sich an diesem Abend zum ersten Mal mit dem Thema zu beschäftigen. Machen Sie sich schlau über die Firma. Glauben Sie an das, wofür sie steht? An ihre Vision? Überlegen Sie, wo könnte in dieser Firma ein Platz für Sie sein?

Welche Fragen könnten Sie stellen? Und welche Fragen könnte man Ihnen stellen? Sie sollten sich sicher sein, dass diese Firma die richtige für Sie ist.

Werfen Sie einen letzten Blick auf Ihren Lebenslauf. Das ist alles, was Ihr Gegenüber in der Hand hat.

Sie erwähnten darin, dass Sie ein Computerfreak sind: Wissen Sie über die neuesten Entwicklungen Bescheid, und falls nicht, warum um Himmels willen schreiben Sie so was? Lesen Sie sofort darüber nach.

Sie erwähnten Ihre Sprachkenntnisse? Seien Sie darauf vorbereitet, dass ein besonders heller Kopf versucht, das gesamte Vorstellungsgespräch in der Sprache zu führen, die Sie angeblich fließend beherrschen. Es reicht nicht, wenn man auf Ausländisch einen Kaffee bestellen kann.

Seien Sie auf dem Laufenden, sowohl was das Weltgeschehen als auch was Ihre Branche betrifft. Dass Kate Moss für Top Shop entwirft, ist wichtig, wenn Sie sich für einen Job in der Modebranche bewerben, es ist nicht ganz so wichtig, wenn Sie in der Anwaltskanzlei Ihrer Träume einen Job ergattern wollen. Wenn Sie ein Vorstellungsgespräch haben, wird es Zeit, sich mehr Nachrichten und weniger Soaps anzusehen.

Es handelt sich um ein Vorstellungsgespräch bei einer Zeitung oder einer Zeitschrift? Lesen Sie ein paar alte Ausgaben, nicht nur neue. Und informieren Sie sich, was die Konkurrenz macht. Eine fundierte Meinung – das wollen sie hören.

Bei einem Vorstellungsgespräch in einem Restaurant sollten Sie über das Essen Bescheid wissen, und wenn Sie sich in einem Laden bewerben, wäre es nicht schlecht, den Stil und das Produkt zu kennen.

Kommen Sie zu einem Vorstellungsgespräch bei Stella McCartney bitte nicht im Pelz oder in den Klamotten der Konkurrenz. Respektieren Sie die Empfindlichkeiten Ihres Gegenübers und denken Sie voraus.

Wenn es nicht ohne Small Talk geht, dann plaudern Sie lieber über Ihre Gesprächspartner – wie lange sie schon bei der Firma sind –, oder über den Klassiker: das Wetter. Lassen Sie aber Ihre Erlebnisse gestern in der Kneipe weg. Andererseits gibt es keine allgemeingültigen Regeln, es kommt immer auf die Situation an, das heißt eine maßgeschneiderte Vorbereitung ist das A und O. Falls Sie sich zum Beispiel um einen Job in einer Kneipe bewerben, können Sie die obige Warnung vergessen.

Denken Sie daran: Einen ersten Eindruck kann man nur einmal machen, und diese Chance sollte man nutzen. Zeigen Sie, wie toll Sie sind.

Machen Sie einen Probelauf

Es ist nicht einfach zu beurteilen, wie andere einen wahrnehmen. Bitten Sie daher einen Freund oder jemanden aus Ihrer Familie um Hilfe. Machen Sie einen Probelauf und bitten Sie um konstruktive Kritik. Das geht nicht ohne Ehrlichkeit, und Sie müssen gut zuhören.

Der Look

Sie werden nicht nur nach dem beurteilt, was Sie sagen, sondern auch nach dem, wie Sie aussehen. Also waschen, frisieren und gebügelte Klamotten. Das hier ist der Auftritt Ihres Lebens. Haben Sie die Zeit und das Geld für einen Besuch beim Friseur oder eine Maniküre? (Pediküre ist nicht so wichtig, es sei denn, Sie fühlen sich nach einer Pediküre besonders schlau.) Und wenn Sie schon auf den Putz hauen, wie wär's mit einem neuen Top/Bluse/Outfit? Wie immer Sie sich entscheiden, Ihr Outfit sollte frisch gewaschen, gebügelt und makellos sein.

Business-Look ist angesagt, also die Business-Version Ihres Looks. Auch hier gilt: Der Look muss zu dem jeweiligen Vorstellungsgespräch passen. Ein kurzer Rock geht in Ordnung – aber bitte nicht zu kurz. Sie wollen die Jungs ja nicht jetzt schon wegen sexueller Belästigung verklagen. Wie beim Lebenslauf sollte auch hier etwas der Vorstellungskraft des Gegenübers überlassen werden. Zeigen Sie, was Sie draufhaben, nicht, was Sie drunter anhaben. Beweisen Sie, dass Sie zur Firma passen, und nutzen Sie die Gelegenheit, Ihren Look upzugraden. Treten Sie bitte nicht im Overall an, selbst wenn Sie sich als Automechanikerin bewerben. *Dress to impress,* lautet die Devise.

Darauf kommt es an:

- Mit erhobenem Haupt und selbstsicher – nicht arrogant.
- Wirken Sie aufmerksam und konzentriert.
- Seien Sie selbstbewusst, nicht dreist – halten Sie Augenkontakt.
- Saubere, gut sitzende Kleidung, gepflegte Frisur und Make-up.
- Seien Sie interessiert und engagiert, ohne als Speichellecker rüberzukommen.

Sehen Sie zu, dass Sie in der Nacht vor dem Vorstellungsgespräch genug Schlaf bekommen. Dieser Abend ist definitiv nicht ideal für die große Party. Legen Sie sich stattdessen raus, was Sie anziehen möchten, überlegen Sie sich, wie Sie am besten hinkommen, nehmen Sie ein Bad und entspannen Sie sich. Brauchen Sie eine Mappe, einen Laptop, Arbeitsproben? Schauen Sie sich noch einmal Ihre Unterlagen durch und schlafen Sie. Oder versuchen Sie es zumindest.

Der große Tag

Seien Sie pünktlich und höflich und haben Sie bloß keinen Mundgeruch – also Zähne putzen und Kaugummi kauen (den Kaugummi natürlich vor dem Gespräch diskret entfernen).

Räumen Sie genug Zeit für die Anfahrt ein, damit Sie sich nicht den Kopf wegen eines Verkehrsstaus oder anderer Schrecknisse zerbrechen müssen. Kommen Sie früh, dann haben Sie noch Zeit, um durchzuatmen.

In der Höhle des Löwen

Sitzen Sie gerade, spielen Sie nicht mit dem Schlüssel, der Handtasche, dem Stift – stecken Sie das alles mal lieber weg. Offen und freundlich – so wollen Sie wirken.

Wenn dann das Feuer eröffnet wird, sollten Sie einige der Fragen stellen, die Sie vorbereitet haben, und natürlich sämtliche Fragen Ihrer zukünftigen Arbeitgeber beantworten. Damit zeigen Sie nicht nur Ihr Interesse, sondern auch Initiative (und Mut), und Sie gewinnen Zeit. Fragen zu stellen ist eine sehr gute Methode, um in sicheres Fahrwasser zu gelangen.

Sie müssen verstehen, was Ihre zukünftigen Arbeitgeber von Ihnen möchten, und klarmachen, was Sie selbst möchten.

- Sorgen Sie dafür, dass sie Sie mögen, bewundern, einstellen.
- Sorgen Sie dafür, dass Sie auf der Gehaltsliste stehen, bevor Sie Ihren Urlaub planen.
- Denken Sie daran, dass selbst der Traumjob zum Albtraum werden kann – man nennt das »Charakterbildung«. Sie müssen nur wissen, ab wann das mit dem Charakter reicht.

Wie man sein Gegenüber erreicht

Vom Vorstellungsgespräch zur Präsentation – oder wollen Sie gar eine Gehaltserhöhung rausholen? –, wichtiger ist dabei stets, *wie* Sie es sagen, als *was* Sie sagen.

Machen Sie einen Plan und überlegen Sie:
- Ziel – warum machen Sie das? Warum?
- Publikum – wer ist Ihre Zielgruppe?
- Mögliche Stolpersteine – wie viel Zeit haben Sie? Brauchen Sie für Ihre Präsentation einen Beamer, einen Chart oder reicht etwas Lipgloss?

Wichtig ist natürlich auch das Timing. Sie legen hier weder einen Comedian-Auftritt hin noch einen Shakespeare-Monolog – Sie befinden sich im Sitzungszimmer. Hier geht es darum, das Publikum interessiert bei der Stange zu halten und nicht einzuschläfern.

Bringen Sie möglichst viele Informationen rüber, solange Ihr Publikum bei der Sache ist. Wenn Sie schnell fertig sind, wunderbar, vor allem, wenn Sie Ihre Punkte vermittelt haben. Wenn Sie zwei Stunden überziehen, werden Sie gelyncht. Also sorgen Sie dafür, dass draußen ein Wagen mit laufendem Motor wartet.

Wissen Sie, wann es an der Zeit ist, die Revuegirls und die Clowns reinzuholen, und wann Sie die Papiertaschentücher rausholen müssen? Nur her mit den Show-Effekten – aber diese sollten nicht vom Eigentlichen ablenken.

Kram, kram

Organisieren Sie Ihre Unterlagen und Notizen.

Mit Stichwortkärtchen kann nichts schiefgehen. Die Stichworte sollten präzise und gut lesbar sein. Winston Churchill hatte immer Notizen dabei, aber griff selten darauf zurück. »Ich habe auch eine Brandversicherung, aber deshalb erwarte ich noch lange nicht, dass mein Haus abbrennt«, war seine Einstellung. Die Recherche für die Notizen und das Formulieren hilft Ihnen, die Thematik besser zu verstehen. Und es ist immer eine angenehme Vorstellung, für alle Notfälle gerüstet zu sein. Das wussten schon die Pfadfinder.

20. September

356 v. Chr. wird Alexander der Große geboren. Und 1934 eine modernere Legende, deren Fans Legion sind: die italienische Schauspielerin Sophia Loren.

Die Oscarpreisträgerin wuchs in ärmsten Verhältnissen auf und wurde die bekannteste italienische Schauspielerin, sie ist noch immer ein Sexsymbol. Sophia Loren, die behauptete, Pasta sei das Geheimnis ihres Erfolgs, meinte auch: »Man muss als Sexsymbol geboren werden. Das kann man sich nicht erarbeiten. Wenn man als Sexsymbol geboren wird, dann bleibt man es, und wenn man 100 Jahre alt ist.« Sie bewies das mit ihrem Auftritt im Pirelli-Kalender 2007. Da war sie 72 und trug nichts als ein Paar große Ohrringe. Neben ihr sahen die um Jahrzehnte jüngeren A-Models alt aus.

Trotz ihrer Ehe mit dem Produzenten Carlo Ponti, den sie 1957 heiratete und mit dem sie bis zu dessen Tod 2007 verheiratet blieb, verlor eine ganze Reihe Männer ob ihrer Schönheit den Kopf, darunter Cary Grant und Peter Sellers. Zeit, dass Sie sich eine große Schüssel Spaghetti genehmigen. Und hören Sie bitte auf, die Kalorien zu zählen – bei Handtaschen, Diamanten, Schuhen kommt's nicht auf die Größe an, sondern auf die Klasse! Und ja, Sie sind es sich wert.

Der erste Pirelli-Kalender erschien 1964 als reiner Werbekalender der italienischen Reifenfirma Pirelli – er wurde nicht verkauft und die Auflage war limitiert. Inzwischen ist er der angesehenste Girlie-Kalender der Welt (und ist gerade noch geschmackvoll genug, um nicht nuttig zu sein). Neben Sophia Loren waren darin zu bewundern: Gisele Bündchen, Jennifer Lopez, Kate Moss, Selma Blair, Naomi Campbell, Cindy Crawford, Heidi Klum und Milla Jovovich. Die Bilder stammen von so namhaften Fotografen wie: Herb Ritts, Bruce Weber, Nick Knight, Mario Testino, Richard Avedon, Peter Lindbergh und Terence Donovan.

Über die Kunst, seinen Boss zu begeistern

- Verschwenden Sie nicht seine Zeit.
- Schlafen Sie *nicht* mit ihm, vor allem nicht, wenn er verheiratet ist.
- Benutzen Sie Ihren Kopf und zeigen Sie Initiative.
- Stellen Sie ihm nicht ständig Fragen, auf die Sie die Antwort auch so herausfinden können.
- Finden Sie Lösungen, statt auf Problemen herumzureiten.
- Finden Sie heraus, wie Ihre Vorgesetzten Ihre Ziele erreichten.
- Entschuldigen Sie sich nicht ständig – lernen Sie aus Ihren Fehlern.
- Schieben Sie die Schuld nicht auf Geräte wie Computer, Fotokopierer oder Drucker, es sei denn, Sie sind ganz sicher, dass die Dinger nicht wegen Ihnen qualmen.
- Machen Sie mehr, als Sie müssen. »Das gehört nicht zu meinem Job« bringt Sie nicht weiter. Es gehört vielleicht nicht zu Ihrem Job, aber es bringt Sie auf der Karriereleiter nach oben. Zeigen Sie, wer Sie sind und was Sie können. Was nicht heißt, dass Sie den Fußabstreifer geben sollen.
- Den Hund Gassi zu führen gehört definitiv nicht zum Aufgabenbereich einer Anwaltsgehilfin. Erledigen Sie niedere Tätigkeiten mit Würde, aber nur, wenn Sie einen Silberstreif am Horizont sehen. Respektieren Sie sich selbst so, wie Sie Ihren Chef respektieren. Sie werden den Unterschied merken, versprochen.
- Machen Sie Überstunden, wenn es was bringt. Allerdings dient es weder Ihrem Aussehen noch Ihrer Effektivität, wenn Sie unter dem Schreibtisch schlafen.
- Schauen Sie sich *Der Teufel trägt Prada* an. Ist es schon so weit gekommen? Nein, davon sind Sie noch ganz weit entfernt? Geben Sie wirklich alles?

Wie man sich selbst managt

- Seien Sie taff, aber bleiben Sie fair. Wahrscheinlich sind Sie Ihre härteste Kritikerin.
- Streben Sie nach Perfektion. Klappt nicht? Fangen Sie von vorne an.
- Lernen Sie von den Leuten oben und seien Sie stets entgegenkommend zu den Leuten unten. Man weiß nie, wen man auf dem Weg nach oben oder nach unten wieder trifft.
- Führen Sie einen Terminkalender – ob auf dem Handy, dem Blackberry, dem Filofax, dem Blog oder dem Kalender, sofern Sie einen haben. Ohne Terminkalender läuft nichts. Sie brauchen ihn für Termine, Deadlines und Projektplanung. Der Terminkalender ist Ihre Agenda-Bibel, Ihre Waffe gegen das Chaos und den drohenden Herzinfarkt.
- Nützen Sie die Zeit. Die Zeit ist immer zu knapp – ein altes Problem. Deshalb ist es sinnvoll, die wenige Zeit gut zu nutzen. Weniger meckern, mehr rackern. Arbeiten Sie konzentriert, umso schneller sitzen Sie in Ihrer Villa oder auf Ihrer Trauminsel.
- Arbeiten Sie mit Listen. To-do-Listen helfen, Prioritäten zu setzen. Und wenn Sie immer schön abhaken, sehen Sie, was Sie erreicht haben.
- Organisation ist alles. Kein Suchen, kein Chaos, kein Haareraufen (was in Anbetracht der Unsummen, die Sie für den Friseur ausgeben, eine Sünde wäre). Eine Klebenotiz erspart es Ihnen, wegen dieser Telefonnummer das ganze Büro auf den Kopf zu stellen. (Im Fall des Falles: Schon im Kühlschrank, am Fotokopierer, im Papierkorb nachgeschaut?)
- Keine Störung. Stellen Sie das Telefon auf Anrufbeantworter, auf stumm oder in den Schrank, wenn Sie eine Deadline haben. BITTE NICHT STÖREN. Konzentration. Sie können immer noch zurückrufen.

- Gehen Sie klug mit Ihrer Zeit um. Warum Lipgloss für ein Meeting verschwenden, bei dem Sie nicht unbedingt dabei sein müssen?

Über die Kunst, über seine Rechte Bescheid zu wissen

Los, Aretha: »R.E.S.P.E.C.T., find out what it means to me ...«
Sind Sie angestellt oder selbstständig?
Haben Sie Anspruch auf eine Rente?
Existiert ein schriftlicher Vertrag oder nur ein goldener Handschlag?
Worin bestehen Ihre Pflichten?
Was ist Ihr Einstellungstermin/Ausstellungstermin?
Wie viel Urlaubsgeld erhalten Sie?
Und Kleidergeld, falls das für Sie zutrifft?
Wie lange müssen Sie arbeiten?
Werden Sie für Überstunden bezahlt?
Welche Kündigungsfrist haben Sie?
Wissen Sie Bescheid über die Antidiskriminierungspolitik Ihrer Firma?
Gibt es in der Firma einen Gleichstellungsbeauftragten?
Wie sieht die Bezahlung aus?
Ist der Typ Single?
Nerven Sie nicht zu sehr ...

Wie man die rechte Balance zwischen Arbeit und Freizeit findet

Das ist nicht so einfach für Sie? Reden Sie mit jemandem darüber. Sobald die Arbeit sich zu Hause oder am Wochenende zu sehr einnistet, heißt es aufpassen und Pro und Contra abwägen. Ist die

Karriere das wert? Oder wäre eine halbe Stunde Joggen nicht effektiver? Vermeiden Sie auf jeden Fall ein Burn-out-Syndrom. Müssen Sie wirklich den Laptop mit ins Bett nehmen? Behalten Sie Ihr Ziel im Auge, aber hüten Sie sich, dafür zu vieles zu opfern.

Achten Sie darauf:

Frühstücken Sie jeden Morgen ordentlich – am Schreibtisch ein Sandwich in sich hineinzuschlingen sieht nicht gut aus. Ganz zu schweigen von den Bröseln, die dabei in der Tastatur landen.

Verlassen Sie Ihr Büro mindestens dreimal die Woche pünktlich – und summen Sie dabei Dolly Partons »9 to 5«. Verabreden Sie sich nicht ausschließlich mit Kollegen, Sie wollen schließlich die Schrecken des Tages nach Büroschluss hinter sich lassen und nicht minutiös durchkauen.

Tragen Sie freitags High Heels – mit legerer Kleidung das Wochenende einzuläuten ist eine Unsitte. Machen Sie das Gegenteil und hinterlassen Sie einen Eindruck, der über das Wochenende anhält.

Nichts als die Karriere im Kopf zu haben ist so *last season* – und man wirkt so verbissen.

Seien Sie am Wochenende beruflich nicht zu erreichen.

Angeblich staubsaugt eine Frau während ihres Lebens eine Strecke, die der Entfernung zwischen London und New York entspricht. Überlegen Sie, wie viel Zeit dafür draufgeht. Halten Sie die Balance. Ja, nur zu, werden Sie die jüngste Konzernchefin aller Zeiten, aber bleibt Ihnen noch Zeit für den Alltagskram? Und haben Sie jemanden außer Ihrer Katze und dem Typen vom chinesischen Takeaway-Service, mit dem Sie den Erfolg (im Leben und im Staubsaugmarathon) teilen können?

Ja, Frauen müssen mehr leisten als Männer – aber sie haben auch mehr Möglichkeiten. Leider werden in Europa Frauen für dieselben Tätigkeiten noch immer schlechter bezahlt als Männer. Aber das ändert sich. In Wimbledon bekommen Sieger und Siegerin inzwischen das gleiche Preisgeld. Das bringt Sie natürlich nur weiter, wenn Sie Tennis spielen.

Vergessen Sie nicht: Die Freude an der Arbeit ist genauso wichtig wie die Kohle. Schauen Sie sich Ihr Blatt genau an und spielen Sie die Karten zu Ihrem Vorteil aus.

22. September

1692 starben sechs Frauen und zwei Männer in Salem, Amerika, am Galgen. Diese Hexenprozesse waren der Anstoß für Arthur Miller, *Hexenjagd* zu schreiben.

Das Drama beginnt mit dem Flüstern eines Mädchens, das zur Anklage wird, und ehe man sich's versieht, gerät der Klatsch außer Kontrolle, und die ganze Gemeinde wird von einer Hexenhysterie erfasst.

Miller schrieb dieses Stück als kaum verhüllten Angriff auf die McCarthy-Ära (so wie Orwells *Farm der Tiere* als Angriff auf den Stalinismus gemünzt war). In Millers Fall betraf die »Hexenjagd« die Kommunisten. Miller, der für *Tod eines Handlungsreisenden* 1949 den Pulitzer-Preis gewann, heiratete 1956 Marilyn Monroe. Er war einer der angesehensten Stückeschreiber seiner Zeit und eine der Berühmtheiten, die in den 60er-Jahren von einem Komitee über kommunistische Sympathisanten befragt wurden. Lesen Sie heute sein Stück.

Rosch ha-Schana, das jüdische Neujahrsfest

Rosch ha-Schana wird entsprechend dem jüdischen Kalender 163 Tage nach Pessach gefeiert, hat also – wie Ostern – kein festes Datum. Dabei wird der Schöpfung der Welt gedacht sowie der Geburt und Opferung Isaaks. Traditionell werden Äpfel, Honig, Süßigkeiten und Granatäpfel gegessen.

26. September

1888 wird der englische Dichter T. S. Eliot geboren. Beinahe ein Jahrhundert später vertont Andrew Lloyd Webber Eliots Anthologie *Old Possums Katzenbuch* – das Musical *Cats* war geboren. *Cats* wurde am 11. Mai 1981 uraufgeführt, 1983 für elf Tony Awards nominiert und in über 20 Sprachen übersetzt. Von »Macavity the Mystery Cat« bis zu »The Naming of the Cats«, »Grizabella« und dem »Song of the Jellicles« überlebten Eliots Katzen in der Originalform, Lloyd Webber versah sie nur mit Musik und Gymnastikanzügen.

28. September

Von den Tanzkatzen zu einer ganz anderen Katze – Brigitte Bardot, Sexsymbol und Kämpferin für Tierrechte, wurde 1934 an diesem Tag geboren. Wie der Filmkritiker Ivor Addams 1955 über sie schrieb: »[Die Bardot] ist das Mädchen, das jeder Mann gerne in Paris kennenlernen möchte.« Üben Sie eine Schnute ein und kämmen Sie sich die Haare zurück als Hommage an Brigitte Bardot, die Schutzheilige der Bikiniträgerinnen. Aber checken Sie bitte den Wetterbericht und den Dresscode, bevor Sie sich im Bikini aus dem Haus wagen.

 *Fußnote*

Mädchenschuhe

T-Riemen, runde Kappen, breitenverstellbar – was man als Kind hasste, wird zum Klassiker und ein Lieblingsstück, das man gerne trägt, weil man es nicht mehr tragen muss.

Der Mädchenschuh weckt Erinnerungen an Shirley Temple und Charlie Brown. Ob in der Budapester Ausgabe, geschnürt oder mit Schnalle, poliert oder abgewetzt – der Mädchenschuh gehört zur Schulzeit wie Zitronendrops und Nostalgie.

Ob die vernünftige Version, die mit weißen Kniestrümpfen getragen wird, oder die Version mit hohen Absätzen von Manolo Blahnik, die Kate Moss trug – der Mädchenschuh ist alterslos und zeitlos. Die Schuldisco steht uns allen offen.

Die ursprüngliche Mary Jane war die Schwester Buster Browns, des Titelhelden der gleichnamigen amerikanischen Comicserie. Der Cartoonist Richard F. Outcault verkaufte den Namen an die Brown Shoe Company, und das, was Mary Jane in dem Cartoon an den Füßen trug, wurde der Bestseller bei den Mädels.

Alter geht vor Schuhgröße? Keine Chance.

Oktober

»Die Gesellschaft ist ein Maskenball,
bei dem jeder seinen wahren Charakter verbirgt und
ihn durchs Verbergen bloßlegt.«
Ralph Waldo Emerson

Ich wünschte, ihr wärt hier

Antonio Berardi aus Venedig – La Serenissima

Als Kind träumte ich von Venedig. Ich besuchte es insgeheim (prächtig maskiert und mit dem feinsten Seidendamast ausstaffiert, der Casanova alle Ehre gemacht hätte). Diese Besuche in der Musikbox meines Kopfes wurden genährt durch die handkolorierten Postkarten, die ich in dem Ebenholzsekretär meiner Mutter fand, und eine mit Perlmutt ausgelegte Plastikgondel, die merkwürdigerweise neapolitanische Musik spielte (ein ungeliebtes Geschenk, das in meiner Spielzeugkiste gelandet war). Venedig, der erste Schritt ins Christentum, das Tor zum Orient und die Heimatstadt des Kaufmanns, der mein Namensvetter ist.

Die Ankunft in La Serenissima ist ein umwerfendes Erlebnis. Ist das das fabelhafte Xanadu oder ein Urlaubsressort, das Gratiswochenenden bei McDonald's verlost? Das alles und noch viel mehr ist Venedig. Eine Stadt des Lichts und des Schattens, der Liebe und des Tods, der Musik, der Kunst und der Literatur – gespiegelt in den Spiegeln, für die es weltberühmt ist. Der Grund, warum ich es besuche.

Ich war auf der Suche nach einem Glasbläser, der meine Träume verwirklichen konnte. Ich wollte Korsetts aus Glas, verspiegelt und mit Gravuren, welche die Farbspiele von den hellsten Hauttönen bis zum kräftigsten Orange gestatten. Dank meiner lieben Freundin Giordana (einer gebürtigen Muranerin und Antiquitätenhändlerin) und ihres Freundes Chicco, eines gut aussehenden Playboys mit einem Rennboot und einem Faible für die Annehmlichkeiten des Lebens, bekam ich, was ich wollte.

Natürlich bekommt man in dieser Pralinenschachtel von einer Stadt nie genug. Ich wollte meine Fantasien ausleben und prassen wie einst meine Helden der Vergangenheit. Und in Venedig kann man das!

Ein Espresso bei Florian auf der Piazetta, ein Spaziergang durch den Palazzo Venier dei Leoni (jetzt Heimstatt der Peggy Guggenheim Collection und einst der berüchtigten Marchesa Luisa Casati), in dem man, wenn man seiner Fantasie freien Lauf lässt, beinahe das Tschirpen der

Albinoamseln hört und die Geparden durchs Haus streichen sieht. Und weiter zu Harry's Bar, der Heimat des Bellini und des Carpaccio, um sich volllaufen zu lassen wie Hemingway.

Das ist mein Venedig, wo aus Fantasie Wirklichkeit wird, wo die Zeit stillsteht und wo, wie ich hoffe, eines Tages mein Schatten wie Nebel aufsteigt und sich für immer in diesem Kuppellabyrinth der Vergnügen verliert.

Alles Liebe, Antonio

1. Oktober

1974 wird die erste McDonald's-Filiale in England eröffnet, während 1066 ein ganz anderer Eroberer – William I. – sich daranmachte, Britannien zu unterwerfen. Aber feiern Sie diese Invasionen nicht im Fastfoodtempel, sondern stillen Sie in diesem Monat Ihren Appetit auf Kulturelles. Und welcher Ort eignete sich besser für diese Renaissance als Venedig? Gönnen Sie sich im Oktober Ihren wohlverdienten Kurzurlaub, schließlich haben Sie im September hart für Ihre Karriere gearbeitet, und nun will auch Ihre kreative Seite zu ihrem Recht kommen.

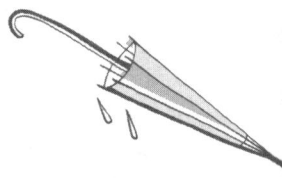

 *Lesefutter*

Miss Garnet und der Engel von Venedig

von Salley Vickers

Warum

Schauen Sie sich zur Vorbereitung Ihres Venedigtrips Viscontis *Tod in Venedig* an oder lesen Sie etwas über Venedigs liebsten Einwohner – den romantischen Casanova. Vielleicht aber ist Miss Garnet die perfekte Romanfigur, um Sie auf die Stadt einzustimmen.

Die Charaktere in diesem Roman sind ein buntes Gemisch, aber alle verlieben sie sich in Venedig. Und die Stadt hilft ihnen, den Teil ihrer selbst wiederzufinden, den sie verloren zu haben glaubten. Dieses Buch kann man schon nach den ersten paar Seiten nicht mehr weglegen, und noch schwerer wird es Ihnen fallen, nicht sofort in das nächste Flugzeug nach Venedig zu steigen.

Wer

Die Autorin heißt wirklich Salley mit »ey« am Schluss, nach dem irischen Wort für »Weide«. Vickers ist eigentlich Psychoanalytikerin und lehrte vor ihrem Durchbruch als Autorin an einer Universität in Sachen Shakespeare und Antike.

Vickers verfiel Venedig, »als die Stadt mein grummeliges Teenagerherz brach«. Der ganze typische Herzschmerz schmolz dahin, als sie zum ersten Mal über den Markusplatz lief. Dieses Gefühl, sich selbst zu finden, während man sich in dieser Stadt verliert, fing sie in ihrem ersten Roman ein. *Miss Garnet und der Engel von Venedig* wurde dank Mundpropaganda ein Welterfolg. Unter anderem schrieb Vickers *Drei Spielarten der Liebe* und *Die Versuchungen des Mr. Golightly*. Sie ist die perfekte Autorin für eine Flugreise – eine echte oder eine in der Fantasie.

Die Story

Der Roman beginnt mit dem Tod von Miss Garnets Freundin, Harriet Joseph. Damit geht ein Kapitel ihres Lebens zu Ende, denn Harriet Joseph war nicht nur ihre einzige Freundin, sondern auch ihre Mieterin. Statt über den Tod ihrer Freundin zu trauern, trauert sie darüber, wie sie bisher lebte, und beschließt, ihr Leben radikal zu ändern. Sie will jetzt die Dinge tun, die sie schon immer tun wollte, bevor es dafür zu spät ist.

Sie will ihr Haus vermieten und nach Venedig ziehen. Nicht nur, um dort Urlaub zu machen – sondern um dort sechs Monate zu leben. Warum auch nicht? Dies ist das Spontanste, was sie je tat. Aber es gibt keine Familie, Freunde oder Liebesaffäre, die sie aufhielte. Warum sollte sie zu Hause rumhängen? Sie war noch nie zuvor in Venedig, kennt niemanden dort und spricht nicht Italienisch – klingt perfekt.

Miss Garnet zieht in eine kleine Wohnung und lernt Freunde kennen, darunter fußballverrückte Kinder aus der Nachbarschaft, denen sie Englischnachhilfe gibt, und die Zwillinge, die eine Kirche in der Nähe restaurieren. In der Kirche befindet sich Guardis Gemälde »Abreise des Tobias«, auf dem ein Engel einen prominenten Platz einnimmt. Miss Garnet wird von diesem Engel ungemein berührt, und ihre Geschichte und die des Gemäldes vermischen sich.

Wie können ein Engel, eine Rentnerin und die jungen Zwillinge sich gegenseitig beeinflussen? Und wie wirkt sich das wiederum auf den Zauber Venedigs aus?

Langsam, aber sicher beginnt Miss Garnet zu leben. Zum ersten Mal wagt es die alte Jungfer, sich zu verlieben – zwar in den Latin Lover des Viertels, aber immerhin wird sie ausgeführt und lernt neue Freunde kennen. Werden Miss Garnet die sechs Monate reichen, und wie kann der Engel aus einer anderen Ära die Zwillinge retten?

Der Abend

Suchen Sie das Bild »Abreise des Tobias« im Internet oder dekorieren Sie den Raum mit Karten von Venedig und gestalten Sie den Abend italienisch – mit Vivaldi im Hintergrund (falls Sie kein Geigenquartett auftreiben, muss es eine CD tun). Servieren Sie dazu Prosecco (ist viel billiger als Champagner, italienischer und köstlich) oder die Spezialität

des Caffè Florian – heiße Schokolade. Oder war das alles nur die Entschuldigung, die Sie suchten, um einer Gondel zu winken und unter der Seufzerbrücke durchzufahren?

Wo Sie Venedig noch finden:

Der Kaufmann von Venedig von William Shakespeare
Memoiren von Giacomo Casanova
Maskenspiele: eine venezianische Affäre von Andrea di Robilant
Der Tod in Venedig von Thomas Mann
Tausend Tage in Venedig von Marlena de Blasi

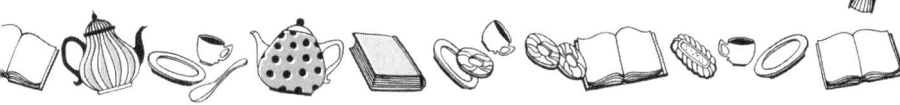

Das Caffè Florian ist *das* Café am Markusplatz. Es wurde am 29. Dezember 1720 von Floriano Francesconi eröffnet und hieß ursprünglich Venezia trionfante – »Triumphierendes Venedig«. Hier wurde der Bellini erfunden und hierher kommen die Don Juans, die Reichen, die Schönen und die Touristen, um die dicke, heiße Schokolade zu trinken. Ach ja, und um die klassische Musik zu hören. Sowohl im Caffè Florian als auch im Café gegenüber spielen Streicherquartette live. Den Markusdom, den kulturellen Überblick und jede Menge Performances bekommen Sie gratis – genehmigen Sie sich ein Eis und stellen Sie sich mitten auf den Platz.

2. Oktober

1890 wurde der amerikanische Komiker Julius Henry Marx, besser bekannt als Groucho Marx, geboren.

Die Brüder waren die größten Stand-up-Comedy-Stars, die das Palace Theatre hervorbrachte, und die von hier aufbrachen, um Hollywood zu erobern.

Grouchos unverwechselbarer Look – Brille und Schnauzer – wurde unzählige Male kopiert. Und es heißt ja, die Kopie sei die ehrlichste Form des Kompliments.

Einige seiner besten Sprüche, die Sie heute loswerden können, sind unter anderem:

»Ich vergesse nie ein Gesicht, aber bei Ihnen mache ich eine Ausnahme.«

»Wer behauptet, er kann eine Frau durchschauen, verpasst eine Menge.«

»Ich finde Fernsehen sehr bildend. Immer, wenn jemand den Kasten einschaltet, gehe ich in ein anderes Zimmer und lese ein Buch.«

Vor allem Letzteres sollten Sie beherzigen.

Marx war ungemein belesen und weitaus gebildeter als viele seiner intellektuellen Freunde. Lesen Sie ein Buch, stoßen Sie in Ihrem Leseclub auf ihn an, besuchen Sie eine Comedy Show oder schauen Sie sich einen Film der Marx Brothers an, um Ihr Timing zu verbessern. Ungemein nützlich, wenn Sie über Ihren Chef oder Ihr letztes Date ablästern – vor allem, wenn der fragliche Typ mit einem Groucho-Schnauzer antanzte ... Und wie sieht das denn aus zu den neuen Manolos?

Heute ist auch ein idealer Tag, um nachzudenken, denn 1869 wurde der große Staatsmann und geistige Führer Mahatma Gandhi geboren. Nach seiner Rechtsanwaltsausbildung in England setzte er sich unermüdlich für die Unabhängigkeit Indiens ein. Sein gewaltloser Kampf inspirierte viele, unter anderem Martin Luther King (siehe im Januar Martin-Luther-King-Tag, Seite 51).

Gandhi befand sich auf dem Weg zum Gebet, als er am 30. Januar 1948 erschossen wurde. Schauen Sie sich Ben Kingsley in dem oscargekrönten Film *Gandhi* (1982) an.

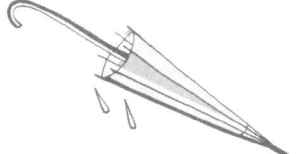

5. Oktober

In dem Jahrzehnt, in dem der Eiffelturm fertiggestellt wurde, erhielt Paris ein weiteres Wahrzeichen, als 1889 die rote Windmühle Moulin Rouge im Rotlichtviertel Pigalle die Lichter anmachte.

Das am Fuß des Butte Montmartre gelegene Varieté scherte sich nicht das Geringste um Sauberkeit oder die ordentliche Kleidung der Auftretenden. *Oh la la!* Von dem Moment an, in dem *le Premier Palais des Femmes* seine Tore öffnete, blieb den anderen nichts übrig, als mit diesen hochglamourösen Vorstellungen Schritt zu halten. Der Pigalleclub war die Heimat der Beine und Röcke werfenden Mädels und des Cancan.

Audrey Bely beschrieb das Moulin Rouge 1906 als »ein Delirium aus Federn, vulgär geschminkten Lippen, schwarzblauen Wimpern«, und daran hat sich nicht viel geändert. Vergessen Sie Halloween – hier geht wirklich die Post ab. »Nackte Füße, Schenkel, Arme und Brüste werden mir entgegengeschleudert«, schreibt unser Mann. Von Josephine Baker bis Frank Sinatra, vom Varieté zum Bustier, im Moulin Rouge gab es alles. Sechs Filme wurden nach ihm benannt, darunter die Version von 1952 mit Zsa Zsa Gabor und die Musical-Version von 2001 – die mit dem Ausrufezeichen und mit Nicole Kidman.

Ob Jean Renoir mit seinem Film *French Cancan* (1955) oder Toulouse Lautrec mit seinen Lithografien – jeder Künstler versuchte, die Dekadenz und Ausgelassenheit einzufangen. Das Moulin Rouge ist heute so frech und frisch wie eh und je und um einiges gehobener – das heißt, Sie können wählen zwischen dem Menü French Cancan, dem Menü Toulouse Lautrec oder dem Luxusmenü Belle Époque, zu dem es eine Flasche Champagner und zwei Plätze für die Show gibt. Klicken Sie *www.moulinrouge.fr* an und buchen Sie einen Abend, um sich Ihr eigenes Urteil über den Bal du Moulin Rouge zu bilden.

Der unumstrittene Star und das Aushängeschild des Cancan war die berühmte »Goulue«. Dann gab es noch Jane Avril, bekannt unter dem Namen Crazy Jane oder Jeanne La Folle; la Môme Fromage; Grille d'Egout und Nini Pattes-en-l'Air (Beine in der Luft). Die Mädchen im Moulin Rouge arbeiteten unter Künstlernamen, um ihre wahre Identität zu verhüllen – ansonsten scherten sie sich keinen Deut um Verhüllungen.

Basteln Sie sich einen Künstlernamen – nehmen Sie als Vornamen den Namen Ihres ersten Haustiers und als Familiennamen den Mädchennamen Ihrer Mutter – *et voilà!*

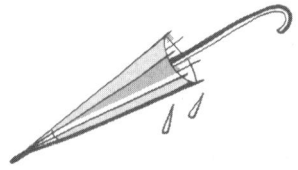

Über die Kunst, sich fürs Varieté aufzudonnern

Von Liz Goldwyn, Autorin

Ich begann mich fürs Varieté zu interessieren, als ich anfing, Kostüme zu sammeln. Die ersten zwei Kleider fand ich 1995 auf einem Flohmarkt. Eines bestand aus einem hautfarbenen Netz mit schwarzen Spitzen und Strassschmuck, das andere aus wahnsinnsrosa Spitzen mit einer Paspelierung aus Glitzersteinen und einem Netzeinsatz an den Hüften. Bei genauerer Betrachtung meiner Funde entdeckte ich, dass sie handgenäht waren und jeder Stich, jeder Glitzerstein und jede Paillette perfekt saßen.

Ein normales elegantes Varietékleid war unglaublich kompliziert anzuziehen – und auszuziehen. Manche bestanden aus bis zu zehn Teilen, darunter ein bodenlanges Abendkleid mit einem langen Cape oder Opernmantel darüber. Unter diesen Schichten trug man Stoffbahnen um die Hüfte, von denen Chiffon nach unten floss, einen inneren und einen äußeren BH, äußere »Höschen«, die wie Bikinihöschen geschnitten waren, und schließlich die ach so wichtigen Brustquasten und den Stringtanga. Es bedurfte immensen Geschicks, um sich all dessen scheinbar mühelos zu entledigen – und das in fünf Auftritten täglich an sieben Tagen in der Woche.

Beim Anblick dieser Kostüme und der glamourösen Schwarzweißfotos der großen Varietéstars war's um mich geschehen. Diese Stripperinnen der ersten Stunde hatten Klasse, Stil und Haltung. Ihr Sexappeal war offensichtlich, wenn sie auf einer Chaiselongue oder vor einem Samtvorhang posierten und kokett in die Kamera blickten. Sie wirkten verführerisch und zugleich war klar, dass sie posierten und ihre Pose absolut kontrollierten – und genau das ist so aufreizend. Anschauen ist erlaubt, Anfassen nicht.

Am besten hat das Zorita erklärt, die berühmte Varietétänzerin, die für ihre provokativen Auftritte (darunter eine Nummer mit zwei Riesenschlangen) bekannt war. Sie meinte, der Spaß liege hauptsächlich darin, »dass jeder einen Steifen bekommt, aber nicht das, was er will ... Man reizt sie, reizt sie bis zum Äußersten ... aber man gibt ihnen nicht alles.«

Die Hochzeit des Varietés, die Anfangsjahre des 20. Jahrhunderts, ist längst vorbei, und doch empfindet unsere Generation eine nostalgische Sehnsucht danach. Wir starren auf die Fotos der alten Varietéstars, studieren ihre Kostüme und suchen nach Mitteln und Wegen, ihren Stil und ihre Chuzpe zu imitieren.

Also Ladies (und Gentlemen), aufgepasst, ich verrate Ihnen ein paar Tricks aus der Hutschachtel des Varietés. High Heels verhelfen Ihnen zu diesem Hüftschwung, mit dem Sie den Straßenverkehr zum Erliegen bringen. Lippenstift – ich persönlich stehe auf Feuerwehrrot – verleiht noch dem langweiligsten Gesicht einen Hauch von Glamour, und mit falschen Wimpern ist der verführerische Look komplett. Die besten Varieté-Standards wie »Lament« und »Blues to Strip By« sind auf Compilations erhältlich, also legen Sie Ihren Lieblingssong auf, rein in den Straps und die Netzstrümpfe und ab vor den Spiegel. Und schließlich wirkt etwas Selbstvertrauen wahre Wunder, was den Sexappeal betrifft.

Über die Kunst der Verführung

Von Dita von Teese, Varietétänzerin

Der Glamour der 30er- und 40er-Jahre hat mich schon immer interessiert. Die Frauen dieser Zeit faszinierten mich derart, dass ich bereits als Teenager ihre Kleidung und ihren Stil imitierte. Ich wollte alles über die damalige Mode wissen, von den Designerroben bis hin zu den Strümpfen und Stilettos, der Lingerie und dem Make-up ... das perfekte Fotofinish. Ich studierte die Pin-up-Fotos aus dieser Zeit, und als ich entdeckte, dass viele der besten Models auch Varietétänzerinnen waren, wollte ich mehr über diese Kunst lernen und sie in den Mainstream holen. Ich war Tänzerin, aber ich wollte eines dieser Pin-up-Girls sein mit ihrer nostalgischen Eleganz, ihrer Haltung, ihrer Schnute und natürlich ihrem Sexappeal.

Meine Vorbilder waren Sally Rand, Lili St. Cyr und Gypsy Rose Lee. Als kleines Mädchen sah ich Natalie Wood als Gypsy Rose Lee und später studierte ich alles über ihr Leben und ihre Karriere. Dieser Film *Gypsy – Königin der Nacht* machte mich neugierig auf die Welt des Varietés und auf Gypsy – es ging mir weniger um ihren Tanzstil als um ihren Esprit und ihre Detail- und Modebesessenheit: Sie trug auf der Bühne Designerkleidung! Mein Lieblingsfilmstar war Betty Grable, ich war von der Kombination aus Schönheit, Glamour und Tanz in vielen ihrer Filme aus der Zeit des Zweiten Weltkriegs begeistert. Mein eigener Varietéstil ist davon sehr beeinflusst. Ich liebte die ganze Ära – die Opulenz, die Kunst, die schönen Körper und die Kostüme. Aber so sehr ich ihnen nacheiferte, war es mir wichtig, dass meine Bewegungen meiner Persönlichkeit und meiner Vorstellung vom modernen Varieté entsprachen. In den 40er-Jahren galt Varieté als Kunst, hatte aber auch etwas Anrüchiges. Und nicht jede Tänzerin wurde so verehrt wie Gypsy und Sally. Es gab viele hochklassige Shows, aber auch jede Menge schmieriger Varietés und Shows … So wie heute manche Stripclubs schön sind und andere nicht. Aber das wahre Varieté war eine Kunstform und elegant, manchmal humorvoll und immer mit diesem schwülen Hauch der Verführung. Diese Stripperinnen waren Sirenen – und ich wollte ihr Erbe fortführen.

Ich stehe gerne auf der Bühne, ich liebe es, zu tanzen, Spaß zu haben und mein Publikum allein mit einem Lidschlag aus dem Häuschen zu bringen. Beim Varieté spielen Sie, Sie sind eine andere Person. Mir geht es nicht so sehr darum, von den Männern umschwirrt zu werden, sondern ich will vor allem Spaß haben – ein Luder sein. Es gibt keine Vorgaben, keine Regeln und keinen Grund, warum Sie es nicht versuchen sollten. Sie müssen es ja nicht unbedingt auf einer Bühne ausprobieren, zu Hause wäre auch eine Möglichkeit. Klären Sie, wie groß Ihre Bühne ist – vom Crazy Horse über das Palace in Vegas bis zu Ihrem Schlafzimmer – Bühnen und Publikum kommen in allen Größen und Formen.

Checken Sie die Situation – wussten Sie, dass der erste Laufsteg für Minskys Varieté in New York gebaut wurde und nicht für eine Modenschau? Ein Laufsteg ist die ultimative Bühne für einen Varietéauftritt, und ein Auftritt mit einer Live-Band ist nicht zu schlagen. Ich mag jede Musik, aber für meine Auftritte ziehe ich Big Bands vor. Nehmen Sie eine Musik, die Sie mögen – ich mag zum Beispiel keine Musik mit Texten, ich finde, Playbacksingen lenkt zu sehr ab (als Crazy-Horse-Girl bleibt Ihnen natürlich gar nichts anderes übrig, da gehört es zum Auftritt dazu). Sie müssen selbst herausfinden, was am besten passt. Wie bei allem ist auch hier die Haltung entscheidend – egal, ob Sie einen Strumpf ausziehen oder ein Kleid vorführen – und, ja, fürs Ausziehen gelten genauso Regeln wie fürs Anziehen. Richten Sie sich nach der Musik, der Bühne, dem Umfeld und trauen Sie sich. Meine Kostüme bestehen normalerweise aus zwölf Teilen, aber ich fange am liebsten mit den Handschuhen an – das hat so was Unschuldiges und ist zugleich ein Versprechen. Man sieht nichts, und dennoch wird die Aufmerksamkeit erregt – denken Sie nur an die Szene mit Rita Hayworth in *Gilda*. Es findet alles im Kopf statt – ein Spiel mit der Fantasie.

Manchmal kommt es mir vor, als seien die Frauen befangen – nicht weil sie verführerisch wirken wollen, sondern weil sie befürchten, man könne glauben, sie hätten es zu sehr darauf angelegt – sie möchten nicht, dass die Leute denken, es gehe ihnen nur ums Aussehen. Natürlich ist mir nicht nur mein Image wichtig – aber es ist auch wichtig. Nehmen Sie sich die Zeit, bevor Sie das Haus verlassen, und ich *verspreche* Ihnen, der Tag wird besser. Und an dem Tag, an dem Sie sich keine Mühe geben, werden Sie Ihren Ex treffen, garantiert! Machen Sie sich für sich selbst schön, das ist so wichtig, wie sich für andere schön zu machen. Lackieren Sie sich die Nägel, benutzen Sie einen Lippenstift und machen Sie sich die Haare – Sie werden sich um so vieles besser, um so vieles sexyer fühlen. Wie wär's zum Abschluss mit einem Strapsgürtel aus Satin? Verstehen Sie mich nicht falsch, ich lackiere mir die Nägel selbst und färbe mir auch selbst die Haare. Und wenn meine Haare geschnitten werden müssen, macht das eine Freundin. Lassen Sie sich ruhig verwöhnen, aber lernen Sie auch, es selbst zu machen. Genießen Sie das Ritual, etwas für Ihren Körper zu tun. Genießen Sie, wie Sie aussehen, was Sie tragen, wie Sie auftreten. Wie weit Sie gehen – damit meine ich den Stil –, liegt bei Ihnen. In Amerika muss man bereits ein ganz tapferes Mädchen sein, wenn man einen Hut trägt. Jeder dreht sich nach einem um. Ich finde, ein Hut erregt Aufmerksamkeit, also muss man sich entsprechend anziehen. Mit einem Hut sehen Sie glamourös aus – ist das was für Sie?

Was die Kleidung, die Bühne angeht, gibt es für mich keine festen Regeln. Ich tanze, aber ich reise auch viel und ich will leben und Spaß haben. Ich mache Pilates, Yoga, aber am liebsten ziehe ich mich schön an und lauf zu Hause rum. Ich liebe es, Looks auszuprobieren und verschiedene Outfits. So findet man nicht nur heraus, was funktioniert, sondern auch, in welcher Reihenfolge man sich am besten auszieht. Probieren Sie es aus und lassen Sie Ihre Fantasie spielen. Ich meine damit nicht, dass Sie jeden Tag strippen sollen – aber haben Sie keine Angst davor. Haben Sie keine Angst vor Ihrem Körper und Ihrer Sexualität. Ich finde, Frauen sollen Frauen sein – elegant, verspielt und *dressed to impress*. Die Kirschen in Nachbars Garten schmecken vielleicht besser, aber finden Sie heraus, wo genau der Zaun verläuft, wie Ihr ideales Leben aussieht, Ihr Look, Ihr Erfolg – und wie Sie ihn erreichen. WÜNSCHEN Sie sich nicht, dieses Mädchen zu sein – seien Sie es. Seien Sie tagsüber die Bibliothekarin und nachts der Varietéstar – seien Sie emanzipiert und nehmen Sie sich diese Freiheit – suchen Sie sich Ihre Titelmelodie selbst aus. Und lassen Sie es krachen.

8. Oktober

1094 wird der Markusdom in Venedig eingeweiht. Die Basilika auf dem Markusplatz gilt als das großartigste überlebende Beispiel byzantinischer Architektur. Sie wurde an der Stelle gebaut, an der venezianische Händler 828 n. Chr. einen Schrein für die Reliquien des heiligen Evangelisten Markus errichtet haben sollen.

Venedig ist nicht nur berühmt für seine Kirchen, seine Kunst und die Gassen, in denen Vivaldi seine Musik komponierte und Casanova die Mädchen jagte, es ist auch die Heimat der Masken und des Karnevals.

Der venezianische Karneval fand wohl zum ersten Mal 1162 statt, allerdings sind die ersten Masken erst 1268 bezeugt.

Im 18. Jahrhundert erreichte das Versteckspiel seinen Höhepunkt, und die Maskierten ließen während des Karnevals alle Hemmungen fallen. Dann verlor der Karneval an Attraktion, bis ihn Mussolini in den 30er-Jahren schließlich verbot. Spielverderber. Erst im Februar 1979 wurde der Karneval wieder belebt und heute ist er ein Ereignis, das man nicht verpassen sollte.

Wie man die richtige venezianische Maske findet

Wo finden Sie eine Maske? Einer der besten Maskenläden in Venedig ist das Carta Alta. Auf seiner Website, *www.venicemaskshop.com*, erfahren Sie nicht nur die Geschichte der Masken, sondern auch, wie Sie sich selbst eine basteln können.

Eine Reise nach Venedig oder ein Einkauf auf dieser Website kommt für Sie nicht in Frage? Sie basteln sich Ihre Maske lieber selbst? Dann auf in den nächsten Kurzwarenladen, besorgen Sie sich Netze und Federn – und jede Menge UHU oder Sprühkleber. Haben uns die ganzen Kinderbastelsendungen nicht genau darauf vorbereitet? Pailletten sind fitzelig, diese Glitzerstoffe dagegen sind ein Geschenk Gottes. Die Vorstellung, das ganze Gesicht zugekleistert zu bekommen, ist Ihnen unangenehm? Probieren Sie es doch stattdessen mit einem Schleier vor den Augen. Oder überlegen Sie sich, ob Sie die Maske, statt sie mit einem Gummiband anzulegen, nicht einfach an einem Stöckchen befestigen, um sie vor dem Gesicht hin und her zu schwenken. (Macht sich sehr gut beim ersten Auftritt, wird aber im Verlauf des Abends etwas anstrengend.)

Über die Kunst, einen Maskenball zu geben

Von Nick Knight, Fotograf

Als Moët & Chandon mir ihre Fashion-Tribute-Idee unterbreiteten, wollte ich nicht den »erwarteten« Event gestalten. Ich schlug Ihnen einen *bal masqueé* vor – das ist anders, hat mit Fantasie zu tun, und es bot mir die Möglichkeit, eine Welt voller Fluchtmöglichkeiten zu schaffen. Ich hatte *Beau Brummell: The Ultimate Man of Style* von Ian Kelly gelesen und mir gefiel, wie sich die Gentlemen mit ihren Kurtisanen trafen, was aber keineswegs ehrenrührig war, da sie sich hinter einer Maske versteckten. Und das war mein Ausgangspunkt. Mit einer Maske sind die Dinge nicht mehr das, was sie zu sein scheinen. Damit konnte ich alles etwas aus dem Gleichgewicht bringen.

Ich spielte mit verschiedenen Storys und Unterströmungen und verwischte die Grenze zwischen Realität und Fantasie. Der Abend selbst war eine Überlagerung verschiedener Ideen, er wurde gefilmt, das Ergebnis können Sie auf meiner Website, *www.showstudio.com/projects/balmasque,* sehen. Ich war von dieser Idee wahrscheinlich deshalb so fasziniert, weil ich erkannte, dass ein Maskenball die Menschen von ihren Eifersüchteleien, Unsicherheiten und Vorurteilen befreien konnte. Ein bisschen wie beim Fotografieren: Jeder konnte sich auf eine sehr subjektive und raue Weise zeigen und den Charakter darstellen, den er darstellen wollte.

Wir suchten überall nach einer geeigneten Location. Ich wollte etwas leicht Heruntergekommenes, das niemand kannte. Als wir das Strawberry Hill House fanden, wusste ich sofort, das ist es. Bei einem solchen Projekt muss man an alle möglichen Aspekte denken, ich hatte also einen Raum mit einem Monitor, auf dem man zwei Typen sah, die sich den ganzen Abend lang verprügelten. In einem anderen waren echte Wölfe zu sehen und in einem war ein Eiscremewagen. Es gab so viele Einfälle, und jeder davon überraschend. Die Illustratorin Julie Verhoeven erarbeitete eine Installation mit Schönheitsoperationen und es gab eine »Cinderella«, die um Mitternacht ihre Galliano-Robe gegen Lumpen austauschte und den verspiegelten Boden zu wischen begann ... es war Eskapismus pur, doch immer mit diesem makabren Unterton.

Jeder Raum enthielt ein anderes Szenario, zusammen ergab das verschiedene Themen meines Lebens: Es gab ein Fechtturnier, weil ich mir immer gewünscht habe, fechten zu lernen. Einen Tanzsaal mit einem beleuchteten Boden und richtiger Tanzmusik. Tanzen wollte ich schon immer lernen, und wir hielten in der Woche vor dem Ball sogar Tanzkurse in Regency-Tänzen für die Gäste ab, die sich auf den Abend besonders vorbereiten wollten. Mir gefiel die Idee, dass in einer Maske alles möglich erschien – vom Tanzen bis zum Fechten –, und das war befreiend. Jeder erkundete diese seltsame neue Welt.

Es war ein wirklich besonderer Abend, vor allem weil sich alle solche Mühe mit ihrer Maske und ihrem Kostüm gaben. Ich glaube, es gibt wirklich eine Sehnsucht, an etwas Besonderem, etwas Aufsehenerregendem teilzunehmen und sich von der Fantasie anstecken zu lassen. An dem Abend wurden pro Person vier Flaschen Champagner getrunken, Sie können sich also vorstellen, wie berauschend die Atmosphäre war, als die Leute einander aushorchten, um herauszufinden, wer hinter der Maske steckte. Ich bestand darauf, dass die Masken die ganze Zeit über nicht abgenommen werden durften – anders als bei Capote. Wenn es ein Maskenball ist, dann soll es bis zum Schluss ein Maskenball bleiben – von den Kellnern bis zu den Türstehern (auch wenn diese sich weigerten, bedrohliche Clownsmasken aufzusetzen). Ich wollte, dass die Illusion intakt bleibt. Wahrscheinlich wollte ich eine Party, die eines modernen Gatsbys würdig wäre, und diese Nacht war so glamourös und so wunderbar.

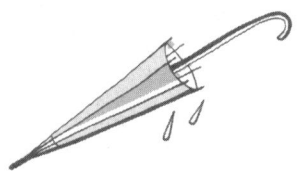

9. Oktober

1835 wird Camille Saint-Saëns, der Komponist eines anderen Karnevals, geboren.

Karneval der Tiere wurde während seines Lebens nur zweimal aufgeführt – einmal bei der Mardi-Gras-Feier von *La Trompete* und das
andere Mal für seinen Freund Franz Liszt. Sein Testament war ausgesprochen grimmig: »Ich verbiete ausdrücklich die Veröffentlichung unveröffentlichter Werke mit Ausnahme von *Le Carnival des
Animaux.*« Wer wollte dem letzten Wunsch eines Menschen wider-
sprechen? Heute ist es sein am häufigsten aufgeführtes Werk.

Jedes der 14 Stücke beschreibt ein anderes Tier, von der Schild-
kröte, die einen Offenbach'schen *Cancan* in Zeitlupe aufführt, bis
zum Elefanten, der Berlioz' *Danse des Sylphides* in seinem eigenen
(langsamen) Rhythmus gibt. Das eleganteste Tier und das einzige,
das zu Lebzeiten des Komponisten als Solo aufgeführt wurde, ist das
wunderschöne Cellosolo des Schwans.

Laden Sie es sich herunter und drücken Sie *play*. Greifen Sie sich
dabei einen Stift und ein leeres Blatt Papier. Hören Sie darauf, welche Gestalt die Noten zeichnen. Es heißt, Saint-Saëns habe seine
Melodie so komponiert, dass die Töne elegant steigen und fallen.
Mit etwas Fantasie und kreativ zusammengekniffenen Augen müssten Sie die Umrisse eines Schwans erkennen.

10. Oktober

1886 hatte der Smoking Premiere – und davon waren wohl jede
Menge zu sehen, als 1935 Gershwins *Porgy and Bess* am Broadway uraufgeführt wurde. Wie wär's mit einem Abend im Theater? Heute

407

können Sie den Geburtstag von Giuseppe Verdi feiern, der 1813 das Licht der Welt erblickte. Die perfekte Entschuldigung, um in die Oper oder das Teatro la Fenice in Venedig zu gehen, wo Verdi 1851 mit 42 Jahren seine populärste Oper, *Rigoletto*, uraufführte.

»Moment – wie kann ein Smoking Premiere feiern?«, fragen Sie. Nun, das war der Tag, an dem er in Amerika auftrat, aber natürlich kommt er – wie Bond – ursprünglich aus Britannien.

Beau Brummell (1778–1840) gilt als der elegante Dandy, der dem schicken Abendanzug zum Dinner zum Durchbruch verhalf und dem die Herrenkleidung überhaupt einiges verdankt. Der Smoking kam später. Brummell zog es vor, sich bei seiner Kleidung auf Schwarz- und Weißschattierungen zu beschränken. Für die Farbe sollten die Damen und die Gespräche sorgen. Wie galant, welcher Stil! Diese Idee aus der Regency-Ära machte auch bei modebewussten Regenten Furore – man denke nur an den feschen Prince of Wales, Edward VII., dessen Schneider aus der Savile Row bemerkte, er sei der Erste gewesen, der eine kurze Smokingjacke bestellte. Und das 1865, Jahre bevor der Smoking Mode wurde. Ein wahrer Prince Charmant.

Nachdem der Prinz im Smoking auftrat, bestellte natürlich jeder, der auf sich hielt, ebenfalls eine solche Jacke. Einer dieser Herren befand sich auf der anderen Seite des Atlantiks – und an diesem 10. Oktober trug er seine rote Smokingjacke mit den Satinaufschlägen, um die Damen zu beeindrucken. Dieser Gentleman war ein Tabakhersteller und Rennpferdebesitzer namens Pierre Lorillard. Seinen Smoking trug er im Tuxedo Park Country Club. Der Name des Clubs blieb hängen, das britische Dinnerjacket, das auf dem Kontinent Smoking heißt, firmiert in den USA unter dem Namen Tuxedo. Eigentlich aber wurde das Dinnerjacket in Amerika zum ersten Mal von James Brown Potter, einem Freund Edwards VII., getragen. Er war nur zu sehr Gentleman, um darauf zu beharren, der Erste gewesen zu sein.

Wie man ein Opernkenner wird

Das Wichtige zuerst – lösen Sie sich von dem Klischee der vollbusigen Opernsängerin mit den zwei Hörnern auf dem Kopf. Dieses Wikingerklischee findet man bei Bugs Bunny, aber nicht in der Oper. Na ja, vielleicht bei Wagner, aber von dem sollten Sie anfangs ohnehin die Finger lassen, wenn Ihnen diese Vorstellung unangenehm ist.

Eine echte Opernvorstellung ist so viel lebendiger, als wenn man sich eine DVD ansieht oder eine CD anhört. Schließlich wurden diese Klassiker geschrieben, um gesehen *und* gehört zu werden. Popmusik funktioniert auch nur über das Ohr, aber Oper ohne die Bühne ist, als ob man sich *Grease* mit einer Augenbinde ansieht oder den Ton wegdreht – wenn Sie verstehen, was ich meine.

Viele Opern sind auf Italienisch oder Französisch geschrieben, doch versuchen Sie nicht, die Texte zu verstehen, konzentrieren Sie sich lieber auf das Geschehen auf der Bühne und die Musik.

Die Hochzeit des Figaro – Le Nozze di Figaro – gilt als die beste Oper für Neueinsteiger. Sie ist nicht nur eine der am häufigsten aufgeführten Opern Mozarts, sie gilt auch als bahnbrechendes Werk. Schauen Sie im Internet nach, wo sie in Ihrer Nähe aufgeführt wird.

Die Hochzeit des Figaro beginnt damit, dass der Figaro den Boden abmisst, um zu prüfen, ob sein neues Ehebett passt. Eine andere Mozartoper, *Die Entführung aus dem Serail*, spielt in einem Bordell, also glauben Sie bloß nicht, der Abend wird langweilig. Lassen Sie sich nicht von den Soprantrillern täuschen, hier kommt mehr Sex und Skandalöses auf die Bühne als in den meisten Rock-'n'-Roll-Stories von heute.

Es ist definitiv einen Versuch wert – denken Sie nur daran, wie sehr die von Julia Roberts gespielte *Pretty Woman* ihren ersten Abend in der Oper und die Gelegenheit, sich aufzudonnern, genoss. Mal sehen, ob Sie Richard Gere dazu bewegen können, Sie in seinem Privatjet zu einer Aufführung von Verdis *La Traviata* mitzunehmen.

Kleiner Musical- und Opernführer

»Summertime« stammt aus Gershwins Musical *Porgy and Bess.*

In *Madame Butterfly* geht es um eine Geisha und ihre Affäre mit einem amerikanischen Soldaten (hübsche Mädchen mögen nun mal Männer in Uniform).

La Bohème erzählt davon, sich in Paris mit leeren Taschen durchzuschlagen.

Don Giovanni basiert auf Mozarts schwierigem Verhältnis zu seinem Vater.

Die Zauberflöte ist die Oper, in der die Königin der Nacht vorkommt.

Carmen handelt von einer heißblütigen Frau in revolutionären Zeiten – wenn doch noch Maria Callas die Arien auf der Bühne schmettern würde.

In *Figaro* geht es um einen Diener, der heiratet und seinen Chef davon abhalten will, sich an seine Frau ranzumachen.

Opernhäuser sind als Bauten häufig architektonisch interessante und zentral gelegene Treffpunkte. Hier einige der berühmtesten Opernhäuser:

Teatro la Fenice, Venedig: *www.teatrolafenice.it*
La Scala, Mailand; *www.teatroallascala.org*
Royal Opera House, London: *www.royalopera.org*
London Coliseum: *www.eno.org*
New York Metropolitan Opera: *www.metoperafamily.org*
Opéra Garnier und Opéra Bastille, Paris: *www.operadeparis.fr*
Staatsoper, Wien: *www.viennaconcerts.com*
Salzburg: *www.viennaclassic.com*
Bayrische Staatsoper, München: *www.staatstheater.bayern.de*
Festspielhaus Bayreuth: *www.bayreuther-festspiele.de*

Eine kurze Geschichte der Oper

Die Geschichte der Oper beginnt um 1600, auf dem Höhepunkt der schnörkeligen Barockära. Zu der aufgebrezelten Architektur und Stimmung dieser Zeit passte die Oper perfekt. Italienische Komponisten wollten den Stil ihrer Helden, der alten Griechen, auf die Bühne bringen. Als sie entdeckten, dass diese auf der Bühne mehr sangen als sprachen, ging's los mit dem Komponieren. Das mit den »singenden Griechen« war zwar ein Missverständnis, aber was soll's – die Oper entwickelte sich zu einem festlichen Abendprogramm, und bald unterteilten die Komponisten ihre Arbeit in:

Rezitative, das sind diese Sprechgesangsteile, in denen eine Menge Dialog und Handlung untergebracht wird. Die Musik ist dabei relativ monoton und zurückgenommen, der Text steht im Vordergrund.

Arien bieten den Sängern Gelegenheit zu brillieren und ihre Sangeskünste zu zeigen, ob im Solo oder im Chor.

Um 1700 entwickelten sich zwei Spielarten der Oper, die Opera seria – ernst und bedeutend – und die Opera buffa – leichter und beschwingter, aus der ein neues Genre, die Operette, mit Werken wie *Der Mikado* entstand.

Die Großen der Romantik jedoch waren nicht gerade begnadete Komiker. Die Werke von Wagner und Verdi zum Beispiel sind großartige Dramen und Tragödien, aber nur wahre Diven sollten sich an diese Rollen wagen.

Ein Tipp: Verdi gilt als zugänglicher als Wagner.

Ein Abend in der Oper

Sie müssen für Opernkarten keine Riesensumme hinlegen. Für Ihren ersten Opernbesuch tut's auch die Sperrholzklasse (das sind die billigen Sitze in den oberen Rängen), denn:

411

1. Wenn der Sopran sich in Ihren Ohren wie Nägel auf der Tafel anhört, kostet Sie diese Erfahrung wenigstens nicht Ihr letztes Hemd.
2. Die Sitze sind hart und eng – da schlafen Sie garantiert nicht ein.
3. Sie haben einen wunderbaren Blick von oben auf den Orchestergraben, den Dirigenten und das Bühnengeschehen. (Perfekt, es sei denn, Sie leiden unter Höhenangst.)

Opern kann man sich natürlich auch unter freiem Himmel ansehen – allerdings nicht um diese Jahreszeit.

Über die Kunst, die Oper zu lieben

Von Christian Lacroix, Fashion Designer

Um die Oper zu lieben, muss man cool, furchtlos und offen sein. Denn die Oper gilt ja als zu ernst, zu fade oder zu intellektuell, snobistisch, schwierig oder altmodisch. Dabei ist Oper das pure Vergnügen, vor allem heute, wo alles »Konserve« ist.

Die beste CD oder DVD kann niemals die Intensität und Qualität eines echten Orchesters, einer Live-Stimme, eines Bühnenbilds oder -kostüms erreichen.

Ich wurde in Südfrankreich geboren – die italienischen Einflüsse sind unverkennbar – und ich muss sagen, für mich war die Oper normal, nicht banal, aber Teil der populären Kultur. Sie bereicherte über Schallplatten, Radio oder Festivals unser Leben. *Carmen* war natürlich der »Hit«, und als ich beschloss, eines Tages Bühnenbildner zu werden, lag das am Erfolg von Raymond Rouleaus Produktion mit Lila de Nobilis Kostümen. Neben Gounod und Bizet (Massenet wird paradoxerweise in Großbritannien und den USA mehr geschätzt und aufgeführt als in Frankreich) liebten wir Verdi und Puccini und natürlich Mozart. Und später, als ich *Ariadne auf Naxos* entdeckte, war ich überwältigt von Richard Strauss.

Bei unseren Reisen in den 60er-Jahren stürmten meine Freunde, meine Frau und ich die Theaterkassen im Covent Garden, der Scala oder der Met, um Karten für den Abend zu bekommen. Als Studenten in Paris stellten wir uns bereits frühmorgens in die Schlange, um Plätze in den oberen Rängen zu ergattern, von denen aus man einen guten Blick hat, die aber billiger sind. Damals, Mitte der 70er-Jahre, trug das Publikum natürlich Smoking und Haute Couture. Was für ein Fest das war! Da wir schon so viel Geld für die Karten ausgegeben hatten, versorgte ich meine Frau und meine Freunde mit Kleidern aus unserer Kollektion oder aus Secondhand-Läden oder Abverkäufen. Manchmal drapierte ich auch nur meterweise Seiden- oder Jerseybahnen um ihre Körper, die ich dann mit einer alten Brosche meiner Großmutter befestigte. Ich kann mich an eine wunderschöne Freundin von uns erinnern, die schreckliche Angst hatte, die Brosche könnte aufgehen und sie stünde splitternackt da.

Die Callas habe ich leider nur auf Platte oder im Radio gehört. In den 50er-Jahren saß meine Familie andächtig vor dem Radio und lauschte klassischer Musik und den Nachrichten über die Rangeleien zwischen der Tebaldi und La Callas. Ich kann mich noch erinnern, wie ich sehr klein war und ihre Stimme in meine Seele drang wie ein warmer, überwältigender Saft aus dem Himmel oder der Hölle. Aber ich hatte das Glück, einige der besten Vorstellungen zu erleben von: Caballé, Vickers, Jones, Domingo, Te Kanawa und Pavarotti. Und ich habe einige der denkwürdigsten Produktionen der 80er-Jahre gesehen mit Comtesse Marina de Brantes, die nach vielen Jahren in New York wieder nach Paris zurückkehrte und eine neue Art des Spendensammelns mitbrachte – die AROP (Association pour le Rayonnement de l'Opéra de Paris), welche die unglaublichsten Galas veranstaltete, bei denen die Qualität der Musik, der Stimmen und der Produktion der des Dinners, der Kleidung und der Stimmung in nichts nachstand. Ich muss zugeben, ich bin heute etwas enttäuscht, wenn das Publikum sich selbst bei den großen Galas nicht entsprechend kleidet. Die festliche Kleidung ist meiner Meinung nach ein Teil dieses Erlebnisses. Daran hat sich seit dem 17. Jahrhundert nichts geändert. Damals aßen, tranken und flirteten die

413

Zuschauer in ihren Logen und hörten den armen Sängern nicht einmal zu. Das hat sich glücklicherweise geändert, aber mir wäre es lieber, das moderne Publikum wäre etwas mutiger und würde sich dem gemeinsamen Genuss hingeben. Wenn man sich so »dramatisch«, mächtig und großartig wie die Heldin auf der Bühne fühlt und sich dem Anlass entsprechend kleidet, macht die Oper noch viel mehr Spaß. Wenn also schon keine große Robe drin ist, wie wär's mit der besten Frisur Ihres Lebens? Eine festliche Frisur sieht sogar mit einer Jeans gut aus. Tragen Sie was Glitzriges, es darf ruhig billig sein, Pailletten oder Gold- oder Silberlamé, verspielter Schmuck (er muss ja nicht echt sein), vielleicht ein altes Stück von Ihrer Mutter oder Großmutter oder vom Flohmarkt. Und vergessen Sie nicht, den Abend noch etwas zu verlängern – mit einem netten Essen oder einer Party. Um diese außergewöhnliche Stimmung noch länger zu genießen.

11. Oktober

1884 wird Eleanor Roosevelt, die First Lady Amerikas und Mutter der Nation, geboren.

»Schöne junge Menschen zeugen von einer Laune der Natur, schöne alte Menschen zeugen von harter Arbeit.«

1905 heiratete sie ihren entfernten Cousin Franklin Delano Roosevelt. Sie hatten zusammen sechs Kinder. Ihr Mann wurde Senator, Gouverneur und 1933 schließlich Präsident der Vereinigten Staaten. Wie Aretha schon feststellte: »Hinter jedem erfolgreichen Mann steht eine großartige Frau.« Nun, in diesem Fall war die Frau dahinter Eleanor, die ihm den Rücken stärkte, während sie die gemeinsamen Kinder großzog und Amerika eine Landesmutter war.

Nehmen Sie sich ein Beispiel an ihr und an ihren Überzeugungen. »Kluge Köpfe reden über Ideen, normale über Geschehnisse, Dummköpfe über andere Leute.« Ist da nicht was dran?

Peggy Guggenheim

Peggy Guggenheim, die *Mistress of Modernism,* entstammt einer der reichsten Familien Amerikas. Ihr Familienname war ein Synonym für Reichtum, wie er es später für Kunst wurde. Vor dem Ersten Weltkrieg kontrollierten die Guggenheims 80 Prozent der Kupfer-, Silber- und Bleiminen weltweit. Sie hätte ihr Leben locker mit Partys und Shoppen verbringen können, doch statt einer Schwäche für Schuhe entwickelte diese Erbin eine Schwäche für Kunst.

Peggy Guggenheim wird als eine der wichtigsten Sammlerinnen moderner Kunst der ersten Hälfte des 20. Jahrhunderts in Erinnerung bleiben – und auch ein paar ihrer Affären werden in die Geschichte eingehen.

Zunächst versuchte Peggy Guggenheim, sich als Kunsthändlerin zu installieren, aber da sie nur Kunst mochte, die sich schlecht verkaufte, wurde sie Sammlerin und trennte sich nur bei größeren finanziellen Problemen von ihren Bildern. Während andere Sammler auf Nummer sicher gingen, kaufte sie mit einer Spontaneität und rücksichtslosen Leidenschaft, dass sie Kunst sämtlicher wichtigen modernen Richtungen ausstellen konnte. Sie kaufte Kunst, die ihr gefiel, und nicht als Geldanlage.

Lesen Sie ihre skandalösen Memoiren *Ich habe alles gelebt: die Memoiren der »Femme fatale« der Kunst.* Darin erfahren Sie ihre Geschichte aus ihrem Mund. Es war nicht nur blindes Draufgängertum – als sie starb, wurde ihre Sammlung auf 30 Millionen Dollar geschätzt.

Ihr Leben und ihre Zeit

Marguerite Guggenheim (die allerdings immer Peggy genannt wurde) wurde am 26. August 1898 in New York geboren. Ihre Mutter, Florette Seligman, kam aus einer der führenden Bankiersfamilien, und ihr Vater, Benjamin, gehörte zur Guggenheim-Dynastie. Als Fünfjährige wurde sie von dem damals schicken Franz von Lenbach gemalt. Als sie sieben war, wurde sie ins Bett geschickt, weil sie ausrief: »Papa, du musst eine Geliebte haben, weil du abends so oft weg bist!« Jeden Sommer nahm ihr Vater sie nach Europa mit, bis er 1912 beim Untergang der *Titanic* starb. (Er nahm die *Titanic,* weil er rechtzeitig zum Geburtstag seiner

Tochter Hazel kommen wollte – was Hazel ihr Leben lang zu schaffen machte.) Es heißt, bei dem Passagier, der seine Abendgarderobe anzog und beschloss, an Bord zu sterben, habe es sich um Mr. Guggenheim gehandelt. Peggy vergötterte den dekadenten Lebensstil ihres Vaters (für ihn bedeutete »sparen«, auf ein paar Diener oder einen Besuch bei Tiffany zu verzichten). Doch als er starb, erbten ihre Mutter und ihre beiden Schwestern jeweils nur 450 000 Dollar, eine spärliche Summe im Vergleich zum Vermögen ihrer Verwandten.

1916 wurde sie in die Gesellschaft eingeführt und zog in die Park Avenue, wo ihre Schönheit (und ihr Geld) die Verehrer in Scharen anzogen. Doch bekanntlich kann man sich das Glück nicht mit Geld kaufen. In ihren Memoiren unterschlug sie die frühen Jahre und bemerkte nur, ihre Kindheit sei ausgesprochen unglücklich gewesen und sie habe keine angenehmen Erinnerungen daran. Armes reiches Mädchen.

1919, als sie auf ihr Vermögen zugreifen konnte, entdeckte sie den Geschmack am einfachen Leben. Sie lernte Steno und arbeitete kurz bei einem Zahnarzt am Empfang. Wirklich aufregend aber fand sie die Buchhandlung ihrer Cousine, Sunwise Turn. Hier lernte sie eine neue Welt kennen – Bohemiens und eine bisexuelle Künstlerclique. Diese Extravaganz und dieser Exhibitionismus schienen perfekt dafür geeignet, ihr niedriges Selbstwertgefühl und die missglückte Nasenoperation zu verstecken. Sie hatte eine herrliche Zeit. Obwohl sie »eigentlich« verlobt war, hatte sie eine Affäre mit der Schriftstellerin Djuna Barnes. Das war zunächst aufregend, aber bald begann sie sich zu langweilen. Sie gab ihrem Verlobten den Laufpass und zog 1920 nach Paris.

1922 heiratete sie den Schriftsteller und dadaistischen Bildhauer Laurence Vail, den sie in ihren Memoiren »Florenz Dale« nennt. Sie liebte seine Armut wahrscheinlich genauso wie ihn. Obwohl sie ihn den »König der Boheme« nannte, war er eine Last und eine Nervensäge, und sie stritten ständig, wobei es auch zu Gewalt kam. Sie hatten zwei Kinder, Michael Cedric Sindbad und Pegeen, die Teil ihres Nomadenlebens wurden. Traurigerweise fiel es Peggy leichter, ihren Schoßhündchen Zuneigung zu zeigen als ihren Kindern.

Selbst inmitten ehelicher Turbulenzen war sie eine fantastische Gastgeberin. Auf ihren Partys trafen sich die kreativsten und brillantesten

Köpfe des Jahrhunderts. Man Ray fotografierte sie, und James Joyce, Truman Capote, Cecil Beaton, Brancusi, Marcel Duchamp, André Masson und Isadora Duncan gingen bei Peggy ein und aus. Vail ließ sich nach einer Affäre scheiden, was ihr aber nicht allzu viel Herzeleid bereitete, da sie selbst mehrere glamouröse Liebschaften hatte, darunter eine mit einem Mann, den sie Oblomov nannte (Samuel Beckett), und eine mit Douglas Garman, der auf dem Liebesbeweis bestand, dass sie der Kommunistischen Partei beitrat. Was sie tat, allerdings trat sie sofort wieder aus, kaum dass die Affäre zu Ende war. 1928 verliebte sie sich in den englischen Intellektuellen John Holms. Er war ihre große romantische Liebe, die jedoch mit seinem Tod 1934 tragisch endete.

1938 eröffnete sie ihre Galerie für moderne Kunst – Guggenheim Jeune – in London. Sie stellte Jean Cocteau aus und machte ihr Hobby zum Beruf. Sie begann ernsthaft abstrakte und surrealistische Kunst zu sammeln und wurde *die* Kunstsammlerin schlechthin. Während ihr Onkel – Solomon R. Guggenheim – in alte Meister investierte, hielt sie sich an das Neue und gab sich als Patronin des Surrealismus. Je unverkäuflicher die Arbeiten, umso versessener war sie darauf. Der Respekt und die Neugier der Kunstwelt wuchsen, als sie die unkommerziellsten Kunstwerke ihrer Generation kaufte und ihre Sammlung anschwoll.

Als sie sich in den Künstler Yves Tanguy verliebte, gab sie die Galerie in London auf. Sie stellte den Kritiker Herbert Read an und begann Pläne für ein Museum zu schmieden, die dann jedoch durch den Ausbruch des Zweiten Weltkriegs durchkreuzt wurden. Mrs. Guggenheim (wie sie sich gerne nennen ließ, obwohl dieser Name ja eigentlich auf ihre Mutter zutraf und sie laut Gesetz eine Mrs. Vail war) warf sich in diesen schweren Kriegszeiten in die Bresche und beschloss, »pro Tag ein Bild zu kaufen«, um die Stimmung hochzuhalten, den Künstlern zu helfen und ein paar Schnäppchen mitzunehmen.

Sie folgte Mr. Reads Rat und stellte eine Liste auf, die ihr Freund Duchamp überarbeitete und an die sie sich genau hielt:

10 Picassos
8 Miros
4 Magrittes

3 Man Rays
3 Dalís
1 Klee
1 Chagall

Eine etwas ungewöhnliche Einkaufsliste.

Dazu kamen die Cocteaus, Braques und die Ausstellung des britischen Surrealisten John Tunnard. Bei einem Künstler aber kannte ihre Begeisterung keine Grenzen mehr, nämlich bei dem deutsch-französischen Maler Max Ernst. Und die Begeisterung war gegenseitig, die beiden wurden ein Paar.

1941 näherten sich die Nazis Paris. Sie, ihr Exmann, ihre Kinder und eine fidele Gruppe von Künstlern mussten fliehen. Sie versuchte den Louvre dazu zu überreden, ihre Kunstwerke aufzunehmen, »aber sie waren der Meinung, meine Sammlung sei es nicht wert, gerettet zu werden«, also verschiffte sie alles als »Haushaltswaren« nach Amerika. Sie half auch vielen Künstlern, aus dem besetzten Europa zu entkommen, und versorgte sie mit Geld und Papieren.

In New York heirateten sie und Max Ernst schließlich, da sie »nicht in Sünde mit einem ›verfeindeten Ausländer‹ leben« wollte. Doch auch Ehe Nummer zwei war kein Glück beschieden, die beiden waren zu unterschiedlich. Sie war der Schmetterling, der auf Gesellschaften von einer Blume zur anderen flog, während er die Zurückgezogenheit und die Konzentration auf seine Kunst vorzog. Ironischerweise verließ er Peggy wegen einer der »31 Künstlerinnen«, die sie in ihrer neuen Galerie ausstellte – Art of this Century.

Doch auch die Scheidung 1946 tat Peggys Begeisterung für Ernsts Werke keinen Abbruch – sie besaß 40 Gemälde von ihm. Man kann nur hoffen, sie bekam Rabatt. Peggy, »die Kunstsammlerin«, genoss den Ruhm, neue Talente zu entdecken. Sie veranstaltete als Erste Ausstellungen für die Klangpoetin Ada Verdun Howell sowie die Künstler Robert Motherwell, William Baziotes, Clyfford Still, David Hare, Mark Rothko und Jackson Pollock. Schauen Sie sich Peggy in dem Film über einen ihrer großen Schützlinge an: *Pollock* (2000).

Nach dem Ende des Zweiten Weltkriegs kehrte sie nach Europa zurück und zog nach Venedig. »Ich habe diesen Ort immer mehr geliebt als jeden anderen Ort der Welt«, meinte sie. 1948 erwiderte die Biennale von Venedig das Kompliment und ehrte Peggy mit einem ganzen Pavillon für ihre Sammlung. Im Jahr darauf fand sie endlich am Canale Grande ein Heim für sich und ihre Kunst. Der Palazzo Venier dei Leoni – ein unvollendeter Palast aus dem 18. Jahrhundert – war perfekt. Der Keller, der Dienstbotentrakt und der Garten wurden in eine Galerie umgestaltet. Ihre Pollocks kamen in den Keller, einige Werke setzten Moos im Garten an, während Peggy in einem von Alexander Calder gestalteten Bett schlief.

Die Venezianer verehrten die extravagante, exzentrische Amerikanerin, die sich ihre Stadt als Heimat gewählt hatte, und nannten sie »die letzte Herzogin«.

In den 60er-Jahren hörte sie auf, Kunst zu kaufen, und konzentrierte sich darauf, die Kunstwerke zu präsentieren, die sie besaß. Sie verlieh ihre Schätze an Galerien in Europa und Amerika, darunter auch an »die Garage meines Onkels, dieses Frank-Lloyd-Wright-Ding in der Fifth Avenue« (das Guggenheim in New York). Schließlich hinterließ sie ihm ihre Sammlung unter der Bedingung, dass diese in Venedig bliebe. Die letzten Jahre verbrachte sie ruhig, sie fuhr in ihren Privatgondeln, ging den Touristen aus dem Weg und sah zu, wie ihre Galerie eine der größten Touristenattraktionen der Stadt wurde.

Am 23. Dezember 1979 starb sie in Padua. Ihre Asche wurde neben den Gräbern ihrer geliebten Hunde verstreut.

Was Peggy meinte

»Ich versuche Narren aus dem Weg zu gehen.«

»Wenn Venedig untergeht, sollte die Sammlung in der Nähe Venedigs aufbewahrt werden.«

»Man sagte mir ins Gesicht, moderne Kunst könne nur … von Juden geliebt werden.«

Wie man ein Sammler wird

Peggys privilegierte Herkunft war beim Sammeln von Kunst sicher ein Vorteil. Aber nehmen Sie sich – wenn Sie ein Auge oder eine Leidenschaft für Kunst haben – dennoch ein Beispiel an Peggy Guggenheim.

Lassen Sie sich von ihr oder einer Reise nach Venedig inspirieren und sammeln Sie Kunst.

Natürlich ist es eher unwahrscheinlich, dass Sie finanztechnisch in derselben Liga spielen, aber Sie können ja in einem von Ihnen gewählten Bereich sammeln – ob das nun Teekannen, Nylonhemden aus den 70er-Jahren, Bakelit-Telefone aus den 50er-Jahren, Bilder oder Fotos sind. Wenn genug Leidenschaft (und Speicherplatz) vorhanden ist, können Sie alles sammeln. Überlegen Sie sich neue Wege, die Dinge zu präsentieren, von denen Sie bereits eine kleine Sammlung besitzen. Schuhe müssen nicht in Schachteln unter dem Bett versteckt werden – sie sind auch ein fantastischer Blickfang im Bücherregal.

Arbeiten Sie an Ihrem Geschmack, lesen Sie über Ihr Thema und lernen Sie, worauf Sie ein Auge haben müssen und wo Sie hinmüssen: Wo sind die besten Flohmärkte? Die besten Künstlerstudios? Die neuen Galerien?

Und dann heißt es natürlich entscheiden, ob Sie Sammler oder Kurator werden. Sicher geht auch beides, aber klären wir erst mal den Unterschied.

Ein Sammler beschäftigt sich leidenschaftlich mit Kunst und besitzt Kunst. Sie haben Bilder zu Hause? Dann sind diese hoffentlich gerahmt – ein Rahmen schützt und steigert den Wert. Denn Kunst braucht Respekt. Mehr als fünf Kunstwerke gelten als Sammlung – irgendwo muss man anfangen.

Private Sammler sind in der Regel zurückhaltend. Manche verleihen die Werke anonym an Galerien, wenn sie sie gerade nicht selbst bewundern – aber man muss schon ein paar wirklich große Namen besitzen, um so diskret zu sein.

Drei Dinge sind für den privaten Sammler absolut wichtig:

1. Den ausgewählten Künstler (mit Geld wie Bewunderung) zu unterstützen.
2. Das Genie, für dessen Werk Sie soeben ein kleines Vermögen ausgegeben haben, groß zu machen. (Je mehr Sie andere an Ihrer Entdeckung teilhaben lassen, desto wertvoller wird diese.)
3. Ohne aufrichtige Begeisterung und Leidenschaft für die Kunst geht nichts. Kunst um der Kunst willen funktioniert nicht. Sie müssen überzeugt sein von dem, was Sie kaufen, und Gruppendruck und Snobismus widerstehen. Wenn Sie das gerahmte Foto einer Mango nicht mögen, dann behalten Sie Ihr Art-Deco-Poster. Mit Kunst ist es wie mit dem Essen oder der Liebe: Schauen Sie sich um, was es gibt, bevor Sie sich endgültig entscheiden.

Wie Sie anfangen zu sammeln und wen Sie sammeln, bleibt Ihnen überlassen. Vielleicht haben Sie das Glück, auf einen neuen Picasso zu stoßen – aber seien Sie vorsichtig, bevor Sie sich neben dem Werk auch in den Meister verlieben. Er behandelte die Frauen bei Weitem nicht so gut wie seine Kunst (lesen Sie mehr dazu unter »25. Oktober«, Seite 426). Es spricht nichts dagegen, dass Sie sich als Muse oder Mäzenin der Mona Lisa gleich auf die Leinwand bannen lassen, aber unter Geldanlagegesichtspunkten ist das Sammeln interessanter als das Modellstehen. Außerdem sind Genies nicht die einfachsten Partner. Hängen Sie sich das Bild an die Wand und nicht den Mühlstein um den Hals.

Besuchen Sie wichtige Kunstmessen wie Frieze, Miami und Basel und halten Sie überall auf der Welt Ausschau nach jungen Talenten. Das könnte Ihnen gefallen? Peggy würde dabei das ein oder andere Schnäppchen ergattern. Mit etwas Geduld, dem richtigen Dünger und genug Wasser wird schon was aus den Pflänzchen.

Sie suchen für Ihre Sammlung etwas mit Wert? Dann kommen Sie an Sotheby's oder einem der großen Auktionshäuser nicht vorbei. »Es geht nichts über einen alten Meister.« Auch Poster und Drucke, alte Zeitschriften, Illustrationen und Filmmemorabilia werden heiße Sammlerstücke. Die Chancen, auf einem Flohmarkt oder bei eBay auf einen da Vinci oder Picasso zu stoßen, sind gering, aber die Hoffnung stirbt bekanntlich zuletzt.

Die Aufgabe eines Kurators besteht darin, eine Ausstellung zu organisieren und die Gruppe oder die Sammlung auf die Beine zu stellen – also zu organisieren. Er sorgt dafür, dass die Schau optimal präsentiert wird, schreibt eine faszinierende Einleitung zum Katalog, entscheidet, wer und was wohin kommt, und nimmt die Komplimente bei der Vernissage entgegen.

14. Oktober

Winnie-the Pooh alias *Pu der Bär* von A.A. Milne wurde 1926 veröffentlicht. Alan Alexander Milne wurde von seinem Freund, Lehrer und Mentor (und einem weiteren Star mit zwei Initialen vor dem Namen) H.G. Wells ermutigt, Schriftsteller zu werden.

Das Buch verdankt seine Entstehung Milnes Sohn Christopher Robin und ihrem Ausflug in den Londoner Zoo – wo sie zum ersten Mal den Bär Winnie sahen, das Vorbild für den »Bären von sehr geringem Verstand«.

Die Buchreihe hat sich millionenfach verkauft und, wie Milne schrieb: »Aber wohin sie auch gehen und was ihnen auf dem Weg dorthin auch passieren mag: An jenem verzauberten Ort ganz oben in der Mitte des Waldes wird ein kleiner Junge sein, und sein Bär wird bei ihm sein, und die beiden werden spielen.«

16. Oktober

»Kopf ab« hieß es für Marie-Antoinette, die Königin von Frankreich, die 1793 auf dem Höhepunkt der Französischen Revolution guillotiniert wurde. Sie interessieren sich für ihren Look (natürlich mit Kopf)? Probieren Sie doch die selbst gemachte Gesichtsmaske Ihrer Majestät. Sie soll das Geheimnis hinter ihrer Schönheit gewesen sein, und die Pariserinnen schwören noch heute darauf. Dann brauchen Sie sich auch nicht ständig hinter einer venezianischen Maske zu verstecken …

Maries Gesichtsmaske

Zutaten:
  1 Ei
  Zitronensaft
  4 Teelöffel Magermilchpulver
  1 Teelöffel Zaubernuss

Zubereitung:
Geben Sie die genannten Zutaten in einen Mixer und mixen Sie, was das Zeug hält. Aber ja, das geht auch mit einem Schneebesen oder einer Gabel, aber überlegen Sie doch – je schneller die Maske aufs Gesicht kommt, desto schneller kann sie ihre Magie entfalten. Auf Gesicht, Hals und Dekolleté auftragen, zurücklegen und sich von jemandem mit Trauben oder anderen königlichen Köstlichkeiten füttern lassen. Nach 15 Minuten – oder wenn sich die Maske trocken anfühlt – abwaschen und die Fruchtfleischreste der Zitrone als Cleanser verwenden. (In anderen Worten: Klatschen Sie sich nicht den ganzen Brei aufs Gesicht, sondern heben Sie sich etwas davon für später auf.) Abwaschen, trocken tupfen und Feuchtigkeitscreme auftragen. Lang lebe die Königin.

17. Oktober

1979 erhält Mutter Teresa den Friedensnobelpreis, während 1918 Rita Hayworth geboren wird – die Schauspielerin, Tänzerin und »Liebesgöttin« der 40er-Jahre.

Hayworth, oder Margarita Carmen Cansino, war ebenfalls eine Künstlerin, deren Karriere im Kreis der Familie auf einer Vaudeville-Bühne begann. Als sie ihre Kurven und ihren Hüftschwung entwickelte, wurde sie für den Film entdeckt und verwandelte sich von Rita Cansino in Rita Hayworth. (Hayworth war der Mädchenname ihrer Mutter.) Sie war das Heißeste, was Hollywood zu bieten hatte. Mit einem Foto im *Life*-Magazin, das sie im Negligé auf einem Bett kniend zeigt, wurde sie das beliebteste Pin-up-Girl des Krieges. Es zahlt sich wirklich aus, wenn man mit den Fotografen kann.

Im wirklichen Leben war Rita Hayworth fünfmal verheiratet, darunter auch mit dem Regisseur Orson Welles. In Wirklichkeit war sie schüchtern und selbstkritisch. »Jeder Mann, den ich kannte, ging mit *Gilda* ins Bett und wachte mit mir auf«, meinte sie.

20. Oktober

1973 wird das von dem dänischen Architekten Jørn Utzon entworfene Sydney Opera House von Queen Elizabeth II. eröffnet. 1968 heiratet die ehemalige First Lady Jacqueline Kennedy den griechischen Schiffsmagnaten Aristoteles Onassis. Lesen Sie ab Seite 458 mehr über sie oder laden Sie sich eine Oper mit Maria Callas herunter – zu Ehren des Opera House und des gebrochenen Herzens der Diva, die nie Mrs. Onassis werden sollte.

24. Oktober

1929 erlebt die Wall Street einen Börsencrash. 1969, 40 Jahre später, war Richard Burton bestimmt knapp bei Kasse, als er seiner Frau, Elizabeth Taylor, einen Diamantring mit 69,42 Karat gekauft hatte. Für über eine Million Dollar war das, egal welche Maßstäbe man anlegt, ein sehr teurer Liebesbeweis. Lesen Sie auf Seite 439 nach, wie man sich einen Diamanten aussucht.

1964 feierte *My Fair Lady* Premiere. Doch die Verwandlung in die *Fair Lady* war in Wirklichkeit weniger das Werk von Professor Higgins als von Cecil Beaton, der 1964 den Oscar für die Kostüme einheimste, den ersten Oscar hatte er 1958 für die Kostüme bei *Gigi* erhalten.

Cecil Beaton, der am 14. Januar 1904 geboren wurde, war der Lieblingsfotograf der Society. Ob es sich um die Krönung der Queen 1953 handelte oder Marilyn Monroe, fotografieren sollte nur er. Beaton fing diese Ära in seinen Fotos ein, und seine Kostümentwürfe machten aus manchem Star eine *Fair Lady* – Audrey Hepburn machten sie unsterblich. Cecil Beaton erklärte übrigens, er sei sowohl der Geliebte Greta Garbos gewesen (bevor sie die Einsamkeit vorzog) als auch des »Super Duper« Gary Cooper – was wahrscheinlicher ist.

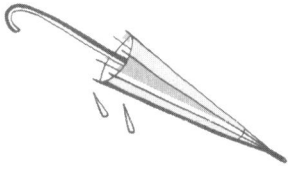

25. Oktober

1881 wurde Pablo Picasso geboren. Jeder Kunstsammler und eigentlich jeder Mensch, der ein Quäntchen Verstand sein Eigen nennt, sollte den Namen des produktivsten (zumindest nach dem *Guinness Buch der Rekorde*) und innovativsten Künstlers des letzten Jahrhunderts kennen.

Der spanische Maler und Bildhauer wurde als Pablo (Diego José Francisco de Paula Juan Nepomuceno de los Remedios Cipriano de la Santisima Trinidad Ruiz y) Picasso geboren! Jede Menge Namen, aber seine Werke waren noch zahlreicher: 100 000 Drucke, 14 500 Gemälde, 34 000 Buchillustrationen, 300 Skulpturen.

Es gibt die Geschichte von dem Mann, der es wagte, Picasso ins Gesicht zu sagen, seine Kunst sei »unrealistisch«. Picasso bat ihn daraufhin, ihm realistische Kunst zu zeigen. Der Mann zog ein Foto seiner Frau aus der Tasche. Picasso bemerkte: »Dann ist Ihre Frau sechs Zentimeter groß, zweidimensional, ohne Arme und Beine und bis auf diese Grauschattierungen farblos?« Die Antwort des Mannes ist nicht bekannt. Umrunden Sie eine von Picassos Skulpturen oder schauen Sie sich an, wie seine kubistischen Werke von der Leinwand zu springen scheinen.

Picasso und seine Frauen

Picasso wurde in Malaga, Spanien, geboren. Sein Vater war Künstler, und es war schnell klar, dass der junge Picasso sein Talent geerbt hatte (oder seinen Vater übertraf). Er verbrachte seine Jugend zwischen Barcelona und Paris, um Anregungen zu sammeln.

So ein bahnbrechender Künstler Picasso auch war, was Frauen anging, war er ein Albtraum – ein herzenbrechender Rockstar, bevor es diese gab. Doch die Damen umschwärmten ihn wie die Motten das Licht. Die erste Beziehung war die zu Fernande Olivier, die er wegen Marcelle Humbert (die Eva aus seinen Bildern) verließ. Die

Geliebten wechselten einander bis 1918 ab, als er die Ballerina Olga Koklowa heiratete. Die Ehe war nicht von Dauer, denn auf der Suche nach Inspiration blieb sein Auge 1927 an Marie-Thérèse Walter hängen. Er trennte sich von der Koklowa, blieb aber vor dem Gesetz bis zu ihrem Tod 1955 mit ihr verheiratet, weil er keine seiner Arbeiten in einer Scheidung verlieren wollte. Walter selbst wurde zugunsten der Fotografin und Malerin Dora Maar fallen gelassen. Diese Beziehung hielt bis 1944, als er die Kunststudentin Françoise Gilot kennenlernte – nicht dass eine dieser Beziehungen von seiner Sicht aus ausschließlich gewesen wäre – er war schließlich Picasso.

Wundersamerweise litt seine künstlerische Produktivität nicht unter dieser Betthüpferei. Seine Musen inspirierten ihn eher. So berühmt und talentiert dieser Mann war, er war bestimmt nicht der ideale Schwiegersohn.

1953 tat Gilot, mit der er zwei Kinder – Claude und Paloma – hatte, das Undenkbare und verließ ihn. Sie hatte genug von seinen Seitensprüngen und seinem Verhalten. Ein Schicksalsschlag. Eine Demütigung für den großen Picasso, mit der er nicht gerechnet hatte. Doch keine Bange – er fand bald Trost in den Armen anderer Frauen, die er alsbald auf die Leinwand bannte. Jacqueline Roque und Picasso heirateten 1961. Allerdings heiratete Picasso weniger, weil er Jacqueline Roque so sehr liebte, sondern weil er Gilot einen Stich versetzen wollte, der er immer angedeutet hatte, er wolle sie heiraten.

Picasso starb am 8. April 1973 und ließ neben seinem populärsten Werk auch manch andere *Weinende Frau* zurück.

»Bei der Kunst geht es nicht um die Anwendung eines Schönheitskanons, sondern darum, was der Instinkt und das Gehirn über jeden Kanon hinaus erfahren können. Wenn wir eine Frau lieben, fangen wir nicht an, ihre Gliedmaßen zu messen«, sagte er – und darüber wusste er mit Sicherheit Bescheid.

»Verschieben Sie nur das auf morgen, was bei Ihrem Tod unerledigt bleiben darf.«

»Ich sage nicht alles, aber ich male alles.«

Das Musée National Picasso in Paris, das Museo Picasso in Malaga und das Museu Picasso in Barcelona sind die drei Museen, in denen sein Werk ständig ausgestellt wird. Besuchen Sie mindestens eines davon.

Oder schauen Sie sich den Film aus dem Jahr 1996 über ihn an: *Mein Mann Picasso,* in dem Anthony Hopkins Picasso spielt und der die Geschichte aus der Sicht von Françoise Gilot erzählt. Oder tragen Sie heute einen kräftigen roten Lippenstift *à la Paloma,* seiner Tochter.

Mit dem Oktober endet auch der Sommer, und die Uhren werden eine Stunde zurückgestellt.

28. Oktober

Entworfen von dem französischen Bildhauer Frédéric Auguste Bartholdi und ausgeführt von Gustave Eiffel, wurde die Freiheitsstatue 1886 an diesem Tag offiziell an New York übergeben. Die Herstellung hatte zehn Jahre gedauert. Das Geschenk Frankreichs an Amerika sollte 100 Jahre amerikanische Unabhängigkeit feiern und Freiheit und Demokratie verkörpern.

Wer dafür Modell stand, ist nicht sicher – es gibt die Vermutung, es könne die Witwe Isaac Singers gewesen sein (des Nähmaschinen-Singers), Isabella Eugenie Boyer, auch die Mutter des Architekten, Charlotte Bartholdi, wird genannt und seine Geliebte, Jeanne-Émilie Baheux de Puysieux. Wer immer es war, auf alle Fälle symbolisiert sie die Freiheit.

Die Freiheitsstatue ist 46,5 Meter hoch und steht auf einem ebenso hohen Sockel. Sie kam im Juni 1885 in 350 Einzelteilen im Hafen von New York an – ganz schönes Übergepäck. Sie ist wie eine römische Göttin in eine *palla* gekleidet – eine feminine Form von Toga und Mantel – und bräuchte 3350 Quadratmeter Stoff, wollte sie sich umziehen. Es dauerte 20 Jahre, bis sie ihren grünlichen Teint hatte. Sie begann als schwarze Schönheit und wurde dann kupfern, bevor sie ihre jetzige Gesichtsfarbe bekam.

Versuchen Sie die Stufen hinaufzuklettern, umsegeln Sie sie oder feiern Sie wenigstens Ihre ganz persönliche Unabhängigkeit und das, wofür sie mit ihrer Fackel steht: »Liberty Enlightening the World.« Was haben Sie in letzter Zeit für die Menschenrechte getan? Heute ist der Tag, um auf die Website von *www.amnesty.de* zu gehen, auf die Seite von *www.internationalpen.org.uk,* wo Autoren für die Redefreiheit eintreten, oder von *www.globalcool.org,* wo es darum geht, wie man den Kohlendioxidausstoß vermindert, damit die Welt sich weiter dreht. Denken Sie darüber nach, was Freiheit bedeutet, und versuchen Sie, Ihr Scherflein dazu beizutragen.

31. Oktober

1795 wird der englische Dichter John Keats geboren. 1902 wird das erste Telegrafenkabel auf dem Grund des Pazifischen Ozeans fertig verlegt – zwei großartige Entschuldigungen dafür, sich mitzuteilen. Anbetrachts des Datums verriegeln Sie ja vielleicht lieber die Tür.

Über die Kunst, Halloween zu feiern

Die Tradition, Halloween zu feiern, reicht bis in das fünfte Jahrhundert zurück. Die irischen Kelten nahmen damit offiziell Abschied vom Sommer. Man glaubte, an diesem Abend kämen die Geister aller Verstorbenen des vergangenen Jahres zurück, um von einer Seele für ein Jahr Besitz zu ergreifen. Die Lebenden waren nicht sonderlich scharf darauf, ihre Seele zu teilen, und besessen wollten sie auch nicht sein, also begannen sie, sich selbst als Untote und Geister zu verkleiden, um die echten Geister mit Kürbissen zu vertreiben. Die Römer übernahmen diesen Brauch und fügten noch ein paar Spiele hinzu, zum Beispiel Äpfel mit den Zähnen aus einem Kübel Wasser zu fischen. Dieser Brauch bezieht sich auf Pomona, die römische Göttin der Früchte und Bäume, deren Fest im Oktober gefeiert wurde. Im neunten Jahrhundert kam »Trick or Treat« dazu, aber warum diesen Klischees nachgeben? Heute wäre die perfekte Gelegenheit, ein rauschendes Maskenfest zu feiern.

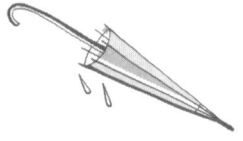

 *Fußnote*

Plateauschuhe

Sie haben das Gefühl, nicht auf Augenhöhe zu sein, oder fürchten, nasse Füße zu bekommen? Dann ist das der richtige Schuh für Sie. Der Plateauschuh ist seit der Antike der unbesungene Held der zierlichen Diven und die perfekte Lösung, um ein paar Zentimeter dazuzuschummeln. Im alten Griechenland trugen ihn wichtige Personen, die ihre Anhänger überragen wollten. Später trugen in Venedig die Kurtisanen aus guten Familien Plateauschuhe. Die venezianischen Ehemänner befürworteten diese Chopines oder Stelzschuhe, wie sie auch genannt wurden. Damit sahen ihre Frauen gut aus und waren in ihrer Bewegungsfreiheit gehindert, was ihnen ihrer Meinung nach manchen Kummer ersparte. Allerdings lösten diese Schuhe auch den einen oder anderen Ehekrach aus, wenn die Damen sich weigerten, auf diesen Stelzen herumzulaufen. Später wurden sie verboten, weil man sie verdächtigte, Fehlgeburten auszulösen.

Erst in den 30er-Jahren feierten die dicken Sohlen ihr Comeback. In den Fünfzigern waren die Plateauschuhe das perfekte Schuhwerk zum New Look (Aber was ist das gegen Ferragamos Plateauregenbogensandale von 1938?). Sie sorgten für Überblick in den haarsträubenden Siebzigern und für bequeme Zehenfreiheit in der Disco. Ihr Abgang kam erst in den 80er-Jahren, als Schulterpolster und Pfennigabsätze die Waffen der Frauen wurden. Doch das tragbare Podest (Marke Buffalo) feierte in den frühen 90er-Jahren mit den Spice Girls sein Comeback.

Plateauschuhe bleiben so lange en vogue wie lange Beine. Aber aufgepasst, verlängern Sie Ihre Beine nicht zu sehr, sogar Supermodels straucheln – so wie Naomi Campbell, die in ihren himmelhohen (20 Zentimeter) Vivienne-Westwood-Kreationen 1994 auf den Laufsteg knallte. Glücklicherweise hatte sie genug Stoff um die Hüften, so dass sie weich fiel, und war so klug, über ihren Sturz zu lachen.

431

November

»Geld zu haben ist ein bisschen wie blond zu sein.
Man hat mehr Spaß, aber es geht auch ohne.«
Mary Quant

Diane von Fürstenberg aus New York

Ich liebe NY wegen seiner Energie! Es ist auf Granit gebaut, und das spürt man. NY ist wunderbar, um hier zu leben. Es hat so viel zu bieten und ist dabei gar nicht so groß ... man kann alles finden, alles sehen, jeden kennenlernen. Alle kommen hierher, um einen Traum zu verwirklichen ... die Geschäftsleute, Künstler, Schriftsteller ... ich liebe die Spontanität und die Tatsache, dass hier alles möglich ist.

Als ich NY 1969 zum ersten Mal besuchte, verliebte ich mich in die Stadt. Mir war sofort klar, dass ich hier herziehen wollte, was ich dann als junge Braut auch tat. Vor sieben Jahren zog ich ins West Village, und das war eine Offenbarung ... ich bewege mich dort kaum raus, aber ich entdecke ständig neue Dinge über New York und verliebe mich jeden Tag aufs Neue. Es gibt so viele verschiedene Viertel, so viel Leben ... Man kann sich hier verlaufen.

Was ich ganz besonders liebe, ist der Moment, wenn ich am Montagmorgen von Connecticut in die Stadt fahre. Ich fahre auf den West Side Highway und den Hudson entlang – die Tatsache, dass Manhattan eine Insel ist, umgeben von Wasser, macht es zu etwas Besonderem und so friedlich und befreiend. Ich gehe auch am liebsten am Hudson spazieren ... hier ist es ruhig und doch nie langweilig. Man sieht die Freiheitsstatue und kann die Meerluft atmen.

Für mich bedeutet NY Arbeit, deshalb bin ich hier. Aber zu einem perfekten Tag in NY gehört, dass man alles zu Fuß läuft, die Museen besucht und am Abend ins Theater geht. Und dazwischen natürlich hervorragend isst.

Mein Lieblingsrestaurant ist das Pastis, aber ich mag auch das Waverly Inn, das meinem guten Freund Graydon Carter gehört. Es liegt an der Bank Street im West Village, ein bezauberndes, gemütliches Lokal, und das Essen ist ausgezeichnet! Wenn ihr Lust auf ein großartiges Deli habt, müsst ihr in den Osten zu Katz's Deli.

435

In NY zu shoppen ist eine Erfahrung. Ich liebe Scoop wegen ihrer T-Shirts und Pullis, aber meistens kaufe ich in meinem Laden in der 14th Street. Wer Vintage sucht, kommt am Resurrection nicht vorbei.

Zu einem Besuch in New York gehört natürlich auch, dass man in einem der besten Hotels übernachtet ... Meine Lieblingshotels sind das elegante Carlyle Hotel, das Gramercy Park Hotel und das hippe Mercer.

Einmal wöchentlich schaue ich bei Tracie Martyn und ihren elektrischen Gesichtsmasken vorbei. Für mich ist sie mit Abstand die Beste ... Wenn ihr Zeit habt, dann probiert es aus, der Besuch lohnt sich.

Wenn Ihr nur 24 Stunden in NY habt, dann lauft durch die Straßen ... lauft quer durch Manhattan und schaut euch die Museen an.

Liebe Grüße, Diane

1. November

Nach all den Geistern und Kobolden von Halloween kommt nun der Tag, an dem alle Heiligen gefeiert werden – Allerheiligen. Auf dem Kontinent steht heute auch der Gräbergang an.

Selbst wenn Sie nicht mit dem Abdruck von Draculas Zähnen am Hals oder einem Kürbis neben dem Bett aufwachen, die schwarze Katze und der Besen sind nach einer Nacht des Tanzes mit dem Teufel erschöpft – also leisten Sie Wiedergutmachung und tun Sie Gutes. Sie müssen es ja nicht übertreiben – die Gesamtüberholung kommt bei den Neujahrsvorsätzen. Auch kleine Dinge wie anderen die Tür aufhalten, einen Platz im Bus anbieten oder den Müll auch ohne Aufforderung hinaustragen lassen Ihren Heiligenschein wieder blitzen.

2. November

1960 erhielt Penguin endgültig die Erlaubnis, D. H. Lawrences' Roman *Lady Chatterley* zu veröffentlichen – und das 30 Jahre nach dem Tod des Autors. Der Roman mit den Sexszenen und eindeutigen Ausdrücken galt ursprünglich als obszön, und Lawrences' Verleger mussten vor Gericht ziehen, bevor sie die Geschichte über Lady Chatterleys Affäre mit ihrem Gärtner veröffentlichen durften. Der Roman kam am 10. November in die Läden und wurde in braunen Papiertüten verkauft. Die erste Auflage von 200 000 Kopien war am ersten Tag ausverkauft. Wie so oft war die verbotene Frucht die verführerischste – wissen wir das nicht seit Adam und Eva?

Dieser Tag ist auch der Geburtstag von Marie-Antoinette, die 1755 das Licht der Welt erblickte. Diese französische Königin ist berühmt wegen ihres Glamours und ihres Sinns für Mode, aber auch für ihre beklagenswerte Extravaganz. Einer der vielen Skandale, die man ihr nachsagte, war die Halsbandaffäre des Jahres 1786.

Dass die Monarchie unter Ludwig XVI. beim Volk unbeliebt war, ist milde ausgedrückt. Man schmiedete ein Komplott, um den Thron in Verruf zu bringen, und wenn Marie-Antoinette dabei schlecht wegkam, umso besser. Die berechnende Comtesse de La Motte suchte heimlich den wichtigen und in Ungnade gefallenen Cardinal de Rohan auf und schlug ihm einen Plan mit dem Ziel seiner Rückkehr an den Hof vor. Der Kardinal war ganz Ohr. Ein besonders wertvolles Geschenk wie ein Diamanthalsband sei doch eine Möglichkeit, wieder Gnade zu finden, meinte die Comtesse, und sie hätte da auch eins gesehen. Ein paar gefälschte Briefe der Königin und ein nächtliches Gespräch in einem Hain (wohl eher mit einer Liebesdienerin als mit Ihrer Majestät), und schon war Seine Eminenz überzeugt, dass die Sache mit dem Halsband eine Superidee sei. Er verhandelte mit den Juwelieren, denn der Preis

437

für die Diamanten war offensichtlich nicht zu hoch, wenn er dafür wieder die Gunst des Königs gewann. Als der Kardinal jedoch die erste Rate nicht bezahlte, liefen die Juweliere schnurstracks zum König, der von dem Halsband nichts wusste, und der Plan flog auf. Statt die leidige Geschichte auf sich beruhen zu lassen, schließlich war nichts Schlimmes geschehen, dachte Ludwig XVI., er könne sie zu PR-Zwecken ausbeuten.

Er ließ den Einfaltspinsel von Kardinal festnehmen und foltern, bevor er ihn verbannte, obwohl er unschuldig war. Währenddessen glaubten seine Untertanen jedoch die Geschichte von der gierigen Königin, die einen Mann Gottes dazu brachte, sie mit Juwelen zu überhäufen. Die Comtesse hatte gute Arbeit geleistet. Von wegen, man habe als unschuldig zu gelten, bis die Schuld bewiesen ist. Die Comtesse wurde verhaftet, ausgepeitscht und gebrandmarkt – aber sie hatte Beziehungen und konnte nach England entkommen, wo sie ihre skandalträchtigen Memoiren veröffentlichte, in denen die Königin nicht gut wegkam.

Diamanten, so heißt es, sind die »Tränen der Götter« und sollen magische Kräfte besitzen. Sie schmückten lange Könige und Königinnen – und dienten als Liebeszauber.

Urkunden aus dem Jahr 1074 berichten von der mit ungeschliffenen Diamanten verzierten Krone einer ungarischen Königin, im 13. Jahrhundert war das die Mode in England und Frankreich. 1477 schenkte Erzherzog Maximilian von Österreich seiner zukünftigen Braut Maria von Burgund einen Diamantring, womit die Tradition des Verlobungsrings geboren war. Einen Ring am Ringfinger der linken Hand zu tragen geht zurück auf die Ägypter, die glaubten, die *Vena Amoris* – die Liebesvene – führe vom Herzen direkt zur Spitze dieses Fingers. Und so wurde dieser Ring zum unzerstörbaren Zeichen der Liebe.

Im 16. Jahrhundert ritzten Verliebte gerne ihre Liebesschwüre mit einem Diamantring in Fensterscheiben. Solche Diamantschäden sind in dem *très cher, mais très chic* Restaurant Lapérouse in Paris zu besichtigen.

1766 kaufte Monsieur Lefèvre, einer der Schankwirte König Ludwigs XV., ein altes Haus an der Seine und nannte es nach dem berühmten Navigator La Pérouse. 1850 war das Lapérouse *der* Ort für das gehobene literarische, politische und galante Paris. Zu den Stammkunden gehörten Alexandre Dumas, George Sand, Alfred de Musset, Victor Hugo, Émile Zola und Gustave Flaubert. Auf den Spiegeln in den früheren Salons sind noch heute die Kratzer zu sehen. Denn seit Jahrhunderten prüften die Kurtisanen die Diamanten, die ihnen ihre Liebhaber schenkten, indem sie damit über Spiegel fuhren. Ein echter Diamant hielt stand.

Die Promis lieben dieses Restaurant, weil sie abseits der Öffentlichkeit in privaten Séparées speisen können. Schauen Sie auf die Website, wenn Sie reservieren möchten, aber rechnen Sie mit königlichen Preisen: *www.restaurantlaperouse.com.*

Wie man den richtigen Diamanten auswählt

Wir können nicht alle solche Expertinnen auf diesem Gebiet sein wie Elizabeth Taylor, aber wie reagieren Sie, wenn ein Juwelier Ihnen ein Samtkissen unter die Nase hält und Ihnen verspricht, es handle sich um einen blauweißen Diamanten? Ist das gut, schlecht oder einfach nur Quatsch? Nun, mit diesem Begriff wird sehr viel Missbrauch getrieben, und meist sollen Sie damit überrumpelt werden. Der Begriff bezieht sich darauf, wie fluoreszierendes und natürliches Licht sowie UV-Strahlen auf den Stein reagieren. Grundsätzlich gilt, wenn ein Stein milchig oder ölig aussieht, drückt das den Preis. Behalten Sie Ihr Geld und verzichten Sie auf den Stein, Sie wollen schließlich nicht ein Beleuchtungsteam mit sich herumschleppen, um Ihren Diamanten zum Funkeln zu bringen.

Beim Diamantenkauf kommt es auf die vier C an: Cut (Schliff), Clarity (Reinheit), Colour (Farbe) und Carat (Gewicht).

Die müssen stimmen, bevor Sie zuschlagen. Halten Sie Ausschau nach Kratzern, Einschlüssen oder Unreinheiten und lesen Sie das Zertifikat durch, um sicherzugehen, dass Sie auf das richtige Pferd setzen.

»Diamonds are a girl's best friend.« Marilyn Monroe wusste, dass ein Diamantring mehr Bestand haben kann als ein Mann. Leider.

Die vier C

Beim Schliff (Cut) unterscheidet man Brillant, Princess, Navette, Smaragdform, Radiant, Kissenschliff, Tropfenform, Ovalform, Herzform, Trillantschliff … Marcel Tolkowsky erfand 1919 den Brillantschliff, und seither hat sich die Schlifftechnik rasant weiterentwickelt, was die Diamanten umso mehr funkeln lässt, je mehr Facetten das Licht zurückwerfen.

Runder Brillant Der einfachste und beliebteste Schliff – und der klassische Schliff, der den Stein brillieren lässt.

Princess Ein moderner Klassiker mit klaren Linien und viel Glanz. Er wurde in den Siebzigern entwickelt und kombiniert Smaragdschliff und dreieckige Facetten.

Navette (Marquise) Königlich und facettiert mit zwei Spitzen, lässt den Finger länger wirken.

Smaragdschliff Der Diamant wird als längliches Achteck geschliffen, eine der klassischen und klarsten Schliffformen.

Radiant Eine rechteckige Kombination aus dem klassischen Smaragdschliff und dem funkelnden Brillantschliff.

Kissenschliff Eine ungewöhnliche Form und eine gute Alternative zu dem ovalen oder dem Princess-Schliff. Dieser Schliff ist relativ selten und basiert auf einem alten Vorbild.

Tropfenform Eine wunderschöne und feminine Form mit einem abgerundeten und einem verjüngten Ende – perfekt für Anhänger und Ohrringe.

Ovalform Kommt dem runden Brillantschliff am nächsten. Er kombiniert den Glanz und das Feuer des Rundschliffs mit der schmeichelnden, länglichen Form. Perfekt, wenn Sie eine extravagante Form und zugleich das Funkeln des Brillantschliffs möchten.

Herzform Natürlich die romantischste Form und bis auf die Einkerbung am abgerundeten Ende der Tropfenform sehr ähnlich. Der Schliff und die Fassung erfordern große Kunstfertigkeit, damit das Herz auch Feuer versprüht.

Trillantschliff Ein dramatischer und aufsehenerregender Schliff aus den 70er-Jahren, der sich vom Radiantschliff durch die dreieckige Form, den Treppenschliff und die Facetten unterscheidet.

Die Reinheit (Clarity) eines Diamanten hängt davon ab, wie tief er aus der Erde gegraben wurde. Schließlich sind nur 20 Prozent der gefundenen Diamanten gut genug für Klunker. Wer möchte schon einen Diamanten mit allzu vielen Rissen, Einschlüssen und Unreinheiten – und wenn der Diamant ein Spiegelbild der Beziehung ist, sollten sie vielleicht beides upgraden.

Auch die Farbe (Colour) beeinflusst den Wert eines Diamanten. Es geht immer um das Licht, meine Liebe. Lassen Sie sich das Objekt der Begierde stets bei Tageslicht zeigen. Rosa und blaue Farbtöne (denken Sie an den Hope-Diamanten) sind gut und machen den Stein teurer, während gelbliche und bräunliche Töne wertmindernd sind. Selbst wenn Sie auf Klares und Klassisches stehen, bei Diamanten ist es ein bisschen wie bei der Wandfarbe: So etwas wie »einfach weiß« gibt es nicht. Schauen Sie, was Ihnen – und Ihrem Geldbeutel – entspricht.

Und vergessen Sie nicht die Erbstücke, da können wahre Schätze drunter sein – nicht nur in sentimentaler Hinsicht. Also werfen Sie einen Blick in die Schachtel, bevor Sie sie Ihrem Zukünftigen vor die Füße schleudern. Lesen Sie ab Seite 447 »Wie man Schätze findet« nach.

Mit Karat (Carat) ist das Gewicht gemeint. (Ein Karat ist ein Fünftel-gramm.) Je mehr Karat, desto größer der Klunker, aber Sie sollten das Ding noch heben können. Der Koh-i-Noor (Berg von Licht) bleibt einer der berühmtesten Diamanten der Welt. Er wog 191 Karat. Als Queen Victoria ihn bekam, ließ sie ihn auf praktischere 108,93 Karat zurechtschleifen und trug ihn als Brosche.

Tiffany: Eine kurze Geschichte

Tiffany wurde 1837 von Charles Lewis Tiffany und John B. Young gegründet (und hieß ursprünglich auch »Tiffany and Young«). 1853 war Charles Tiffany Alleineigentümer. Man nannte ihn den »Diamantenkönig«, und er machte diesem Titel alle Ehre, als er 1887 die französischen Kronjuwelen kaufte.

Aber es war Mr. Walter Hoving, ein in Schweden geborener ameri-kanischer Geschäftsmann, der Tiffany während seiner Zeit als Herr des Hauses (1955 bis 1980) zum Inbegriff des Chic machte. Hoving beauftragte die Designer Jean Schlumberger, Angela Cummings, Elsa Peretti und Paloma Picasso sowie Gene Moore mit der Schau-fenstergestaltung. Dabei sagte er: »Machen Sie es so, wie Sie es für schön halten, und machen Sie sich keine Gedanken übers Verkau-fen. Das ist unser Job.« Was für ein Chef.

Mit seiner kompromisslosen Einstellung steigerte Mr. Hoving die Verkäufe von 7 Millionen Dollar 1955 auf 100 Millionen Dollar 1980. Seine Regeln lauteten:

Keine Diamanten für Männer
Kein Tafelsilber
Kein Kundenkredit für unangenehme Kunden
Kein Tesafilm

Ordentliche Arbeit war das A und O, und die Einkäufe mussten in dem für Tiffany typischen Eierschalenblau und mit einem weißen Satinband eingepackt werden.

Mr. Hoving legte nicht nur in seinen Läden Wert auf Perfektion, er war auch pingelig, was die Umgangsformen anging. Neben seinem Bestseller *Your Career in Business* schrieb er *Tiffany's Table Manners for Teenagers,* zu dem ihn die entsetzlichen Tischmanieren seines Enkelsohns anregten.

  **Lesefutter**

Frühstück bei Tiffany
von Truman Capote

Warum
Okay, jeder weiß, dass Capotes Buch durch den gleichnamigen Film mit Audrey Hepburn unsterblich gemacht wurde. Aber wie bei Candace Bushnells *Sex and the City* erzählt der Film nicht die ganze Geschichte. Es lohnt sich, beide Bücher zu lesen.

Wer
Truman Capote wurde als Truman Streckfus Persons 1924 in New Orleans, Louisiana, geboren. Mit seinen knappen 1,60 Metern, seiner hohen Stimme, dem Lispeln, seiner Vorliebe für avantgardistische Kleidung und Klatsch war er in jeder Hinsicht auffällig. Dazu kam, dass er keinen Hehl aus seiner Homosexualität machte, und das in einer Zeit, als Schwule noch schief angesehen wurden. Er war ein einsames Kind und brachte sich selbst Lesen und Schreiben bei, bevor er in die Schule kam. Mit zehn Jahren gewann er mit seiner ersten Kurzgeschichte, *Old Mr. Busybody,* einen Schreibwettbewerb.

1933 zog er nach New York zu seiner Mutter und deren zweitem Mann, Joseph Capote, dessen Namen er annahm. 1945 veröffentlichte das Magazin *Mademoiselle* seine Erzählung *Miriam,* die ihm den O. Henry Award und einen beträchtlichen Vorschuss für seinen nächsten Roman einbrachte, das halbautobiografische *Andere Stimmen, andere Räume.* Für die Figur Isabel war seine Freundin, die Autorin Harper Lee,

das Vorbild – sie erwiderte das Kompliment und gestaltete die Figur des Dill Harris in ihrem Bestseller *Wer die Nachtigall stört* nach ihm. Das Foto, das Harold Halma für den Umschlag von *Andere Stimmen, andere Räume* von Capote schoss, ließ erahnen, was für eine große Persönlichkeit hier die Bühne betrat. Capote hatte es geschafft. Er liebte es, mit den Stars rumzuhängen, und er liebte das Name-Dropping und den Small Talk. Das Leben war einfach *fabelhaft.*

1958 veröffentlichte er die Erzählung *Frühstück bei Tiffany (Breakfast at Tiffany's)* als Titelgeschichte einer Sammlung von Kurzgeschichten. Doch als *Tiffany's* 1961 auf die Leinwand kam, war auf einen Schlag alles anders. Zwar hatte Capote protestiert und die Produzenten bedrängt, er sei entsetzt von der Besetzung (er hatte sich Marilyn Monroe für die Hauptrolle gewünscht) und den Änderungen im Drehbuch, aber das Ergebnis und der Ruhm versöhnten ihn. Nun war er ein internationaler Star.

Capotes nächstes Projekt führte ihn weg von Diamanten und in den Todestrakt. In *Kaltblütig* verfolgte er den Prozess, der damals ganz Amerika fesselte: die Verurteilung der Männer, welche die Familie Clutter ermordet hatten. Capote war ganz besessen von diesem Buch und von einem der Täter. Dies war auch das Thema des Films *Capote,* der 2005 den Oscar gewann. Obwohl Sie auch den mit Stars gespickten Film *Kaltes Blut – Auf den Spuren von Truman Capote* (2007) sehen sollten, der sich auf mehrere Aspekte seines fabelhaften Lebens konzentriert. Schauen Sie sich doch heute den einen und an seinem Geburtstag den anderen an.

Capote machte sich auch einen Namen als legendärer Partygeher – wie Partygeber. Sein *Black and White Masked Ball* am 28. November 1966 für die Herausgeberin der *Washington Post,* Katherine Graham, ging als die Party in die Geschichte ein, auf der jeder gerne gewesen wäre.

Leider wurde Capote, je älter er wurde, auch immer abhängiger vom Alkohol. Und seine Liebhaber wurden immer schrecklicher. Es heißt, er sei eine bissige Karikatur seiner selbst geworden. In den Achtzigern hatte er ein kurzes Comeback und schrieb Features für Andy Warhols Zeitschrift *Interview,* starb jedoch 1984 mit 59 Jahren im Haus der Exfrau Johnny Carsons, des Erfinders der Late Night Show.

Die Story

Sie meinen, Sie kennen die Geschichte von Holly Golightly? Sie irren sich.

Zunächst ist das Original eine Blondine mit einer Stupsnase, aber keine Sorge, den Chic hat auch das Original.

In Capotes Erzählung hat es Miss Golightly mit einer weitaus härteren Wirklichkeit zu tun als ihre Verkörperung auf der Leinwand. Sie würden gerne wissen, wie sie wurde, was sie ist? Lesen Sie das Buch, darin wird ihrer Vergangenheit mehr Platz eingeräumt, und auch über die zwielichtigen Figuren und ihre Traurigkeit, die sie so gerne in einem Meer aus Champagner ertränken würde, erfährt man mehr. Sosehr sie mit ihrer quirligen Lebendigkeit auch die Partyszene durcheinanderwirbelt, weiß sie dennoch, dass sie die meiste Zeit mit Blendern abhängt. War dies ein Spiegelbild von Capotes eigener Welt? Golightly lädt Millionäre und Gangster zu ihren Partys ein, die das Gegenteil von langweilig sind, aber sie weiß nie wirklich, wer was ist. Sie vergisst auch immer ihren Schlüssel – sehr zum Ärger ihrer Nachbarn und zur heimlichen Freude des schüchternen, namenlosen Schriftstellers, der im selben Haus wohnt wie sie. Der Junge ist hingerissen von Golightly – fasziniert von ihrer Verrücktheit –, und auch sie will sich mit ihm anfreunden – oder ihn zumindest adoptieren, wenn sie nicht gerade Gäste hat. Vorausgesetzt, sie darf ihn Fred nennen, wie ihren Bruder.

»Fred« ist hoffnungslos in sie verliebt, aber Miss Golightly ist zu sehr damit beschäftigt, vor der Wirklichkeit zu flüchten und sich mit schönen Menschen und Dingen zu umgeben, als dass sie es bemerken würde. Tatsächlich findet unsere Heldin nur in der Fifth Avenue bei Tiffany und in der Bibliothek Frieden.

Lesen Sie das Buch, vergleichen Sie Capotes Golightly mit der Audrey Hepburns und prüfen Sie, mit welcher Sie sich mehr identifizieren können.

Der Abend

Wie könnten Sie auch nur ansatzweise mit Holly Golightly oder Truman Capote mithalten? Bei dieser Soiree sollten High Heels und das kleine Schwarze Pflicht sein. Reichen Sie Canapés oder laden Sie ins heißes-

te neue Restaurant – eins, das so chic ist, dass es für Miss Golightly in Betracht käme.

Alternative Bücher über Amerika:
Wer die Nachtigall stört von Harper Lee
Betty und ihre Schwestern von Louisa M. Alcott
Jenseits von Eden von John Steinbeck
Zeit der Unschuld von Edith Wharton
Catch 22 von Joseph Heller
Der Fänger im Roggen von J. D. Salinger

4. November

1922 entdeckt der englische Archäologe Howard Carter den Eingang zu König Tutenchamuns Grab in Luxor.

1905 hatte Carter nach einem Streit beim Egypt Exploration Fund, der Ägyptischen Altertümerverwaltung, gekündigt und selbst zu forschen begonnen. Zwei Jahre später wurde der unabhängige Archäologe und Abenteurer Lord Carnarvon vorgestellt, einem begeisterten Amateur, der sich bereit erklärte, Carters Expedition zu finanzieren, falls er im Gegenzug von dem Ruhm abbekomme und vielleicht ein paar Tage an der Grabungsstelle mitmachen dürfe, wenn er mit seiner Tochter in der Gegend sei.

Die Vereinbarung lief bereits 15 Jahre und der Geldgeber begann verständlicherweise etwas ungeduldig zu werden, als sich der erhoffte Ruhm nicht einstellte. Doch dann stieß Carter im Tal der Könige gerade noch rechtzeitig buchstäblich auf Gold. Der Fund war besser, als die beiden es zu hoffen gewagt hatten. Das Grab des

Tutenchamun stellte sich als eines der am besten erhaltenen ägyptischen Königsgräber heraus.

Nach der anfänglichen Euphorie dauerte es ein paar Wochen, bis sie sich in die innere Grabkammer vorgetastet hatten. Alles war wunderbar intakt, und der einzige Schnitzer passierte, als Carter die Mumie des Königs auswickelte und dabei der Schädel Seiner Majestät auf den Boden purzelte und brach. Natürlich fürchteten einige, nun könne sich die alte ägyptische Prophezeiung erfüllen, dass ein König, dessen Totenruhe gestört wird, sich an dem dafür Verantwortlichen rächt. Trotz dieser Drohung lebte Carter reich und berühmt, bis er 46 wurde, also noch ganze zwölf Jahre. Er borgte sich sogar den Spruch von König Tutenchamuns Lotusblütenkelch, den die Engländer so poetisch »wishing cup« nennen, als Grabinschrift:

Möge dein Geist leben,
Mögest du Millionen an Jahren verbringen,
Du, der du Theben liebst,
Du, der du dein Angesicht dem Nordwind zuwendest
und dessen Augen die Glückseligkeit schauen.

Wie man Schätze findet

Dazu müssen Sie nicht im alten Ägypten suchen. Alles, was ein paar Jahre alt ist, gilt als »Vintage«, und auch wenn das etwas willkürlich ist, klingt es zugegeben wesentlich besser als »Secondhand«.

Was dieses einzigartige, begehrenswerte, megatolle Fundstück, das sämtliche Freundinnen vor Neid erblassen lässt, wert ist, lässt sich nicht so einfach bestimmen. Mit einem ergatterten Sammlerstück kann man zeigen, dass man einen Blick hat, Geschmack und das nötige Know-how – ein Hattrick in Sachen Stil sozusagen. Wichtig bei diesen Vintage-Teilen ist vor allem, dass Sie sie anziehen und Spaß daran haben statt Verdruss. Wenn Sie sich in einem Kleidungsstück nicht wohlfühlen, lassen Sie es und suchen Sie weiter. Es kommt nicht auf das Label an, der Look muss zu Ihnen passen. Sie müssen darin atmen, sich bewegen, reden, lachen und essen können, ohne Angst haben zu müssen, das Korsett zu sprengen oder sich an einem der Haken zu verletzen.

Stöbern Sie in Billigläden, wenn Sie kurz Zeit haben, gehen Sie regelmäßig auf Flohmärkte, auch wenn Sie nicht jedes Mal etwas finden. Das Tolle an Vintage ist, dass ein individueller Look auch dann möglich ist, wenn man keine angehende Modedesignerin, Kunststudentin, »Muse« oder Heldin der Nähmaschine oder Klebepistole ist. Vintage ist eine einfache und – wenn Sie clever sind – billige Methode, um nicht jemandem mit demselben kleinen Schwarzen, derselben Jacke oder demselben Rock über den Weg zu laufen. (Bei Jeans und T-Shirts ist das egal.) Warum das Risiko eingehen, dass es bei den anderen besser aussieht? Fröstel.

Vintage = anders = individuell = kein Vergleich möglich. Vergessen Sie die nächste Saison, finden Sie heraus, was *Ihre* Saison ist.

Die besten Tipps und Tricks für die Suche

An manchen Tagen läuft's gut, an anderen regiert der Frust. Aber immerhin reden wir hier von Shopping-Tagen, nicht von Jahren Sandbuddeln in der Ödnis, wie der arme Howard Carter sie ertragen musste. Es wird Tage geben, an denen Sie mit einer Teekanne und Netzstrümpfen nach Hause gehen, obwohl Sie nach einem T-Shirt und einem Nerzmantel suchten (keinem echten, versteht sich). An anderen kommen Sie mit einem breiten Grinsen und einem neuen Look nach Hause, den die Stadt noch nicht gesehen hat.

Aber lassen Sie die Kirche im Dorf: Natürlich sollten Sie jeden Stein umdrehen, aber nur, weil etwas alt ist, muss es noch lange nicht wertvoll sein. Sie würden schließlich auch keinen benutzten Teebeutel kaufen. Suchen Sie auf Märkten, Flohmärkten und in

Secondhand-Läden. Besuchen Sie neue Märkte – in Ihrer Stadt oder im Urlaub. Welche Märkte entsprechen Ihnen, Ihrem Geschmack und Ihrem Geldbeutel? Und vergessen Sie nicht, immer genug Bargeld dabeizuhaben, denn hier kommen Sie nicht weit mit Plastikkarten. Hier herrschen noch andere Zeiten. Suchen Sie nach etwas aus den Zwanzigern und Art Deco oder etwas aus den Sechzigern, von Courrèges? Biba, Ossie Clark, YSL und Dior sind natürlich immer heiße Label. Nehmen Sie bei den modernen Labels die, von denen Sie glauben, dass sie nicht sofort Schnee von gestern sind – bei McQueen, Galliano, Alaïa und Westwood versteht sich das von selbst.

Fassen Sie das bitte nicht als Aufforderung auf, zum Labeljunkie zu werden. Ein hübsches Kleid aus den 20er-Jahren ohne Label ist genauso ein Hingucker. Sie können ja so tun, als sei es ein echter Poiret (und das Wechselgeld behalten). Wenn es kaputtgeht, zucken Sie einfach die Schultern. Der Preis Ihres Fundstücks hängt davon ab, wie schön es ist, welches Label, in welchem Zustand es sich befindet, und vor allem davon, wie der Verkäufer aufgelegt ist – und wie verrückt er ist. Dann heißt es überlegen, ob Sie das gute Stück tragen oder nur bewundern wollen. Und ob es das ist, wonach Sie heute suchten. Prüfen Sie, bevor Sie zwei Monatsmieten ausgeben, ob dieser Sonnenschirm noch in Ordnung ist, ob Sie wirklich noch ein Brautkleid brauchen und was Sie mit diesen Schuhen wollen, bei denen die Schnalle ab und der Absatz hin ist. Wie viel wollen Sie ausgeben, und was macht Sie *jetzt* glücklich?

Noch mehr Tipps? Blättern Sie in Funmi Odulates *Shopping for Vintage: The Definitive Guide to Vintage Fashion*. Gibt's leider nicht auf Deutsch, enthält aber sämtliche Webseiten, Läden, Märkte und Marken, die Vintage-Jägerinnen kennen sollten, und verrät Ihnen, was Sie besser für sich behalten.

Über die Kunst, in Vintage-Läden fündig zu werden

Von Lulu Guinness, Accessoiredesignerin

Ich habe Vintage schon immer geliebt, einfach weil ich gerne anders aussehe und mich auch lieber anders fühle als die anderen. In New York gibt es einen Laden für Vintage, den ich ganz besonders mag. Er heißt Legacy und ist wunderbar eklektisch. Er gehört zwei Mädels, Rita Brookoff und Joanna Baum. Die Adresse in New York: 109 Thompson Street; und im Net: *www.legacy-nyc.com.*

Ich habe schon immer Vintage gesammelt, aus den verschiedensten Gründen, und diesen Laden liebe ich aus drei Gründen – es gibt dort tolle Vintage-Sachen, es gibt dazwischen auch neue Designer, die am Beginn ihrer Karriere stehen und zu dem Laden passen, und es gibt diese fantastischen Nachdrucke von alten Seidenkreppmustern. Das sind unglaublich schmeichelhafte Kleider … ich hab inzwischen schon neun davon, Marinelook, mit Tupfen, Blumen- und abstraktem Muster … in jeder nur denkbaren Kombination. Ich trage sie so oft, dass mich die Leute schon fragen, ob sie von mir sind. Ich wünschte, ich hätte sie entworfen! Was mir an Legacy so gefällt, ist diese feminine Note; selbst die modernen Sachen haben diesen Vintage-Charme mit ausgefransten Säumen und Häkchen und so weiter. Man *kann* vielleicht gute Vintage-Stücke finden, wenn man sucht, vor allem außerhalb von New York – Legacy hat wenig richtig teuere Sachen wie gute Jackie-O-Jacken und Kostüme, die aus einem Film stammen könnten. Aber man findet immer etwas, also ich zumindest. Vor allem findet man Dinge, die einzigartig und besonders sind, und das gerade ist ja der Reiz von Vintage.

Deshalb begann ich, mich für Vintage zu interessieren – weil ich anders sein wollte. Und das hat mittlerweile mein ganzes Leben infiziert, von der Eieruhr über die Kochtöpfe bis zu meiner Kleidung. *Alles* muss einzigartig sein, und ich liebe es, Dinge aus verschiedenen Epochen zu mischen. Weshalb ich aber noch lange kein Vintage-Snob bin – dafür fehlt mir das Geld! Ich finde, wenn man etwas kauft, sollte man es auch benutzen und genießen, dafür ist es schließlich da. Es ist nicht schlimm, wenn das Schiaparelli-Stück nicht in einem Superzustand ist. Na und, es hat etwas erlebt, und das soll es bei Ihnen auch.

Ich sammle Kleidung oder Schmuck nicht um ihrer selbst willen, das wäre zu simpel. Alles, was ich kaufe, trage ich oder benutze ich. Ich kaufe spontan, nicht systematisch. Nur Puderdosen sammle ich – einfach aus dem Grund, weil das, als ich damit anfing, niemand sonst tat. Und auch hier spielt es für mich keine Rolle, ob es eine Kopie von Miriam Haskell oder sonst wem ist – deshalb sieht es genauso aus und hat genauso diesen antiquierten Charme, auf den ich stehe.

Wenn ich in London bin, habe ich eigentlich nie Zeit zu shoppen. Entweder bin ich bei meiner Familie oder ich arbeite. In New York dagegen kann ich mich umsehen, bei Bergdorf Goodman durch den fünften Stock schlendern und mir Sachen der jungen Designer ansehen oder unerkannt auf den diversen Flohmärkten auf Schnäppchenjagd gehen – und dabei fällt auch noch die ein oder andere Anregung ab. Ich mag es, wenn mich niemand kennt – als Stammkunde überwiegen oft die Nachteile, weil alle zu wissen glauben, was man sucht und was man zu zahlen bereit ist. Schauen Sie sich um und bleiben Sie für Überraschungen offen – was »wertvoll« ist, hängt vom Standpunkt des Käufers ab, nicht vom Preisschild.

Ich mag Skurriles wie Praktisches – ich habe mal Taschen entworfen, bei denen es vor allem darum ging, darin eine Zigarettenschachtel unterzubringen. Heute geht es um das Handy! Ohne abgehoben klingen zu wollen, die Idee mit der Blumenhandtasche kam mir, als ich darüber nachdachte, wie ich immer eine Blume bei mir haben könnte – die erste Tasche, die ich entwarf, war sogar eine Aktentasche für Mädels. Ich arbeitete damals für eine Filmfirma, und die Tasche hatte verschiedene Fächer, alles superpraktisch und außen schwarz, innen aber war sie aufs Frivolste rot oder lila gefüttert. Was ich mit meinen Puderdosen mache? Früher habe ich sie auf meiner Kommode aufgereiht, heute habe ich einen Tisch mit einer Glasplatte, unter der sich meine Sammlung befindet. So kann ich meine Puderdosen jederzeit bewundern, und die Dosen sind sicher. In einem Haus mit Kindern und Hunden muss man praktisch sein!

Über die Kunst, die Perlen schimmern zu lassen

Perlen liebt jede Frau, von Coco Chanel bis Lulu Guinness. Und immer wieder findet man Perlen auf Flohmärkten. Ein perfekter Hauch von Bourgeoisie für Ihren Secondhand-Look – Verzeihung: Ihre Vintage-Schätze.

Perlen sind empfindlich – wie Sie. Legen Sie die Perlen erst an, nachdem Sie das letzte Parfüm versprüht und die Cremes und Lotions aufgetragen haben. Chemie raubt den Perlen ihren Glanz. Polieren Sie die Seelchen mit einem Seidentuch und bewahren Sie sie in ihrer Box auf – umso besser, wenn diese mit Samt ausgekleidet ist. Und lassen Sie sie nie, nie, nie auf dem Heizkörper oder – noch schlimmer – dem Fernseher liegen. Das schockt die kleinen Herzchen und am nächsten Morgen sind sie stumpf und braun. So wenig die Perlen Parfüm mögen, sosehr lieben sie es, auf der Haut getragen zu werden. Die Hautöle sind die perfekte Feuchtigkeitspflege für Perlenschmuck. Und sie wollen flach gelagert werden – aber das ist Ihnen ohnehin lieber, wer will schon, dass die Kette sich ausdehnt oder reißt? Profis empfehlen, die kleinen Lieblinge einmal im Jahr auf einem Seidenfaden neu auffädeln zu lassen. Die perfekte altmodische Alternative zu all diesen Klunkern.

7. November

1867 wird Marie Curie geboren. Gemeinsam mit ihrem Mann, Pierre Curie, betrat sie Neuland und erforschte die Radioaktivität. Sie war nicht nur die erste Frau, die einen Nobelpreis erhielt, sie erhielt sogar zwei davon.

9. November

1989 fiel die Berliner Mauer. Reißen Sie heute eine Mauer nieder oder – mal ganz was anderes – hören Sie sich David Hasselhoff an. Warum das? Nun, als die 156 Kilometer lange Mauer fiel, die Deutschlands Hauptstadt in einen Ost- und einen Westteil trennte und so ein Symbol für die Teilung Europas während des Kalten Kriegs war, veröffentlichte zeitgleich der amerikanische Schauspieler, der mit seinen Rollen in *Knight Rider* und *Baywatch* bekannt wurde, in Deutschland die Single »Looking for Freedom«. Mr. Hasselhoffs Hit wurde die Hymne der Mauerstürmer, und Silvester 1989 trat er damit sogar in Berlin an der Mauer auf.

12. November

1840 wird der französische Bildhauer Auguste Rodin geboren. Von ihm stammen *Der Denker,* 1880, und *Der Kuss,* 1890.

Rodin wurde Bildhauer, nachdem ihn die berühmte Pariser *École des Beaux Arts* mehrmals abgelehnt hatte. Doch als seine Schwester starb, war Rodin derart traumatisiert, dass er beinahe seine Kunst aufgegeben hätte, um in einen Orden einzutreten. Doch dann lernte er die Näherin Rose Beuret kennen. Sie wurde seine Lebensgefährtin und ermutigte ihn, sich ganz der Bildhauerei zu widmen. Wie so viele »Kreative« hatte Rodin ein turbulentes Privatleben, unter anderem hatte er eine Affäre mit der Bildhauerin Camille Claudel – der Schwester des bekannten französischen Dichters und Diplomaten Paul Claudel. Allerdings waren diese Turbulenzen, wie bei Picasso, seiner Kunst eher förderlich. Die Affäre mit Camille Claudel soll ihn zum Beispiel zu seinem berühmten *Kuss* inspiriert haben.

16. November

1959 hat das Musical *The Sound of Music* Premiere am Broadway. Die Filmversion (deutsch: *Meine Lieder, meine Träume*) war erst im März 1965 auf der Leinwand zu sehen.

Erstellen Sie eine Liste mit den Dingen, die Sie lieben (»Regentropfen auf Rosen und die Schnurrhaare kleiner Kätzchen« ... Ohne Limit bei Tiffany shoppen ...).

Wie man Motten das Leben schwermacht

Sie wollen nicht wie ein Bettler aussehen? Machen Sie sich kundig, wie Sie sich und Ihr Erbe vor Motten schützen können.

Motten sind wie Mäuse und anderes Getier, über das man nicht gerne spricht – sie sind keine Einzeltäter. Falls Sie Ihren Schrank öffnen und in einem Ihrer Lieblingsstücke ein Loch entdecken, dann fackeln Sie nicht lange, sondern erklären Sie den Biestern den Krieg, bevor noch weitere Designerstücke angeknabbert werden.

Unglücklicherweise haben auch Motten einen Appetit auf Mode – sie lieben Vuitton wie Dior und je edler der Kaschmir, die Baumwolle oder die Chenille, desto lieber hauen sie ihre kleinen Mottenzähnchen ins Gewebe. Das ist unfair, schließlich haben sie keinen Cent für die guten Stücke ausgegeben, und Sie würden ja auch nicht fremder Leute Pullis anknabbern, aber das Leben ist nun mal nicht fair.

In der ersten Panik bringt man gerne alles in die Reinigung, holt den Kammerjäger und steckt alles in Plastiktüten, aber letztlich kommt man mit Raffinesse weiter. Mottenkugeln, Mottensprays und Lavendelsäckchen sind schön und gut, doch Sie müssen putzen und staubsaugen und alles an Eiern entfernen, um die Horden nicht weiter anschwellen zu lassen. Wenn Sie auf einen angeknabberten Pulli stoßen, dann heißt es Schublade oder Schrankteil ausräumen, sauber machen und nach weiteren Schäden Ausschau halten. Und wenn es ganz schlimm ist und kein heißes Waschen, kein Dampfbügeln und kein Stopfen mehr hilft, müssen Sie sich einfach damit abfinden: Das gute Stück ist in die Himmelsboutique gekommen. Dass Motten sich nur an natürlichen Fasern gütlich tun, gehört zu den unauslöschlichen Mythen. Motten lieben dieselben Labels wie Sie. Nicht das Licht zieht sie an, sondern der Schmuddelkram. Also haben Sie ein Auge darauf, dass es nicht zu schlimm wird mit dem Chaos im Schrank.

Bewahren Sie die Kleidungsstücke ordentlich auf, die Sie in dieser Jahreszeit nicht brauchen. Bringen Sie sie in die Reinigung oder waschen Sie sie vor dem Wegräumen. Räumen Sie die Taschen aus, bürsten Sie sie ab, auch unter den Krägen und Stulpen, und stecken Sie alles in luftdichte Behälter.

Sie haben Dielenböden? Dann heißt es besonders aufpassen. Vielleicht sollten Sie im Notfall alles zweimal jährlich desinfizieren. Oder, wenn's zum Äußersten kommt, wie Linda Evangelista in Zedernholzschränke investieren. (Das wirkt bei Motten ähnlich fatal wie Kryptonit bei Superman.)

Gott sei Dank stehen die Monster nicht auf Manolos.

18. November

1976 stirbt der amerikanische Künstler und Fotograf Man Ray, der Paris als Heimat wählte, mit 86 Jahren. Der Bohemien meinte: »Dada kann in New York nicht leben«, weshalb Man Ray nach Paris zog. Hier bildete er, gemeinsam mit Duchamp, Max Ernst und Kiki de Montparnasse (Alice Prin), seinem Model und seiner Muse, die

Speerspitze der Künstlerszene. Kiki war die meiste Zeit der 20er-Jahre Man Rays Partnerin und Model in einigen seiner berühmtesten Fotobilder und Experimentalfilme. Doch 1929 fand er eine neue Muse und begann eine Liebesaffäre mit der surrealistischen Fotografin Lee Miller. Wie wär's heute mit einer Pose ihm zu Ehren?

19. November

1942 wird Calvin Klein geboren. Lassen Sie heute nichts zwischen Sie und Ihre Calvins kommen, während Sie in Obsession oder Eternity schwelgen, um den Mann zu feiern, der Brooke Shields, Kate Moss, Christy Turlington, Natalia Vodianova und viele andere durch seine weltweiten Kampagnen groß machte.

20. November

1914 wird Emilio Pucci als Marchese di Barsento in Neapel geboren. Sie haben seinen Namen vielleicht schon gehört – und seine psychedelischen Muster haben Sie bestimmt schon gesehen –, aber wahrscheinlich kennen Sie die Geschichte nicht, wie er zur Mode kam. Manchmal ist das Schicksal eben nicht zu schlagen.

Der Marchese war ein wohlhabender Aristokrat und Diplomat mit einem Hochschulabschluss in Politikwissenschaft. Der ideale Junggeselle und dazu auch heterosexuell! – und, ja, er genoss es. Er war der prototypische Latin Lover. Aber er liebte nicht nur die Frauen, er liebte auch das Skifahren. 1934 war er Mitglied des italienischen Olympiateams. Als stilbewusster Romeo bestand er darauf, das Outfit der Mannschaft zu entwerfen, und seine Skianzüge waren tatsächlich derart umwerfend, dass ein Après-Ski-Schnappschuss einer Freundin, die seine Jacke trug, in der Zeitschrift *Harper's Bazaar* auftauchte. Darauf wurde er mit Anfragen bestürmt – die Mädels wollten sich aber nicht mit ihm treffen, sie wollten seine Jacke. Dabei hatte er sie seiner Freundin nur geliehen, weil sie fröstelte. Welch ein Gentleman. Emilio Pucci wurde nun der Erste in seiner Familie seit über tausend Jahren, der arbeitete. Wie modern. Seine bunten Farbwirbel und seine Sportkleidung setzten sich schnell durch, ein Modeimperium war geboren. Als er 1949 einen Laden in Capri eröffnete, eroberten seine Caprihosen die Welt im Sturm.

Emilio Pucci starb 1992, und sein Sohn übernahm die Geschäftsführung. Als er aber 2000 bei einem Autounfall ums Leben kam, verkaufte seine Schwester die Firma an LVMH, und Julio Espada nahm die Designer-Zügel in die Hand. 2002 wurde Christian Lacroix Chefdesigner und seit Neuestem ist der britische Designer Matthew Williamson verantwortlich für die Boho-Marke. Greifen Sie heute zu großen Mustern und wilden Farben, wenn Sie das Haus verlassen.

22. November

1963 wird der 35. amerikanische Präsident der Vereinigten Staaten, John F. Kennedy, ermordet. Schauen Sie sich Kevin Costner in Oliver Stones Film *JFK* (1991) an oder lesen Sie weiter.

Jacqueline Kennedy Onassis

Ruhm war ihr nicht wichtig, und dennoch war Jacqueline Kennedy eine Zeit lang die einflussreichste und meistfotografierte Frau der Welt. Ihre Lebensgeschichte liest sich wie eine Tragödie Shakespeares, doch die Würde und Haltung, die sie dabei an den Tag legte, nötigte jedem Respekt ab. Sie war eine wichtige Figur in der amerikanischen Politik, eine Journalistin, die als First Lady zur Kultfigur wurde – vor allem aber war sie mit Leib und Seele Mutter. Sie entstammte einer privilegierten Familie und heiratete einen umwerfend gut aussehenden Präsidenten. Was blieb da noch zu wünschen übrig? Doch der Reichtum garantierte weder ihr Glück noch schützte er sie vor dem, was da kommen sollte. Ihr Liebesleben ist so was von traurig? Und Ihre Familie treibt Sie auf die Palme? Hören Sie auf, sich deshalb den Kopf zu zerbrechen, atmen Sie tief durch und bewahren Sie Haltung. Entschlossenheit und Hingabe – das ist Ihre Devise. Nehmen Sie sich Jacqueline Kennedy zum Vorbild.

Ihr Leben und ihre Zeit

Jacqueline Lee Bouvier wurde am 28. Juli 1929 in Southampton, New York, als die älteste der beiden Töchter John »Black Jack« Vernou Bouviers III. und Janet Norton Lees geboren. Sie war halb irischer Herkunft und wurde katholisch erzogen. Ihr Vater war Börsenhändler und galt als Frauenheld und Spieler, was 1942 zu einer bitteren Scheidung führte. Im selben Jahr noch heiratete ihre Mutter den wohlhabenden Hugh D. Auchincloss Jr. Doch so viel Kummer ihr ihr Vater bereitete, Jackie liebte ihren Daddy und hatte ja auch später durchaus eine Vorliebe für Filous. Vielleicht können Sie aus ihrer Geschichte etwas lernen.

1947 begann Jacqueline (was sie der Kurzform Jackie vorzog) ihre Collegeausbildung in Vassar, New York. Sie wurde die »Debütantin des Jahres«. Anschließend studierte sie in Paris an der Sorbonne, um mit einem Abschluss in französischer Literatur an die George Washington University in Washington D. C. zurückzukehren. 1951 war sie bei dem Schreibwettbewerb »Prix de Paris« der *Vogue* Finalistin. Für ihren ersten Job bei der *Washington Times* musste sie unter anderem den feschen jungen Senator aus Massachusetts, John F. Kennedy, interviewen. Der Charme der Kennedys war legendär – doch hier traf er seinesgleichen. JFK machte ihr, während sie in England war, um von der Krönung Elizabeths II. zu berichten, am Telefon einen Heiratsantrag. Ihre Hochzeit am 12. September 1953 in Newport, Rhode Island, war die Hochzeit des Jahres. Die einzige Wolke am Horizont war, dass ihr Vater zu spät nüchtern wurde, so dass ihr Stiefvater einspringen und sie zum Altar führen musste.

Durch die Ehe mit JFK gehörte sie zum respekteinflößenden Kennedyclan. John Fitzgerald Kennedy, der in seiner Familie nur »Jack« genannt wurde, war das zweitälteste von Rose und Joseph Kennedys neun Kindern. Diese Generation der Kennedys sollte eine der berühmtesten Politikerfamilien Amerikas werden. Ihr neuer Schwiegervater erkannte sofort, welches PR-Potenzial in ihr steckte. Sie wurde ihre Geheimwaffe im Kampf um die Herzen und Köpfe der Amerikaner.

Die Anforderungen dieser Ehe und der politischen Ambitionen ihres Mannes bedeuteten, dass Jackie ihre eigenen Hoffnungen auf eine Schriftstellerkarriere hintanstellen musste. 1960 schlug der Demokrat JFK Richard Nixon bei der Präsidentschaftswahl, wenn auch sehr knapp, und wurde der 35. Präsident der Vereinigten Staaten von Amerika.

Passend zwischen Wahlkampf und der Amtseinführungszeremonie brachte sie am 25. November 1960 ihren Sohn John Jr. zur Welt. Drei Jahre zuvor, am 27. November 1957, war ihre Tochter Caroline geboren worden. Ihre erste Tochter, Arabella, war leider tot zur Welt gekommen. Als First Lady machte Jackie sich daran, das Weiße Hause zu einem Heim für ihre junge Familie umzugestalten und die Nation zu bezaubern. Sie erklärte, sie sei »zuerst Frau und Mutter, dann erst First Lady«. Mit ihrem Blick für Stil leitete sie die Renovierung des Weißen Hauses, eine ihrer bleibenden und stolzesten Leistungen.

Da sie ständig im Rampenlicht stand, machte sie sich natürlich Gedanken um ihre Kleidung. Der Modeschöpfer Oleg Cassini (der ehemalige Verlobte von Grace Kelly) erhielt den Auftrag, sich um ihre Garderobe zu kümmern. Sie war sich klar darüber, dass sie stilprägend war, wollte aber auch nicht zu sehr als oberflächlich wahrgenommen werden. Die besten Designer kamen zwar aus Europa, doch Jackie war entschlossen,

459

den amerikanischen Traum zu verkörpern und einheimische Talente zu fördern ... solange die Stücke, die sie trug, einzigartig waren. »Ich möchte nur Originale«, erklärte sie Cassini, vor allem sollten »keine kleinen fetten Frauen in denselben Kleidern herumhüpfen«.

Nach außen wirkten die Kennedys wie die perfekte Familie, und dank ihr waren sie das auch (fast). Am 14. Februar 1962 führte Mrs. Kennedy die CBS – und Amerika – durch das Weiße Haus, um zu zeigen, was sie getan hatte. Auf die Frage, was denn ihre Rolle sei, antwortete sie mit ihrer typischen Bescheidenheit: »Ich kümmere mich um den Präsidenten.« (Was für eine Aufgabe.) Von ihr stammt auch der berühmte Satz: »Wenn man die Erziehung seines Kindes vermasselt, dann ist doch nichts mehr wichtig, was man sonst macht.« Die Wahrung des äußeren Scheins erforderte ein ordentliches Maß an Willenskraft. Die Rückenprobleme JFKs wurden vor der Welt und den Kindern verborgen und auch die bedauerliche Tatsache, dass JFK ein Frauenheld war wie Jackies Vater, blieb unter Verschluss. Während die Welt ihren Zusammenhalt bewunderte, sah sie über seine Affären – unter anderem mit Marilyn Monroe, Kim Novak, Jayne Mansfield, Angie Dickinson und einer Reihe Sekretärinnen – hinweg.

Bei Staatsbesuchen war häufig Jackie die Hauptattraktion – sie sprach fließend französisch, spanisch und italienisch. Am meisten war Frankreich von ihr beeindruckt: Sie hatte nicht nur in Paris studiert, sie war auch sehr stolz auf ihre französischen Vorfahren. Ihr Ehemann bemerkte: »Ich bin der Mann, der Jacqueline Kennedy nach Paris begleitete, und ich habe es genossen.«

1963 war unübersehbar, welche Anstrengung es kostete, den Mythos aufrechtzuerhalten. Als im August ihr Sohn Patrick Bouvier Kennedy geboren wurde und starb, versteckte sie sich vor der Öffentlichkeit. Die Trauer war zu groß, und wahrscheinlich kam dazu noch eine postnatale Depression. Andererseits keimte auch Hoffnung auf – so nahe war sie ihrem Mann schon lange nicht mehr gewesen. Im November erklärte sie sich bereit, ihn beim Wahlkampf in Texas zu begleiten.

Der 2. November 1963 war ein Tag, der in Zeitlupe ablief. Die Air Force One landete in Love Field, Dallas, und Jackie verließ das Flugzeug in einem rosa Chanelkostüm und einem passenden Pillboxhut. In

der Autokolonne saß sie neben ihrem Mann in einem offenen Wagen. »Nimm die Brille ab, Jackie«, meinte JFK, als sie den Wählern zuwinkten und an einem Lagergebäude vorbeifuhren. Das waren die letzten Worte, die er zu ihr sagte. Nur Augenblicke später feuerte ein Mann – man nimmt an, es war Lee Harvey Oswald – zwei Schüsse ab, und JFK war tot. Das alles fing Abraham Zapruder mit seiner Schmalfilmkamera ein. JFK starb mit zerschmettertem Schädel in Jackies Armen. Chaos brach aus.

Jackie meisterte seinen Tod mit Würde und Stil, schützte seinen Ruf und sicherte sein Vermächtnis. Lyndon B. Johnson leistete in demselben Flugzeug, das den Sarg von Jackies Mann trug, den Amtseid, neben ihm Jackie in ihrem blutverschmierten Chanelkostüm. Während andere sich in Verschwörungstheorien ergingen, übernahm Jackie die Kontrolle und ging der Nation in Trauer voran. Sie gestaltete sein Begräbnis nach dem Begräbnis des ebenfalls ermordeten Abraham Lincoln. Über 250 000 Menschen standen Schlange, um dem aufgebahrten Toten ihren Respekt zu zollen, und 300 000 Menschen säumten bei der Beerdigung die Straßen. Jackie brach mit dem Protokoll und bestand darauf, hinter dem Sarg zu gehen – vor den Staatsoberhäuptern. »Jacqueline Kennedy gab dem amerikanischen Volk … etwas, das ihm stets fehlte … Erhabenheit«, schrieb der *Evening Standard*. Das Bild ihres Sohns John Jr., der an seinem dritten Geburtstag vor dem Sarg seines Vaters salutierte, ist unvergesslich. In einem Interview im *Life*-Magazin meinte sie über die 1000 Tage dauernde Regierungszeit ihres Mannes: »Er wurde zur Legende, dabei wäre er lieber ein Mensch gewesen. Vergessen wir nicht, für einen kurzen Augenblick gab es Camelot.« Die Legende war geboren.

So gerne die junge Witwe sich nach seinem Tod verstecken wollte, die Nation ließ sie nicht. Jedes Detail ihres Lebens interessierte. Ihr Schwager Bobby wurde ihre Stütze, und die beiden begannen eine Affäre. Er stand kurz davor, zum Präsidenten gewählt zu werden, doch dann, am 5. Juni 1968, wurde auch auf ihn ein Anschlag verübt. Die Einzige, die in dieser riesigen Familie die Stärke hatte, die lebenserhaltende Maschine auszuschalten, war Jackie. Doch ohne ihn hatte Jackie entsetzliche Angst. »Sie bringen die Kennedys um«, soll sie gesagt haben. Sie musste

461

unbedingt die wichtigsten Angriffsziele in Sicherheit bringen – ihre Kinder. (Tragischerweise sollte der Kennedyfluch auch ihren Sohn treffen, der am 16. Juli 1999 mit seinem Flugzeug abstürzte und seine Frau und seine Schwägerin mit in den Tod nahm.)

Am 20. Oktober 1968 heiratete sie den Milliardär Aristoteles Onassis, einen 23 Jahre älteren griechischen Reedertycoon. Auf den ersten Blick ein sehr ungewöhnliches Paar, doch er löste seine Verlobung mit der Operndiva Maria Callas, um mit ihr zusammen zu sein, und er hatte die Mittel, um ihr den Schutz und die Sicherheit zu bieten, nach denen sie sich sehnte. Sie wiederum war für ihn eine Trophäe. Bald traten jedoch Spannungen auf, und sie wollten sich scheiden lassen. Dazu kam es nicht mehr, er starb 1975. Ein Ehevertrag regelte, dass sie nur 27 Millionen Dollar von seinem Besitz erbte, für Normalsterbliche nicht schlecht, dennoch aber nur ein Bruchteil seines Vermögens.

Nun war es an der Zeit, sich neu zu erfinden – hinter der riesigen Sonnenbrille, ihrem Markenzeichen, war sie die Erste Ehefrau und dann die Trophäenfrau geworden, und nun sollte der Auftritt von Karriere-Jackie kommen. Ihre Kinder waren im College, und sie wurde Lektorin, zuerst bei Viking, später bei Doubleday.

Obwohl sie sich so sehr nach Anonymität sehnte, wurde sie, ironischerweise wie Marilyn Monroe, durch einen Siebdruck Andy Warhols unsterblich. Lesen Sie Wendy Leighs *Jackie & Marilyn: der geheime Briefwechsel.* Der Briefwechsel ist nur Fiktion, aber spannend.

Jacqueline Kennedy starb am 19. März 1994 an Lymphkrebs. Ihr Partner, Maurice Tempelsman, war an ihrer Seite. Bei ihrer Beerdigung sagte ihr Sohn, drei ihrer größten Eigenschaften seien »die Liebe zur Literatur, die Verbundenheit ihrem Zuhause und ihrer Familie gegenüber und ihre Abenteuerlust«. Sie wurde auf dem Arlington State Cemetery neben ihrem Mann zur letzten Ruhe gebettet.

Was Jackie sagte:

»Ich möchte mein Leben leben, nicht aufschreiben.«

»Eine Zeitung berichtete, ich gäbe jedes Jahr 30 000 Dollar für Pariser Couture aus, und die Frauen würden mich dafür hassen. So viel könnte ich nur ausgeben, wenn ich Unterwäsche aus Zobelpelz tragen würde.«

»Ich verstehe es nicht. Jack würde jeden Betrag ausgeben, um an Stimmen zu kommen. Aber wenn es um 1000 Dollar für ein wunderschönes Bild geht, zögert er.«

»Das erste Mal heiratet man aus Liebe, das zweite Mal wegen des Geldes und das dritte Mal, um nicht allein zu sein.«

»Ich glaube nicht, dass es viele Männer gibt, die ihren Frauen treu sind.«

Über die Kunst des Briefeschreibens

Mrs. Kennedy war eine große Briefeschreiberin, wie es jede liebenswürdige Lady mit bewundernswerten Umgangsformen sein sollte. Aber wissen Sie eigentlich, wie man Briefe schreibt?

Bei einem förmlichen Brief gibt es jede Menge Möglichkeiten, sich zu verheddern. Schon Anfang und Schluss sind voller Fußangeln. Auf Nummer sicher gehen Sie mit einem Briefratgeber des Dudens. In den meisten Fällen reichen aber eine klare, ordentliche Aufmachung und der richtige Ton.

Der richtige Briefanfang

Wenn Sie nicht genau wissen, an wen Sie Ihren Brief richten, lautet die korrekte Anrede: »Sehr geehrte Damen, sehr geehrte Herren«.

»Lieber« und »Mein Schatz« sind dann richtig, wenn Sie mit dem Adressaten vertraut beziehungsweise sehr vertraut sind.

Der Inhalt

Selbst bei einem Brief an einen lieben Freund sollten Sie auf ein hübsches, nicht zerknittertes, sauberes, unliniertes Blatt schreiben. Und bitte keine Tee-, Kaffee- oder Tintenflecken, Sie sind schließlich kein Kleinkind mehr. Tränenflecken können charmant sein und dem Ganzen eine gefühlsbetonte Note geben, doch nicht auf Kosten der Lesbarkeit. In einem persönlichen Brief gibt es keine inhaltlichen Vorschriften, schreiben Sie einfach, wie Ihnen der Schnabel gewachsen ist. Aber achten Sie darauf, dass Sie für jede gestellte Frage auch etwas von sich erzählen. Sonst fühlt sich der Leser von tausend Fragen bombardiert und kommt sich vor wie in einem Quiz. Genauso wenig sollten Sie natürlich nur von sich selbst berichten und darüber vergessen, warum Sie überhaupt einen Brief schreiben.

Sie wollen doch sicher auch etwas Neues erfahren. Stellen Sie ein paar Fragen, Ich-ich-ich-Briefe mag niemand. Beenden Sie den Brief mit lieben Grüßen.

Bei etwas förmlicheren Schreiben wie einer Hochzeitseinladung oder einer anderen Einladung, bei der Sie um eine Antwort bitten, kommt häufig eine kleine (adressierte und mit einer Briefmarke freigemachte) Karte mit in den Umschlag. Darauf braucht man meist nur Ja oder Nein ankreuzen. Sie sind die Empfängerin dieser Einladung? Dann antworten Sie sofort, damit die Gastgeber entsprechend planen können. Denken Sie logisch: Wenn zu einem Fest schriftlich eingeladen wird, dann handelt es sich um einen bedeutenderen Anlass. Freuen Sie sich über die Einladung und fühlen Sie sich geehrt.

Die handschriftliche Antwort auf eine Einladung

Auf Ihrer Einladung kann man kein Ja oder Nein ankreuzen und es liegt auch kein Antwortkärtchen bei? Dann müssen Sie handschriftlich antworten. Und dafür gibt es Regeln. Wie bei E-Mails oder einem persönlichen Gespräch spiegeln Sie den Stil der Einladung wider. (Auch Jane Austen war eine fantastische Briefschreiberin – siehe Seite 31.)

Übrigens: Gründe für eine Absage müssen Sie nicht angeben. Sagen Sie, was gesagt werden muss, halten Sie es kurz und chic.

Und zum Abschluss

Für einen wirklich guten Briefschluss kehren wir noch einmal zu Beethoven zurück – er beendete seinen berühmten Brief an die »unsterbliche Geliebte« so:

Welche Sehnsucht mit Thränen nach dir – dir – dir – mein Leben mein alles – leb wohl – o liebe mich fort – verkenn nie das treuste Herz

deines Geliebten
L.

ewig dein
ewig mein
ewig uns

Wow! Wohl etwas zu viel Gefühl für den Brief ans Finanzamt. Warum schreiben Sie nicht einfach:

»Mit freundlichen Grüßen« – das ist der korrekte, geschäftsmäßige Schluss, wenn Sie den Adressaten kennen, aber nicht zu vertraut mit ihm sind (zum Beispiel Ihr Ansprechpartner in der Bank). Seien Sie nüchtern, aber respektvoll. Das ist auch der kühlste Gruß für die Kollegen und Zeitgenossen, die Sie verabscheuen, denen Sie aber schreiben müssen.

»Mit herzlichen Grüßen« grüßen Sie herzlicher und moderner.

465

Noch herzlicher sind dann die »lieben Grüße« und wirklich lieb ist: »Alles Liebe«.

Eine bezaubernde Briefeschreiberin, die sich an all diese Regeln gehalten hätte, wurde am 22. November 1819 geboren. Wir kennen sie unter dem Namen »George Eliot« (ihr wirklicher Name war Mary Ann Evans). Sie erklärte, sie habe den Namen gewählt, weil »George der Vorname von Mr. Lewes [ihres Partners] ist und Eliot leicht auszusprechen und ein ordentliches Mundvoll ist«.

George Eliot war ihr Pseudonym für die Werke, »die viel zu gut sind, als dass sie von einer Frau geschrieben sein könnten« (wie man damals gerne glaubte, was man aber heute anders sieht) – darunter *Adam Bede* (1859), *Die Mühle am Floss* (1860), *Silas Marner* (1861) und *Middlemarch* (1871–1872).

» Unsere Eitelkeiten unterscheiden sich ebenso wie unsere Nasen …«, schreibt sie in *Middlemarch*. In welches ihrer Bücher stecken Sie heute Ihre Nase? Oder machen Sie es sich lieber mit einem Hörbuch gemütlich und lassen Sie sich aus der modernen Welt mit all ihren Problemen in das ländliche England des 19. Jahrhunderts entführen.

26. November

»Ich denke, das ist der Beginn einer wunderbaren Freundschaft.« 1942 feiert *Casablanca* im Hollywood Theatre Premiere.

Der Film spielt während des Zweiten Weltkriegs. Die Grundlage für das Drehbuch bildete Murray Burnetts und Joan Alisons Stück *Everyone Comes to Rick's,* für das die beiden von Hollywood 20 000 Dollar kassierten, mehr als damals je für ein noch nicht aufgeführtes Stück bezahlt wurde. Ein Deal, der Geschichte schrieb und sich auszahlte: Der Film gewann drei Oscars und wurde zum größten amerikanischen Film aller Zeiten gewählt. Und er machte Bogart zur Leinwandlegende.

Schauen Sie sich heute das Original an – oder Steven Soderberghs Hommage an Casablanca, *Der gute Deutsche* (2007), mit Cate Blanchett, George Clooney und Tobey Maguire in den Hauptrollen, der mit derselben Optik und in Schwarz-Weiß produziert wurde – als *Casablanca* in einer Technicolorfassung gezeigt wurde, gab es einen Aufschrei.

29. November

1898 wird C. S. Lewis geboren. Der irische Schriftsteller und Gelehrte Clive Staples Lewis unterrichtete am Magdalen College in Oxford, bevor er der erste Professor für die Literatur des Mittelalters und der Renaissance am Magdalene College in Cambridge wurde. Er war mit J. R. R. Tolkien befreundet und wurde vor allem durch seine *Chroniken von Narnia* bekannt – die sieben Romane über Kinder, die durch Schränke und Bilder gehen, um dem vom Krieg erschütterten England zu entkommen, und in eine Zauberwelt geraten.

Sein Leben wurde 1993 als das Rührstück *Ein Geschenk des Augenblicks* mit Anthony Hopkins verfilmt. Schauen Sie sich heute den Film an, schmökern Sie in *Narnia* oder sehen Sie nach, was Sie in Ihrem Kleiderschrank Verborgenes finden.

 **Fußnote**

Turnschuhe

Es gibt sie in den verschiedensten Stilen und unter den unterschiedlichsten Namen – Laufschuh, Turnschuh, Tennisschuh, Freizeitschuh, Chucks und Sneaker.

Dazu kommen noch die diversen Marken, die den besten Halt und Kontrolle versprechen (leider nicht den ersten Platz und sofortige Fitness – wie gemein). Da wären Adidas, Reebok, Puma und Nike, die übrigens 2003 Converse kauften. Sie stützen also das Nike-Imperium, wenn Sie in Ihren Chucks rumhängen wie die Kids der Rydell High in *Grease*. Egal, ob Sie im New-York-Marathon mitlaufen oder nicht, kein New-York-Trip ist komplett ohne einen Besuch in Niketown, gleich um die Ecke von Tiffanys Kultladen in der Fifth Avenue. Und auch wenn Sie es sich nicht vorstellen können, es gab ein Leben vor Nike: Die Firma wurde erst 1964 gegründet.

Der erste Freizeitschuh mit Gummisohle kam 1893 auf den Markt. Er war für Bootsfahrer gedacht, die bis dahin mit ihren lederbesohlten Schuhen das gewachste Deck zerkratzten. Der Ausdruck »Sneaker« wurde 1916 von der amerikanischen Gummifirma Keds geprägt, um auszudrücken, wie leise man in diesen Schuhen auftreten kann – denn *to sneak* heißt *schleichen*.

Zurück zu Nike, denn wahrscheinlich haben Sie ein Paar davon zu Hause stehen. Der Name wurde von der griechischen Siegesgöttin geliehen – also perfekt für Ihren Wettkampfgeist. Mit Nike können Sie nur gewinnen.

Das legendäre Nike-Logo, der »swoosh«, tauchte erstmals 1971 auf und wurde von der Grafikdesignstudentin Carolyn Davison entworfen, die damals noch in Portland studierte. Sie erhielt mickrige 35 Dollar dafür.

Sie haben richtig gelesen. Später bekam sie noch Nike-Aktien und einen goldenen »Swoosh«-Ring als Anerkennung, dass sie eines der bekanntesten modernen Logos entworfen hatte. John McEnroe, Michael Jordan, Maria Sharapova und Anna Kournikova gehören zu den Nike-

Werbeträgern. Adidas, der größte Rivale Nikes, zählt Beckham und Ballack zu seinen Repräsentanten. Adidas arbeitet auch mit Designern wie Stella McCartney und Yohji Yamamoto zusammen, und die weißen Tops und High Tops und die berühmten drei Streifen sind mehr oder weniger die Uniform von Run DMC und so gut wie allen Pop- und Hiphop-Musikern.

Es kommt also drauf an, zu welchem Team Sie gehören wollen. Wie Nike 1988 in die Welt rief: »Just Do It.« Wenn Sie Sport treiben, dann bitte mit Stil.

Dezember

»Gott segne jeden von uns!«
Eine Weihnachtsgeschichte von Charles Dickens

Aus der Nähe und der Ferne – John Galliano

Ich wünschte, du wärst hier – und wie ich mir das wünsche! So gerne ich reise – und mir die Welt von Argentinien bis Asien ansehe, von der südlichen Halbkugel bis zu den entlegensten Gegenden im Norden –, gefällt es mir zu manchen Zeiten nirgends so gut wie zu Hause! Es gibt so viel zu sehen, so viel zu lernen. Reisen ist so anregend: die Geishas in Japan, der Rote Platz im Schnee, der Elefant in Rajasthan mit den rosa lackierten Zehennägeln, die Stierkämpfe und die Flamencotänzer in Sevilla. Schau dir die Welt an und lass kein Abenteuer und keine Gegend des Globus aus – aber verachte darüber nicht, was du an deinem Zuhause hast, denn daheim ist, wo das Herz ist.

Sammle Erfahrungen und schaff dir dein eigenes Königreich, dein eigenes Utopia, wo du nach Herzenslust schalten und walten und deiner Fantasie freien Lauf lassen kannst. Hänge, wenn die Nächte kürzer werden, deinen Erinnerungen an die Verbotene Stadt nach; daran, wie bei dem Langstreckenflug dein Gepäck verloren ging, was die Sache nur noch abenteuerlicher machte; an die Sonnenuntergänge in Hawaii, als du den Sand zwischen den Zehen spürtest; und an die hellen Lichter und das Nachtleben im Big Apple. Drapiere in deiner Küche das Rohleder aus Argentinien und hänge den Storys der Gauchos nach; bringe mit der Seide aus Indien und dem Fernen Osten Farbe und eine exotische Note in dein Schlafzimmer und gib der Jacke vom Prager Flohmarkt oder dem Teekessel vom Trödelmarkt einen Ehrenplatz. Mische die liebsten Erinnerungsstücke an deine Kindheit – Spiele, Plattenspieler und Fotorahmen – mit Mitbringseln wie Antiquitäten aus St. Tropez oder Alfie's in London, Stoff aus Virginia, Tee von Fortnum's und Muscheln von den Malediven oder einem Kurzurlaub in der Bretagne. Lass daraus eine Collage deines Lebens entstehen.

473

Rege deine Fantasie an, mithilfe von Büchern, Filmen, Freunden und Erinnerungen. Öffne dich für neue Orte, Gegenden, Länder, und du öffnest dich der Magie.

Pro Jahr zwei neue Stempel im Pass und ein Herz für Abenteuer in der Nähe und der Ferne – dann bist du mein »Mädchen für jede Saison«. Und wie sang Sinatra – das Beste kommt noch – also los!

Alles Liebe, John

1. Dezember

Heute ist Welt-AIDS-Tag. Tragen Sie ein rotes Band und besuchen Sie *www.worldaidsday.org*.

Heute beginnt auch die Adventszeit – öffnen Sie das erste Fenster in Ihrem Adventskalender. Das Wort Advent kommt aus dem Lateinischen und bedeutet »kommend«. Es kündigt das Weihnachtsfest an, die Weihnachtsfeiern und die vielen freien Tage. Yeah. Beginnen Sie mit dem Countdown.

2. Dezember

1923 wird *»La Diviana«,* die Opernsängerin Maria Callas geboren. Und 1946 der Modedesigner Gianni Versace. Zwei wunderbare Super-Kultfiguren, um das Jahr stilvoll zu beenden und Ihnen Mut zu machen, die Exzesse des Jahresendes zu genießen.

Gianni Versace wurde berühmt durch seine neoklassischen Muster, den goldenen Medusenkopf als Logo und durch das Geschick, mit dem er den Luxus der italienischen Renaissance mit den Exzessen seiner A-List-Kunden verband. Versace war es auch, der die »Super-models« schuf, indem er den Mädchen astronomische Summen be-zahlte. Dank der Supermodels und der *beautiful people* wuchs und wuchs Versaces Imperium.

Tragischerweise wurde Gianni Versace am 15. Juli 1997 vor sei-nem Haus in Miami ermordet. Die Familienfirma jedoch besteht unter der Führung seiner Schwester und Muse Donatella (Design) und seines Bruders Santo (CEO) weiter, und das Label ist so sexy wie eh und je.

Maria Callas hätte Versace gemocht – mit seinem Glamour, seinem Talent und seinem Ruhm wäre sein Label perfekt gewesen für die Diva des roten Teppichs.

Maria Anna Sophie Cecilia Kalogeropoulos wurde in New York geboren. Ihre griechischen Eltern waren nach Amerika ausgewan-dert und hatten den Familiennamen zu »Callas« eingekocht, damit die Leute ihn auch aussprechen konnten. 1942 trat sie zum ersten Mal auf der Bühne auf. Sie glänzte dabei in der Hauptrolle der *Tosca* und bekam hymnische Kritiken. »[Die Callas] ist eines die-ser gottgegebenen Talente, die man nur bewundern kann«, schrieb Alexandra Lalaouni.

Nach diesem Erfolg verließ sie Griechenland und kehrte nach Amerika zurück, tourte aber bald im Heimatland der Oper, Italien, wo sie den reichen Industriellen Giovanni Battista Meneghini , der sie auch managte, kennenlernte und heiratete. Das ging gut, bis sie auf ihren Seelenfreund Aristoteles Onassis traf.

1953/54 machte sie zwischen ihren Touren heftige Diäten. Sie nahm 35 Kilogramm ab und wurde die berühmte Glamourtussi. Manche meinen, die Abnehmerei habe ihrer Stimme geschadet, aber sie war immer eine Sensation auf der Bühne, und nun sah sie so gut aus, wie ihre Stimme klang. Sexy stand der Diva. Die Callas hatte nicht drei Stimmen, »sie hat 300«, meinte ein Dirigent, und sie war eine großartige Schauspielerin, welche die Charaktere zum Leben erweckte. Fantastisch, sicher, aber es darf nicht unerwähnt bleiben, dass sie hinter der Bühne auch ein unglaubliches Miststück sein konnte. Doch ihre größte Rivalin fand sie nicht auf der Bühne, sondern im Privatleben, als die große Liebe ihres Lebens, Onassis, sie wegen Jackie Kennedy fallen ließ. »Zuerst verlor ich meine Stimme, dann meine Figur und jetzt Onassis«, meinte sie bitter.

Nach seinem Tod lebte sie völlig zurückgezogen. Sie starb 1977, doch ihre Aufnahmen sind noch immer Bestseller. Wie Leonard Bernstein sagte: »Sie war die pure Elektrizität«, während Franco Zefirelli seufzte: »Maria ist und bleibt ein Wunder.«

5. Dezember

Der Tag, um sich KV 626 herunterzuladen, das *Requiem in d-Moll*, denn 1792 starb an diesem Tag Mozart. Unheimlicherweise war es Mozarts letztes Werk und musste nach seinem Tod von Joseph Eybler und Franz Xaver Süssmayr fertiggestellt werden. Anders als die Legende und der Film *Amadeus* behaupten, war der Auftrag nicht anonym, entsprang auch keiner düsteren Vorahnung und war auch keine Finte seines Rivalen, des Komponisten Salieri. Mozarts Requiem wurde von Graf Walsegg für seine verstorbene Frau bestellt. Walsegg wollte es als sein eigenes Werk ausgeben, für das Mozart nur als Ghostwriter dienen sollte, aber da der Komponist unpassenderweise verstarb, erhielt Walsegg das Werk erst Anfang Dezember 1793, und es konnte erst am 14. Dezember 1793 zum Angedenken an seine Frau aufgeführt werden. Dafür aber weiß die Welt, dass es das Werk Mozarts ist.

Cinderella alias Aschenputtel

Wir alle »kennen« Cinderella alias Aschenputtel oder Aschenbrödel als das schöne Mädchen von nebenan, die Märchenprinzessin und die ultimative Heldin. Bei Maskenbällen beliebt, inspirierte sie Gioacchino Rossini zu seiner Oper *La Cenerentola,* Johann Strauß zu seinem Ballett *Aschenbrödel* und Sergei Prokofjew ebenfalls zu einem Ballett namens *Cinderella.* Neben Shakespeares Werken und Bram Stokers *Dracula* zählt Cinderella zu den am häufigsten aufgegriffenen Stoffen.

Cinderella ist die Heldin, von der niemand genug kriegen kann – die Botschaft ist klar: Gute Schuhe sind gleichbedeutend mit Glück.

Den ersten Film drehte 1899 Georges Méliès. Und jeder erzählt seine eigene Version der Geschichte von der Schuhfixierung mit dem Happy End. 1957 gab das große Duo Rodgers und Hammerstein der Geschichte in seiner TV-Version ein eigenes Gesicht. In der ersten Aufnahme spielte Julie Andrews die Hauptrolle, in der zweiten Lesley Ann Warren, und in der dritten aus dem Jahr 1997 spielte Brandy die Hauptrolle, Whitney Houston die böse Stiefmutter und Whoopi Goldberg die gute Fee. 1998 kam *Auf immer und ewig* in die Kinos. Darin spielte Drew Barrymore in Ferragamos und mit Schmetterlingsflügeln die Hauptrolle, doch wir hatten noch immer nicht genug. 2004 kamen *A Cinderella Story* mit Hilary Duff und Disneys *Ella – Verflixt & Zauberhaft* mit Anne Hathaway auf die Leinwand.

Nun, da sich das Jahr seinem Ende nähert, sollten Sie sich Gedanken über Ihr eigenes Happy End machen. Lassen Sie Negatives (im Job, der Liebe und in Freundschaften) nicht ewig vor sich hin köcheln, auf dass es Sie noch im nächsten Jahr begleitet. Auch wenn wir uns nicht alle über eine gute Fee freuen dürfen, gibt es da draußen Schutzengel, mit oder ohne Flügel. Cinderellas Güte und Anmut werden nie unmodern. Sie ist daher das ideale Vorbild – achten Sie mehr auf Ihre Ausdrucksweise und verabschieden Sie sich vom Rauchen und Kaugummikauen und anderen unprinzessinnenhaften Angewohnheiten. Verdrehen Sie jetzt nicht die Augen. Cinderella sollte eine Inspiration für Ihre romantische Seite sein sowie für den Wunsch, Ihre Umgangsformen

und Hausführungskompetenzen auf Vordermann zu bringen. Außerdem brauchen Sie nur an Cinderella zu denken und Sie wissen im Nu, was Sie zur Weihnachtsfeier anziehen. Legen Sie den Wahnsinnsauftritt hin – vielleicht klappt es dann auch mit dem hübschen Prinzen.

Wer sagt, es gäbe keine Magie?

Ihr Leben und ihre Zeit

Von dieser Geschichte gibt es geschätzte 3000 Versionen, jede Kultur hat mindestens eine eigene davon. Verständlich, dass während des Erzählens verloren ging, woher die Geschichte eigentlich stammt. Die ersten bekannten Versionen lassen sich angeblich bis in das alte Ägypten und das alte China zurückverfolgen. Später, um 850 n. Chr., wurde sie von Tuan Ch'eng-Shih in *Youyang zazu* (»Ein bunter Teller von Geschichten von der Südseite des You-Hügels«) veröffentlicht. Die Heldin heißt Yeh Shen und es geht sehr viel um die Vorzüge winziger Füße. Jede Ecke der Welt hat einen eigenen Namen für sie, bei den Mik'maq-Indianern Nordamerikas heißt sie zum Beispiel »Das Mädchen mit dem verbrannten Gesicht«. In England hieß sie ursprünglich Tattercoats – Lumpenkittelchen.

Die heute weltweit bekannteste Version ist jedoch die des französischen Schriftstellers Charles Perrault aus dem Jahr 1697. Perrault prägte auch den Namen Cinderella, als er Giambattista Basiles Geschichte *La Gatta Cenerentola* (1634) überarbeitete. 1812 brachten die Gebrüder Grimm ihre Fassung heraus, in der die Heldin »Aschenputtel« hieß und die Stiefschwestern grausam gestraft wurden. Perraults wesentlich freundlichere Fassung hat als die ultimative romantische Version überlebt, auf ihr basiert auch Walt Disneys Zeichentrickfilm *Cinderella,* der am 15. Februar 1950 in die Kinos kam. Die Suche nach dem Mädchen, das Cinderella seine Stimme leihen sollte, war eine Geschichte für sich. Ilene Woods schlug 309 Mädchen aus dem Feld, von denen keine wusste, wofür sie sich bewarb.

Aber zurück zu Cinderella …

Alle Versionen werden sentimental, wenn sie Cinderellas engelhafte Güte und ihre Schönheit beschreiben und die furchtbare Lage, in die man sie zwang – was man keiner modernen Heldin zumuten könnte.

Aber fürchtet euch nicht: Das hier ist keine griechische Tragödie, das ist eine Geschichte voller Gerechtigkeit und mit einem Happy End.

Der König und die Königin des Landes wollten einen Ball geben, um für ihren feschen Sohn eine Braut zu suchen. Alle in Frage kommenden Mädchen des Landes wurden eingeladen. Man kann sich die Aufregung vorstellen: Wer hätte nicht gern einen hübschen Prinzen an seiner Seite? Und der hier war nun wirklich ein Fang, er sah nicht nur gut aus, er hatte auch einen guten Charakter. Also drehten die Mädels halb durch, als sie sich für den Ball schönmachten. Cinderella hatte noch mehr Arbeit als sonst, da sie für ihre Stiefmutter und die beiden bösen Stiefschwestern Kleider nähen musste. Und bei deren Aussehen war es mit einem hübschen Kleid nicht getan.

Wie nun Cinderellas Verwandlung genau vonstatten ging, darüber gibt es verschiedene Versionen. In einigen davon hängt das Kleid an einem Baum neben dem Grab ihrer Mutter, aber Perrault und Disney verdanken wir die populärere Version, eine gute Fee sei aufgetaucht (die Rauchwolke ist optional) und ein Kürbis habe sich in eine Kutsche und Mäuse in weiße Pferde verwandelt. Cinderellas Lumpen aber seien zum wunderschönsten Kleid geworden, wie keine andere es trug und wie es das in keinem Laden zu kaufen gab. Wow! Also besuchte sie den Ball und war so strahlend und umwerfend schön, dass niemand sie erkannte.

Die legendären Glasschuhe, die sie trug und in denen sie, ginge es mit rechten Dingen zu, niemals die ganze Nacht hätte durchtanzen können, werden inzwischen auf einen Schreibfehler zurückgeführt. Die märchenhafte Fußbekleidung hieß in Perraults Französisch ursprünglich *pantoufle de vair*. »Vair« ist das umgangssprachliche Wort für Pelz – das heißt, sie trug Pelzschuhe. Und hier kam das Glas ins Spiel, denn »vair« wird genauso ausgesprochen wie »verre«, und das heißt Glas. Doch seien wir ehrlich, hatte gutes Aussehen je mit Bequemlichkeit zu tun?

Cinderella verbrachte den ganzen Abend mit dem Prinzen. Es war Liebe auf den ersten Blick. Aber die Sache hatte einen Haken (und hat sie das nicht immer?). Sie musste um Mitternacht gehen, bevor der Zauber erlosch. Punkt Mitternacht, als die Glocke zu schlagen anfing, rannte sie zur Tür. Hier ist noch eine Lehre aus diesem Märchen: Je früher Sie

gehen, desto geheimnisvoller und bezaubernder wirken Sie, und desto größer ist der Eindruck, den Sie hinterlassen. Sie sollen nie genug von Ihnen bekommen. Der verliebte Prinz rannte hinter ihr her, aber Cinderella hatte einen Vorsprung und verschwand. Dem Prinzen blieb von seiner Traumfrau nur einer ihrer High Heels aus Glas, den sie auf der Treppe verloren hatte. (Wie Sie wissen, kann man schon in High Heels kaum laufen, geschweige denn in High Heels aus Glas. Sie liegen zu lassen wäre eine Option, bei Manolos aber wäre es besser, sie auszuziehen und beim großen Abgang mitzunehmen.)

Der Prinz war todunglücklich. Statt zurück auf die Party zu gehen und sein Glück mit der nächsten Schönen zu versuchen, schwor er, dieses Mädchen zu finden und zu heiraten. Er verkündete, *jeden,* der dieser Schuh passe, sei seine Braut. Das war vielleicht etwas voreilig. Bald standen die Mädchen aus dem ganzen Königreich Schlange, um einen Fuß in den zierlichen Schuh zu quetschen. (In einigen Versionen hacken sie sich die Zehen ab. Die Betonung der Zierlichkeit der Füße hat wahrscheinlich ihren Ursprung in der chinesischen Version – in China waren kleine Füße ein Schönheitssymbol. In dieser Version war Cinderellas gute Fee auch ein Fisch – weniger romantisch. Fahren wir fort?)

Ihr Prinz wollte schon aufgeben, da kein Mädchen mehr übrig war, um den Schuh zu probieren, als Cinderella in der Kleidung einer Magd erschien und den zweiten Schuh unter ihrer Schürze hervorzog. Obwohl sie Lumpen trug, als sie den Schuh anzog, erkannte er in ihr sofort seine Prinzessin wieder. Ihre innere Schönheit und ihre prinzessinnenhafte Haltung waren zu offensichtlich. (Das ist einfach so, wenn man verliebt ist.) Natürlich nahm er sie in seine Arme, setzte sie auf sein Pferd, brachte sie in sein Schloss und heiratete sie. Er versprach ihr, sie würden glücklich miteinander leben bis ans Ende ihrer Tage, und in diesem Fall war das auch so. In der klassischen Version ist sie eine so gute Seele, dass sie sich nicht einmal an ihrer schrecklichen Stiefmutter und ihren Stiefschwestern rächt, aber in anderen Versionen müssen die drei ihr dienen oder werden von den Tauben zu Tode gepickt.

Wie man einen Kostümball veranstaltet

Hier auf der Insel braucht man um diese Zeit des Jahres nicht lange nach einer Entschuldigung für einen Kostümball zu suchen. Das mag in anderen Gegenden anders sein, aber die meisten Tipps behalten auch an Silvester, im Fasching oder Karneval ihre Gültigkeit.

Sie wollen wie die Briten einen weihnachtlichen Kostümball schmeißen? Bitten Sie Ihre Gäste, »eine Kugel für den Baum« (und natürlich eine Flasche für die Party) mitzubringen. Stellen Sie den Weihnachtsbaum am Eingang auf und bitten Sie jeden Gast, sein Geschenk daran zu hängen – am Schluss haben Sie einen Baum voller Freunde. Und weil es Ihre Party ist, können Sie auch das Thema bestimmen, nämlich eines, für das Sie ein großartiges Outfit in petto haben.

Machen Sie bei der Einladung klar, dass sich die Gäste in Schale werfen mögen – in diesen oder ähnlichen Worten. Seien Sie freundlich und laden Sie rechtzeitig ein. Und wählen Sie ein Motto, bei dem jeder sofort Lust bekommt, sich aufzubrezeln. Also kein zu ausgefallenes Thema. Wenn es schwierig ist, ein Kostüm zu finden, kommt vielleicht der eine oder andere nicht – und das wollen Sie doch vermeiden!

Hier ein paar Vorschläge:

Literatur – Lassen Sie die Charaktere von Oscar Wilde, Jane Austen, den Brontë-Schwestern, Dickens, Roald Dahl oder Ihrem Lieblingscomic Gestalt annehmen.

Eine Ära – Sie könnten ein Jahrzehnt als Thema nehmen. Oder das Thema noch weiter einengen – Woodstock, eine Rollschuhdisco aus den Siebzigern, die Wall Street in den Achtzigern. Stehen Ihre Freunde mehr auf Hotpants oder Schulterpolster?

Trödlerschick – Setzen Sie Ihren Gästen ein Limit, das sie auf dem Flohmarkt für ihr Outfit ausgeben dürfen. Mal sehen, was da kommt.

481

Soap – J. R. Ewing oder ein Gilmore-Girl? Da bleibt nur zu hoffen, dass niemand seinen Charakter den ganzen Abend durchhält.

Der Jahreszeit entsprechend – an Weihnachten hieße das ein Kostüm aus Stechpalmen und Efeu (könnte etwas unbequem werden), als Christkind, Geist der Weihnacht oder einfach als hübsch verpacktes Geschenk.

Ein Kostümball ist eine wunderbare Gelegenheit, ein anderes Ich auszuprobieren. Also *nul points* für die Ärzte und Krankenschwestern, die in ihrem Krankenhauskittel aufkreuzen. Lassen Sie Ihr altes Ich zu Hause, seien Sie kein Mauerblümchen und kommen Sie als die Person, die Sie schon immer sein wollten. Ob Sie sich nun von Märchen oder Filmen, von Kleinkunst oder großer Kunst inspirieren lassen, achten Sie auf den richtigen Auftritt und den korrekten Abgang.

Die ganze Welt ist Bühne
Und alle Fraun und Männer bloße Spieler.
Sie treten auf und gehen wieder ab,
Sein Leben lang spielt einer manche Rollen
Durch sieben Akte hin.

Wie es euch gefällt, Shakespeare

Die gute Fee betritt die Bühne immer von rechts und der böse Schurke kommt von links. In den Zeiten der Commedia dell'Arte symbolisierte die rechte Bühnenseite den Himmel und die linke die Hölle. Sehen Sie zu, dass Sie bei Ihrer Soiree nur himmlische Auftritte haben, sonst gibt's Probleme auf der Tanzfläche.

Bei der Kostümfrage spielen das Motto, der Veranstaltungsort, Ihr Budget und Ihre Nähkenntnisse eine entscheidende Rolle. Und natürlich, wie viel Zeit Sie haben. Für ein tolles, aufwendiges Kostüm braucht man mehr Zeit, als Sie denken. Sie brauchen Zeit zum Überlegen, zum Suchen, zum Nähen/Herstellen oder Ausleihen. Sie bereuen jetzt schon, die Einladung ausgesprochen/angenommen zu haben? Seien Sie realistisch, im Dezember ist Zeit ein knappes Gut. Wenn Sie an der Nähmaschine eine Niete sind, dann können Sie sich noch immer ein Kostüm ausleihen. Oder Sie machen was aus den Sachen, die Sie bereits zu Hause haben – wer ein Betttuch hat, hat auch eine Toga. Mit einem Geschirrtuch sind Sie ein biblischer Hirte. Sehen Sie sich auf Trödelmärkten um, auf eBay und auf Flohmärkten. Vielleicht finden Sie ein altes Abendkleid oder Brautkleid, das Sie färben oder mit Pailletten besticken können. Haben Sie etwas Hepburneskes im Kleiderschrank oder sind Ihre Varietékünste inzwischen so weit gediehen, dass es für einen Auftritt reicht? Gibt es eine Muse, der Sie ähnlich sehen? Oder etwas Amüsantes, das zu Ihnen passt? Ein Minirock und Mini-Look kann super sein, aber wenn's schiefgeht, wird man schnell zur Lachnummer. Flügel, Zauberstäbe und Masken finden Sie zuhauf in Spielwarenläden. Sie hätten es gerne edler? Nun, über Diamanten und Schmuck haben wir bereits gesprochen, und die Kronjuwelen werden nur an die Royals verliehen. Noch ein Tipp: Wenn Ihr Kostüm sehr kompliziert wird, sollten Sie unbedingt ein Taxi bestellen – Nixenschwänze, Flossen und Taucheranzüge werden im Bus oft zum Problem.

Nicht zuletzt kommt es darauf an, ob Sie alleine auf den Ball gehen (wie weiland Cinderella) oder in Begleitung. Sollten Sie, wenn Sie zu zweit sind, Ihre Kostüme nicht aufeinander abstimmen? Zwei Köpfe sind besser als einer. Leider hat ein Pferdekostüm nur einen Kopf. Besser, Sie übernehmen den vorderen Part. Vermeiden Sie eine Kostümierung, in der die Ex Ihres Partners allen die Show stahl, oder 08/15-Kostümideen. Nichts ist langweiliger, als einen ganzen Abend lang als Piratenbraut hinter jeder Augenklappe nach dem richtigen Freibeuter zu suchen.

Große Paare:
Cinderellas böse Stiefschwestern
Antonius und Kleopatra
Romeo und Julia
Laurel und Hardy
Hänsel und Gretel
Bonnie und Clyde
Napoleon und Joséphine
Posh 'n' Becks
Batman und Robin
Kasperl und Gretel
Essig und Öl

Als Gruppe aufzutreten hat seine Vorteile – zum einen ist es sicherer, weil man nicht allein als Elfe mit dem Nachtbus nach Hause tuckern muss. Zum anderen kann man sich gemeinsam den Kopf zerbrechen, sich bei der Kostümierung helfen und sich notfalls gegenseitig Mut machen. Natürlich müssen alle an einem Strang ziehen und keiner darf abspringen – die Stones ohne Mick Jagger oder die Supremes ohne Diana Ross, das geht nicht.

6. Dezember

Der echte heilige Nikolaus wurde 343 n. Chr. geboren. Der Vater aller Weihnachtsmänner widmete sein Leben dem Dienst an Gott und ist berühmt für seine Güte und Großzügigkeit. Er unternahm große Pilgerreisen und kam für die Mitgift armer Mädchen auf. So weit müssen Sie nicht gehen, aber denken Sie doch heute daran, Ihre Weihnachtpost zu verschicken. Schließlich sollen Ihre Karten rechtzeitig ankommen.

8. Dezember

1980 wird der Singer/Songwriter und Friedensaktivist John Lennon, ein Gründungsmitglied der Beatles, ermordet. Er war 40 Jahre alt und lebte mit seiner Frau, der Künstlerin Yoko Ono, in New York. Er wurde von dem offensichtlich verrückten Mark Chapman erschossen. Mark Chapman hatte eine Ausgabe des *Fänger im Roggen* und Beatleskassetten bei sich.

Laden Sie heute eine von Lennons großen Hymnen herunter: »Give Peace a Chance«, »Make Love Not War« oder »Imagine«.

Wie man einen herrlichen Punsch fabriziert

In diesem Monat, in dem sich die Jahresendfestivitäten nur so drängen, schadet es nicht, im Notfall etwas mit Schmackes aus dem Ärmel schütteln zu können. Schließlich brauchen Sie etwas Leckeres, um mit den alten und den neuen Freunden anzustoßen. Bei uns in England zaubert um diese Jahreszeit traditionell Punsch oder Glühwein Röte auf die Wangen, aber genauso gut können Sie Ihre Gäste mit Eierflip oder einer eigenen Erfindung bewirten. Warum lassen Sie sich nicht ein Rezept für Mistelzweigmartini patentieren. (Tipp: Echte Mistelzweige für den Martini zu verwenden ist keine so gute Idee, deren Wirkung ist nämlich nicht aphrodisisch, sondern giftig.) Oder Rentierrumpunsch, Continental Christkindlcocktail – Sie sehen, Ihrer Fantasie sind keine Grenzen gesetzt.

Glühwein gibt es seit dem Mittelalter. Sein ursprünglicher Name lautete *Ypocras* oder *Hipocris* – nach dem Arzt Hippokrates. Glühwein galt als gesünder als Wasser, da er erhitzt und damit sauberer war. Nehmen Sie nicht Ihre beste Flasche Rotwein – der Geschmack ändert sich durch das Erhitzen und damit ist die gut gemeinte Geste vergeblich. Lassen Sie den Wein nicht kochen. Würzen Sie den

Wein mit frisch gemahlener Muskatnuss und Zimt und hängen Sie ein Glühweinsäckchen rein.

Am besten punkten Sie mit dem folgenden Punsch:

Zutaten:

Eine Flasche dunkler Rum

Zwei Flaschen Rotwein (Hinweis: Die Mengenangaben beziehen sich auf eine größere Party, nicht auf einen Abend allein vor dem Kamin, hicks.)

125 ml Orangensaft

125 ml Zitronensaft

400 g Zucker

Sie können einen halben Liter Tee hinzufügen (schwarzen Tee, keine Milch).

Zubereitung:

Geben Sie den Wein, den Saft und den Tee in einen Topf, lassen Sie den Punsch heiß werden, aber bringen Sie ihn nicht zum Kochen, und rühren Sie Zucker und Rum ein. Ein Schuss Brandy verleiht der Sache den Extra-Kick.

Dekorieren Sie mit ein paar Orangen- und Zitronenschnitzen und Zimtstangen. Servieren Sie den Punsch heiß und vor allem mit einer Schöpfkelle.

12. Dezember

1821 wird der Schriftsteller Gustave Flaubert geboren. Sein Roman *Madame Bovary*, der von den Affären und Liebschaften der Heldin, Emma Bovary, erzählt, verursachte bei seiner Veröffentlichung einen Skandal. Machen Sie es sich mit dem Buch gemütlich, mit Jean

Renoirs Verfilmung von 1933 oder einem großen, dunklen, gut aussehenden Mann, der Ihnen zu Füßen liegt.

Ein weiterer großer Liebhaber wurde an diesem Tag geboren: Frank Sinatra (12. Dezember 1915 – 14. Mai 1998). Schauen Sie auf seiner offiziellen Webseite, *www.franksinatra.com*, vorbei. Dort finden Sie eine Liste sämtlicher Filme und Musikveröffentlichungen sowie seine Biografie.

Sinatra war nicht nur Sänger, er war auch oscarprämierter Schauspieler und Anführer des berühmten Rat Pack. Er war ein Entertainer im wahrsten Sinn des Wortes. Seine Karriere erstreckte sich über sieben Jahrzehnte, und er verkaufte weltweit mehr als 250 Millionen Schallplatten – und das alles *Doing It His Way*.

Er trat mit Big Bands auf, bevor RKO Pictures ihn 1944 unter Vertrag nahm. Damit begann seine Filmkarriere. Er war dick im Geschäft, Singen, Touren, die Schauspielerei und dazwischen noch Liebesaffären und Familienleben – also jede Menge Hektik. Am 26. April 1950 bekam er auf der Bühne eine Stimmbandblutung. Das tat weh. Es sah aus, als sei seine Sängerkarriere zu Ende – aber keine Angst, die Ablenkung kam von einer ganz anderen Seite. Ol' Blue Eyes hatte sich verliebt, in Ava Gardner. Die Ehe mit seiner Sandkastenliebe ging in die Brüche und die beiden Stars heirateten am 7. November 1951, zehn Tage, nachdem die Scheidung durch war. »Ich liebe sie, möge Gott mich dafür verdammen«, sagte er. Doch während Gardners Karriere zum Höhenflug ansetzte, ging es mit Sinatra bergab. Seine Stimmbänder waren beschädigt, und die Filme, für die man ihn besetzte, waren Flops. Und dann, am Tiefpunkt, ließen ihn 1952 auch noch sein Platten- und sein Filmlabel fallen.

Aber es war noch nicht vorbei. Noch lange nicht.

1953 legte Sinatra ein sensationelles Comeback in dem Film *Verdammt in alle Ewigkeit* hin, für den er einen Oscar als bester Nebendarsteller bekam. Leider war der Preis für diesen Erfolg hoch, er trennte sich von Ava Gardner. Der Arbeitsstress war zu groß, nun, da es mit seiner Karriere wieder aufwärtsging. 1955 stand er mit Marlon Brando in *Schwere Jungen und leichte Mädchen* vor der Kamera und 1956 drehte er mit seinem Kindheitsidol Bing Crosby *Die oberen Zehntausend.*

»Wenn er nicht ständig hinter den Weibern her wäre und sich mehr um seine Schauspielerkarriere kümmern würde, könnte er einer der Besten in dem Business sein«, meinte Bogart – aber wie konnte er das, wenn so viel auf dem Spiel stand?

Die originale *Ocean's-Eleven*-Gang feierte mit Starlets und Präsidenten. Wenn man den Gerüchten Glauben schenken darf, machte Sinatra JFK mit mehreren seiner Geliebten bekannt, darunter Marilyn Monroe. Um Frank zu zitieren: »Fairy tales can come true, it can happen to you, if you're young at heart.« (Märchen können wahr werden, wenn man im Herzen jung ist.)

1967 war er ganz oben – also wurde es Zeit, zum dritten Mal zum Altar zu schreiten. Dieses Mal mit der 30 Jahre jüngeren Mia Farrow. Diese Ehe war nach zwei Jahren und einem Ultimatum Sinatras zu Ende – er oder ihre Karriere. Sie entschied sich für die Rolle in Roman Polanskis *Rosemaries Baby.* Sie bekam die Scheidungsunterlagen an den Set geschickt.

Sinatra hatte Kontakte zur Mafia und zum Weißen Haus. 1971 lehnte er die Rolle des Dirty Harry ab, war jedoch das Vorbild für die Figur des Johnny Fontane in *Der Pate* (1972). Und er soll, ganz im Stil der Mafia, Mia Farrow angerufen und ihr angeboten haben, Woody Allen beide Beine brechen zu lassen, nachdem dieser sie wegen ihrer (Allen und Farrows) Adoptivtochter verlassen hatte. Farrow lehnte das Angebot ab.

Seine vierte und letzte Ehe mit Barbara Marx dauerte von 1976 bis zu seinem Tod 1998. Seine Show in Las Vegas war eine der erfolgreichsten aller Zeiten und »My Way« die in den Charts erfolgreichste Single in Großbritannien.

Auf seinem Grabstein steht: »The best is yet to come.«

Wie man mit weihnachtlicher Dekoration für die richtige Stimmung sorgt

Franks Grabinschrift ist das perfekte Motto, wenn Sie darangehen, Ihr Zuhause weihnachtlich aufzubrezeln. Um diese Jahreszeit ist weniger nicht mehr.

Fangen Sie an der Tür an. Ein Kranz macht sich gut. Oder vor der Tür – hängen Sie so viele Lichterketten auf, dass Ihr Haus auch vom Weltraum aus auszumachen ist. Elektrische Beleuchtung gibt es seit 1895, aber ein sicheres Mittel, dass die Sicherungen nicht mehr rausfliegen, ist bis heute nicht erfunden.

Winden Sie frische Stechpalmenzweige um das Kaminsims, die Bilderrahmen oder das Treppengeländer. Setzen Sie überhaupt auf Grün – und verteilen Sie Lorbeerblätter auf den Tischen. Zünden Sie noch mehr Kerzen an (aber bitte nicht zu nahe an den Weihnachtskarten – Sie bekommen hoffentlich so viele, wie Sie letztes Jahr verschickt haben).

Und stellen Sie vor allem diesen Baum auf. Der gehört einfach zu Weihnachten, seit Prince Albert ihn zu Zeiten seiner Queen Victoria zur Mode machte. Jetzt werden jedes Jahr 36 Millionen Bäume produziert, um die Nachfrage zu stillen. Versuchen Sie bloß nicht, den Baum allein aufzustellen, es sei denn, es handelt sich um eine Miniausgabe, die nur bis zu Ihrem Ellbogen reicht. Bei größeren Bäumen brauchen Sie Leute zum Hieven, Festzurren und Schmücken.

Sie hätten lieber einen künstlichen Baum? Dann nehmen Sie einen möglichst großen, denn dann wirken die Äste echter. Bei Kunstbäumen haben Sie natürlich freie Wahl, was die Farbe angeht (schwarz, weiß und alle Regenbogenfarben), aber wenn Sie nicht gerade ein Restaurant besitzen oder im Tate Modern wohnen, ist und bleibt Grün die beste Farbe.

Sie können künstliche Bäume nicht ausstehen? Dann wäre vielleicht ein Baum im Topf eine Alternative. Der wächst jedes Jahr ein Stückchen und will nur gewässert werden – aber nicht ertränkt. Ob eingetopft oder nicht, besprühen Sie bei echten Bäumen die Nadeln ab und an mit Wasser. Und stellen Sie das arme Ding bitte nicht neben die Heizung. Ist das bei Ihnen leider das einzige Plätzchen mit Christbaum-Fengshui? Dann schalten Sie diesen Heizkörper aus. Nur bis Heilige Drei Könige. Wird's dem Baum nämlich zu heiß, nadelt er wie verrückt. Und Sie wollen Ihren Staubsauger doch nicht unnötig strapazieren, oder?

Über die Kunst, Geschenke gut verpackt zu präsentieren

»›Was ist denn Weihnachten ohne Geschenke‹, murrte Jo, die auf dem Teppich kauerte …« So beginnt Louisa May Alcotts *Betty und ihre Schwestern.*

Allmählich wird es zu spät, um die Geschenke online zu bestellen, doch in den Geschäften herrscht der weihnachtliche Wahnsinn. Warten Sie mit den Weihnachtseinkäufen nicht bis zu diesem Stadium äußerster Hysterie. Schließlich ist es besser, *zu geben als zu nehmen,* daher sollten Weihnachtseinkäufe ein Vergnügen und keine Tortur sein.

Erste Ausgaben von Kinderbüchern und Schätze vom Flohmarkt – Dinge, die man nicht unbedingt braucht, die man aber gerne hätte – sind überall zu finden und zeigen, dass man Herz und Verstand investiert hat und nicht einfach nur mit Geld um sich schmeißt. Das Entscheidende ist die Verpackung: Präsentieren Sie Ihre Geschenke – egal, ob es sich dabei um ein altes Erbstück oder um selbst gemachte Marmelade handelt – so schön wie möglich.

Wie man Geschenke einpackt

Von Michel Howells, Set Designer

Es gibt verschiedene Geschenkpapiere und das ganz billige ist hier nicht angebracht. Denn bei einem Geschenk kommt es auch auf die Verpackung an – auf den Auftritt. Lassen Sie Ihrer Kreativität am Fotokopierer im Büro freien Lauf, wenn niemand guckt, und entwerfen Sie Ihr eigenes Geschenkpapier. Oder scannen Sie Unmengen Fotos und wickeln Sie Ihr Geschenk in die Erinnerungen eines Jahres. Sie hätten es gerne umweltbewusster? Dann brauchen Sie eine papierlose Alternative. Oder Sie nehmen Tapeten, alte Zeitungen oder Stoffreste. Basteln Sie eine Collage daraus und schnüren Sie Ihr Päckchen mit einem Bindfaden zu. Eine Schuhschachtel und Bänder sind eine Möglichkeit. Zu klein für Ihr Geschenk? Stecken Sie Räder oder andere große Geschenke in einen Schrank oder Schuppen und werfen Sie einen Teppich über die Überraschung. Warum halten Sie es außen nicht simpel und lassen Pailletten, Federn und andere Herrlichkeiten sprechen, sobald die Schatzkiste geöffnet wird? Immer in zwei Schichten, wenn nicht drei einpacken, um die Spannung zu erhöhen. Gerne in verschiedenen Farben und Texturen und vielleicht mit ein paar Süßigkeiten als Verzierung. Machen Sie das Auspacken zum Erlebnis. In je mehr Schichten das Geschenk verpackt wird, desto weniger ist seine Form zu erkennen. Die Verpackung gehört zum Geschenk – wie das Kärtchen und die lieben Wünsche.

17. Dezember

1843 wird Charles Dickens' *Weihnachtsgeschichte* veröffentlicht. In England gehört dieser Roman so sehr zu Weihnachten, dass nach Dickens' Tod – er starb 1870 – ein kleines Mädchen fragte: »Mr. Dickens ist tot? Stirbt der Weihnachtsmann jetzt auch?«

Eine Weihnachtsgeschichte wurde geschrieben, als Dickens selbst in der Klemme saß, zwar nicht ganz so schlimm wie Bob Cratchit, aber schlimm genug. Es gab keinen Tiny Tim, doch Dickens' Frau erwartete ihr fünftes Kind und die Tantiemen für *Leben und Abenteuer Martin Chuszlewit's* tröpfelten spärlich.

Die Geschichte beginnt mit dem Tod Marleys. Sein Geschäftspartner, Scrooge, wird als kaltherziger Geizkragen beschrieben. Mit der Hilfe der Geister der Weihnacht – Vergangenheit, Gegenwart und Zukunft – zeigt ihm Marley seine Fehler auf. Die Geschichte wurde über 70 Mal verfilmt, darunter gibt es eine Muppetversion (*Die Muppets-Weihnachtsgeschichte*) mit Michael Caine und eine Version mit Bill Murray, *Die Geister, die ich rief.*

Nehmen Sie sich den geläuterten Scrooge zum Vorbild und spenden Sie einer Wohltätigkeitsorganisation Ihrer Wahl. Machen Sie jemanden glücklich.

1892 führt das Russische Kaiserliche Ballett Tschaikowskis *Nussknacker* auf. Und damit war eine weitere Weihnachtstradition geboren.

Ein Theaterbesuch gehört zu Weihnachten wie die Schüssel mit unknackbaren Nüssen zum Dezember. Ein Besuch im Ballett/Theater ist wunderbar:

a) als Weihnachtsgeschenk (aufgepasst: schwer einzupacken und geheim zu halten),

b) als weihnachtlicher Betriebsausflug,

c) um sich in die richtige Stimmung für das Kostümfest zu bringen – oder die zündende Idee dazu zu bekommen.

21. Dezember

1937 kam Disneys *Schneewittchen* in die Kinos. Feiern Sie die Premiere und laden Sie die sieben Zwerge zu Kaffee und Kuchen ein – oder selbst gebackenen Plätzchen.

Über die Kunst, Plätzchen und Kuchen aufzupeppen

Vergessen Sie in der Weihnachtszeit einfach das Fasten, die vielen Spezereien sind nun mal zu lecker. Backen oder kaufen Sie Ihre Küchlein und Plätzchen und lassen Sie Ihrer Fantasie freien Lauf. Dekorieren Sie sie mit so vielen Silberkügelchen und bunten Perlen und Streuseln, wie es Ihnen gefällt. Sie könnten jedes Plätzchen mit einem Buchstaben belegen und sie dann zu einer Botschaft arrangieren. Oder nehmen Sie eine Etagere und bauen darauf mit Ihren Plätzchen einen Christbaum. Etwas grüner Zuckerguss und Puderzucker und die Weihnachtsstimmung ist perfekt. Sie zögern und würden lieber jemand anders den Kochlöffel ablecken lassen? Bitte, nur zu – da draußen gibt's jede Menge fantastischer Bäckereien und Konditoreien.

22. Dezember

1858 wird der italienische Komponist Giacomo Puccini geboren. Über die Handlung seiner berühmtesten Oper, *La Bohème*, können Sie unter dem 1. Februar auf Seite 68 nachlesen. Seine beliebteste Oper jedoch ist *Madame Butterfly*, die er am 27. Dezember 1903 fertig schrieb, nur zwei Monate vor der angekündigten Aufführung in der Mailänder Scala. Die Premiere am 17. Februar 1904 war ein Fiasko, alles ging schief und die Kritiker zerrissen die Oper. Puccini hielt daran fest, diese sei seine Lieblingsoper. Leicht überarbeitet wurde sie am 28. Mai desselben Jahres am Teatro Grande in Brescia erneut aufgeführt und feierte einen triumphalen Erfolg. Womit seine Kritiker Lügen gestraft waren.

Bringen Sie Ihre Stimmbänder mit Puccini in Schwung und schauen Sie sich noch mal den Text von »Stille Nacht« an. Kennen Sie eigentlich alle Strophen von »Nun freut euch, ihr Christen«, das Lied, bei dem die Begleitung wolkenhoch über der eigentlichen Gesangsstimme dahinjubiliert und ein echter Sopran gefordert ist? Nein? Dann klicken Sie doch auf *www.weihnachtsklassiker.de.*

24. Dezember – Weihnachtsabend

Nun ist endlich Weihnachten – der 24. Dezember könnte genauso der längste Tag des Jahres sein: Da sind die Last-Minute-Einkäufe, dann müssen die Geschenke verpackt und das Essen gekocht werden, dazu die gegenseitigen Glückwünsche und das Familientreffen, bevor man endlich seinen Socken aufhängen darf. (Zumindest bei uns hier auf der Insel ist mit dem Sockenaufhängen Schluss – andernorts müssen jetzt noch Geschenke ausgepackt, sich ordentlich bedankt und Weihnachtslieder gesungen werden.) Vielleicht hätten Sie jetzt gern was zu trinken?

Sie feiern Weihnachten mit Kindern? Das wird lebhaft. Machen Sie's wie Clement Clarke Moore – ein Schluck Sherry (für Sie) oder Ihren selbst gemachten Punsch. Oder besuchen Sie die Christmette.

Wir hier in England und Amerika bekommen unsere Geschenke erst morgen. Und deshalb dürfen wir heute Abend nicht vergessen, unsere Socken aufzuhängen. Diesen Brauch gibt es seit 1870 – und die Socken sollten unbedingt aus Wolle oder Filz sein, Nylonsocken zerreißen gerne, und dann plumpsen die schönen Sachen auf den Boden.

Die Tradition entstand, als der Weihnachtsmann versehentlich Goldmünzen in den Kamin fallen ließ. Die fielen glücklicherweise in die Socken, die zum Trocknen vor dem Feuer hingen, und nicht in die Asche.

Um den Weihnachtsabend spinnen sich noch viel mehr Sagen und Legenden – wenn man alten Frauen trauen darf, dann wird an diesem Abend gebackenes Brot nie schimmlig. Es heißt auch, dass die Tiere in der Weihnachtsnacht sprechen können – aber es soll Unglück bringen, diese Legenden auf die Probe zu stellen (vor allem die mit dem Brot).

Lesefutter

Sara, die kleine Prinzessin
von Frances Hodgson Burnett

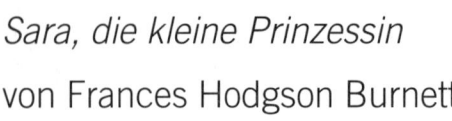

Warum

Tauchen Sie ein in die Geschichte der »Prinzessin«, das ist ein Labsal für die Gefühle und fördert die weihnachtliche Stimmung.

Wer

Frances Hodgson Burnett (24. November 1849–29. Oktober 1924) wurde in Manchester, England, geboren und war vier Jahre alt, als ihr Vater starb. Ihre Mutter musste die fünf Kinder alleine aufziehen und zugleich die Geschäfte weiterführen. 1864 zog die Familie nach Knoxville, Tennessee, nachdem ein Onkel Hilfe angeboten hatte. Doch leider blieb die Hilfe aus, und die Kinder wuchsen mittellos auf. Frances entfloh der düsteren Wirklichkeit, indem sie Geschichten und Gedichte mit einem glücklicheren Ende schrieb.

Aber in ihrem eigenen Leben ließ das glückliche Ende noch auf sich warten – als sie 18 war, starb ihre Mutter, und sie musste sich um ihre vier jüngeren Geschwister kümmern. Frances setzte auf ihre Fantasie – im wahrsten Sinn des Wortes –, um zu überleben, und begann Geschichten an Zeitschriften zu schicken. Das Geld für das Papier und die Briefmarken verdiente sie mit Obstpflücken und -verkaufen. Sie schrieb fünf oder sechs Geschichten pro Monat, für die sie pro Stück zehn Dollar erhielt.

1873 heiratete sie Dr. Swan Burnett, einen Jugendfreund, und brachte 1874 ihren ersten Sohn, Lionel, zur Welt, und auf einer Reise in Paris ihren zweiten Sohn, Vivian. Sie nahm den Namen ihres Mannes zusätzlich zu dem ihren an und wurde so die Hodgson Burnett, die wir alle kennen. Ihr erster Roman, *Die kleine Miss,* erhielt begeisterte Kritiken, doch wegen der damaligen Copyright-Gesetze erhielt sie keine Tantiemen aus den Verkäufen in Großbritannien.

1877 ließ sie sich mit ihrer Familie in Washington nieder, mischte mit in der literarischen Gesellschaft, gab große Einladungen und interessierte sich für Mode. Das hätte sie sich in ihrer Kindheit nicht träumen lassen. Als 1879 *Haworth's* veröffentlicht wurde, achtete sie darauf, auf britischem Boden in Kanada zu stehen, um auch ihre britischen Tantiemen zu bekommen. Doch die Rechte für Bühnenbearbeitungen waren noch immer nicht gesetzlich geschützt.

Das konnte sie erst 1886 bei ihrem ersten Kinderbuch angehen – *Der kleine Lord,* für das ihr Sohn Vivian das Vorbild lieferte und das Samtanzüge populär machte. Sie verklagte einen Bühnenautor, der ihren Roman ohne ihre Erlaubnis als Vorlage benutzte. Der Fall schrieb Geschichte und seither behält der Autor die Bühnenrechte. Nun war sie auf beiden Seiten des Atlantiks berühmt, doch sie konnte ihren Sieg nur kurz genießen. 1890 starb ihr Sohn Lionel an Tuberkulose. Sie war in England, als sie *Sara Crewe* schrieb, das überarbeitet 1905 unter dem Titel *Sara, die kleine Prinzessin* erschien. Darauf folgte 1909 ihr berühmtestes Kinderbuch, *Der geheime Garten.*

Die Story

Die siebenjährige Sara, deren Mutter schon lange tot ist, kommt aus Indien, wo sie bei ihrem liebevollen, reichen Vater lebte, nach England ins Internat. Bei Miss Minchin soll sie alles lernen, was eine junge Lady braucht. Captain Crewe nimmt der stahlharten Direktorin das Versprechen ab, sich besonders um seine »kleine Prinzessin« zu kümmern, weil es ihm das Herz bricht, sie zu verlassen.

Beeindruckt von dem Reichtum ihres Schützlings, verwöhnt Minchin Sara mit Ponys, Privatgemächern und Geschenken. Diese Vorzugsbehandlung und ihr Reichtum steigen Sara jedoch nicht zu Kopf. Dazu wurde sie zu gut erzogen. Sie hat ein gutes Herz und ist eine ausgezeichnete Menschenkennerin. Sie freundet sich mit Becky, der Magd, an und ihren Mitschülerinnen Ermengarde und Lavinia. Die kleine Prinzessin führt ein sorgenfreies Leben, doch das ändert sich schlagartig an ihrem elften Geburtstag, als sie die Nachricht erhält, dass ihr Vater tot und ihr Vermögen verloren ist.

Wütend über das Geld, das sie für sie ausgegeben hat, wendet sich

die Direktorin nun gegen Sara. Sie beraubt sie ihrer Privilegien, lässt sie im Dachboden schlafen und als Magd arbeiten. Doch die kleine Prinzessin verlässt sich auf ihre Fantasie und lässt sich genauso wenig unterkriegen wie die Autorin in ihrer Kindheit.

Dabei ist Saras Vermögen gar nicht verloren. Der Freund ihres Vaters sucht sie verzweifelt. Im Haus neben Miss Minchins Internat lebt ein alter Gentleman mit seinem indischen Diener, welche die kleine Sarah, im Winter bei ihrer Arbeit beobachten. Sie beschließen ihr zu helfen. Wie von Zauberhand findet sie Kleidung und Essen und ein wärmendes Feuer in ihrem Kamin. Das Blatt beginnt sich zu wenden, aber wird Sara das Happy End zuteil, das sie verdient und das sich Hodgson Burnett so sehr für ihre eigene Kindheit gewünscht hätte? Vielleicht haben Sie den Film mit Shirley Temple gesehen, aber das sollte Sie nicht davon abhalten, es sich mit dem Buch gemütlich zu machen.

Der Abend

Entspricht Ihr Geldbeutel dem Beckys oder dem der kleinen Prinzessin? Wie auch immer, Sie haben ja Fantasie, und da dies das letzte Buchclubmeeting des Jahres ist, sollten Sie entsprechend feiern. Mit Spielen und Fingerfood aus der Zeit Queen Victorias. Es könnte zum Beispiel ein Quiz geben mit Fragen zu den Büchern, die Sie dieses Jahr gelesen haben. Das alles ließe sich natürlich in ein Weihnachtsmotto verpacken oder sonst was Schickes für die kleine Prinzessin. Feiern Sie an Ihrem letzten Leseclubabend alle Bücher, die Sie gelesen habe, und verabreden Sie sich, nächstes Jahr weiterzumachen.

Ein paar zauberhafte Alternativen:

Der König von Narnia von C. S. Lewis
Die gewöhnliche Prinzessin von M. M. Kaye
Felix Furchtlos von Ian Beck
Der Zauberer von Oz von Frank L. Baum
Peter Pan von J. M. Barrie
Der fröhliche Prinz von Oscar Wilde

25. Dezember

In London haben Sie heute die Möglichkeit, sich einen ordentlichen Appetit – oder eine Unterkühlung – zu holen, wenn Sie früh genug aufstehen, um sich im Hyde Park das Wettschwimmen des *Serpentine Swimming Club* anzusehen. Bei diesem Rennen gibt es den Peter-Pan-Cup zu gewinnen, der ursprünglich vom Clubmitglied und Peter-Pan-Autor J.M. Barrie überreicht wurde. Bei dem Rennen dürfen nur Clubmitglieder teilnehmen, Sie müssen sich also auf die Zuschauerrolle beschränken. Aber warum lesen Sie Weihnachten nicht *Peter Pan*? Denn wer will schon erwachsen werden? Oder schauen Sie sich Johnny Depp als J.M. Barrie in dem Film *Wenn Träume fliegen lernen* an, während Sie der Gans gut zureden, endlich aufzutauen.

Über die Kunst, sich bei Familienfeiern mit Belanglosigkeiten über Wasser zu halten

Reden Sie diesmal nicht über den Weihnachtsbraten oder wie wunderbar Ihre Geschenke verpackt waren oder dass Ihre Tante wieder genau erriet, wie sehr Sie sich handgestrickte hellgrüne Socken wünschten – wechseln Sie das Thema. Gekonnt über interessante Belanglosigkeiten zu plaudern ist bei Familientreffen das A und O.

- Wussten Sie, dass die Abkürzung Xmas für Christmas, Weihnachten, aus dem Griechischen kommt? Sie kommt nämlich von dem griechischen Buchstaben X, der für *Chi* steht – die ersten Buchstaben für den Namen Christi auf Griechisch.
- Das erste Weihnachten, von dem wir sicher wissen, wurde in Rom 360 n.Chr. gefeiert. Weihnachten wurde erst 400 n.Chr. Geburt fester Bestandteil des Kirchenkalenders.

499

- 1647 verbot Christopher Cromwell Weihnachten. Der Puritaner-
  führer brachte das Parlament dazu, ein Gesetz zu verabschieden,
  das jedem in England mit einer Gefängnisstrafe drohte, der an
  diesem Tag feierte. Klingt ziemlich nach Narnia, wo immer Winter und nie Weihnachten war. Dankenswerterweise wurde Weihnachten 1660, nach 13 Jahren ohne Geschenke, wieder eingeführt. (Dass 13 als Unglückszahl gilt, hat aber nichts damit zu tun.
  Freitag der 13. gilt als der Tag, an dem Jesus gekreuzigt wurde,
  und seither verheißt dieser Tag nichts Gutes.)

- »Jingle Bells« wurde ursprünglich für Thanksgiving 1857 geschrieben.

- Die Rede der Queen – an die Nation um drei Uhr – wird seit 1957
  ausgestrahlt, damit man sie sich gleichzeitig mit dem Christmas
  Pudding zu Gemüte führen kann. 2006 ging Ihre Majestät online,
  und seither können Sie sich ihre Botschaft überall auf der Welt
  herunterladen.

- Obwohl jeder von einer »weißen Weihnacht« träumt – und wir
  wollen hier nicht in die Debatte über die globale Erwärmung
  einsteigen –, gibt es diese in England nicht mehr so oft »wie früher«. Tatsache ist, im letzten Jahrhundert gab es nur siebenmal
  weiße Weihnachten, und da musste man bei den meisten schon
  ein Auge zudrücken. Wer weiße Weihnachten erleben will, ist mit
  den Alpen, Vermont und St. Petersburg besser bedient. Wer jedoch lieber so braun wie sein Weihnachtsbraten werden möchte, fährt besser nach Australien, auf die Jungferninseln, Jamaika
  oder die Bahamas – also überall dorthin, wo sich Kolumbus wohl-
  fühlte.

26. Dezember

Der zweite Weihnachtsfeiertag war vor langer, langer Zeit der Tag
der Geschenke, da man es für unpassend gehalten hätte, sich am
Geburtstag Christi, diesem hohen Festtag, zu beschenken.

30. Dezember

1865 wird der britische Dichter und Schriftsteller Rudyard Kipling in
Bombay, Indien, geboren. Zu seinen bekanntesten Werken gehört
Das Dschungelbuch. Seine eigene Kindheit war entsetzlich – er wurde
von seinen Eltern zu Pflegeeltern nach England geschickt, die ihn
sehr schlecht behandelten. Er selbst hatte drei Kinder, von denen
zwei sehr jung starben. Seine »geliebteste Tochter« Josephine starb
an Lungenentzündung, und sein Sohn fiel im Krieg.

Von Kipling stammt auch das Gedicht »If« (1909), das jedes britische Kind kennt und das sehr, sehr oft zitiert wird.

If you can keep your head when all about you
Are losing theirs and blaming it on you.
If you can trust yourself when all men doubt you …

Wenn Du den Kopf bewahrst, da rings die Massen
Längst kopflos sind und geben Dir die Schuld,
Dir treu sein kannst, wenn alle Dich verlassen, …

In anderen Worten, keine Zweifel, keine Lügen, kein Stress wegen
des Aussehens – leben Sie Ihre Träume, statt über Ihr Unglück zu
trauern. Eine großartige Inspiration für Ihre guten Vorsätze.

31. Dezember

Führen Sie sich heute vor Augen, was Sie dieses Jahr geleistet haben. Und was noch zu tun ist. Und gehen Sie dann hinaus und feiern Sie das Ende dieses Jahres. Feiern Sie in ein neues Jahr.

In Schottland sind die Festlichkeiten zum Jahreswechsel bekannt als *Daft Days* (auf Deutsch so viel wie: Depperte Tage), sie enden mit der *Night of the Candle* oder – das hört man am häufigsten – *Hogmanay*. Neben den Unmengen Alkohol gibt es bei den Feiern auch noch dreieckige Kekse namens Hogmanay, die man neben einer Flasche Whisky und einem Stück Kohle seinen Freunden mitbringt.

Im schottischen Hochland gibt es auch noch den Brauch, mit brennenden Wacholderzweigen durchs Haus zu gehen – um es zu desinfizieren. Wenn Sie das heute machen, lösen Sie wahrscheinlich den Rauchalarm aus. Andererseits schlagen Sie auf diese Weise mit dem qualmenden Wacholderzweig wieder mehrere Fliegen. Schließlich wissen Sie jetzt wenigstens, dass das Ding funktioniert. Und Sie sind Ihre Dämonen los und haben die Nachbarn am Hals.

Warum sollen nur die Schotten das neue Jahr in einem sauberen Haus beginnen? Der Brauch wär doch was für uns alle: in einem sauberen, aufgeräumten, entrümpelten Haus neu anfangen. (Falls Sie zu Hause feiern, wäre das die reinste Zeitverschwendung. Verschieben Sie den Großputz auf den Tag danach.) Doch auch falls Sie Gäste haben, ist leichtes Staubwischen angesagt, bevor Sie die Drinks anbieten. Es macht einfach einen Unterschied. Warten Sie, bis der Staub sich gelegt hat, bevor Sie ernsthaft sauber machen oder die Profis anrücken lassen.

Jetzt ist die letzte Gelegenheit für uns Briten und alle Freunde des britischen Brauchtums, den Text zu »Auld Lang Syne« zu lernen. Der Text dieses alten Volkslieds stammt von dem schottischen Dichter Robert Burns, die Melodie vermutlich von William Shield.

Selbst für uns Briten ist der Text ohne Hochschulstudium nicht verständlich, aber es geht um alte Freunde und dass man sie nicht vergessen soll. Also los, Freunde anrufen oder eine Mail schicken. Der Ausdruck *Auld Lang Syne* selbst bedeutet »längst vergangene Zeit« – so lange her.

Should auld acquaintance be forgot
And never brought to mind?
Should auld acquaintance be forgot
And days of auld lang syne?

For auld lang syne, my dear
For auld lang syne
We'll take a cup o' kindness yet
For auld lang syne.

And there's a hand, my trusty fere
And gie's a hand o' thine
And we'll take a right gude-willie waught
For auld lang syne.

Das Lied wurde für die Pfadfinder von Claus Ludwig Laue ins Deutsche übertragen: *Nehmt Abschied, Brüder.*

Man kann es nicht leugnen, Silvester erfordert etwas mehr Planung als ein gewöhnlicher Abend *out in town,* vor allem, weil die meisten Plätze in Kneipen und Restaurants bereits reserviert sind. In einigen Ländern glaubt man, alles, was man an diesem Abend tue und erlebe, lasse erkennen, wie das nächste Jahr wird.

Da ist schon was dran – also seien Sie hilfreich und gut und arrangieren Sie einen netten Abend mit Menschen, die Ihnen am Herzen liegen.

Vielleicht ist das ja auch der Tag, um den Kostümball zu schmeißen? Ihre Gäste könnten als Schlagzeile des Jahres kommen oder wahlweise in den besten Schnäppchen des Jahres.

Nach einem Brauch aus Yorkshire soll man das alte Jahr mit den Worten »Black rabbit, black rabbit, black rabbit« beenden und mit den Worten »White rabbit, white rabbit, white rabbit« begrüßen. Aber irgendwie sind ein Kuss und »Auld Lang Syne« beziehungsweise ein kontinentales »Alles Gute im neuen Jahr« angemessener und netter als so ein Zungenbrecher.

Mit den ersten Raketen auf der Tongainsel beginnt es dann, das neue Jahr. Das Feuerwerk wandert weiter über Asien nach Europa und um die Welt. Ein Neujahrssüchtiger kann Zeitzonen wechseln und zweimal feiern. Wie immer Sie das handhaben – Sie dürfen keinesfalls vor Mitternacht verschwinden, meine liebe Cinderella. Und keinen Schuh verlieren! Falls Ihnen doch so ein Missgeschick passiert, bitte nicht weglaufen – begrüßen Sie das neue Jahr mit einem Lächeln, denn dieses Jahr wird alles anders und besser, weil Sie anders und besser sind.

 **Fußnote**

Aufgepasst, wo Sie hintreten

- Man sagt, die Römer und alten Ägypter hätten die Gesichter ihrer Feinde auf ihre Schuhsohlen gezeichnet, um sie im wahrsten Sinn des Wortes mit Füßen treten zu können. Nicht sehr erwachsen, aber geben Sie bitte dennoch den Stift weiter. Lernen wir von den Alten.
- Schuhmacher unterscheiden erst seit 1822 zwischen rechten und linken Schuhen. Was dem Satz, man habe einen Tanzpartner mit zwei linken Füßen, eine ganz neue Bedeutung verleiht.
- Madame Bovary bekam von ihrem Geliebten Schuhe aus rosa Atlas mit Schwanenflaumbesatz geschenkt, nicht unähnlich den Schuhen

in Jean-Honoré Fragonards berühmtem Ölbild *Die Schaukel.* Mindestens ein Paar rosa Schuhe braucht jede Frau.

- Die Schuhmacherin Olga Berluti empfiehlt, die Schuhe mit venezianischem Leinen und Dom Pérignon zu polieren, bevor man sie ins Mondlicht stellt. »Alkohol lässt die Schuhe glänzen, aber es muss ein kalter, trockener, großer Champagner sein«, meint Berluti. Vergessen Sie Spucke und Schuhwichse und greifen Sie zu Schampus. Und die Sache mit dem Mond? »Der Mond verleiht dem Leder Transparenz. Die Sonne versengt das Leder, der Mond bringt es zum Strahlen.« Na, dann werden die Schuhe ab jetzt nach Sonnenuntergang geputzt.

- Paul Simon sang es, und Sie können es Wirklichkeit werden lassen – »diamonds on the soles of the shoes«. Für die Haute-Couture-Schau von Dior ließ Galliano sich 2000 von den Clochards inspirieren, die er bei seinem täglichen Jogging entlang der Seine sah. Er machte das Gewöhnliche außergewöhnlich, druckte die Nachrichten nicht auf Papier, sondern auf Chiffon und Seide, und ließ die Models zu den asymmetrisch geschnittenen und mit Stricken zusammengebundenen Kleidern Krimskrams als Schmuck tragen. Und die Schuhe hatten Diamanten an den Sohlen. Nicht unbedingt praktisch, andererseits ist nichts unverwüstlicher als Diamanten, weshalb sie eine gute Geldanlage sind.

- Diana Vreeland, die legendäre Herausgeberin der amerikanischen *Vogue,* der neben vielen anderen auch Manolo Blahnik ewigen (Schuhwerks-) Ruhm verdankt, war pingelig, was ihre Schuhe anging, vor allem die Sohlen ihrer Schuhe – was beweist, dass man einfach einen Chauffeur haben sollte. Manolos gelten nicht umsonst als »Limousinenschuhe«.

- Aber wie schon Bette Midler erklärte: »Mit den richtigen Schuhen kann eine Frau die Welt erobern.« Und das soll sie auch.

Dank

Es sind so viele, denen ich danken möchte, dass ich gar nicht weiß, wo ich anfangen soll – da sind die, die mir halfen; die, die mich ablenkten; und die, die zu dem Buch beitrugen. Und dann sind da noch Sie – die Sie dieses Buch eben jetzt lesen – und all die anderen, dank derer *Wie Sie in High Heels unfallfrei ein Glühbirne auswechseln: Die ultimative Style-Bibel* so ein Erfolg wurde – Danke.

Ermöglicht haben dies: Grainne Fox, meine unerschütterliche Beschützerin und Agentin, und die Leute bei Ed Victor; Jocasta Hamilton, meine umwerfende Lektorin; die wunderschönen Illustrationen von Natalie Ferstendik, die Bearbeiter und Fehlersucher, puuh, Antigone und Alice, die den Wälzer durchackerten; Ruth, Emma, Jamie und alle bei Hodder & Stoughton, ohne die es dieses Buch nicht gäbe – Danke.

Ein Buch wie dieses zu schreiben ist, als öffnete man die Büchse der Pandora: Ein Berg von Möglichkeiten türmt sich auf, von Namen und Daten, die es zu recherchieren gilt und die ins Buch müssten. Und dabei handelt es sich nur um die Spitze des Eisbergs. Beurteilen Sie ein Mädchen – oder ein Buch – nie nach seinem Cover.

Und natürlich möchte ich mich bei meiner Familie und meinen Freunden bedanken und bei allen, die mir halfen, die ich auf dem Weg kennenlernte und die mich hoffentlich immer begleiten. Ich möchte mich für die unglaublichen Beiträge bedanken – und ganz besonders für das Vorwort von Manolo Blahnik, dem ich wohl mein ganzes Leben lang nicht gerecht werden kann. Und vielen, vielen Dank an Mum, Dad und meine Brüder; an Mrs. B, Stephen Jones, Sarah, Romilly, Sweetiepop, Michael, den größten Mann der Welt, Anne, Gisele, Des, Bill, Alex, Alexis, Jelka, Amy, Natalie, Evelyne, Sam und Sam, Steven und natürlich meinem über alles geliebten John.

Sachregister

Personenregister

Must-have für Frauen mit Stil!

512 Seiten
ISBN 978-3-442-16741-8

Stilsicher wie Carrie Bradshaw, glamourös wie Kylie Minogue –
Englands angesagteste Fashion-Expertin Camilla Morton
weiß, wie man immer und überall eine gute Figur macht:
Das perfekte Styling in fünf Minuten? Reifenwechsel, Poker-
runde, Tapetenwechsel? Mit prominenter Unterstützung
von Manolo Blahnik, Gisele Bündchen, Vivienne Westwood
und vielen mehr.

Überall, wo es Bücher gibt und   unter www.mosaik-goldmann.de